KARL-HEINZ WERLER

PROBLEME DER GRAFISCHEN DATENVERARBEITUNG

ELEKTRONISCHES RECHNEN UND REGELN

Herrausgegeben von

Prof. Dr. HANS FRÜHAUF · Prof. Dr. WILHELM KÄMMERER
Prof. Dr. KURT SCHRÖDER · Prof. Dr. HELMUT THIELE
Prof. Dr. HORST VÖLZ

Band 7

PROBLEME DER GRAFISCHEN DATENVERARBEITUNG

von

Dr.-Ing. KARL-HEINZ WERLER

AKADEMIE-VERLAG · BERLIN
1975

PROBLEME DER GRAFISCHEN DATENVERARBEITUNG

von

Dr.-Ing. KARL-HEINZ WERLER

Jena-Lobeda

Mit 224 Abbildungen

AKADEMIE-VERLAG · BERLIN

1975

Erschienen im Akademie-Verlag, 108 Berlin, Leipziger Str. 3 – 4

Lizenznummer: 202 · 100/403/75
Gesamtherstellung: VEB Druckerei „Thomas Müntzer", 582 Bad Langensalza
Bestellnummer: 761 824 6 (6102) · LSV 3535, 1085
Printed in GDR
EVP 54,–

VORWORT

Eine intensive Beschäftigung mit den Problemen der grafischen Datenverarbeitung führt sehr bald zur Erkenntnis, daß es kaum möglich ist, diesen, auf eine nicht einmal zehnjährige Geschichte zurückblickenden Wissenszweig in Umfang und Inhalt auch nur einigermaßen vollständig erfassen und darstellen zu können. Die intensive und zielgerichtete Bearbeitung dieser Fragestellungen sowohl an den Forschungsinstituten als auch verstärkt in den Bereichen der Industrie, bringt in unübersehbarem Maße ständig neue Informationen über Geräte, Methoden der Arbeit mit diesen Geräten und nutzbare Lösungen hervor.

Zwangsläufig leitet sich daraus die Festlegung einer sinnvollen Abgrenzung des zu behandelnden und darzustellenden Gebietes ab, das wir mit dem Begriff: *Grafische Datenverarbeitung* belegen wollen. Vom allgemeinen Begriff der Bildverarbeitung [257, 116] ausgehend, die die Analyse und Synthese von Bildern, von grafischem Material durch den Rechner mit oder ohne menschliches interaktives Eingreifen zum Inhalt hat, kann eine Beschränkung auf die *Computergrafik* oder *Digitalgrafik* (Uni. Rostock) bzw. *Digitalgeometrie* (TH Dresden) vorgenommen werden. Damit wird der in Zukunft sicher wichtige Beiträge liefernde Komplex der Bild-Struktur- oder Situationserkennung ausgeschlossen werden.

Die Unterordnung der Probleme der Grafik als Repräsentant von Sachverhalten und als Basis der Kommunikation Mensch-Maschine unter die Betrachtung von technischen o. ä. Problemen führt zum Gebiet der *rechnerunterstützten Arbeit*, z. B. rechnerunterstützter Entwurf (CAD).

Diese Abgrenzung würde dem Anliegen der vorliegenden Arbeit nicht gerecht werden. Wir wollen versuchen, dieses Anliegen wie folgt zu charakterisieren.

Mit dem vorliegenden Buch soll versucht werden, die Wechselwirkungen zwischen der Gerätetechnik mit ihren Möglichkeiten und der mathematisch-programmtechnischen Aufbereitung der Objekte, die verarbeitet werden, und der Prozesse, nach denen die Verarbeitung erfolgt, zwischen Beschreibung und Verarbeitung, zwischen abstrakten grafischen Problemen und der Einbindung in die praktische Lösung, zum Ausdruck zu bringen. Damit zeigen sich aber auch die Teilgebiete, die zu untersuchen sind. Es soll dargestellt werden, wie vielfältig die vorliegenden Ergebnisse, Programme, Methoden, Arbeitsweisen und gerätetechnischen Lösungen sind und wie diese verschiedenen Aspekte miteinander korrelieren.

Mit den hier niedergeschriebenen Gedanken sollen in erster Linie die zukünftigen Anwender der grafischen Datenverarbeitung angesprochen werden. Diese Tatsache sowie der Umfang der zu verarbeitenden Materialien ließen an vielen Stellen eine detailliertere Darstellung nicht zu. Es ist aber immer versucht worden, die wichtigsten Literaturstellen als Unterstützung für die Fortführung der spezielleren Untersuchungen anzugeben.

Eine Gliederung der Vielfalt an Informationen vorzunehmen bedeutet, die in Wirklichkeit vielfältigen Verknüpfungen zwischen den einzelnen Fakten in einer linearen Folge von Aussagen zum Ausdruck bringen zu wollen. Trotzdem muß dieser Versuch unternommen werden, der sich dann in der vorrangigen Betrachtung bestimmter Aspekte zeigt. Wir werden die grafische Datenverarbeitung eng mit der aktiven Mensch-Maschine-Kommunikation verbunden betrachten und damit einen weiteren Punkt der Abgrenzung des behandelten Inhaltes setzen.

Es wurde eine Gliederung in drei Komplexe vorgenommen. Die *theoretischen Grundlagen* umfassen Probleme des Aufbaues, der Beschreibung und Darstellung von Gebilden, der rechnerinternen Speicherung auf der Basis der Datenstrukturen sowie der Beschreibung der Prozesse im Dialogbetrieb. Die Funktion und Wirkungsweise sowie der Aufbau der für diesen Problemkreis wichtigen Geräte und der zu ihren Betrieb notwendigen Programme wird im Kapitel *rechentechnische Basis* beschrieben. Bezüglich der Anwendung der grafischen Datenverarbeitung ist versucht worden, in die Vielzahl der Anwendungen eine Ordnung zu bringen. Es wird eine Einteilung in acht qualitativ unterschiedliche Klassen vorgenommen, von deren charakteristischen Merkmalen ausgehend neue Anwendungen und Beispiele gefunden werden können. Fragen der Psychologie, der Belastung des Menschen bei der Arbeit im Dialogbetrieb am Bildschirm sowie der Ökonomie und Effektivität werden hier nicht behandelt.

Von dieser Stelle aus möchte ich allen denjenigen danken, die direkt oder indirekt zum Gelingen des Projektes beigetragen haben.

Einen ganz besonderen Dank möchte ich meiner Frau und meinen Kindern aussprechen, die in der Zeit der Erarbeitung des Manuskriptes in verständnisvoller Weise viele Unannehmlichkeiten auf sich nahmen.

Nicht zuletzt sei mein Dank dem Akademie-Verlag für die vorzügliche Unterstützung ausgesprochen.

Jena, April 1974

K.-H. Werler

INHALTSVERZEICHNIS

EINFÜHRUNG

Die elektronische Rechentechnik und Datenverarbeitung hat in der Vergangenheit in einem heute noch nicht abschätzbarem Maße dazu beigetragen, den wissenschaftlich-technischen Fortschritt voranzubringen und in den Bereichen der Praxis in den vielfältigsten Formen wirksam zu werden. Sowohl über die Weiterentwicklung und Vervollkommnung der rechentechnischen Basis — der Bauelemente und Geräte — und der diese Systeme überhaupt erst zur Arbeit befähigenden Programme und Programmsysteme als auch durch Erschließen und Aufbereiten neuer Anwendungs- und Einsatzgebiete wird eine Grundlage geschaffen, die Vervielfachung der geistigen Potenzen des Menschen in Angriff nehmen zu können.

Das ist eine materiell-technische Basis, um die Wissenschaft als Produktivkraft verstärkt wirken zu lassen. Im industriellen Reproduktionsprozeß ist durch die Wissenschaft als Produktivkraft eine Verlagerung des Schwerpunktes der Effektivitätssteigerung in diesem Prozeß auf den Prozeßabschnitt der wissenschaftlich-technischen Vorbereitung der Produktion zu erkennen. In diesem Abschnitt der Vorbereitung der später zu vollziehenden materiellen Produktion wird über die technisch-ökonomischen Parameter des neuen Produktes und damit über seine Gebrauchswerteigenschaften entschieden. Es werden aber auch die Festlegungen über den Herstellungsprozeß und damit die Ökonomie der aufzuwendenden Arbeitsprozesse sowie über den Materialeinsatz getroffen. Durch den Arbeitsablauf in diesem Vorbereitungsprozeß wird der keineswegs zu unterschätzende Zeitpunkt des Erscheinens des neuen Erzeugnisses auf dem Weltmarkt und die davon beeinflußte Rentabilität mit aller Konsequenz fixiert. Das Forschungsvorhaben AUTEVO ist in der DDR der Ausdruck der überall in der Welt zu findenden Bestrebungen, Maßnahmen der Rationalisierung und Automatisierung auf diesen Abschnitt des Reproduktionsprozesses, der technischen Vorbereitung der Produktion zu konzentrieren. Wenn wir hier dieses Einsatzgebiet der modernen Rechentechnik mit den Möglichkeiten der grafischen Datenverarbeitung in den Mittelpunkt der Betrachtungen und Beziehungen zur Praxis stellen, dann geschieht das aus der Erkenntnis, im Prozeß der technischen Vorbereitung ein in der Zukunft für die gesamte volkswirtschaftliche Entwicklung relevantes Gebiet zu sehen.

Wir wollen zunächst die Frage diskutieren, welches Aufgabenfeld verbindet sich mit dem Prozeß der technischen Vorbereitung unter diesem Aspekt der

Rationalisierung und Automatisierung der Arbeit. Im Prozeß der technischen Vorbereitung der Produktion wird das Vorausdenken des neuen, zu schaffenden technischen Gebildes durch den Menschen vollzogen. Die Konstrukteure und Technologen, die diesen Prozeß des Vorausdenkens vollziehen, entwickeln Vorstellungen über das neue technische Gebilde, über die Funktion und Struktur dieses Gebildes und über die Prozesse der materiellen Produktion, die zur Realisierung des Gebildes vollzogen werden müssen. Das sind mehr oder weniger konkrete Vorstellungen, die im Verlaufe des Prozesses der technischen Vorbereitung präzisiert und weiterentwickelt werden.

Eine Notwendigkeit und ein Anliegen des wissenschaftlich-technischen Fortschritts ist die Rationalisierung und Automatisierung dieser Prozesse der technischen Vorbereitung der Produktion. Diese Aufgabe der Rationalisierung und Automatisierung der technischen Vorbereitung der Produktion verlangt eine Stimulation der schöpferischen Prozesse, die hier zu vollziehen sind, die der Mensch auch weiterhin zu vollziehen hat, verlangt aber auch die Hilfe und Unterstützung bei der Lösung der Routinearbeiten, also der Übertragung von routinemäßigen, formalisierbaren Arbeiten zu ihrer automatischen Durchführung auf technische Hilfsmittel, insbesondere auf den Rechenautomaten.

Der Einsatz des Rechenautomaten verlangt Kenntnisse über die Modellierung und Simulation von Prozessen, wie sie der Mensch bei der Bearbeitung dieser Probleme und Aufgaben zu vollziehen hat. Die Modellierung dieser Entwurfsprozesse setzt voraus, daß Klarheit über die in diesem Prozeß zu verarbeitenden Objekte und über ihre geeignete Beschreibung besteht. Eine besondere Aufmerksamkeit verlangt dabei die Beschreibung dieser Objekte, da sie im Prozeß des Vorausdenkens unterschiedliche Abstraktionsstufen durchlaufen. Die grafische Darstellung dieser Vorstellungen des Menschen ist die heute übliche und rationellste Form der Niederschrift dieser Gedanken. Von ihr ausgehend werden die Forderungen an die grafische Datenverarbeitung formuliert. Das hat zur Konsequenz, daß der Einsatz der Rechentechnik für die Rationalisierung und Automatisierung der geistigen Arbeiten im Prozeß der technischen Vorbereitung der Produktion und damit der Erschließung eines neuen, in Zukunft wesentlichen Einsatzgebietes der Rechentechnik mit der Entwicklung und Vervollkommnung neuer Verfahren, Prinzipien und Organisationsformen der Rechentechnik verbunden ist. Daraus müssen Konsequenzen für die Weiterentwicklung der Gerätetechnik hinsichtlich neuer peripherer Geräte, und auch der Programmsysteme bezüglich der Verarbeitung von geometrischen Beschreibungen und ihrer Speicherung diskutiert werden.

Das wiederum führt zu einem neuen Standpunkt bezüglich der Möglichkeiten und der Stellung, die der Mensch als Nutzer und Anwender dieser Technik in diesem System der Rechentechnik einnimmt. Über neuartige Kommunikationsmöglichkeiten zwischen Mensch und Maschine werden die Leistungsfähigkeiten beider Partner, des Menschen und der Maschine, nicht nur vereinigt, sondern in ihrer Gesamtheit als System erhöht. Der Mensch tritt dabei mit der Rechenanlage über die aktive Kommunikation im gewissen Sinne als Einheit verbunden dem Problem bzw. der Aufgabe gegenüber. Durch die neuen Eigenschaften, die ein derartiges System der aktiven Kommunikation in sich birgt, ergeben sich neue Möglichkeiten des Wirksamwerdens der Rechentechnik in wesentlichen Bereichen von Wissenschaft, Wirtschaft und Technik.

Die elektronische Rechentechnik ist in ihrer Entstehungsgeschichte eng mit dem Wunsch nach automatischer Lösung mathematischer Aufgaben verbunden. Der doch mehr oder weniger langwierige Routineprozeß des Abarbeitens mathematischer Vorschriften, also von vorgefertigten Lösungsalgorithmen, führte zum Wunsch nach Automatisierung dieser Tätigkeiten. In den 40-er Jahren dieses Jahrhunderts wurde dieser Wunsch nach mehrmaligen erfolglosen Anläufen zu früheren Zeitpunkten Realität.

Es ist notwendig, die Vorfertigung dieser Lösungsalgorithmen, die sich in der Rechentechnik als Programme dokumentieren, mit ihrer Abarbeitung in einem Zusammenhang zu betrachten.

Die vorgegebene Problemstellung ist der Ausganspunkt. Sie erfaßt die Zusammenhänge und Beziehungen der physikalisch-technischen Wirklichkeit, der Umgebung des Problems und bildet sich in einem abstrakten Gedankenmodell ab. Für die uns interessante Kategorie von Problemen wird sich die Lösung des Problems im allgemeinen in Form eines Algorithmus, einer eindeutigen Handlungsvorschrift für Klassen von Aufgaben darstellen lassen. Die Abarbeitung dieser Vorschrift für konkrete Parameter — die Aufgabenlösung — die durch die Anwendung des Rechenautomaten erfolgen kann, nachdem eine nicht unbedingt zum Lösungsprozeß des Problems gehörende Aufbereitung der Vorschrift für den Rechenautomaten — die Programmierung — erfolgt ist, liefert die eigentliche Lösung für diesen konkreten Fall.

Wir begegnen hier einer klaren Zweiteilung im Gesamtablauf. Der Problemlösungsprozeß wird mit einem sich anschließenden, jedoch oft zeitlich getrennten Aufgabenlösungsprozeß verkoppelt. Diese Grundstruktur des Vorgehens liegt allen heute üblichen vielfältigen Einsatzgebieten der Rechentechnik zugrunde. Der Problemlösungsprozeß, auch weiterhin das Gebiet des menschlichen Intellekts, vollzieht die mathematische Modellierung der realen Umwelt mit ihren Eigenschaften und Beziehungen und leitet die Verfahren ab, die für konkrete Verhältnisse angewendet, diese speziellen Aufgaben lösen. Die Abarbeitung der durch die Parameter der konkreten Aufgabenstellung präzisierten Algorithmen wird in einer zweiten Phase durch den Rechenautomaten vorgenommen.

Um den Rechenautomaten für die Lösung dieser Aufgaben einsetzen zu können, müssen spezielle Forderungen an den Algorithmus gestellt werden. Der Lösungsalgorithmus muß determiniert und formalisiert sein, er muß eine bestimmte Anwendungsbreite für eine Klasse ähnlicher Aufgaben besitzen und er muß schließlich die Aufgabe effektiv zu lösen gestatten. Wesentlich für die Effektivität eines Lösungsalgorithmus ist die Formulierung der Problemstellung in einer Form, die die Lösung einer umfassenden Klasse von Aufgaben sichert, die mit hoher Frequenz vorkommen. Diese Grundgedanken der Anwendung der Rechentechnik sind in den bekannten Anwendungsgebieten der Rechentechnik eine

Selbstverständlichkeit geworden. Typische Beispiele dafür sind die Programme zur Ermittlung bestimmter Eigenschaften technischer Gebilde. Die Lösungsalgorithmen werden für Klassen von Aufgaben ausgestellt. So ist z. B. für die Ermittlung der Eigenschaft der Durchbiegung eines gelagerten Trägers die Anwendungsbreite des Algorithmus durch die Variationsbreite von Länge, Querschnitt, Material u. ä. als wesentliche Parameter dieses Algorithmus bestimmt. Im Bereich der technischen Vorbereitung der Produktion beginnen sich erst die Gedanken der Anwendung der Rechentechnik durchzusetzen. Die Problematik der Klassenbildung ist von den technischen Gebilden ausgehend auch auf die Prozesse zur Entwicklung dieser technischen Gebilde auszudehnen. Wir finden dann objektorientierte und prozeßorientierte Lösungen vor. Schwierigkeiten anderer Art sind in den verschiedenen Abstraktionsstufen verborgen, die die technischen Gebilde in ihrem Entwicklungsprozeß durchlaufen. Wir müssen sowohl die Beschreibungen in den einzelnen verschiedenen Abstraktionsstufen erfassen, als auch die zugeordneten Operationen erkennen und fixieren, die auf diese Objektbeschreibungen mit unterschiedlichem Inhalt anzuwenden sind.

Die Frage der Formalisierbarkeit des Lösungsalgorithmus ist besonders zu beachten. Gelingt es nicht, den Algorithmus im Problemlösungsprozeß eindeutig und vollständig aufzustellen, so ist eine komplette Übertragung in ein autonom abzuarbeitendes Programm nicht möglich. Das bedeutet, daß der Mensch für die Lösung auch der konkreten Aufgabe weiterhin in diesem Prozeß mit einbezogen werden muß, um den restlichen Anteil des Problemlösungsprozesses dann am konkreten Objekt vereinfacht zu vollziehen.

Der Komplex der Mensch-Maschine Kommunikation mit der damit möglichen gemeinsamen Bearbeitung von Problemen und daraus abgeleiteter Aufgaben durch den Menschen in Verbindung mit der Rechenanlage erlangt damit eine besondere Bedeutung. Gerade im Forschungsgebiet der Rationalisierung der technischen Vorbereitung der Produktion wird diese Arbeitsweise zu einem Hilfsmittel der Erschließung neuer Bereiche, deren vollständige Formalisierung inhaltlich und ökonomisch nicht möglich ist. Diese Trennung der beiden Bereiche, Problemlösungsprozeß als Wirkungsbereich des Menschen und Aufgabenlösungsprozeß als Einsatzgebiet des Rechenautomaten erstreckt sich bei vielen praxisbezogenen Problemen in der Richtung, daß der Bearbeiter im Vorbereitungsprozeß des Programms, in der Phase der Problemlösung, nicht zur vollständigen Lösung des Problems kommt und somit Teile dieser Aktivitäten in der Anwendungsphase, in die Aufgabenlösungsphase verlagern muß. Das heißt, es gelingt nicht, das Problem für die gesamte Klasse zu lösen und zu formalisieren. Bestimmte Entscheidungen können erst in einer eingeschränkten Aufgabenstellung für eine konkrete Umgebung des Problems gelöst werden.

Deshalb muß die Möglichkeit des Eingreifens des Menschen in der Abarbeitungsphase des hierfür speziell aufbereiteten Programms gesichert sein. Die sich hieraus ergebende Notwendigkeit einer direkten Kommunikation zwischen dem auf dem Rechenautomaten abzuarbeitenden „unvollständigen“ Programmsystem mit dem Menschen, der die verbleibenden schöpferischen Prozesse vollzieht, verlangt grundsätzliche Klärung dieser Fragen der zweiseitigen Kommunikation und der Steuerung des Ablaufs.

Die Gestaltung derartiger Systeme sowie die mit der Kommunikation verbundene Informationsdarstellung sind zu untersuchende Gegenstände. Der Ausgangspunkt dieser Untersuchungen und Darstellungen ist in der Analyse des Prozesses der technischen Vorbereitung der Produktion, in der Beschreibung seiner Elemente und in der Synthese neuer optimaler Prozesses zu suchen. Dadurch wird gleichzeitig eine enge Bindung zwischen der Rechentechnik und dem Konstrukteur geschaffen, die ein neues Durchdenken dieser Berührungsstelle und der zur Realisierung notwendigen technischen Mittel verlangt. Wichtig ist es, nicht nur die Arbeitsweise der Maschine zu untersuchen, sondern auch die Arbeit des Menschen, um die richtige Schnittstelle, in Abhängigkeit von der jeweiligen Problemklasse zu finden und so die Effektivität des Systems zu beeinflussen.

Im Prozeß der technischen Vorbereitung der Produktion werden die im Prozeß des Vorausdenkens der neuen technischen Gebilde zu fixierenden Darstellungen überwiegend in grafischer Form repräsentiert. Insbesondere werden die Endergebnisse, die technischen Dokumentationen, durch grafische Darstellungen fixiert. Aber auch während der Verarbeitung dieser Vorstellungen werden die Zwischenergebnisse grafisch dargestellt. Die Verarbeitungsoperationen müssen darauf angewendet werden. Auf vielen Gebieten wird heute beim üblichen Einsatz der Rechentechnik bereits im Prozeß der mathematischen Modellierung die Beschreibung der zu verarbeitenden Objekte durch numerische Werte vorgenommen, also den Möglichkeiten der konventionellen Rechentechnik angepaßt. Für die dabei auf die Eingabe der Anfangswerte und die Entgegennahme der Ergebnisse beschränkte Kommunikation werden numerische bzw. alphanumerische Darstellungen verwendet. Bei Dialogsystemen und bei Systemen der aktiven Kommunikation, wie sie in vielen Bereichen der Wirtschaft angewendet werden, werden numerische bzw. alphanumerische Darstellungen als ausreichend angesehen.

Selbst im Bereich der technischen Vorbereitung der Produktion gelingt es, eine Vielzahl von Kommunikationsproblemen mehr oder weniger elegant über die Verwendung numerischer Werte abzuwickeln. Sobald jedoch in einem derartigen Mensch-Maschine-Kommunikationssystem die Kommunikation zu einem umfangreichen Komplex wird und der Bedeutungsinhalt, der jeweils an den Partner zu übermitteln ist, nur mühsam zu beschreiben ist, muß nach Wegen der Rationalisierung dieses Kommunikationsprozesses gesucht werden. In einer Grafik lassen sich weit konzentrierter und vor allem vom Menschen leichter aufnehmbar Informationen darstellen, ganz abgesehen davon, daß die in vielen Bereichen der Technik übliche Darstellungsform von Informationen sich von Haus aus der Verwendung von grafischen Darstellungen bedient.

Wir müssen die Kommunikation unter Verwendung von grafischen Darstellungen unter zwei Aspekten betrachten. Wie ist es möglich, vorliegende grafische Darstellungen so in numerische bzw. alphanumerische Beschreibungen umzuwandeln, daß es unter Verwendung von Codierungssystemen, von problemorientierten Sprachen bzw. von anderen technischen Hilfsmitteln möglich ist, diese Umwandlung rationell zu erledigen, bzw. wie ist es möglich, numerische Beschreibungen in grafische Darstellungen umzuwandeln und sie zu fixieren. Der zweite Aspekt muß von der Untersuchung der Möglichkeiten ausgehen, die Geräte so zu qualifizieren, daß es möglich ist, mit den grafischen Repräsentanten die Kommunikation, die aktive Kommunikation in beiden Richtungen zu vollziehen. Der Schwerpunkt unserer Betrachtung wird sich auf diesen zweiten Aspekt orientieren. In den letzten Jahren wurden hierfür die technischen Voraussetzungen geschaffen.

Wir haben immer vom „Prozeß der technischen Vorbereitung der Produktion“ gesprochen. Diesen Prozeß der technischen Vorbereitung gibt es in der Praxis nicht, damit kann er aber auch nicht mit Beispielen der Rationalisierung belegt werden. Was uns aber in der Praxis entgegentritt, sind konkrete Prozesse für jeweils eine Klasse von technischen Gebilden. Abgeleitet aus der Kompliziertheit und Komplexität der technischen Gebilde, abhängig von Neu- oder Weiterentwicklung, von Einzel- oder Serienentwicklung u. a. wird dieser Prozeß eine bestimmte Struktur annehmen und damit bestimmte Aspekte in den Vordergrund stellen. So können physikalische Zusammenhänge dominieren, die Rechenprogramme werden dann den Schwerpunkt bilden oder es können geometrische Eigenschaften vorherrschen; Zeichen- und Darstellungsprogramme sind dann verbreitet in Anwendung. Ist die Prinzipanpassung an eine vorgegebene Umgebung der Inhalt der Entwurfsaufgabe, dann wird der Aufbau eines automatischen Systems gelingen, während bei Prinzipentwicklung sicher ein aktives Kommunikationssystem mit Symbolen arbeitend zu erstellen ist.

Die mit grafischen Bildschirmgeräten, Zeichentischen u. ä. im Zusammenhang entwickelten Systeme der grafischen Datenverarbeitung mit dem Ziel der aktiven Kommunikation mit grafischen Gebilden beschränken sich in der Praxis jedoch hauptsächlich auf die Abschnitte des Prozesses der technischen Vorbereitung der Produktion, wo sich das Vorausdenken neuer technischer Gebilde auf das Manipulieren von grafischen Repräsentanten beschränkt. Als Beispiel seien Entwurf integrierter Schaltkreise, Leitplatten, Fassaden von Bauwerken genannt. Der für diese Systeme im angelsächsischen Sprachraum übliche Begriff „Computer Graphics“ charakterisiert am deutlichsten, daß es hier in erster Linie um die Darstellung der Verarbeitung grafischer Gebilde geht.

Mit dem Begriff „Computer Aided Design“ (im deutschsprachigen Raum bildet sich der Begriff „Rechenunterstützer Entwurf“ heraus) deuten sich bereits die Zusammenhänge zwischen der grafischen Datenverarbeitung, also der Darstellung und Verarbeitung von Informationen im Rahmen von aktiven Mensch-Maschine Kommunikationssystemen und dem Problem des Entwicklungsprozesses der technischen Gebilde heraus.

Die enge Kopplung zwischen dem Prozeß der technischen Vorbereitung der Produktion und dem Aufbau von Systemen der grafischen Datenverarbeitung auf der Basis der aktiven Kommunikation ist aus der Erkenntnis abgeleitet, diese Gebiete direkt mit den Erfordernissen eines wesentlichen und für die Praxis relevanten Anwendungsgebietes in echte Wechselwirkung treten zu lassen. Damit werden nicht nur die Forderungen an die grafische Datenverarbeitung ableitbar, sondern es werden durch die neue Technologie der Problemlösung neue Akzente in die Theorie der Konstruktion und Technologie hineingetragen und damit in gemeinsamer Arbeit der Zugang zu neuen Rationalisierungslösungen der Praxis aufbereitet. Analoge Gedankengänge lassen sich auch für andere Einsatzgebiete der grafischen Datenverarbeitung entwickeln.

ALLGEMEINE THEORETISCHE GRUNDLAGEN

1.1. Objekte der grafischen Datenverarbeitung — Darstellung und Verarbeitung

1.1.1. Technische Gebilde — technische Dokumentation — geometrische Objekte — grafische Darstellung

Im Entwurfsprozeß eines neuen technischen Gebildes löst der Konstrukteur die Aufgabe, Vorstellungen über die Funktion und Geometrie des neuen Erzeugnisses zu erarbeiten und in Form der technischen Dokumentation zu fixieren.

Die Geometrie enthält dabei Aussagen über Gestalt und Abmessung des technischen Gebildes bzw. seiner Bestandteile, während die Funktion die Wirkungsweise und das Zusammenspiel dieser Elemente beschreibt. Angaben über Material und Bearbeitungsvorschriften vervollständigen die technische Dokumentation.

In diesem Entwurfsprozeß entwickelt der Konstrukteur die Vorstellungen über die Geometrie dieses Gebildes, er arbeitet aber auch mit diesen, durch vorgegebene Vereinbarungen über die Form festgelegten Beschreibungen der Geometrie. Nach der heute im Konstruktionsbüro üblichen Arbeitsweise stellt der Konstrukteur diese Vorstellungen über Gestalt und Abmessung des Gebildes und seiner Elemente in Form der zweidimensionalen Darstellung des Gebildes als technische Zeichnung dar.

Diese Prozesse der technischen Vorbereitung unter Verwendung der modernen Rechentechnik rationalisieren zu wollen, verlangt sowohl nach Möglichkeiten der rechentechnischen Erfassung und Darstellung dieser Vorstellungen über das technische Gebilde als auch nach der Verarbeitung dieser Darstellungen in den verschiedenen Abstraktionsebenen der Beschreibung zu suchen. Dabei werden wir uns in den weiteren Betrachtungen im Rahmen der grafischen Datenverarbeitung schwerpunktmäßig auf den Aspekt der Geometrie beschränken.

Zunächst müssen wir einige Begriffsbestimmungen durchführen.

Unter einem technischen Gebilde wollen wir eine körperlich existente Einrichtung verstehen, deren Funktion auf dem Zusammenwirken physikalischer Erscheinungen beruhen und die mehrere Funktionsgrößen kausal miteinander verknüpfen, von denen mindestens eine die Ursache und mindestens eine die beabsichtigte Wirkung darstellt" [159].

Wir haben unter diesem Begriff des technischen Gebildes mechanische Teile, Baugruppen, Anlagen, Maschinen, Gebäude, Fahrzeuge, Verkehrsanlagen u. a. m. zu verstehen. Da im Prozeß der technischen Vorbereitung der Produktion nur Vorstellungen über das neue technische Gebilde erarbeitet werden, d. h., noch kein technisches Gebilde materiell existiert, fassen wird die Beschreibun-

2*

gen dieser Vorstellungen, auf deren Basis die spätere Produktion erfolgt, als technische Dokumentation zusammen.

„*Unter dem Begriff der technischen Dokumentation verstehen wir alle für die Herstellung des technischen Gebildes notwendigen Informationen, die in einer auf den späteren Herstellungsprozeß orientierten Form dargestellt sind*".

Wir fassen darunter die technischen Zeichnungen, Stücklisten, Prinzipdarstellungen u. a. m. zusammen. Die technische Dokumentation ist für unsere Gedankengänge in einem gewissen Sinne dem technischen Gebilde äquivalent. Die technische Dokumentation verkörpert alle wesentlichen Informationen, die auch dem später herzustellenden technischen Gebilde eigen sind. Die rechentechnische Erfassung und Verarbeitung der Vorstellungen über das technische Gebilde bzw. der Informationen, die die technische Dokumentation darüber enthält, verlangt eine geeignete Abbildung in ein dieser Verarbeitung angepaßtes Beschreibungssystem.

„*Unter dem Begriff des geometrischen Objektes verstehen wir die Beschreibung technischer Gebilde durch mathematische Modelle im euklidischen Raum, wobei die Abbildung des technischen Gebildes bzw. der Vorstellung über das technische Gebilde unter dem Aspekt der Gestalt und Abmessung vorgenommen wird.*"[1])

Diese geometrischen Objekte sind mathematische Konstruktionen, die unter den genannten Aspekten eine mehr oder weniger genaue Abbildung der Geometrie des Gebildes darstellen. Der mathematische Apparat der analytischen Geometrie ist die Basis, auf der die Erfassung und Beschreibung dieser geometrischen Objekte erfolgt. Die analytische Geometrie erlaubt aber auch, Eigenschaften dieser geometrischen Objekte zu ermitteln, so kann etwa der minimale Abstand zweier Flächen, die gegenseitige Lage zweier Objekte usw. bestimmt werden. Sie ermöglicht aber auch die Manipulation dieser Objekte durch Anwendung der Operationen: Verschiebung, Rotation, Skalierung[2]) sowie ihre Verknüpfung zu neuen Objekten. Auf der Basis dieses mathematischen Apparates wird die Verarbeitung der geometrischen Objekte auf einem Rechenautomaten möglich. Die problembezogenen Verarbeitungsprozesse, die im Rahmen einer technischen Aufgabenstellung mit den technischen Gebilden auszuführen sind, beziehen sich auf die Beschreibung des technischen Gebildes als geometrisches Objekt. Die Verbindung dieser abstrakten geometrischen Objekte mit der Vorstellungswelt des Menschen wird über eine Abbildung dieser geometrischen Objekte in eine grafische Darstellung hergestellt.

„*Unter einer grafischen Darstellung verstehen wir die Projektion des 3-dimensionalen geometrischen Objektes in eine 2-dimensionale Ebene*".[3])

Eine Vielzahl von Algorithmen sichert diesen Zusammenhang zwischen 3-dimensionalen Objekten und 2-dimensionalen Darstellungen und erzeugt so die

[1]) Die im Prozeß der Konstruktion notwendigen Darstellungen funktioneller Zusammenhänge in technischen Gebilden wollen wir hier weitgehend unbeachtet lassen.

[2]) Unter der Operation „Skalieren" verstehen wir die Maßstabänderung in Richtung der Koordinatenachsen.

[3]) Einen Spezialfall stellen die 2-dimensionalen geometrischen Objekte dar.

unterschiedlichen, von speziellen Parametern abhängigen Abbildungen, wie z. B. 3-Tafel-Projektion, perspektivische Ansicht, Isometrie usw. Es sind im wesentlichen die bekannten Verfahren der darstellenden Geometrie, die die Projektion des 3-dimensionalen geometrischen Objektes in die 2-dimensionale Ebene realisieren.

Die Beziehung zwischen dem geometrischen Objekt und der Vorstellungswelt des Menschen kann neben der Abbildung in eine grafische Darstellung aber auch über die Anfertigung eines Körpers, eines materiellen Modells des geometrischen Objektes, etwa auf einer NC-Maschine hergestellt werden. Hier muß dann von

a)

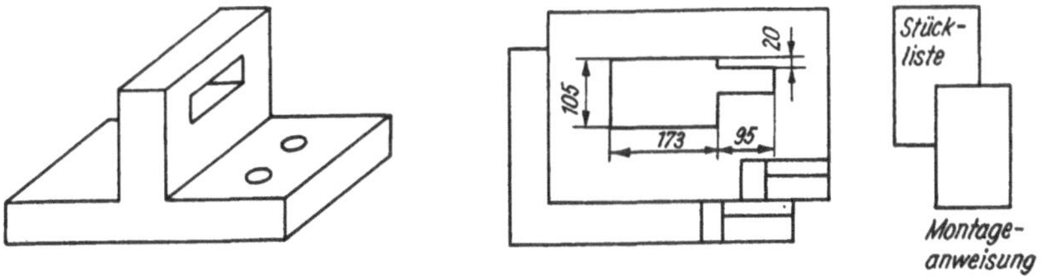

b)

c)

$K_1 = (3,5,0,0,2,6)$

$K_2 = (4,2,6,0)$

$K_E = K_1 \& K_2$

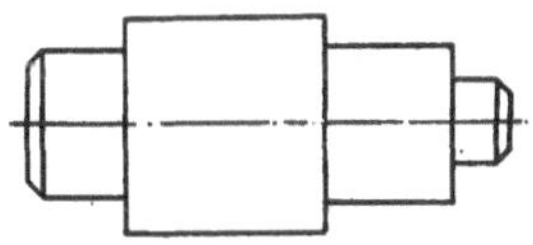

d)

Abb. 1. Darstellungsmöglichkeit für technisches Gebilde (a), technische Dokumentation (b), geometrisches Objekt (c), grafische Darstellung (d)

den über die Geometrie hinausgehenden Eigenschaften des körperlichen Modells abstrahiert werden. In den weiteren Ausführungen müssen wir diese vier Kategorien: technisches Gebilde, technische Dokumentation, geometrisches Objekt und grafische Darstellung genau unterschieden. Zwischen technischer Dokumentation und grafischer Darstellung besteht die Beziehung, daß die grafische Darstellung ein spezielles Element der technischen Dokumentation ist.

In Abb. 1 ist versucht worden, diese vier Kategorien in einem Bild darzustellen. Das kann nur symbolische Aussagekraft haben, da das technische Gebilde hier durch eine perspektivische Darstellung, also eine besondere Form der grafischen Darstellung abgebildet worden ist. Ebenso problematisch ist die Abbildung des geometrischen Objektes durch diese angegebenen Formeln.

Eine wichtige Rolle für die Gestaltung der Ein- und Ausgabegeräte der grafischen Datenverarbeitung und ihrer Programmierung spielen die Beziehungen zwischen diesen Kategorien untereinander und die Umsetzung von Informationen aus der einen in die andere Form. Derartige Beziehungen sind in Abb. 2 dargestellt worden.

Schwerpunktmäßig interessieren wir uns für die Beziehungen zwischen der Darstellung in einer dieser Kategorien und der Vorstellungswelt des Menschen mit der Zielrichtung, eine technische Realisierung dieser Beziehungen zu erreichen.

Nur das materiell existierende technische Gebilde und die grafische Darstellung eines geometrischen Objektes erlauben dem Menschen die Aufnahme jener Informationen, die diese Darstellungsformen repräsentieren. Das geometrische Objekt ist als mathematisches Modell dem Menschen nur indirekt über die grafische Darstellung zugänglich, denn auch ein mathematischer Ausdruck $ax + by + cz + d = 0$ der eine Ebene repräsentiert, wird erst über die Abbildung in dem Vorstellungsraum des Menschen wahrgenommen.

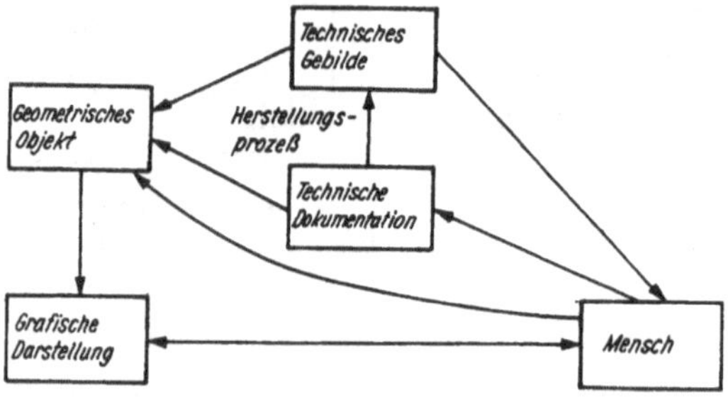

Abb. 2. Beziehungen zwischen den vier Kategorien: Technisches Gebilde, Technische Dokumentation, Geometrisches Objekt, Grafische Darstellung

Die Übertragung von Informationen in die Beschreibungsform des geometrischen Objektes wird entweder direkt vom technischen Gebilde aus oder über die Interpretation von grafischen Darstellungen bzw. Vorstellungen vollzogen. Die technische Realisierung dieser Verfahren der Transformation von Informationen aus der einen in die andere Kategorie durch die Geräte der grafischen Kommunikation wird in Kapitel 2.2.2. ausführlich behandelt. Für die Verarbeitung der Objekte der grafischen Datenverarbeitung ergeben sich daraus einige Konsequenzen. Einige dieser Konsequenzen, denen das Modell der Verarbeitung von geometrischen Objekten und grafischen Darstellungen genügen muß, wollen wir kurz angeben. Der Entwicklungsprozeß von Vorstellungen über ein neues technisches Gebilde verlangt, die zugeordneten geometrischen Objekte nicht nur als Beschreibungen statischer Zustände anzusehen, sondern den Prozeß des Entstehens, Manipulierens [1]) und Weiterentwickelns dieser im geometrischen Objekt verkörperten Vorstellungen mit zu erfassen.

Im allgemeinen wird ein kompliziertes technisches Gebilde aus Elementen aufgebaut. Auf die geometrischen Objekte angewendet heißt das, daß auch diese Objekte aus elementaren Objekten bzw. aus den in Vorstufen bereits zusammengesetzten Objekten aufgebaut werden. Deshalb müssen wir uns mit den

---

[1]) Unter der Operation „Manipulieren“ wollen wir die durch den Nutzer eines Dialogsystems ausgelösten Veränderungen an den grafischen Darstellungen zusammenfassen, wie z. B. Rotation, Translation.

Grundlagen der Beschreibung, des hierarchischen Aufbaus und der Verarbeitung von geometrischen Objekten befassen.

Zwischen dem Verarbeitungssystem der geometrischen Objekte, das sich in Form eines Programmsystems repräsentiert und dem Menschen, der dieses System aufbaut und nutzt, bestehen zwei Berührungspunkte. Das erste Mal kommt der Mensch beim Aufbau des Systems als Programmierer mit ihm in Berührung. Er legt das Repertoire der Grundelemente, die Darstellungsform der geometrischen Objekte und die Verarbeitungsprozesse fest.

Das zweite Mal hat der Mensch als Nutzer Kontakt mit diesem System, wenn er es im Dialogbetrieb zur Lösung konkreter Aufgaben einsetzt. Im folgenden werden wir uns deshalb mit den Wechselbeziehungen zwischen den Vorstellungen des Menschen einerseits und den geometrischen Objekten und den grafischen Darstellungen andererseits als auch der Steuerung dieser Prozesse auseinandersetzen müssen. Wie in 1.3. noch ausführlicher darzustellen ist, wird über die grafische Darstellung auch die Verarbeitung am geometrischen Objekt gesteuert. Das gilt sowohl für die Erfassung autonomer Prozesse in Programmen als auch für den Dialogbetrieb.

1.1.2. Zur Beschreibung geometrischer Objekte und grafischer Darstellungen

Von großer praktischer Bedeutung erweist sich die Wahl der Beschreibungsform der geometrischen Objekte und der grafischen Darstellungen. Deshalb ist es notwendig, einige grundsätzliche Möglichkeiten anzugeben. Die tatsächlich zu wählende Form der Beschreibung wird durch das eigentliche Problemfeld und die Verarbeitung dieser Objekte bestimmt.

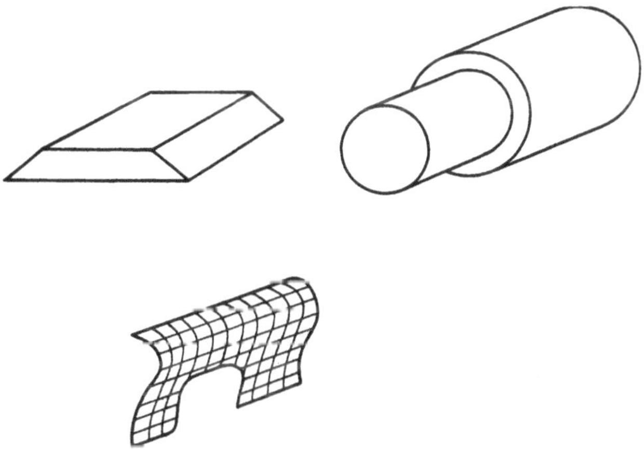

Abb. 3. Einteilung der geometrischen Objekte in prismatische Teile (a), Rotationssymmetrische Teile (b), Skulpturartige Teile (c)

Eine auf den technischen Gebilden beruhende Unterteilung wie sie Abb. 3 zeigt, sieht folgende Klassen von geometrischen Objekten vor:

- Prismatische Teile,
- Rotationssymetrische Teile,
- Skulpturartige Teile.

Prismatische Teile werden durch Ebenen begrenzt, *rotationssymetrische Teile* sind entsprechend aus Zylindern, Kegeln, Kugeln mit einer Rotationsachse aufgebaut, während die *skulpturartigen Teile* durch Flächen höherer Ordnung bzw. durch Flächen begrenzt werden, die analytisch exakt nicht zu erfassen sind [271].

Eine Frage grundsätzlicher Natur kommt in der folgenden Auffassung zum Ausdruck [209]. Vom Standpunkt der analytischen Geometrie aus gesehen können Punkte, Geraden, Ebenen, Kurven und Flächen sowie Körper als unterschiedliche Elemente aufgefaßt werden. Zwischen diesen Elementen bestehen bestimmte Beziehungen, wie sie z. B. durch Inzidenzrelationen anzugeben sind. Der mengentheoretische Standpunkt geht vom Raum als Punktmenge aus und bestimmt Punkte, Geraden, Ebenen, Kurven, Flächen und Körper als Unter- oder Teilmengen.

Wir werden zunächst vom klassischen Standpunkt der analytischen Geometrie ausgehen. Wir wählen den euklidischen Raum R^3 als Basis zur Beschreibung der geometrischen Objekte. In diesem Raum sei ein rechtwinkliges Koordinatensystem (xyz) aufgespannt, Abb. 4.

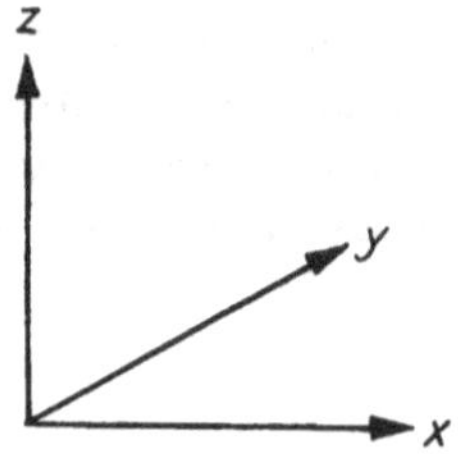

Abb. 4. Kartesisches Koordinatensystem (xyz)

Für die Beschreibung der geometrischen Objekte: Punkt, Gerade, Ebene, Kurve, Fläche, Körper und ihrer Repräsentationen als grafische Darstellungen ergeben sich folgende Möglichkeiten:

Punkt: Ein Punkt wird durch Angabe seiner drei Koordinatenwerte x, y, z bestimmt. Die grafische Darstellung des Punktes ist wieder ein Punkt in der Projektionsebene bzw. den Projektionsebenen (Abb. 5a).

Gerade: Eine Gerade im Raum wird durch die Gleichung $ax + by + cz + d = 0$ bestimmt. Ihre grafische Darstellung ist in jeder Projeektionsebene eine Gerade. Als Sonderfall kann ein Punkt in einer Ebene auftreten. In der Praxis wählt man auch die Parameterstellung $x = a + a't$, $y = b + b't$, $z = c + c't$ bzw. man beschreibt zwei Punkte und gibt an, daß sie durch eine Gerade zu verbinden sind (Abb. 5b).

Ebene: Eine Ebene im Raum wird durch die Gleichung $Ax + By + Cz + D = 0$ bestimmt.
Die Ebene selbst hat keine grafische Darstellung. Um trotzdem von ihr eine grafische Darstellung zu erhalten, kann entweder ein Netz von Parameterlinien (Geraden) auf die Ebene gelegt werden, die sich dann in den Projektionsebenen als Geraden abbilden lassen, oder es ist die Randlinie der Ebene, die durch Schnitt mit anderen Ebenen z. B. den Koordinatenebenen, zu gewinnen ist, anzugeben (Abb. 5c).

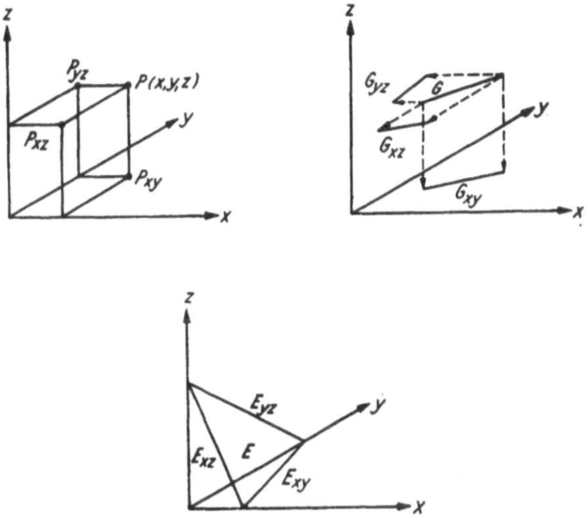

Abb. 5. Projektion

a) des Punktes $P(xyz)$ auf die Koordinatenebenen, P_{xy}, P_{xz}, P_{yz},
b) der Geraden G auf die Koordinatenebenen, G_{xy}, G_{xz}, G_{yz},
c) der Ebene E auf die Koordinatenebenen, E_{xy}, E_{xz}, E_{yz}

Für die Beschreibung einer Raumkurve oder einer Fläche wählt man zweckmäßigerweise die *Parameterdarstellung*: $x = x(t)$, $y = y(t)$, $z = z(t)$, wobei t ein Intervall $t_1 \leqq t \leqq t_2$ durchläuft. Für die Beschreibung der Raumfläche wählt man analog die Parameterdarstellung $x = x(u, v)$, $y = y(u, v)$, $z = z(u, v)$, wobei u und v in einem Intervall $u_1 \leqq u \leqq u_2$, $v_1 \leqq v \leqq v_2$ laufen. Bekanntgeworden ist die Beschreibung von komplizierten Flächenstücken nach Coons [69].

Ein Coons-Flecken wird durch die Parameterdarstellung $x = x(u, v)$, $y = y(u, v)$, $z = z(u, v)$ mit $1 \leqq u \leqq M$ und $1 \leqq v \leqq N$ beschrieben. Er kann durch die Angabe der Koordinaten der Stützpunkte $(x, y, z)_{ik}$ bzw. durch die Koordinaten der Stützpunkte und durch Angabe der Tangentialvektoren in diesen Stützpunken bestimmt werden. Ein derartiger Flecken kann als Segment einer Raumfläche angesehen werden, das durch vier Raumkurven begrenzt ist. Sind die Randkurven kubische Funktionen, dann spricht man von sogenannten *bikubischen Flecken*.

Die zwischen den Stützpunkten liegenden Punkte werden durch einen Interpolationsalgorithmus bestimmt. Für einen Flecken gilt die Berechnungsformel für die inneren Punkte [176]:

$$\begin{aligned}P(u, v) = {} & F(u, v) \cdot (P(0, 0) + F(1 - u, v) \cdot P(1, 0) \\ & + F(u, 1 - v) \cdot P(0, 1) + F(1 - u, 1 - v) \cdot P(1, 1) \\ & + G(u, v) \cdot T_u(0, 0) - G(1 - u, v) \cdot T_u(1, 0) \\ & + G(u, 1 - v) \cdot T_u(0, 1) - G(1 - u, 1 - v) \cdot T_u(1, 1) \\ & + G(u, v) \cdot T_v(0, 0) + G(v, 1 - u) \cdot T_v(1, 0) \\ & - G(1 - v, u) \cdot T_v(0, 1) - G(1 - u; 1 - u) \, T_v(1, 1) \\ & + H(u, v) \, W(0, 0) - H(1 - u, v) \, W(1, 0) - H(u, 1 - v) \\ & \quad W(0, 1) + H(1 - u, 1 - v) \cdot W(1, 1)\end{aligned}$$

mit

$$\begin{aligned}F(u, v) &= f(u) \cdot f(v) \\ G(u, v) &= g(u) \cdot f(v) \\ H(u, v) &= g(u) \cdot g(v) \\ f(t) &= 2t^3 - 3t^2 + 1 \\ g(t) &= t^3 - 2t^2 + t.\end{aligned}$$

$P(u, v)$ sind die Koordinaten am Punkt u, v.
$P(0,0)$, $P(0, 1)$, $P(1, 0)$, $P(1, 1)$ sind die Eckpunkte des Fleckens.
T_u, T_v sind die Tangentenvektoren.
W ist der Normalenvektor.
Durch entsprechende Festlegungen an den Randpunkten (Tangentenvektoren) ist es möglich, Coons' Flecken stetig zusammenzusetzen und damit komplizierte skulpturartige Gebilde aufzubauen. Die grafische Darstellung eines Coons' Flekken wird durch die Projektion ausgewählter Parameterkurven u = const. und v = const. erreicht (Abb. 6).

Weitere Beschreibungsformen für skulpturartige Flächen sind in [4, 50, 67, 77, 114, 147, 225, 321] angegeben. Einen Spezialfall stellt die Approximation von

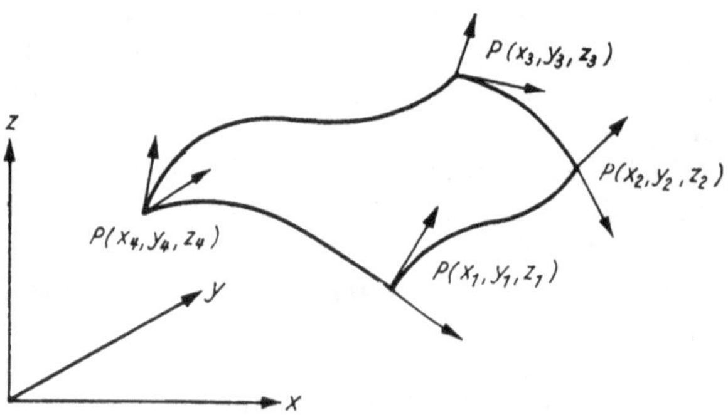

Abb. 6. Darstellung von Coons—Flecken mit den Richtungsvektoren an den Eckpunkten P

Kurven in der Ebene dar [3, 78, 117, 149, 302, 329]. Eine einheitliche Einteilung der Grundgebilde und ihrer grafischen Darstellungen ist durch die ihnen innewohnende Dualität nicht möglich. So ist die Schnittlinie zweier Ebenen eine Gerade, ein Punkt wiederum kann dargestellt werden durch den Schnitt zweier Geraden bzw. dreier Ebenen usw.

Diese Schwierigkeit zeigt sich auch in der in [199] vorgeschlagenen Einteilung der geometrischen Objekte in

Graphen

Flecken

Körper,

die dem System DIGRA zugrunde gelegt sind.

Deshalb ist die Festlegung des Modells der geometrischen Objekte und ihrer grafischen Darstellungen den praktischen Erfordernissen angepaßt vorzunehmen.

1.1.3. Der hierarchische Aufbau von geometrischen Objekten

Wir setzen voraus, daß eine Menge von Grundgebilden (Punkt, Strecke, Fläche, Körper) vorgegeben ist. Aus dieser Menge von Grundgebilden werden nach einer festgelegten Syntax neue Gebilde aufgebaut. Dieser Aufbau erfolgt als rekursive Operation, d. h. die aus Grundgebilden aufgebauten Gebilde können mit weiteren Grundgebilden zu neuen Gebilden verknüpft werden. Mit dieser Aufgabe der Erfassung der Beschreibung eines geometrischen Objektes sind zwei einander entgegengesetzt stehende Forderungen verbunden.

- Die Beschreibung des geometrischen Objektes muß so erfolgen, daß diese Objekte weiter verarbeitet und auf diese Beschreibung problemorientierte Algorithmen angewendet werden können.
- Die Beschreibung des geometrischen Objektes muß aber auch so strukturiert sein, daß daraus die grafischen Darstellungen abgeleitet werden können. Mit diesen grafischen Darstellungen ist, wie in 2.2.2.3. behandelt wird, noch eine weitere Abbildung verbunden. Das ist die Abbildung der grafischen Darstellung in eine lineare Folge von Steuerinformationen zur Steuerung des Zeichenstiftes bzw. des Elektronenstrahls auf dem Bildschirm, um die grafische Darstellung auch technisch zu realisieren.

Auch unter diesen Gesichtspunkten bestimmt die Praxis die Wahl der Struktur und der Beschreibung der geometrischen Objekte. Von Miller/Shaw [256] wurde 1967 auf Arbeiten von Shaw [336] und Kirsch [200] aufbauend ein Versuch unternommen, unter dem Namen *Bild-Kalkül* ein Modell zur Beschreibung des Aufbaues geometrischer Objekte anzugeben. Man beschränkt sich zunächst auf ebene Gebilde. Dieser Kalkül erlaubt die Beschreibung der Zusammenstellung sogenannter *primitiver Elemente*, die den Grundelementen entsprechen, zu einem Bild, zu einer 2-D-Darstellung.

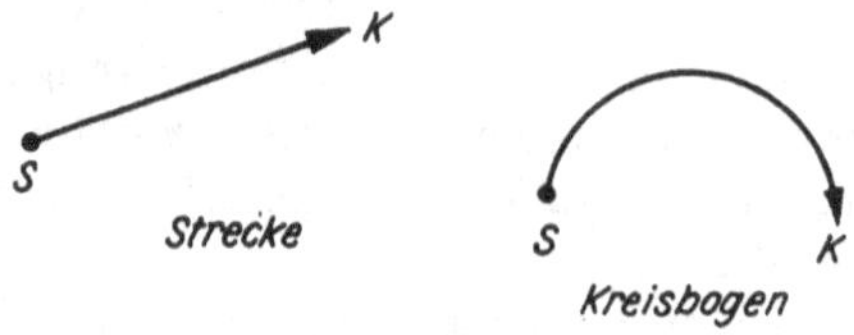

Abb. 7. Primitive Elemente: Strecke, Kreisbogen, S – Schwanz des Elementes, K – Kopf des Elementes

Es wird von diesen primitiven Elementen als 2-D-Objekten ausgegangen, die die Eigenschaft haben, zwei ausgezeichnete Punkte (Kopf und Schwanz) zu besitzen. Diese Stellen sind die Punkte möglicher Verbindung. Diese primitiven Elemente werden in Klassen unterteilt beschrieben, die Angaben über den Namen des Elements enthalten, die die Angaben über Kopf und Schwanz spezifizieren und die weitere, das Element charakterisierende Angaben umfassen. Für ein zur Erläuterung aufgeführtes Beispiel werden die primitiven Elemente: Strecke und Kreisbogen verwendet. In Abb. 7 sind diese Elemente mit Kopf und Schwanz dargestellt. Als Operatoren werden u. a. die in Abb. 8 erklärten Operationen zugelassen: +, ∗, −.

In diesem Beispiel, das das Vorgehen erläutert, werden 6 primitive Klassen vorgegeben. Sie sind in Abb. 9 dargestellt. Die Klasse der Gebilde mit dem

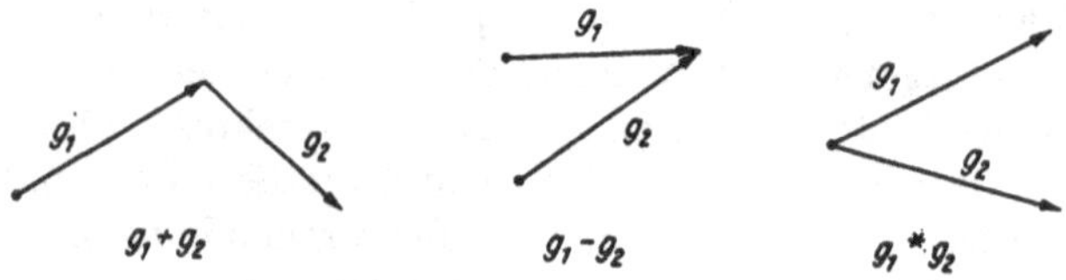

Abb. 8. Darstellungen der Operatoren: +, −, *

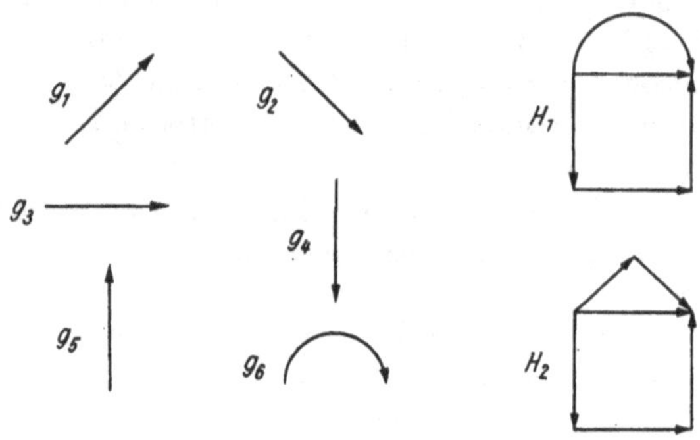

Abb. 9. Darstellung der im Beispiel verwendeten primitiven Elemente und der Ergebnisse H_1 und H_2 (nach [256])

Namen H (Haus) kann nun wie folgt beschrieben werden:

$$\begin{aligned} H &\to (R * B) \\ R &\to R_1/R_2 \\ R_1 &\to ((g_1 + g_2) * g_3) \\ R_2 &\to (g_6 * g_3) \\ B &\to ((g_4 + g_3) + g_5) \,. \end{aligned}$$

Je nachdem, ob R_1 oder R_2 gewählt wird, wird eins der beiden Gebilde, wie sie in Abb. 9 angegeben sind, beschrieben. Von STATON [348], GEORGE [124] wurde dieser Gedanke aufgegriffen und weiterentwickelt und von KIESEWETTER [199] auf die Basis von *algebraischen Strukturen* verallgemeinert.

Es werden die Klassen von Gebilden behandelt [199]:

G: Graph — Struktur,
F: Flecken — Struktur,
K: Körper — Struktur.

Das Ziel dieses Vorgehens ist auch hier, nicht nur eine fertige Zeichnung zu erfassen, sondern auch die Reihenfolge, in der die Teilgebilde erzeugt wurden, zu beschreiben. Die verwendeten Begriffe „Grundelemente" oder „Grundgebilde" bezeichnen Objekte, die für diese Anwendung nicht weiter zu zerlegen sind; sie werden eindeutig durch Daten beschrieben. Durch geometrische Operationen werden daraus Gebilde aufgebaut.

G-Struktur

Die Grundelemente, von denen ausgegangen wird, sind die Punkte der Ebene oder des Raumes $P = (p_i)$. P ist Grundmenge der möglichen Punkte p_i. Als Operatoren wurden „Verbinden" und „Anreihen" zugelassen. Die Operation „*Verbinden*", gekennzeichnet durch das Zeichen „—", erzeugt eine Strecke, die die beiden Punkte p_1 und p_2 verbindet $(p_1 - p_2) = x$. Das so erzeugte Element x gehört zur G-Struktur. Der Anfangspunkt dieses gerichteten Elementes x sei $s(x)$, der Endpunkt $e(x)$.

Die Operation „*Anreihen*" wird durch das Operationszeichen „·" gekennzeichnet. Sie fügt die beiden Punkte p_1 und p_2 zusammen und ordnet sie der G-Struktur zu, ohne das ein zusätzliches Element erzeugt und eingeordnet wird $(p_1 \cdot p_2)$. Beide Operationen sind in ihrer Wirkungsweise in Abb. 10 dargestellt.

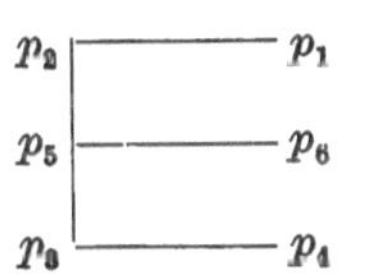

$$p_1 - p_2 - p_5 - p_3 - p_4 \cdot p_5 - p_6$$

Abb. 10. Beispiel für die Wirkungsweise der Operation Anreihen „—" und Verbinden „·"

Wählt man als Operationszeichen $\circ$ für die Operationen —, ·, so kann in dem Ausdruck $x = g_1 \circ g_2 \circ g_3 \cdots g_n$ jede Struktur, die aus den Punkten P und den Kanten K aufgebaut ist, erfaßt werden. $K = K\,\{(p_i - p_i)\}^{m_{ij}}$ ist die Menge der Kanten des Graphen. G ist die Menge der Punkte und Strecken.

$$\Gamma = \langle G, -, \cdot\rangle \text{ wird als Algebra aufgefaßt.}$$

F-Struktur

Körper und Flächen werden aus Flecken aufgebaut. Die Grundelemente sind die in Parameterdarstellung $x = x(u, v)$, $y = y(u, v)$, $z = z(u, v)$ beschriebenen Flecken. Ein Parameterflecken wird durch den logischen Ausdruck $c = (x = x(u, v)) \wedge (y = y(u, v)) \wedge (z = z(u, v)) \wedge (b(u, v))$ definiert, der den Wert 1 annimmt, wenn der Punkt $P(x, y, z)$ zum Flecken gehört. $b(u, v)$ ist eine zweiwertige Funktion und dient zur Begrenzung des Fleckens. Sie nimmt innerhalb des Fleckens den Wert „1" und außerhalb den Wert „0" an. Im Sinne der Verknüpfung zweier Punktmengen werden zwei Flecken durch die Disjunktion zusammengefügt: $f = f_1 \vee f_2$. Wir haben jetzt $\Phi = \langle F, v\rangle$ als Algebra anzusehen.

K-Struktur

Neben dem Aufbau von Körpern aus Flecken ist es auch notwendig, Körper aus Grundkörpern aufzubauen. Analog der Verknüpfung von Punktmengen werden Körper durch die logischen Funktionen Disjunktion und Konjunktion aufgebaut: $K = K_1 \vee K_2$, $K = K_1 \wedge K_2$. Die Grundgebilde sind reellwertige Funktionen $a(x, y, z)$. Wir können für jeden Ausdruck a definieren:

$$h(x, y, z) = [a(x, y, z) \leqq 0] \text{ abgeschlossener Hauptkörper}$$
$$h(x, y, z) = [a(x, y, z) < 0] \text{ offener Hauptkörper}$$
$$h(x, y, z) = [a(x, y, z) = 0] \text{ Hauptfläche}$$

Wir haben hier die Algebra $B = \langle K, \vee, \wedge\rangle$ vorliegen. Diese allgemeinen Darstellungen über die Beschreibung und den hierarchischen Aufbau von geometrischen Objekten und grafischen Darstellungen werden jeweils durch die vorliegenden Aufgabenstellungen beeinflußt, so daß in der Praxis eine Vielzahl von Abwandlungen und Veränderungen dieser Formen sowie von Spezialfällen der Beschreibung bedeutungsvoll sind.

1.1.4. Manipulationen am 3-dimensionalen Objekt

In den vorangegangenen Kapiteln hatten wir die Beschreibung der Grundelemente und den hierarchischen Aufbau von Objekten aus diesen Grundelementen behandelt. Auf diese Beschreibungsformen orientiert müssen die Verarbeitungsroutinen dieser Objekte aufgebaut werden. So ist für jede Darstellungsform der Gebilde der zugehörige Satz von Verarbeitungsroutinen zu entwickeln und bereitzustellen. Wir werden uns auf eine Klasse einfacher Objektbeschreibungen beschränken müssen und werden an diesen Objekten die Klasse der *Manipulationen mit 3-dimensionalen geometrischen Objekten* behandeln.

Von L. G. ROBERTS [306, 305] wurden 1963 die bekannten *homogenen Koordinaten* in Verbindung mit der Matrixtechnik zur Beschreibung von geometrischen Objekten und ihrer Verarbeitungsprozesse mit Erfolg eingeführt. Seitdem ist diese Form der mathematischen Beschreibung in der Anwendung allgemein üblich geworden. Diese Technik erlaubt eine einheitliche Beschreibung der Manipulationen mit geometrischen Objekten und ermöglicht zusätzlich die Integration der perspektivischen Darstellung, die in 1.1.5. beschrieben wird, in einem einheitlichen Algorithmus. Die homogene Koordinatentechnik kann einmal als Darstellung eines n-dimensionalen Objektes in einem $(n + 1)$-dimensionalen Raum aufgefaßt werden, kann aber auch als Hinzufügen eines Maßstabfaktors betrachtet werden. Der Punkt $[x, y]$ in der Ebene kann in dieser Weise beschrieben werden: $[x\ y\ 1]$. Nach Multiplikation mit dem Maßstabfaktor w ergibt sich die Gleichheit $[x\ y\ 1] = [xw\ yw\ w]$. Die ursprünglichen Koordinaten des Punktes erhält man daraus durch Anwendung der Division durch w:

$$x = \frac{xw}{w}, \qquad y = \frac{yw}{w}.$$

Es ist günstig, die Manipulationen in homogenen Koordinaten vorzunehmen und dann durch Division mit dem Maßstabfaktor die eigentlichen Koordinatenwerte in der 2-dimensionalen Ebene wieder zu gewinnen. Wir betrachten ein Beispiel für die Beschreibung einer Ebene und eines Punktes in homogenen Koordinaten.

Die Gleichung einer Ebene im 3-D-Raum lautet:

$$Ax + By + Cz + D = 0.$$

In Matrizenschreibweise läßt sich diese Gleichung so aufschreiben:

$$[x\ y\ z\ 1] \begin{bmatrix} A \\ B \\ C \\ D \end{bmatrix} = 0.$$

In homogenen Korodinaten erhalten wir in diesem 4-stelligen Vektor eine für Punkt und Ebene einheitliche Darstellung:

$$[x\ y\ z\ w] \begin{bmatrix} A \\ B \\ C \\ D \end{bmatrix} = 0.$$

$[x\ y\ z\ w]$ sind die homogenen Koor- $\begin{bmatrix} A \\ B \\ C \\ D \end{bmatrix}$ dinaten des Punktes, während die homogenen Koordinanaten der Ebene dargestellt.

Für die Erläuterung der Operationen der Manipulation gehen wir von einem einfachen übersichtlichen *Punktmodell* aus. Dieses Punktmodell wird durch die Menge der Punkte und durch die Inzidenzmatrix der zwischen diesen Punkten bestehenden Verbindungen charakterisiert. In dieser Darstellungsform ist (wie in 1.1.3. erläutert) Übereinstimmung mit einem Graphen erzielt. Ein derartiger *Graph,* wie ihn Abb. 11 zeigt, kann somit als geometrisches Objekt eines durch ebene Flächen begrenzten Körpers angesehen werden. Man spricht bei den grafischen Darstellungen eines derartigen Gebildes von sogenannten Glas- oder *Drahtgittermodellen,* oder im angelsächsischen Sprachraum von Polyhedra. Eine Vielzahl von praktischen Anwendungsgebieten der grafischen Datenverarbeitung läßt sich mit derartigen einfachen, durch Ebenen begrenzten geometrischen Objekten hinreichend genau approximiert behandeln.

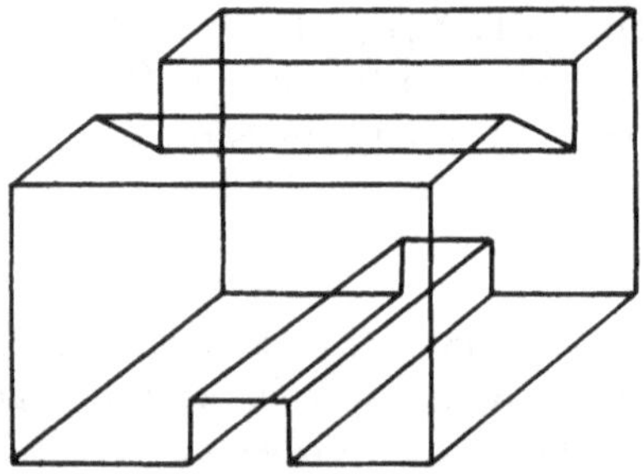

Abb. 11. Der Graph als Drahtgittermodell

Die Struktur dieses geometrischen Objektes, die sich in der Menge der Punkte und der jeweils zwei Punkte verbindenden Kanten ausdrückt, verändert sich durch die Anwendung der Manipulationen nicht. Wir werden deshalb bei Manipulationen nur die Punkte zu betrachten haben. In analoger Weise kann der mathematische Formalismus auf geometrische Objekte, die durch beliebige Flächen begrenzt sind, angewendet werden. Das setzt aber voraus, daß eine hinreichend genaue Approximation durch Ebenen erfolgt ist, bzw. die zur grafischen Darstellung benötigten Punkte alle explizit angegeben werden können.

Wir gehen von einer Punktmenge p_i:$[x_i\ y_i\ z_i\ 1]$, dargestellt in homogenen Koordinaten, aus. Die Manipulationen lassen sich auf die drei Operationen: Rotation, Skalierung, Translation und Kombinationen aus diesen Operationen zurückführen (Abb. 12) [4, 10, 94, 305, 306]. Eine *Rotation* um eine beliebige Achse wird als nacheinander ausgeführte Rotation um die drei Koordinatenachsen aufgefaßt. Da diese Operationen nicht kommutativ sind, muß die Reihenfolge festgelegt werden. Wir wählen die Reihenfolge: Drehung um die x-Achse um den Winkel α, Drehung um die y-Achse um den Winkel β und Drehung um die z-Achse um den Winkel γ. Die Skalierungsfaktoren in den drei Koordinatenrichtungen seien S_x, S_y, S_z.

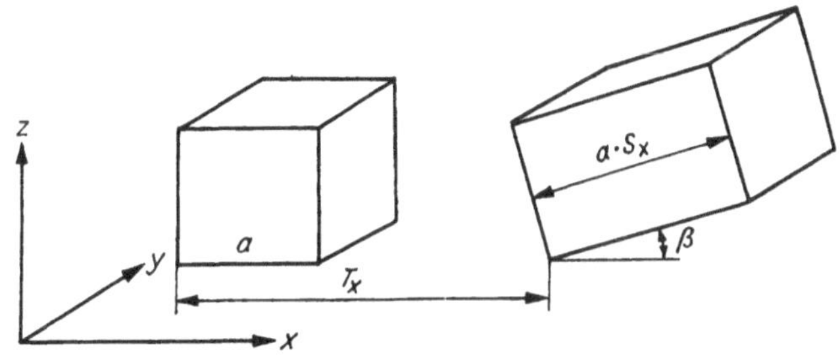

Abb. 12. Anwendung der Operationen: Rotation, Translation, Skalierung auf den Würfel mit der Kantenlänge a, β: Drehwinkel um die y-Achse, T_x: Wert der Verschiebung in Richtung der x-Achse, S_x: Skalierungsfaktor in Richtung der x-Achse

Die Größen zur Beschreibung der Translation wählen wir: T_x, T_y, T_z in den jeweiligen Koordinatenrichtungen. Wie in Abb. 13 dargestellt, läßt sich die Gesamtoperation „Manipulation" durch Hintereinanderausführen dieser Einzeloperationen mit den entsprechend angegebenen Parametern beschreiben.

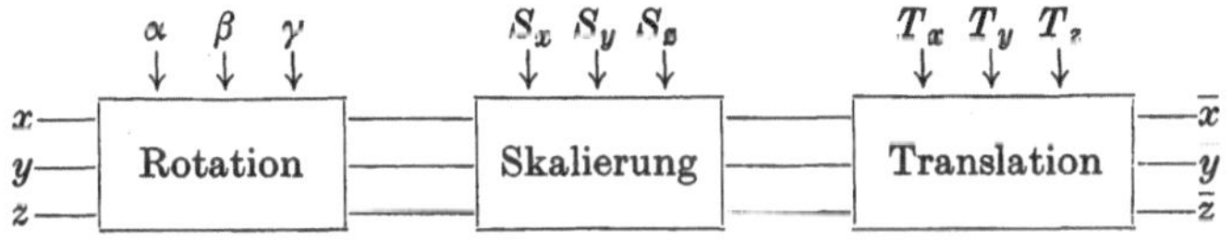

Abb. 13. Serienschaltung der Operationen: Rotation, Skalierung, Translation. Anwendung auf die Koordinatenwerte des Punktes $P(xyz)$.
α, β, γ — Drehwinkel um die x-Achse, y-Achse, z-Achse, S_x, S_y, S_z — Skalierungsfaktoren, T_x, T_y, T_z — Translationswerte.
$\bar{x}$, $\bar{y}$, $\bar{z}$ — Neue Koordinatenwerte des Punktes im ursprünglichen Koordinatensystem

Betrachten wir zunächst die Operation Rotation um die x-Achse. Die Drehung des Koordinatensystems yz um die x-Achse um den Winkel α führt zum neuen Koordinatensystem y' z'. Die Berechnung der Koordinaten des Punktes $P[x, y, z, 1]$ im neuen Koordinatensystem wird nach der Formel

$$\begin{aligned} x' &= x \\ y' &= y \cdot \cos\alpha + z \cdot \sin\alpha \\ z' &= -\, y \cdot \sin\alpha + z \cdot \cos\alpha \end{aligned}$$

durchgeführt (Abb. 14).

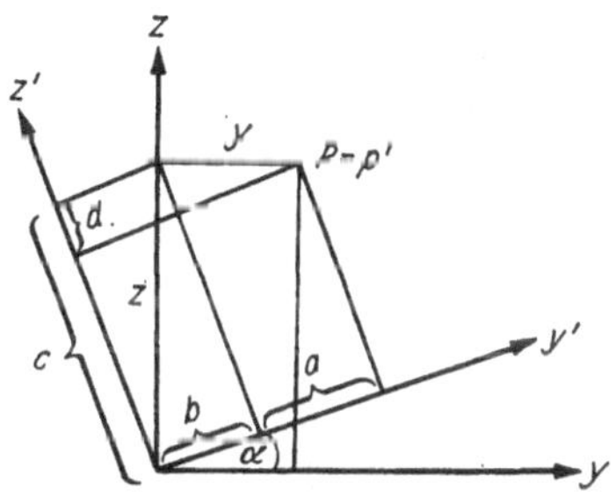

Abb. 14. Zur Ableitung der Koeffizienten der Rotation um die x-Achse (Winkel α): $y' = a + b = y \cdot \cos\alpha + z \cdot \sin\alpha$, $z' = c - d = z \cdot \cos\alpha - y \cdot \sin\alpha$

Da uns nicht die Koordinatentransformation interessiert, sondern die Bewegung des Punktes $P[x, y, z, 1]$ im ursprünglichen Koordinatensystem, ist es notwendig, den Winkel α durch $-\alpha$ zu ersetzen, um die Bewegung des Punktes durch diese Gleichung auszudrücken.

Die Berechnungsformeln lassen sich in Matrixschreibweise umgesetzt wie folgt angeben:

$$R_1 = \begin{vmatrix} 1 & 0 & 0 & 0 \\ 0 & \cos\alpha & -\sin\alpha & 0 \\ 0 & \sin\alpha & \cos\alpha & 0 \\ 0 & 0 & 0 & 0 \end{vmatrix}$$

$$[x' \; y' \; z' \; 1] = [x \; y \; z \; 1] \cdot R_1.$$

Analog lassen sich die Rotationen des Punktes $P[x, y, z, 1]$ um die anderen beiden Achsen y und z ableiten.

Diese drei Matrizen R_1, R_2 und R_3 werden zur Matrix R_4 als resultierende Transformationsmatrix für die Rotationen im 3-D-Raum vereinigt.

$$R_4 = R_3 \cdot R_2 \cdot R_1 = \begin{vmatrix} R_{11} & R_{12} & R_{13} & 0 \\ R_{21} & R_{22} & R_{23} & 0 \\ R_{31} & R_{32} & R_{33} & 0 \\ 0 & 0 & 0 & 1 \end{vmatrix}$$

$$= \begin{vmatrix} \cos\beta \cdot \cos\gamma & \sin\alpha \cdot \sin\beta \cdot \cos\gamma - \cos\alpha \cdot \sin\gamma & \sin\alpha \sin\gamma + \cos\alpha \cdot \sin\beta \cos\gamma & 0 \\ \cos\beta \sin\gamma & \sin\alpha \sin\beta \sin\gamma + \cos\alpha \cdot \cos\gamma & \cos\alpha \sin\beta \sin\gamma - \sin\alpha \cos\gamma & 0 \\ -\sin\beta & \sin\alpha \cos\beta & \cos\alpha \cdot \cos\beta & 0 \\ 0 & 0 & 0 & 1 \end{vmatrix}$$

Die Anwendung der Operation „*Skalieren*" bedeutet, in Richtung der Koordinatenachsen eine Maßstabsänderung durchzuführen. Liegt der Skalierungsfaktor im Bereich $0 < S < 1$, dann wird eine Stauchung des Körpers in dieser Richtung vorgenommen, liegt er im Bereich $1 < S < \infty$, dann sprechen wir von einer Dehnung in dieser Richtung.

Diese Skalierungsmatrix läßt sich leicht ableiten, sie hat die Gestalt

$$S = \begin{vmatrix} S_x & 0 & 0 & 0 \\ 0 & S_y & 0 & 0 \\ 0 & 0 & S_z & 0 \\ 0 & 0 & 0 & 1 \end{vmatrix}.$$

Eine Verschiebung des Körpers parallel zu den Koordinatenachsen wird durch die *Translations*operation ausgelöst. Die Translationsmatrix hat die Gestalt:

$$T = \begin{vmatrix} 1 & 0 & 0 & 0 \\ 0 & 1 & 0 & 0 \\ 0 & 0 & 1 & 0 \\ T_x & T_y & T_z & 1 \end{vmatrix}.$$

Die resultierende Matrix, die alle drei Operationen verkettet enthält, wird durch Multiplikation von R_4, S und T erzeugt. Die neuen Koordinaten des Punktes $P[x, y, z, 1]$, der diesen Operationen unterzogen worden ist, werden durch Multiplikation mit R_5 erhalten

$$[x_{RST}\ y_{RST}\ z_{RST}\ 1] = [xyz1] \cdot R_5 \,.$$

Die Anwendung der Matrixdarstellung und der homogenen Koordinaten erlaubt es, in dieser Formel einen geschlossenen Algorithmus für diese Manipulation an geometrischen Objekten, die in diese angegebenen Klassen fallen, anzugeben.

1.1.5. Abbildung des 3-dimensionalen geometrischen Objektes in die 2-dimensionale Ebene

Aus einem 3-dimensionalen geometrischen Objekt die 2-dimensionale grafische Darstellung abzuleiten bedeutet, die Projektion des 3-dimensionalen geometrischen Objektes auf eine beliebige 2-dimensional-Ebene oder auf mehrere Ebenen vorzunehmen [305, 306, 392]. Aus der Vielzahl der in der Praxis üblichen Abbildungen wählen wir die *Rißdarstellung* (Abb. 15) und die *Zentral-*

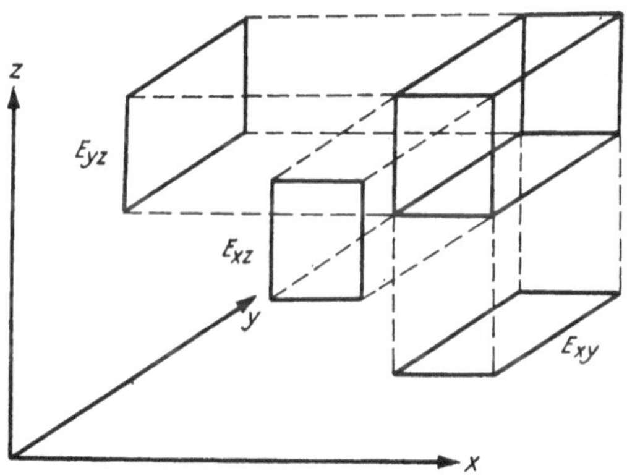

Abb. 15. Parallelprojektion des Körpers auf die Koordinatenebenen E_{xy}, E_{xz}, E_{yz}

perspektive (Abb. 16) aus. Die Rißdarstellung (Grundriß, Aufriß, Seitenriß) sind als Parallelprojektion mit Projektionsrichtungen parallel zu den Koordinatenachsen Sonderfälle der Zentralperspektive. Die Parallelprojektion ist eine Zentralperspektive mit unendlich weit entferntem Projektionszentrum.

Die Parallelprojektion z. B. parallel zur z-Achse in die senkrecht zur z-Achse liegende Projektionsebene mit den Abstand z_0 vom Ursprung bedeutet, alle z-Koordinatenwerte gleich z_0 zu setzen. Im allgemeinen wird z_0 mit der xy-

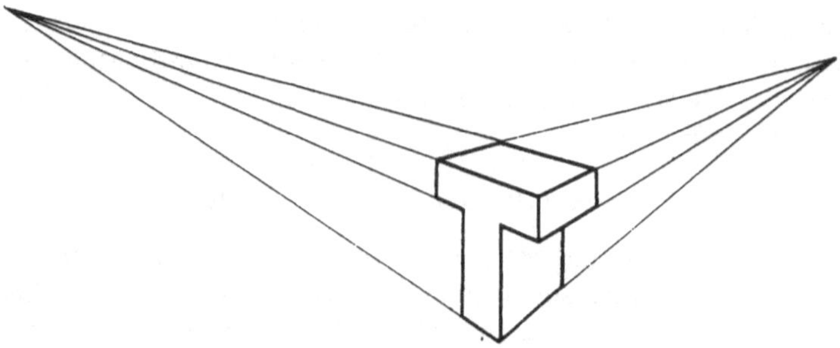

Abb. 16. Beispiel der Zentralperspektive

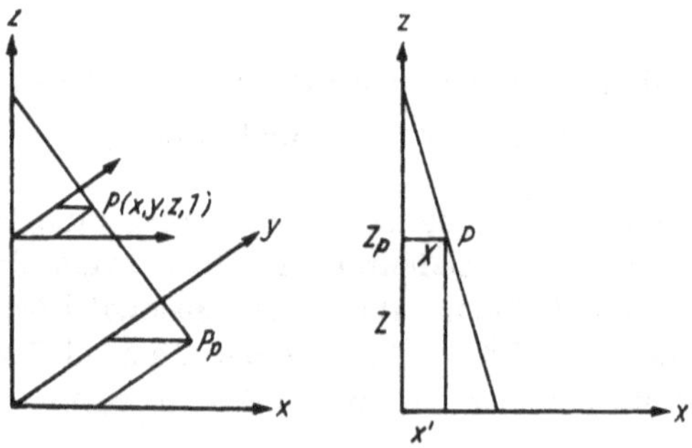

Abb. 17. Zur Ableitung der Beziehungen in der Zentralperspektive

Ebene identisch angesehen. Daraus ergibt sich die Matrix P_{xy} mit

$$P_{xy} = \begin{vmatrix} 1 & 0 & 0 & 0 \\ 0 & 1 & 0 & 0 \\ 0 & 0 & 0 & 0 \\ 0 & 0 & 0 & 1 \end{vmatrix}.$$

Analog sind die Matrizen P_{yx} und P_{xy} aufgebaut. Für die nichttriviale Aufgabe der *Zentralprojektion* legen wir als Projektionszentrum z_p fest und bestimmen, daß die Projektion auf die xy-Ebene erfolgen soll. Wir nehmen an, daß der abzubildende Körper zwischen z_p und xy-Ebene liege, obwohl das keine notwendige Forderung ist. Aus Abb. 17 lassen sich durch Anwendung des Strahlensatzes folgende Gleichungen ableiten:

$$\frac{y}{z_p - z} = \frac{y'}{z_p} \qquad \frac{x}{z_p - z} = \frac{x'}{z_p}.$$

Daraus kann man durch Umformen erhalten:

$$x' = \frac{x z_p}{z_p - z}, \qquad y' = \frac{y z_p}{z_p - z}$$

oder

$$x' = \frac{x}{1 - \frac{z}{z_p}}, \qquad y' = \frac{y}{1 - \frac{z}{z_p}}.$$

Setzen wir $1 - \frac{z}{z_p} = w$, so ergibt sich bei Übergang von den homogenen Koordinaten auf die ursprüngliche Werte:

$$x' = \frac{x}{w} \text{ und } y' = \frac{y}{w}.$$

Diese Wahl ergibt sich aus der Beziehung der homogenen Koordinaten des projizierten Punktes zu den 3-D-Koordinaten

$$[x' \; y' \; 0 \; w] = [x \; y \; z \; 1] \cdot R_6 .$$

Die Matrix R_6 hat die Gestalt

$$R_6 = \begin{vmatrix} 1 & 0 & 0 & 0 \\ 0 & 1 & 0 & 0 \\ 0 & 0 & 0 & -\frac{1}{z_p} \\ 0 & 0 & 0 & 1 \end{vmatrix}.$$

Läßt man z_p gegen unendlich gehen, so läuft $-\frac{1}{z_p}$ gegen Null. R_6 geht dann in die Matrix für die Parallelprojektion über. Die Koordinaten des Projektionspunktes lassen sich wie folgt berechnen:

$$[x_p \; y_p \; 0 \; 1] = \left[\frac{x_{RST}}{w} \; \frac{y_{RST}}{w} \; 0 \; w\right]$$

$$x_p = \frac{x_{RST}}{w}, \qquad y_p = \frac{y_{RST}}{w}, \quad \text{wobei } w = 1 - \frac{z}{z_p} \text{ ist.}$$

Die Projektion des 3-D geometrischen Objektes in die 2-D grafische Darstellung läßt sich somit harmonisch in die Matrizentechnik einordnen.

Zur praktischen Durchführung der Rechnungen geht man wie folgt vor:

In einem ersten Rechengang werden die Manipulationen verarbeitet und x_{RST}, y_{RST}, z_{RST} berechnet. Dabei werden R_{11} bis R_{33} zuerst berechnet. Dabei kommt es darauf an, die trigonometrischen Funktionen effektiv zu berechnen. In [94] werden drei mögliche Wege aufgezeigt:

Ersetzen der trigonometrischen Funktionen durch Reihen,
Verbesserung der Konvergenz der Reihen,
Benutzung der Tabellentechnik.

Im anschließenden Rechengang wird $w = 1 - \frac{z_{RST}}{z_p}$ berechnet, anschließend x_p und y_p. Damit ist ein geschlossener Algorithmus angegeben worden. Wir hatten den vorangegangenen Untersuchungen über die mathematische Erfassung der Manipulation von 3-D-Objekten und der Abbildung der 3-D-Objekte in eine 2-D-Darstellung ein vereinfachtes Modell des Objektes zugrunde gelegt. Die Objekte waren Polyeder, die sich als geometrisches Objekt in Form von Listen der Koordinatenwerte der Eckpunkte und als Liste der verbundenen Eckpunkte, der Kanten darstellen, während sie sich als grafische Darstellung in der Form von Liniengebilden, als ebene Graphen, abbildeten. Die darzustellenden Kanten repräsentieren die Schnittlinien der das geometrische Objekt begrenzenden Ebenen. Dem Betrachter bietet sich das Gebilde als durchsichtiges Drahtgebilde dar.

Die Anpassung an die Realität der technischen Gebilde verlangt, die *Undurchsichtigkeit des technischen Gebildes* in der Beschreibung des geometrischen Objektes zu berücksichtigen, aber in erster Linie bei der grafischen Darstellung der Objekte in der 2-D-Projektionsebene zum Ausdruck zu bringen.

Der Mensch nimmt Körper als räumliche, mit einem Tiefeneindruck versehene Gebilde wahr. In einer 2-D-Darstellung, einer Projektion, einem Photo wird die Wahrnehmung der Tiefe auf die Annahme des Betrachters aufgebaut, die er aus der Kenntnis der Umwelt, aus seiner Vertrautheit mit diesen Objekten ableitet. Eine dieser Vorstellung am ehesten entsprechende Darstellung wird durch zwei zugeordnete *stereoskopische Bilder*, die in bestimmter Relation zueinander betrachtet werden, hervorgerufen. Es wird die Vorstellung eines räumlichen Modells erzeugt. Beispiele dafür sind in [291] behandelt. Abb. 18 zeigt das Prinzip des stereoskopischen Effekts. Der mathematische Formalismus ist in der darstellenden Geometrie entwickelt worden und z. B. in [398] dargestellt. Der Tiefeneindruck und damit Plastizität derartiger Darstellungen von geometrischen Objekten kann noch durch *Schattenwirkungen*, die von einer Lichtquelle hervorgerufen werden, bzw. durch eine unterschiedliche Helligkeit der Flächen z. B. in Abhängigkeit vom Betrachterstandpunkt erzielt werden.

Im folgenden werden wir einige Probleme im Zusammenhang mit der *Sichtbarkeit von Flächen und Kanten* darlegen. Der Ausgang der Betrachtung ist

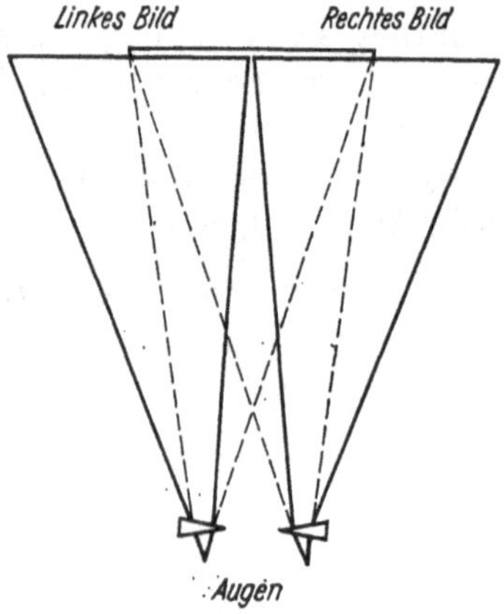

Abb. 18. Zum Prinzip des stereoskopischen Sehens

stets eine Projektion des Objektes in die 2-D-Ebene. Es bieten sich zwei Aufgabenstellungen an. Die erste Aufgabe befaßt sich mit der Ermittlung von verdeckten Flächen und Kanten, die durch Elemente des gleichen Gebildes, d. h. durch Teile des eigenen Körpers, hervorgerufen werden. Eine zweite Aufgabe befaßt sich mit der Bestimmung der Verdeckung von Teilen eines Körpers durch andere, im Beobachtungsraum befindliche Körper. Bereits 1963 [306] wurde hierzu von ROBERTS eine Lösung erarbeitet. Diese beiden Aufgaben sind in Abb. 19 dargestellt. Wir werden uns nun den Grundprinzipien

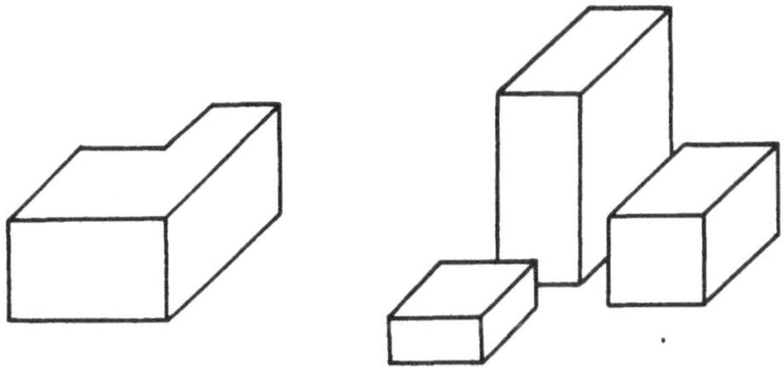

Abb. 19. Verdeckung der Kanten eines Körpers durch den eigenen Körper (a), einen anderen Körper (b)

der ersten Aufgabe zuwenden, und die Kriterien zur Ermittlung der Sichtbarkeit bzw. Nichtsichtbarkeit von Elementen eines Objektes untersuchen. Diese Kriterien werden in zwei Gruppen eingeteilt, in die Flächentests und in die Punkttests [7]. Der *Flächentest* untersucht die Sichtbarkeit einer Fläche in ihrer Gesamtheit. Eine Fläche ist dann unsichtbar, wenn der Winkel zwischen dem Sehstrahl, der vom Auge des Beobachters ausgeht und der Normalen der Fläche eines Polyeders größer als 90° ist. Jede Kante, die die Schnittlinie zweier unsichtbarer Flächen darstellt, ist unsichtbar und deshalb aus der Menge der Kanten, die die grafische Darstellung repräsentieren, zu eleminieren (Abb. 20).

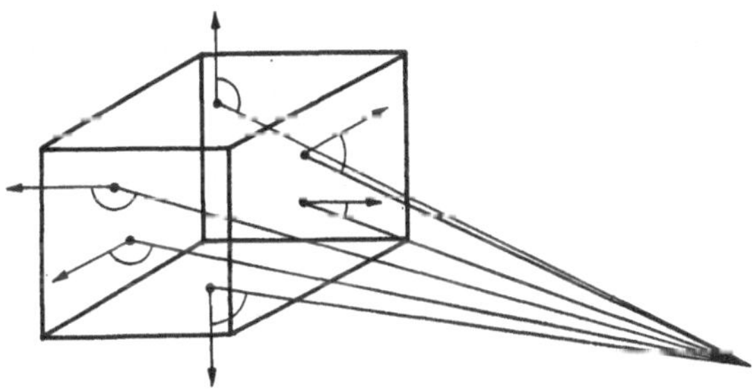

Abb. 20. Winkel zwischen Sehstrahl und Normalvektoren der Flächen

Diese sehr effektiven Flächentests sind natürlich nur auf eine beschränkte Menge von Objekten, auf die Menge der konvexen Polyeder, anzuwenden, denn es muß ausgeschlossen werden, daß Flächen teilweise verdeckt werden, was bei zulässiger Konkavität eintritt. Der Flächentest ist deshalb so effektiv, weil für jede Kante nach Ermittlung der Sichtbarkeit der Flächen nur ein Test notwendig ist, ob die Kante als Gesamtheit sichtbar oder unsichtbar ist.

Eine weit größere Klasse von Objekten kann durch den aufwendigen *Punkttest* auf Sichtbarkeit der Kanten bzw. Parameterlinien untersucht werden. Dabei wird so vorgegangen, daß die Kurve in kleine Segmente zerlegt wird. Auf dem Segment wird ein Testpunkt festgelegt, für den die Sichtbarkeit durch Überprüfung, ob zwischen diesem Punkt und dem Beobachtungszentrum ein weiterer zum Objekt gehöriger Punkt liegt, ermittelt wird. Das Ergebnis wird dann auf das ganze Segment übertragen. Zur Ermittlung der Sichtbarkeit für Punkte sind eine Reihe von Verfahren ausgearbeitet worden [245, 240, 239, 120, 100, 113, 304, 192, 193]. Von WEISS wurde z. B. ein Verfahren für Gebilde erarbeitet, die aus Ebenen und quadratischen Flächen aufgebaut sind [17].

Alle diese Verfahren verlangen, um eine ausreichende Auflösung zu erzielen, einen extrem hohen Rechenaufwand. In [376] wird angegeben, daß der Flächentest etwa die 2 — 5fache Zeit, der Punkttest die 100 — 1000fache Zeit zur Darstellung eines Objektes gegenüber der Darstellung eines Polyeders, ohne die verdeckten Linien zu eleminieren, benötigt. Die Behandlung von Objekten, deren Begrenzung von beliebigen Flächen gebildet wird, kann durch das Verfahren der punktweisen Testung erfolgen. Dabei sind Punkte auf den Parameterlinien mit entsprechend genauer Rasterung zu untersuchen. Nach JONES [189] bilden diese angegebenen Flächen- und Punkttests die erste Kategorie einer Einteilung der Verfahren. Sie beruhen auf dem vollständigen Vergleich jeder Polyederfläche mit jedem Sehstrahl, um Überdeckungen zu ermitteln.

Die zweite Kategorie von Verfahren geht davon aus, das Objekt mit einer Ebene zu schneiden, die durch den Sehpunkt führt. Auf dieser Ebene werden die Schnittpunkte mit dem Objekt bzw. den Kanten des Objektes in rekursiver Weise ermittelt und so für diese Linie ein Rasterbild erzeugt [6, 311].

Die dritte Kategorie ist an den WARNOCK — *Algorithmus* geknüpft [372]. Dieser Algorithmus geht davon aus, das Bild mit Quadraten zu überdecken und diese solange in rekursiver Weise zu unterteilen, bis ein Quadrat erreicht ist, das keine Details mehr enthält (Kanten, Punkte) oder die vorgegebene Minimalgröße erreicht ist. Die kleinsten Quadrate, die noch detaillierte Informationen enthalten, sind dann sog. „Schlüsselquadrate“. Diese Quadrate sind entscheidend für die Bestimmung der Sichtbarkeit und im Zusammenhang mit der Herstellung von Grautonbildern für die Festlegung des Wechsels in der Skala der Werte. Diese Lichtintensität ist abhängig vom Winkel zwischen dem Lichteinfall und der Normalen eines Flächenstückes. Auch für diese Aufgabe der Schattenberechnung und Ermittlung von *Grauton-Bildern* wurde eine Reihe von Verfahren erarbeitet [51, 52, 96, 140, 275, 300, 393].

1.2. Speicherung der Objekte der grafischen Datenverarbeitung — Datenstrukturen

1.2.1. Allgemeine Speicherorganisation

Die Durchführung von Informationsverarbeitungsprozessen setzt die Speicherung der zu verarbeitenden Informationen voraus. Das sind sowohl Anweisungen, nach denen die Verarbeitung zu geschehen hat, das sind aber auch geeignete Beschreibungen der im Prozeß zu verarbeitenden Objekte. Die Speicherorganisation entscheidet mit über die Effektivität des gesamten Informationsverarbeitungsprozesses. Deshalb ist der Organisation des Speichers und der Gestaltung der damit verbundenen Prozesse des Abspeicherns und des Wiederfindens dieser Informationen besondere Aufmerksamkeit zu schenken [264, 328].

Wir gehen davon aus, den Speicher als eine Menge $\{S\}$ von eindeutig identifizierbaren Elementen S_i, $i = 1, 2, \ldots n$ aufzufassen. Die Elemente selbst sind Folgen von Informationen. Diese Informationen haben zwei Aspekten zu genügen, sie haben sowohl den Inhalt der Elemente zu repräsentieren als auch der Identifikation der Elemente selbst zu dienen. Das erlaubt, die Speicher in zwei Kategorien einzuteilen. Bei der ersten Kategorie, den *Adreßspeichern*, haben wir deshalb zwei Klassen von Informationen zu unterscheiden, Informationen, die die Menge der Elemente repräsentieren und Informationen, die zur Identifikation dieser Elemente benötigt werden. Die erste Klasse von Informationen wird als Inhalt der Speicherelemente bezeichnet, wir schreiben für den Inhalt des Elements $S_i : \langle S_i \rangle$. Da die Informationen einem Verarbeitungsprozeß unterliegen, ist der Inhalt der Elemente S_i eine Funktion der Zeit. Die zweite Klasse von Informationen bilden die Adressen der Elemente, wir wählen hierfür die Bezeichnung $\rangle S_i \langle$. Die zweite Kategorie von Speichern, die *assoziativen Speicher*, wird durch die Eigenschaft gekennzeichnet, daß diese beiden Klassen von Informationen identisch sind.

Wir finden bei den Adreßspeichern ein in der Mathematik bekanntes Vorgehen analog verwendet: Variable, Name der Variablen, Wert der Variablen. Der Variablen entspricht ein bestimmtes Element des Speichers, wobei der Name der Variablen die Identifikation des Elements ermöglicht, während der Wert, den die Variable zu einem bestimmten Zeitpunkt der Verarbeitung annimmt, dem Inhalt des Elementes entspricht [191].

Die Elemente können selbst unterschiedlich umfangreich und komplex sein. Die jeweilige Fixierung der Struktur dieser Elemente wird sowohl durch die verwendete Technik als auch durch den zu vollziehenden Verarbeitungsprozeß geprägt.

Ausgehend vom bit als Elementareinheit der Information ist folgende Rangfolge in der Strukturierung der Elemente festzulegen [153]:

bit
byte

Wort
Eindimensionales Feld
Mehrdimensionales Feld
Einfache Listenstruktur
Symmetrische Listenstruktur
Ring-Listenstruktur
Assoziative-Listenstruktur.

Eine andere Einteilung läßt sich wie folgt treffen:

bit
byte
Wort
Block
Datei
Datenbank.

Durch die individuelle Struktur der einzelnen Rechnertypen, speziell durch die Liste der möglichen Befehle, wird bereits die Art und Weise der Abspeicherung und Wiederfindung der bit, byte und Worte fixiert und vorgegeben.

Der derzeitige Entwicklungsstand der Rechenautomaten hat dazu geführt, das „*Wort*" als Element der Speicherorganisation anzusehen, d. h., die technische Realisierung der Speicher ist wortorientiert, die Adressen identifizieren Elemente des Speicher, die jeweils ein Wort, aus einer bestimmten Anzahl von bit bzw. byte aufgebaut, aufnehmen können.

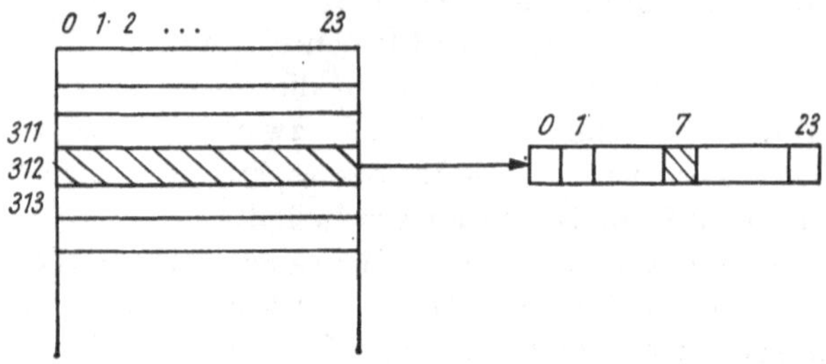

Abb. 21. Lokalisierung eines Zeichens in einem wortorientierten Speicher, 312 — Adresse des Wortes, 7 — Adresse des Zeichens im Wort

Wir sprechen von *Speicherzellen*. Entsprechende Befehle im Maschinencode mit den betreffenden Adressen ermöglichen den Zugriff zu diesen Speicherzellen. Besondere Befehle (logische Operationen und Verschiebeoperationen) ermöglichen dann den Zugriff zu bit und byte, wobei die Identifikation über die jeweilige Position im Wort erfolgt, so wie es Abb. 21 zeigt. Der Aufbau von Feldern und Listen sowie die Arbeit mit diesen Kategorien wird über Unterprogramme gesichert. Der technische Mechanismus des jeweils verwendeten Speicheraggregates bestimmt, wie der Zusammenhang von Adresse und

Inhalt der Speicherzelle realisiert wird (Kernspeicher, Magnetband, Magnetplatte).

Es sind zwei Prinzipien der Speicherorganisation und des Zugriffs üblich (Abb. 22):

— *sequentieller Zugriff* (serieller Zugriff)
— *Direktzugriff* (wahlfreier Zugriff).

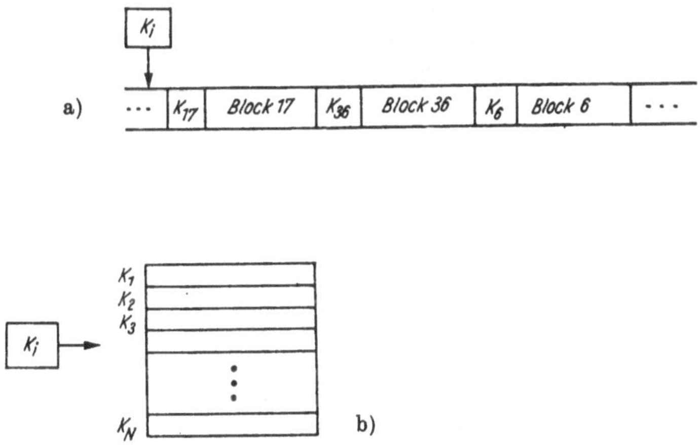

Abb. 22. a) Sequentieller Zugriff zum Speicher, b) Direktzugriff

Die *sequentielle* Methode der Speicherung verlangt, daß die Elemente in einer geordneten Folge auf dem Datenträger untergebracht sind. Zur Identifikation der Elemente ist es notwendig, die Adresse, hier Schlüssel, Kennzeichen oder Blocknummer genannt, fest mit dem Inhalt des Elementes gekoppelt abzuspeichern bzw. bei einer festen Reihenfolge die Nummer in dieser Reihe als Adresse zu benutzen. Ein typisches Gerät, das nach der sequentiellen Methode arbeitet, ist das Magnetband.

Die Methode des *direkten Zugriffs* erlaubt gleichberechtigt bzw. quasigleichberechtigt, jedes beliebige Element einzuspeichern und unabhängig von der Stellung zu den übrigen Elementen zu lokalisieren und aufzurufen. Hier gibt

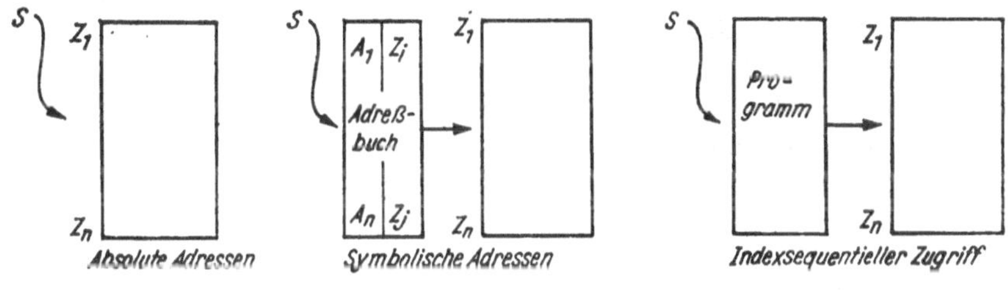

Abb. 23. Darstellung der verschiedenen Formen der Adressierung S — Suchwort, $Z_1 \cdots Z_n$ — Nummern der Zellen des Speichers, $A_1 \cdots A_n$ — symbolische Adressen

es drei wesentliche Formen des Vorgehens, um von den Informationen für die Identifikation des Elementes zum Inhalt zu gelangen. Abb. 23 stellt diese Verfahren dar.

In der einfachsten Form geht man davon aus, daß die Adressen der Elemente direkt in den Befehlen der Speicher- und Suchprogramme verwendet werden. Von *symbolischen Adressen* spricht man, wenn über ein Wörterbuch, also einer Zuordnungsvorschrift, den Adressen dem Problemkreis angepaßte Symbole oder Abkürzungen zugeordnet werden. Der Zugriff zu einem Element ist mit einem Suchprozeß im Wörterbuch gekoppelt, der die Adresse für den direkten Zugriff zum Element liefert. Die dritte Form verwendet die Informationen in der Form zur Identifikation, indem über einen vorgegebenen Algorithmus die Adressen berechnet werden. Sowohl beim Abspeichern als auch beim Wiederfinden der Elemente ist diese Berechnung der Adresse durchzuführen. Bei diesem Verfahren spricht man von der sogenannten *hash-code-Technik* [247, 261, 347]. Diese hash-code-Technik, scatter storage Technik oder indexsequentielles Verfahren [23] hat sich besonders bei der Adressierung von externen Speichern eingeführt. Diese Technik kann da vorteilhaft angewendet werden, wo die Elemente über Namen oder Schlüssel identifiziert werden und der Zugriff zu diesen Elementen in stochastischer Folge geschieht. Der Grundgedanke dieser Technik sieht vor, den Schlüssel, der mit dem abzuspeichernden oder wiederzufindenen Element verbunden ist, auszunutzen, um über eine Transformationsoperation daraus die Adresse zu erzeugen.

Günstig ist es, eine Transformation zu wählen, die die errechneten Adressen gleichmäßig über die möglichen Adressen verteilt. Bekannte Operationen sind z. B. Quadrieren des Schlüssels (der als Folge von bit aufzufassen ist), Herausgreifen einer bestimmten Anzahl von bit als Dualzahlen aus der Mitte dieses entstandenen Wortes.

Es sei der Name = 324 485. Dieser Name wird in zwei Teile zerlegt und beide werden addiert =

$$\begin{array}{r} 324 \\ 485 \\ \hline 809 \end{array}$$

809 wird als Adresse verwendet.

Diese Verfahren haben den Nachteil, daß mehrere verschiedene Schlüssel nach Anwendung der Transformationsoperation zur gleichen Adresse führen. Man spricht dann von einer Konfliktsituation.

Die Lösung dieser Konfliktsituation verlangt, Ausweichlösungen zu finden. Zum Beispiel bietet sich an, die nächste freie Adresse zu suchen oder über Verbindungsadressen die Beziehung zu einem Überlaufbereich herzustellen. Zur Sicherung der Eindeutigkeit ist es notwendig, Element und Schlüssel dann zusammen abzuspeichern. Eine besondere Bedeutung muß der Speicherung von Informationen geschenkt werden, die in verschiedenen Ebenen der Speichergeräte untergebracht sind. Müssen umfangreiche Informationsmengen gespeichert werden, so ist die Verwendung von sekundären Speichern unumgänglich. Zur Steuerung dieses Zusammenspiels und zur Abwicklung der Informationstransporte werden Dienstleistungsprogramme zur Unterstützung des Programmierers wirksam. Diese Programme realisieren einen automatischen Austausch der Speicherelemente. Hier ist die sogenannte paging-Technik zu erwähnen, die den Datentransport in Blöcken, sogenannten Seiten, organisiert. Ohne daß der Programmierer diese Probleme detailliert durchdenken muß, wird der Zusammenhang zwischen dem direkt adressierbaren Teil des Arbeitsspeichers und den externen Speichern hergestellt. Wir sprechen hier von einer Ebene der Speicherorganisation, die all die Prozesse zusammenfaßt, die vom Programm, vom Informationsverarbeitungsprozeß her gesehen das direkte Speichern und Wiederfinden von Elementen, in erster Linie von Worten realisiert. Die Elemente selbst werden über ihre Adressen erreicht, während der semantische Inhalt jeweils nur über das zugeordnete Verarbeitungsprogramm zugänglich ist. Die zwischen den Elementen in praxi bestehenden Relationen und semantischen Zusammenhänge können nur über das Verarbeitungsprogramm sichtbar und nutzbar werden. In dieser Gesamtheit der gespeicherten Elemente sind diese Relationen nicht explizit erfaßt, die Elemente bilden eine nichtstrukturierte Menge.

Besonders im Anwendungsgebiet der grafischen Datenverarbeitung ist es unumgänglich und notwendig, existierende Relationen zwischen den Elementen einer Menge in dieser Menge selbst zum Ausdruck zu bringen und dort explizit zu erfassen. Hierzu werden die Datenstrukturen eingeführt. Auf dem Gebiet der Informationswiederfindung (information retrival) wurden für die Verarbeitung von Zusammenhängen in Texten, hier liegen eindimensionale Zusammenhänge vor, spezielle Sprachen mit Listenstrukturierung der Daten entwickelt [48], [211], [227]. Den Belangen der grafischen Datenverarbeitung nach mehrdimensionalen Zusammenhängen sind diese Systeme nicht angepaßt.

Die auf dem Begriff der Liste basierende Speicherform erlaubt es, Beziehungen zwischen den Inhalten der Menge der gespeicherten Elemente in diese Menge selbst hineinzutragen und zu fixieren und diese Zusammenhänge für die Speicherung und Wiederfindung der Elemente auszunutzen. Ein in diesem Programmsystem erfaßter Mechanismus erlaubt es, diese Zusammenhänge zu verfolgen und zu nutzen.

1.2.2. Erfassung logischer Zusammenhänge in Datenmengen

Wir wollen davon ausgehen, daß zwischen der ein Objekt beschreibenden Datenmenge und dem Verarbeitungsprozeß dieser Daten enge Beziehungen bestehen. Im allgemeinen werden nur die Parameter des Objektes aufbereitet und als Daten abgespeichert, die zur tatsächlichen Verarbeitung im Rahmen des vorliegenden Prozesses benötigt werden. Betrachtet man das Beispiel der Berechnung des Flächeninhaltes eines Dreiecks, so erkennt man, daß ausschließlich die Länge der Hypothenuse und der Höhe von Bedeutung sind.

Ein anderer Verarbeitungsprozeß ist zu entwickeln, wenn nur die Koordinatenwerte der Eckpunkte des Dreieckes gegeben sind und die gleiche Aufgabe zu lösen ist. Bei der Vielzahl von Anwendungsgebieten, wie z. B. Ingenieurwesen, und besonders dann, wenn interaktiv gearbeitet wird, zeigt sich, daß diese Bindung zwischen Verarbeitungsprogramm und der Speicherung der entsprechenden Parameter des Objektes von vornherein nicht im vollen Umfang zu realisieren ist. Deshalb muß nach Lösungen gesucht werden, die Objekte so detailliert zu beschreiben, daß die Prozesse einer umfangreichen Klasse

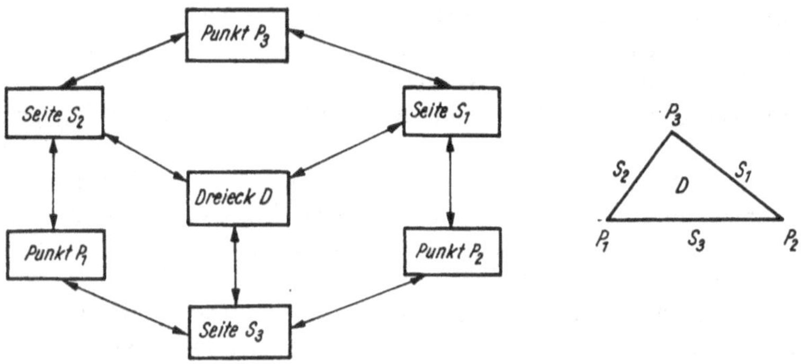

Abb. 24. Zusammenhang zwischen den Elementen des Dreiecks

von Anwendungsfällen darauf angewendet werden können, d. h., daß die benötigten Parameter aus dieser das Objekt beschreibenden Datenmenge gewonnen werden können. Die Zielstellung sieht vor, eine von speziellen Verarbeitungsprozessen losgelöste Objektbeschreibung zu entwickeln. Die beschreibende Datenmenge muß eine hinreichende Modellierung des Objektes sichern. Am Beispiel des Dreiecks Abb. 24 sind derartige Möglichkeiten demonstriert, z. B. ist es notwendig, die Zuordnung der Seiten und Punkte in der Datenmenge zu erfassen. Wenn auch damit die Notwendigkeit zum Ausdruck gebracht worden ist, daß die Struktur in der das Objekt beschreibenden Datenmenge unabhängig vom später zu vollziehenden Verarbeitungsprozeß dieser Daten aufgebaut werden kann, so muß doch stets beachtet werden, daß aus Gründen der Effektivität die Beschreibungsstruktur der Objekte dem Prozeß bzw. der Prozeßklasse weitgehend anzupassen ist.

Zur Erfassung der logischen Zusammenhänge in einer Objektbeschreibung führen wir die sogenannten Datenstrukturen ein.

Datenstrukturen erlauben es, die zwischen den Elementen einer Datenmenge vorliegenden logischen Beziehungen zu erfassen und zu beschreiben.

Eine Datenstruktur ist somit als Beschreibung einer Menge von Elementen und einer Menge von Relationen über dieser Menge aufzufassen. Da sich dieser Zusammenhang im Speicher wiederspiegelt, können die Datenstrukturen als Organisationsform des Speichers angesprochen werden. In Abhängigkeit von den im Rahmen der Verarbeitung zu vollziehenden Operationen ergeben sich unterschiedliche Realisierungen der Datenstrukturen.

An die Datenstrukturen werden eine Reihe von Anforderungen gestellt, die sich wie folgt zusammenfassen lassen [143]:

- Es muß möglich sein, Objekte mit gemeinsamen Eigenschaften zusammenfassen zu können (z. B. in Feldern).
- Es muß möglich sein, die hierarchische Struktur von Objekten zu erfassen (z. B. in Baumstrukturen).
- Es muß möglich sein, das dynamische Wachsen und Ändern der Datenstrukturen zu erfassen.
- Es muß möglich sein, von beliebigen Stellen der Struktur aus den Zugriff zur gesamten Datenstruktur zu ermöglichen.

Wenn wir von Datenstrukturen sprechen, dann wollen wir darunter nicht allein die strukturierte Datenmenge verstehen, sondern wir müssen dazu den programmtechnischen Apparat zum Aufbau, zur Manipulation und Speicherung der Datenstruktur hinzurechnen, einschließlich der oft damit gekoppelten speziellen Sprache zur leichteren Handhabung dieser Strukturen und ihrer Verarbeitung.

Die Datenstrukturen stellen ein Hilfsmittel dar, in komplexen Systemen durch die Erfassung der bestehenden logischen Zusammenhänge eine Vereinfachung in der programmtechnischen sowie bei interaktiven Systemen auch der nutzertechnischen Handhabung zu sichern.

Der Erfassung von *logischen Beziehungen* oder *Assoziationen* liegen zwei Grundprinzipien zugrunde. Das *erste Prinzip* basiert auf einer festen Struktur, die die Zusammenhänge repräsentiert, die zwischen dem Objekt mit seinen Eigenschaften und den diesen Eigenschaften zugeordneten Werten bestehen. Jedem Objekt ist eine Menge von Eigenschaften zugeordnet. Welche dieser Eigenschaften für die Verarbeitung relevant ist, wird durch den Problemkreis bestimmt. Jede Eigenschaft ist mit einem Wert belegt. So hat z. B. eine Strecke die Eigenschaften: Länge, Neigung gegenüber einer festen Achse u. ä., wobei die Eigenschaften Länge und Neigung z. B. die Werte 10 cm und 30 ° annehmen können. Diese Eigenschaften können in einer Liste zusammengefaßt werden, als Eigenschafts-Werte-Paar, die dem Objekt zugeordnet sind.

Ist in einem Suchprozeß der Wert zu ermitteln, den eine Eigenschaft des Objektes zu einem bestimmten Zeitpunkt des Verarbeitungsprozesses besitzt, dann muß durch ein entsprechendes Programm in dieser Eigenschaftsliste des Objektes nach dieser Eigenschaft gesucht werden. Der zugeordnete Wert wird dann bereitgestellt. Es sind natürlich auch Suchprozesse in der Richtung möglich, ein Objekt bzw. die Objekte zu suchen, deren Eigenschaften E_i mit einem bestimmten Wert belegt sind. Auf dieser Art und Weise lassen sich die vielfältigen Assoziationen, d. h. Beziehungen zwischen Eigenschaften und ihren Belegungen, mit Werten erfassen.

Da nicht allen Objekten der gleiche beschreibende Satz von Eigenschaften zugeordnet ist, ist es notwendig, eine Klasseneinteilung der Objekte zu schaffen.

Innerhalb einer Klasse ist eine feste Ordnung der Eigenschafts-Werte-Paare, die zur Beschreibung relevant sind, aufzubauen. Das bedeutet, daß die Eigenschaften stets innerhalb der Klasse die gleiche relative Position im Datenblock des Elementes besitzen. Damit ist aber bereits eine Einschränkung der Anwendungsbreite dieses Prinzips zu erkennen. Dieses Prinzip ist dann anwendbar, wenn die Objektklassen mit ihren Eigenschaften und damit die möglichen Anfragen an die Assoziationen überschaubar und im Umfang begrenzt sind. Für eine Reihe von Anwendungen im Bereich der grafischen Datenverarbeitung ist ein derartiges System geeignet und einsetzbar. Bekannte Implementationen dieses Prinzips der festen Zuordnung der Eigenschaften sind im Abschnitt 1.2.4. erläutert.

Das *zweite Prinzip* der Erfassung logischer Zusammenhänge geht davon aus, die Zuordnung der Eigenschaften zu den Objekten mit der jeweiligen Wertbelegung frei wählen und während der Verarbeitung verändern zu können. Diesem Vorgehen liegt die programmtechnische Realisierung der Idee des Hardware-Assoziativ-Speichers zugrunde [109]. In einem *Assoziativspeicher* erfolgt der Zugriff zum Inhalt der Speicherzellen nicht über die Adresse, sondern über die Verarbeitung des Inhaltes bzw. eines Teiles des Inhaltes der Zelle. Der Inhalt der Speicherzellen wird mit dem vorgegebenen Suchwort verglichen. Es werden als Ergebnis alle die Zellen ausgewählt, deren Inhalt mit diesem Suchwort identisch ist.

Das Telefonbuch kann als ein einfaches Beispiel eines Assoziativspeichers angesehen werden. Die Namen sind lexigrafisch geordnet. Jedem Namen ist eine Telefonnummer zugeordnet. Herauszufinden, welcher Name bzw. welche Namen einer bestimmten vorgegebenen Telefonnummer entsprechen, verlangt das Durchmustern des gesamten Telefonbuches.

Für die weitere Betrachtungen gehen wir von folgendem logischen Zusammenhang (Assoziation) aus: $E(O) \equiv W$, das bedeutet: Die Eigenschaft E des Objektes O hat den Wert W.

Wir bezeichnen die Menge der Eigenschaften, der Objekte und der Werte als Elemente. Eigenschaften, Objekte und Werte sind die Komponenten der Assoziation. Für die Erfassung von logischen Zusammenhängen wird im Speicher eine Menge von Assoziationen aus jeweils drei Komponenten aufzubauen sein.

Zum Wiederfinden und Verarbeiten der Assoziationen wird ein Teil der Assoziation als Such- oder Fragewort vorgegeben. Es sind folgende 7 Fragestellungen möglich und sinnvoll [95], [109]:

1. $E(O) \equiv W$
2. $E(O) \equiv X$
3. $E(X) \equiv W$
4. $X(O) \equiv W$
5. $E(X) \equiv Y$
6. $X(Y) \equiv W$
7. $X(O) \equiv Y$

E = Eigenschaft, O = Objekt, W = Wert.

1.2.3. Listenstruktur mit fester Zuordnung der Eigenschaften

Die sequentielle Anordnung der Elemente einer Datenmenge kann bereits als elementare Form der Liste angesehen werden. Der Zugriff zu einem Element erfolgt über die Adresse des ersten Elements und über die Positionsnummer, die das Element in dieser Anordnung besitzt. Wir sprechen hier von einer linearen Liste. Diese Form der Realisierung einer Liste erfüllt jedoch nicht die Forderungen, die an eine Datenstruktur gestellt werden. So ist eine Erweiterung nur über einen Umspeicherprozeß zu realisieren. Die Forderung nach beliebig wählbarem Eintrittspunkt in die Liste ist ebenfalls nicht erfüllt, der Zugang ist nur über das erste Element, das Leitelement möglich.

Der über die sequentielle oder eine andere determinierte Anordnung im Speicher hinausgehende Gedanke der Verbindung von Elementen in einer Liste verlangt das Hinzufügen von zusätzlichen Informationen. Diese zusätzlichen, dem Inhalt des Elements hinzugefügten Informationen haben den Charakter von Adressen. Wir werden diese Informationen mit „*Verbinder*" bezeichnen. In der Literatur sind die Begriffe: „Pointer" [354], Zeiger [95], Verbinder [377], Referenz u. a. üblich.

Wir behandeln die Elemente der Listen auch speichertechnisch als selbständige Einheiten, wo über die zugeordneten Verbinder deren Zusammenhänge als Adressen hergestellt werden. Wir haben so auch im Speicher eine strenge Trennung zwischen dem eigentlichen Datenbestand und den Beziehungen verwirklicht, die zwischen den Elementen des Datenbestandes bestehen. Beide Komponenten können gemeinsam oder auch getrennt gespeichert werden.

Der Verbinder V ist eine Adresse, die dem Element S_i hinzugeführt wird, um die Beziehung zu einem Element S_j herzustellen.[1])

$$V_V[S_i] = \rangle S_j \langle \quad i \neq j, \qquad i, j = 1, \ldots n.$$

Wenn in der Liste eine Folgerelation besteht, setzen wir

$$V_V[S_i] = \rangle S_{i+1} \langle \quad i = 1, \ldots n - 1.$$

Diese Technik erlaubt es, die Liste vom Element S_i beginnend bis zum letzten Element S_n zu durchlaufen. Wir sprechen hier von einer *Vorwärtsliste* und vom Vorwärtsverbinder V_V. Abb. 25 zeigt eine Vorwärtsliste.

Um ein vollständiges Durchlaufen der Listen zu gewährleisten, ist es angebracht, das letzte Element der Liste S_n mit dem Verbinder zum ersten Element S_1 der Liste zu versehen, $V_V[S_n] = \rangle S_1 \langle$.

Um das Manipulieren mit Listen zu vereinfachen, ist es möglich, auch das Durchlaufen einer Liste in einer der Adressierung in entgegengesetzter Richtung zu erlauben. Dazu führen wir einen zweiten Verbinder ein, den

[1]) Wir wählen die Bezeichnung $\langle a \rangle$ für die Kennzeichnung des Inhaltes der Speicherzelle a und $\rangle a \langle$ zur Kennzeichnung der Adresse der Speicherzelle, die den Inhalt a hat. $V_V[a]$ kennzeichnet den Vorwärtsverbinder des Elementen mit der Adresse a.

Adresse	Inhalt	Verbinder
316	Wort 1	317
317	Wort 2	318
318	Wort 3	449
449	Wort 4	450
450	Wort 5	⁒

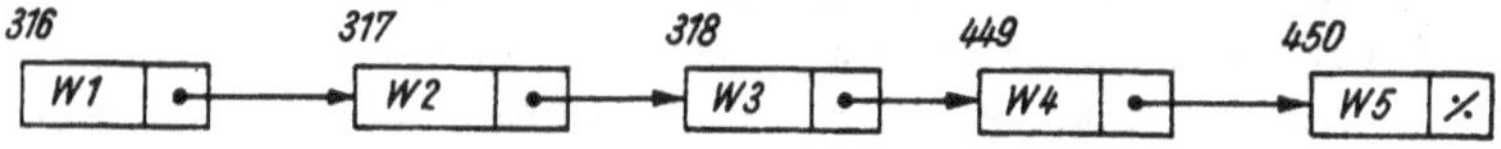

Abb. 25. Beispiel einer einfachen Vorwärtsliste

Rückwärtsverbinder V_R.

$$V_R[S_i] = \rangle S_{i-1} \langle \quad i = 2, \ldots n\,.$$
$$V_R[S_1] = \rangle S_n \langle\,.$$

Listen, in denen beide Verbinder verwendet werden, nennen wir *Vor-Rückwärts-Listen*, *Ring-* oder *Kreislisten* mit doppelter Verknüpfung [7]. Abb. 26 zeigt eine Kreisliste mit doppelter Verknüpfung.

Durch diese zusätzlichen Informationen wird zwar der benötigte Speicherraum insgesamt vergrößert, es werden aber bei der Verarbeitung derartiger Listen

Adresse	Inhalt	Vorwärts-V.	Rückwärts-V.
316	Wort 1	317	450
317	Wort 2	318	316
318	Wort 3	449	317
449	Wort 4	450	318
450	Wort 5	316	449

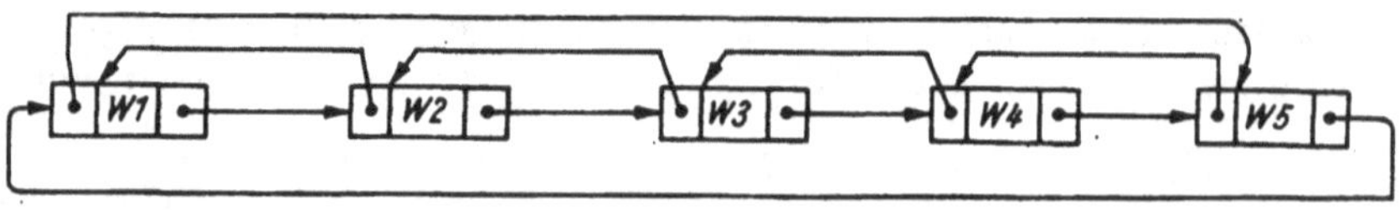

Abb. 26. Beispiel einer Vorwärts-Rückwärtsliste (Kreisliste mit doppelter Verknüpfung)

eine Reihe von Vorteilen wirksam. Die Forderungen nach dynamischer Veränderung und nach dem Zugang zur Liste über jedes beliebige Element werden dadurch erfüllt. Das Schema für die Erweiterung der Liste durch Einfügen eines Elementes S_{n+1} in die Liste S aus den Elementen $S_1, \cdots S_n$ bestehend zwischen Element S_i und S_{i+1} ist wie folgt gestaltet:

$$V_V[S_i] = \rangle S_{i+1}\langle \text{ wird ersetzt durch } V_V[S_i] = \rangle S_{n+1}\langle$$
$$V_V[S_{n+1}] = \rangle S_{i+1}\langle$$
$$V_R[S_{i+1}] = \rangle S_i\langle \text{ wird ersetzt durch } V_R[S_{i+1}] = \rangle S_{n+1}\langle\,.$$
$$V_R[S_{n+1}] = \rangle S_i\langle\,.$$

Die Löschung eines Elementes S_i erfolgt nach folgendem Schema:

$$V_V[S_{i-1}] = \rangle S_i\langle \text{ wird ersetzt durch } V_V[S_{i-1}] = \rangle S_{i+1}\langle$$
$$V_R[S_{i+1}] = \rangle S_i\langle \text{ wird ersetzt durch } V_R[S_{i+1}] = \rangle S_{i-1}\langle$$
$$V_V[S_i] \text{ und } V_R[S_i] \text{ löschen.}$$

Das Element S_i ist damit wieder frei verfügbar und kann in einer anderen Liste mit neuem Inhalt verwendet werden. Auf diese Weise können mehrere Listen zu einer Liste zusammengefügt werden. Das Sortieren in derartigen Listen beschränkt sich auf das Ändern der Verbinder in diesen Listen.

In der Praxis wird das erste Element einer Liste, das *Leitelement* oder der Kopf besonders ausgezeichnet. In diesem Element können z. B. die für alle Elemente der Liste relevanten Daten gespeichert werden; sie müssen dann nicht in jedem Element wiederholt eingeführt werden. Zu Beginn der Arbeit werden die Listen im allgemeinen einen zusammenhängenden Speicherraum belegen. Durch die Manipulation mit diesen Listen (Löschen, Einfügen), wie es Abb. 27 zeigt, tritt jedoch eine Zersplitterung des Speicherraumes ein.

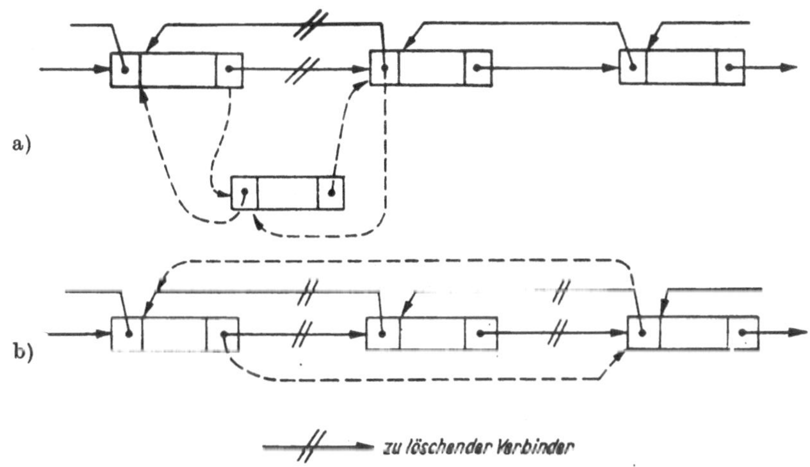

Abb. 27. a) Einfügen eines neuen Elementes in eine Liste,
b) Löschen eines Elementes in einer Liste

Es ist deshalb notwendig, die freien Elemente (Zellen) des Speicherraumes zusammenzufassen und ständig durch die freiwerdenden Elemente, die durch Löschen aus den Listen ausscheiden, zu ergänzen. Hierzu werden spezielle Verwaltungsprogramme ausgearbeitet. Die einfachste Realisierung sieht das Zusammenfügen der freien Elemente über Verbinder in einer sogenannten *Freiliste* vor [160], [248].

Bisher wurden noch keine Aussagen über die Elemente selbst getroffen, aus denen die Listen aufgebaut sind. Es ist möglich, auf der Basis von Worten z. B. Vorwärtslisten aufzubauen. In der Praxis ist es üblich, mehrere Worte, die ein Objekt repräsentieren, zu einem *Block* zusammenzufassen und diese Blöcke als Elemente der Liste zu wählen. Notwendigerweise müssen nicht alle Blöcke einer Liste die gleiche Länge haben. Es ist aber notwendig, die Länge des Blockes an einer speziell dafür vorgesehenen Stelle innerhalb des Blockes abzuspeichern. Darüberhinaus ist es notwendig, die Ordnung der Eigenschaften innerhalb des Blockes zu kennen. Von Ross [316] wurde ein Verfahren entwickelt, über eine relative Adresse zum Kopf des Blockes, die jeder Eigenschaft zugeordnet wird, eine schnelle und einfache Wiederfindung der Eigenschaft innerhalb des Blockes zu ermöglichen. Die Anfangsadresse des Blockes wird dazu in ein Indexregister gesetzt. Bei einem Speicher- oder Suchbefehl wird dieses Indexregister genutzt und in das Adressenfeld die Eigenschaftsnummer eingesetzt. Dadurch vereinfacht sich der Zugriff beträchtlich. Analog verfährt man, wenn die Eigenschaften selbst wieder als Objekte betrachtet werden.

Wir haben bisher davon gesprochen, daß ein Vorwärts- und ein Rückwärtsverbinder in jedem Element vorhanden ist. Wir wollen nun zulassen, daß mehrere Verbinder in einem Element untergebracht sind (Abb. 28). Das erlaubt, daß ein Element mehreren Listen angehören kann. Es ist damit der Aufbau von Hierarchien gegeben, da Listen selbst wieder als Elemente in andere Listen eingefügt werden können.

Damit ist die Basis zum Aufbau von komplizierten Datenstrukturen gegeben.

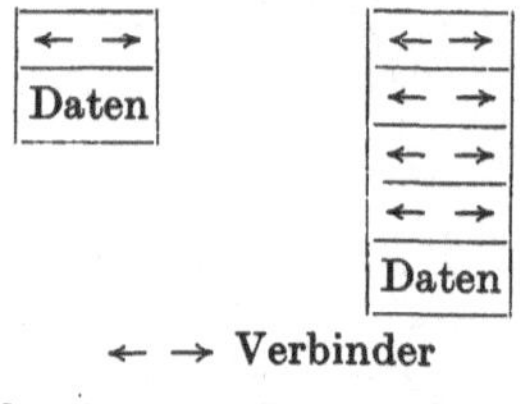

Abb. 28. Block mit einem bzw. mehreren Verbindern

1.2.4. Beispiele für implementierte Listenstrukturen

Bereits mit dem Aufbau des ersten arbeitsfähigen grafischen Mensch-Maschine-Kommunikationssystems SKETCHPAD [352], [354] Anfang der 60er Jahre durch Sutherland wurde der Grundgedanke der Datenstruktur erstmalig realisiert. Der Ausgangspunkt dieser Arbeiten war der Wunsch nach Darstellung von geometrischen Gebilden auf dem Bildschirm, und in diesem Zusammenhang die Erfassung der zwischen den Elementen des Bildes bestehenden Beziehungen.

Da in diesem SKETCHPAD-System mit vorher definierten und festgelegten Elementen wie z. B. Punkt, Strecke, Kreis usw. gearbeitet wurde, konnte ein vereinheitlichtes Speicherformat hierfür zugrunde gelegt wurden. Es wurde zur Erfassung der Elemente das sogenannte *n-Komponenten-Element* entwikkelt.

Das n-Komponenten-Element ist ein Block aus n aufeinanderfolgenden Speicherzellen. Jedes Wort oder Register dieses Blockes nimmt die für das Element spezifischen Informationen auf.

Zur Verarbeitung der Ringstrukturen im TX-2-Rechenautomat des MIT wurde eine Programmsprache mit symbolischen Adressen verwendet. So war es möglich, die Register des n-Komponenten-Elementes mit symbolischen Namen zu belegen und in das Verarbeitungssystem einzubeziehen. Für das n-Komponenten-Element wurden folgende Festlegungen getroffen:

— Die Position des n-Komponenten-Elementes ist die Adresse seines ersten Registers.
— Der Inhalt des ersten Registers gibt den Typ des Elementes an (z. B. Punkt, Strecke).
— Alle numerischen Informationen werden am Ende des Blockes gespeichert (z. B. Koordinatenwerte eines Punktes, Länge einer Stecke).

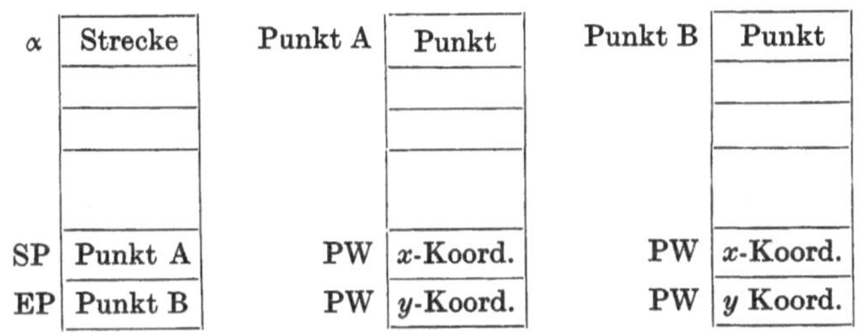

LIES α/SP + DS
Ü β
LIES β/PW

SP: Startpunkt Strecke
EP: Endpunkt Strecke
PW: Punktwort-Koordinatenwert
α: Index-Register
β: Index-Register
DS: Startadresse der Datenstruktur

Abb. 29. Suchvorgang im n-Komponenten-Element (nach [354])

Zur Vereinfachung des Aufrufes von bestimmten Registern aus diesem n-Komponenten-Element wurde die in Abb. 29 erläuterte Technik der Adressenverarbeitung angewendet. Zur Erfassung der topologischen Informationen werden diese Elemente mit Verbindern versehen, die die Adresse zu anderen Elementen darstellen. Aus diesen Blöcken wird so auf die Basis der Zweiweg-Liste

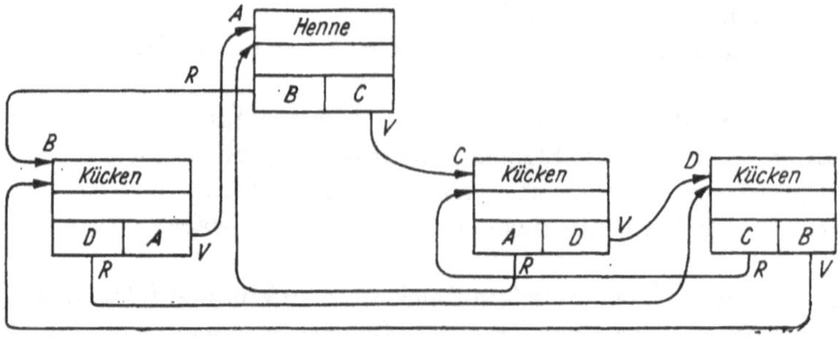

Abb. 30. Henne und Kücken (nach [354]), V — Vorwärts-Verbinder, R — Rückwärts-Verbinder

die Ringstruktur aufgebaut. Von SUTHERLAND wurden diese Blöcke, die den Anfang einer Liste darstellen als „Henne" bezeichnet, während die untergeordneten Blöcke als „Küken" benannt wurden (Abb. 30).

Die Operationen mit diesen Ringstrukturen werden durch MACROS realisiert. Es sind u. a. folgende Operationen auszuführen:

- Einfügen eines neuen Elementes an einer bestimmten Stelle des Ringes.
- Entfernen eines Elementes aus dem Ring.
- Einfügen eines Ringes an einer bestimmten Stelle eines anderen Ringes.
- Ausführen von Operationen mit allen Elementen des Ringes (sog. Durchlaufen des Ringes).

Zur Einsparung von Speicherplatz werden alle Elemente einer Klasse dem sogenannten *erzeugenden Element* [1]) untergeordnet. In diesem erzeugenden Element werden alle relevanten Informationen dieser Klasse gespeichert.
Mit dieser Version der Datenstrukturen hat SUTHERLAND die Basis für die weiteren Arbeiten auf diesem Gebiet geschaffen.

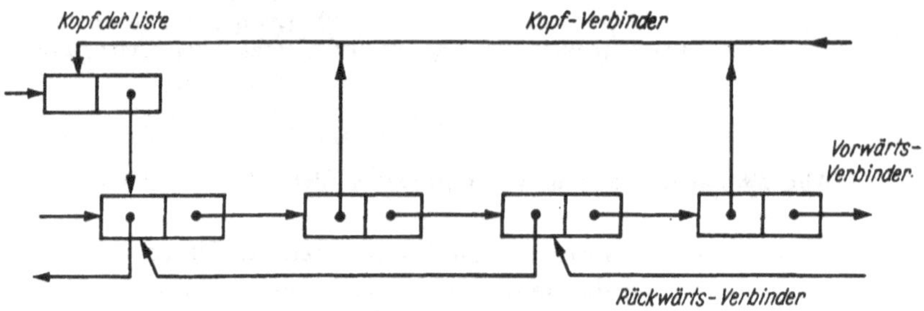

Abb. 31. Ringstruktur von CORAL (nach [307])

[1]) Vergleiche mit Leitelement und Kopf einer Liste, Seite 41.

Auf der gleichen Basis beruht das am MIT entwickelten Listenstrukturverarbeitungs-System CORAL (class oriented ring associative language) [95], [143], [307]. Auch in diesem System werden die Daten in Blöcken von wählbarer Länge gespeichert. Diese Blöcke werden zu Ringen zusammengefaßt. Die Ringstruktur von CORAL zeigt Abb. 31. Die abwechselnd eingesetzten Kopf- und Rückwärtszeiger verkürzen die Rechenzeit.

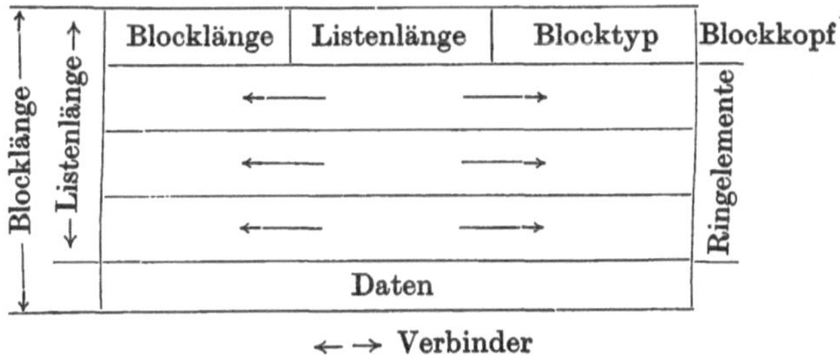

Abb. 32. Blockstruktur bei CORAL

Die Blockstruktur (Abb. 32) läßt eine beliebige Anzahl von Worten im Block zu; die Wortlänge beträgt 36 bit. In der Kopfzeile des Blockes werden Blocklänge, Listenlänge und Blocktyp angegeben. Die folgenden Worte im Block enthalten die Verbinder zu den Ringelementen. Pro Block werden mindestens zwei Ringelemente verwendet, oft jedoch mehr. Die letzten Worte des Blockes nehmen dann die eigentlichen Daten auf. Auch in diesem System wird die Idee des erzeugenden Elementes, hier „Masterblock" genannt, verwendet, um die spezifischen Eigenschaften des Blocktypes aufzunehmen.

Eine zugeordnete Sprache sichert die Arbeit mit diesen Elementen der Datenstruktur, sie basiert auf MACROS. Es gibt sowohl Operatoren, um den Wert eines Verbinders (Adresse) zu ändern als auch Operatoren, um den Inhalt eines Elementes der Datenstruktur, zu denen der Verbinder führt, zu verändern.

Im CORAL-System sind folgende Typen von Operationen vorhanden:

- Operationen zur Bewegung in Ringstrukturen (z. B. Gehe vorwärts, Gehe zum Ringstart).
- Operationen zur Strukturänderung (z. B. Erzeuge Block, Lösche Ring).
- Operationen zum Testen (z. B. Wird Ringstart positioniert, Hat Block den Typ X ?)
- Operationen mit Daten (z. B. Lade den Inhalt, Ermittle Listenlänge).

Im Rahmen des Projektes DAC I (Design Augmented by Computer) von General Motors [87], [95], [143] wurde ein ähnliches Datenstruktursystem mit dem Namen APL (Assoziative Programmiung Language) entwickelt. Dieses System wurde als Erweiterung in die Sprache PL/I eingebettet. Die assoziative Datenstruktur in APL bildet eine Hierarchie. Die Struktur stellt sich als Netzwerk dar, in das die Daten eingebettet sind. Das in APL verwendete Grundelement wird ENTITY genannt. Irgendein identifizierbarer Elementetyp wie z. B. eine Oberfläche, ein Automobil, eine Tätigkeit kann als derartiges Grundelement aufgefaßt werden. Diese Grundelemente werden durch die Werte ihrer Eigenschaften beschrieben. So kann z. B. eine Tätigkeit durch ihre Bezeichnung, die Dauer, durch Anfangs- und Endtermin beschrieben werden. Man unterscheidet dabei zwischen direkt zugeordneten Eigenschaften, wie es z. B. für die Koordinatenwerte eines Punktes zutrifft und zwischen indirekt zugeordneten Eigenschaften, die sich erst in Relation mit einem anderen Element ermitteln lassen. Ein Beispiel dafür ist die Entfernung zwischen diesem Punkt, der durch das Element beschrieben wird und einem zugeordneten zweiten Punkt.

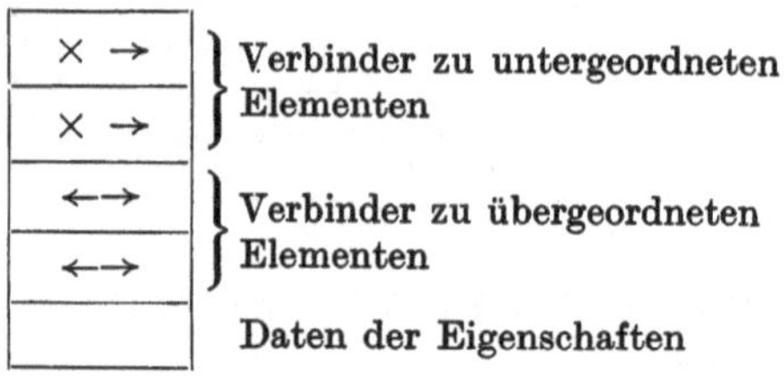

Abb. 33. Grundelement von APL (nach [37])

Ein Grundelement enthält drei verschiedene Komplexe von Informationen (Abb. 33):

- Verbinder zu den untergeordneten Elementen, die zu diesem Grundelement gehören.
- Verbinder zu dem Ring bzw. zu den Ringen, dem dieses Element untergeordnet ist.
- Eigenschaften, die den Elementen zugeordnet sind.

In diesem System wird die bei CORAL erläuterte Ringstruktur verwendet. In Abb. 34 sind folgende logische Beziehungen zwischen Elementen dargestellt:

$$\{D, E\} \in B, E \in C, C \in A.$$

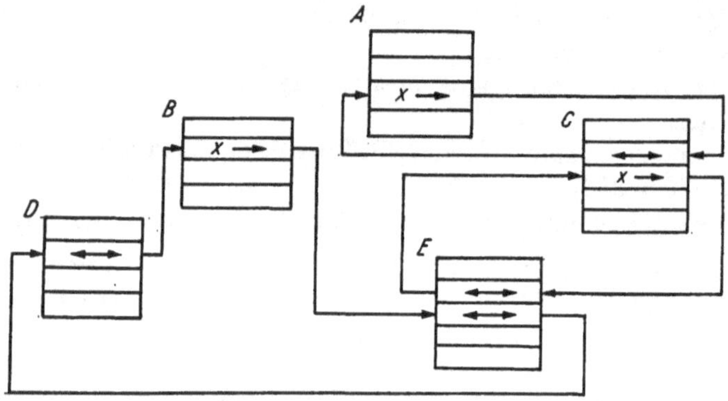

Abb. 34. Logische Beziehung zwischen den Blöcken bei APL (nach [87])

Ein weiteres ähnliches Datenstruktursystem ist ASP (Assoziative Strukture Package) [95], [143], [144]. Dieses System erlaubt es dem Nutzer, durch entsprechende Aufrufe eine seinem Aufgabenfeld angepaßte Datenstruktur aufzubauen. Über untere und obere Listenköpfe werden die Beziehungen zu untergeordneten und übergeordneten Elementen hergestellt. Eine Weiterentwicklung stellt ebenfalls DATAS dar [131].

Im Rahmen der Stanford Graphic Projekts wurde der Gedanke der Kompaktlisten [160] entwickelt. Der Unterschied zwischen den bisher entwickelten konventionellen Listen und diesen *Kompaktlisten* ist mit dem Unterschied zwischen einer 1-1-Adreßmaschine der ersten Generation (z. B. IBM 650) und einer 1-Adreßmaschine zu vergleichen. Die 1-1-Adreßmaschine hat pro Befehlswort zwei Adressen, eine Adresse für die Beziehung zum Operanden, eine zweite Adresse, um den nächsten Befehl in der abzuarbeitenden Befehlsfolge zu lokalisieren. Die 1-Adreßmaschine jedoch besitzt lediglich eine Adresse für den Operanden. Die Abarbeitung der Befehle erfolgt in sequentieller Folge. Nur dann, wenn diese Folge unterbrochen werden muß, wird durch einen Sprungbefehl mit der Adresse des Befehls, wo die Folge fortzusetzen ist, dem Rechnung getragen.

Ähnlich dieser 1-1-Adreßmaschine haben viele Listenstrukturen zwei Verbinder in jedem Element der Liste. Ein Verbinder führt zum zugeordneten Datensatz des Elementes, der zweite Verbinder führt zum Rest der Liste. Da im allgemeinen in gespeicherten Listen Sequenzen von Elementen vorkommen, genügt es für diese Abschnitte, mit einem Verbinder auszukommen. Ist eine Unterbrechung in dieser Folge notwendig, dann ist ein Verzweigungselement einzuführen. Eine ähnliche Technik wird im System ZIDDI [99] angewendet. Da die Verbinder durch die laufende Nummer ersetzt werden, spricht man hier von *Nummerlisten*.

1.2.5. Komponenten — Relation — Struktur

In den Jahren 1965—70 wurde an der Technischen Hochschule Ilmenau die Konzeption einer Konstruktionstheorie entwickelt [19], [158], [159]. Der Begriff des Systems nimmt hier eine zentrale Stellung ein. Das *System* wird als Gesamtheit von Elementen und Relationen aufgefaßt [19]. Das System besitzt eine *Umgebung* und tritt mit dieser Umgebung in Wechselwirkung, d. h., es besitzt eine *Funktion*. Diese Funktion des Systems wird durch die *Struktur* dieses Systems realisiert. Die Struktur wird bestimmt durch die Menge der Elemente des Systems. Wir wollen von *Komponenten* sprechen und von der Menge der *Relationen*, die zwischen diesen Komponenten bestehen. Für die folgenden Betrachtungen wollen wir die Klassen der Komponenten und die Klasse der Relationen als gleichberechtigt ansehen. Wir werden zwei Komplexe von Beziehungen einführen. Es existieren einerseits Beziehungen zwischen den Elementen der Klasse „Komponente“ und zwischen den Elementen der Klasse „Relation“, aber auch andererseits Beziehungen zwischen Elementen der Klassen „Komponente“ und „Relation“ [377]. Diese Festlegung ist die Voraussetzung, um nicht nur einen bestimmten Zustand des Systems zu einem definierten Entwicklungszeitpunkt und diesen wieder in einer Datenstruktur beschreiben zu können, sondern um damit auch den Entwicklungsprozeß in seiner Gesamtheit als System beschreiben und fixieren zu können.

Die Beziehungen innerhalb der Klasse der Komponenten bzw. innerhalb der Klasse der Relationen ist jeweils im Sinne einer Hierarchie zu verstehen. In diesen Hierarchien werden die Beziehungen zwischen dem Ganzen und den Teilen des Ganzen erfaßbar. In diesem Sinne ist eine Baugruppe in Bauelemente zu zerlegen, ein Bauelement in Flächen, wenn der Aspekt der Geometrie weiter verfolgt wird bzw. in Prozesse, wenn die Herstellung von Bedeutung ist.

Die Beziehungen, die zwischen den Klassen der Komponenten und Relationen herstellbar sind, erfassen die Tatsache, daß zwischen zwei Komponenten stets eine Relation besteht, bzw. daß zwei Relationen nur über eine Komponente in Beziehung treten können. Werden diese Gedanken in die Ebene der Datenstrukturen transformiert, dann bedeutet das, daß zwei Hierarchien aufgebaut werden müssen und die Beziehungen in den Klassen K und R erfassen und durch einen Komplex von Tripeln $(R; K_1, K_2)$ bzw. $(K; R_1, R_2)$ ergänzt werden. Während zum Aufbau der Hierarchien die bekannten Listenstrukturen ausreichen, müssen wir für die Erfassung der Tripel einen neuen Mechanismus einführen, wir nennen ihn *Knotenverband.*

Als Grundelement der Datenstruktur wählen wir den Block, aus einer bestimmten Anzahl von Speicherworten bestehend, wobei die Anzahl der Worte vom Problemkreis abhängig ist. Die einem Block untergeordneten Blöcke werden in einer unteren Liste zusammengefaßt, während die Blöcke, denen der Block untergeordnet ist, in der oberen Liste vereinigt werden. Dazu wählen wir folgende Darstellung: Abb. 35.

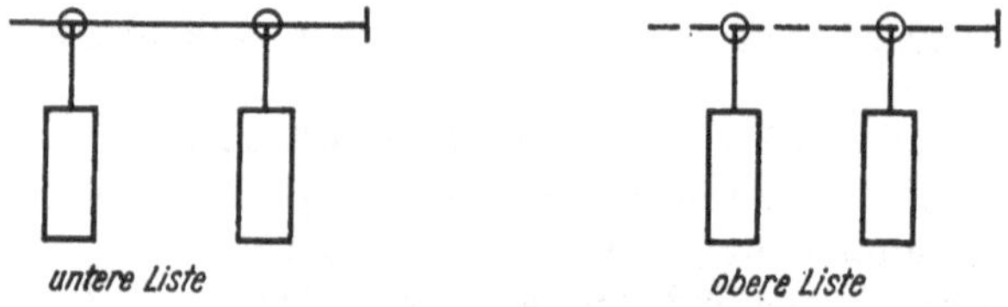

Abb. 35. Darstellung der unteren und oberen Liste

Bei den im Abschnitt 1.2.4. erläuterten Listenimplementationen (CORAL, APL) waren die Verbinder im jeweiligen Block direkt mit enthalten. Das setzt voraus, daß eine bestimmte Anzahl von Zellen für den Aufbau der Verbinder reserviert sind. Wir wählen hier die Form der Trennung der Verbinder von den die eigentlichen Daten tragenden Zellen. Diese eigentlichen Datenelemente können dann getrennt von der Struktur gespeichert werden. Wir führen nun den Begriff des *Knotens* ein. Der Knoten wird als Assoziator zur Realisierung der Beziehung zwischen zwei Blöcken verwendet. Zur Darstellung einer einfachen

Variante wählen wir 4 Zellen für den Aufbau eines Knotens. Diese Zellen nehmen folgende Informationen auf (Abb. 36):

Verbinder in der unteren Liste (zum nächsten Knoten in der L^u)
Verbinder zum untergeordneten Block
Verbinder zum übergeordneten Block
Verbinder in der oberen Liste (zum nächsten Knoten in der L^0)

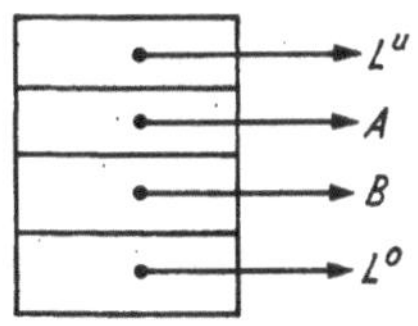

Abb. 36. Aufbau eines Knotens, L^u — zum nächsten Knoten in der unteren Liste, A — zum nächsten untergeordneten Block, B — zum übergeordneten Block, L^0 — zum nächsten Knoten in der unteren Liste

Bei Verwendung von 6 Zellen können sowohl Vorwärts- als auch Rückwärtslisten in dieser Knotenmenge aufgebaut werden. Der Knotenverband faßt die Beziehungen zwischen den Blöcken in einer bestimmten Folge zusammen. Dazu sind 3 Knoten wie in Abb. 37 miteinander verknüpft.

Zu diesem System der Datenstruktur ist ein Verarbeitungsprogramm aufzubauen, das die Entwicklung und Manipulation dieser Struktur ermöglicht. Diese Variante von Datenstrukturen erlaubt nicht nur die Beschreibung komplexer Systeme hinsichtlich ihrer Struktur, sondern es erlaubt auch die dynamische Entwicklung eines Systems in seiner Gesamtheit zu erfassen. Diese Eigenschaft ist für den Einsatz im Bereich der Konstruktion von technischen Gebilden wichtig, ist es doch hier notwendig, die Entwicklung der Vorstellung des Konstrukteurs über das neue technische Gebilde vom Abstrakten zum Konkreten zu verfolgen und zu fixieren.

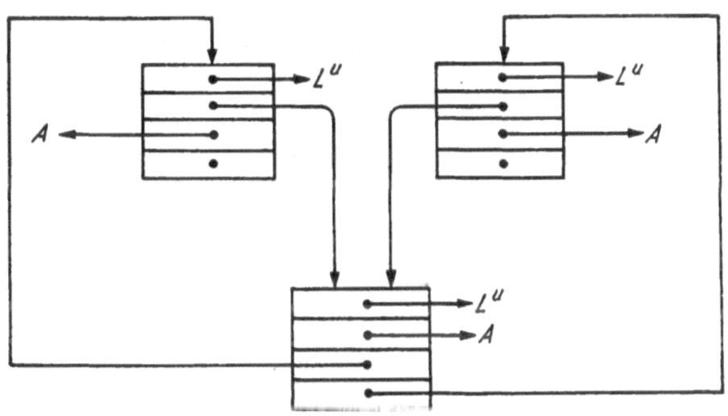

Abb. 37. Knotenverband, A — zum jeweils untergeordneten Block, L^u — zum nächsten Knoten in der unteren Liste

1.3. Beschreibung des Prozesses der grafischen Datenverarbeitung — Mensch-Maschine-Kommunikation

1.3.1. Allgemeine Probleme der Erfassung von Prozessen

Der Prozeß des Vorausdenkens eines neuen technischen Gebildes ist ein *Problemlösungsprozeß*. Die aus den gesellschaftlichen Bedürfnissen abgeleiteten Zielstellungen sind der Ausgangspunkt der Problemlösung. Dabei sind Wege und Varianten zu entwickeln, die bis hin zur vollständigen, für die materielle Produktion ausreichenden Beschreibung des neuen technischen Gebildes führen. Wollen wir den Rechenautomaten für die Unterstützung bei der Bearbeitung dieses Prozesses einsetzen, so müssen wir uns zunächst allgemein einige Aussagen über Problemlösungsprozesse verschaffen. Die Aussagen über den Problemlösungsprozeß gelten nicht nur für den Bereich der technischen Vorbereitung der Produktion, sondern auch für die anderen Bereiche des Einsatzes der Rechentechnik, für Forschung, Prozeßsteuerung, Fertigungsüberwachung, Medizin oder Bibliothekswesen, um nur einige wenige dieser Gebiete anzudeuten. Was verstehen wir unter einem Problemlösungsprozeß?

Nach Krause [212] können wir einen Problemlösungsprozeß wie folgt charakterisieren:

- Es ist eine Menge von Problemsituationen oder Zuständen vorgegeben.
- Es gibt eine Menge von Transformations- oder Überführungsregeln, die jeweils auf bestimmte Zustände anwendbar sind und diese Zustände in andere überführen.
- In der Menge der Zustände gibt es Anfangszustände,
- In der Menge der Zustände gibt es Endzustände.
- Es besteht die Aufgabe, unter Verwendung der zulässigen Regeln von einem Anfangszustand aus einen Endzustand (Ziel) zu erreichen. Die möglichen Wege, um vom Anfangszustand zum Ziel zu gelangen, können in einem gerichteten Graphen, dem Problemgraphen, dargestellt werden[1]).
- Durch Bewertung und Auswahl der angewendeten Regeln ist der günstigste Lösungsweg zu ermitteln.

Beim Abarbeiten von Problemlösungsprozessen gewinnt der Mensch bestimmte Lösungsprinzipien und Lösungsstrategien, die sich in Form von Algorithmen, Entscheidungsregeln oder heuristischen Handlungsvorschriften ausdrücken. Die systematische Heuristik ist hier einzuordnen [266], die als Beitrag zur Stimulierung der Arbeit des Menschen auf dem Gebiet des Problemlösens anzusehen ist.

---

[1]) Hier ist ein Zusammenhang zu den in 1.3.3. und 1.3.6. zu behandelnden Darstellungen interaktiver Sprachen in Form eines Zustandsdiagramms bzw. zu Abläufen von Kommunikationsprozessen in Form von Graphen gegeben.

Der Aufgabenbereich des Konstrukteurs und Technologen ist nicht allein mit der Erarbeitung und Anwendung von Problemlösungstechniken ausgefüllt. Der Prozeß der Problemerfassung ist oft mit größerem Schwierigkeitsgrad und höherer Verantwortung verbunden. Zur richtigen Einordnung der insgesamt zu lösenden Aufgaben und Probleme ist es notwendig, das gesamte Problemverhalten zu betrachten. Wir verstehen unter *Problemverhalten* die Gesamtheit der Überlegungen und Handlungen, die das vollständige Erfassen eines Problems, die Einstellung zu ihm, seine gedankliche Bearbeitung sowie alle Versuche zur Lösung des Problems betreffen [369]. Im gesamten Prozeß der technischen Vorbereitung der Produktion sind Problemfinden und Problemlösen mit den verschiedensten Schwierigkeitsgraden verteilt, abhängig von vielen objektiven und subjektiven Faktoren. Je weiter und ausgeprägter das Wissen über eine Klasse von technischen Gebilden ausgereift ist, um so präziser formuliert treten hier die Probleme auf. Ist es gelungen, die Probleme, speziell z. B. bei Weiterentwicklungen technischer Gebilde, in formal abzuarbeitende Aufgaben und Algorithmen umzusetzen, so läßt sich um so eher ein derartiger Komplex in ein automatisches System überführen [20].

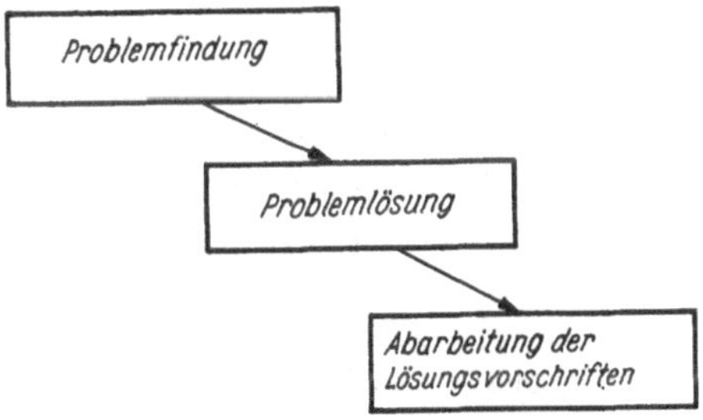

Abb. 38. Drei Etappen der Behandlung eines Problems

Es lassen sich drei Etappen angeben (Abb. 38):

— Prozeß der Problemfindung; es geht um die Bearbeitung der Problemstellung, der Problemsituation.
— Prozeß der Problemlösung, er umfaßt die gedankliche Bearbeitung des Problems, die Erarbeitung der Lösungswege, der Lösungsstrategie in Form von Entscheidungsregeln, Algorithmen und Vorschriften.
Prozeß der Abarbeitung aufbereitender Lösungsvorschriften, der Bewertung der Ergebnisse verbunden mit einer eventuellen Korrektur, die eine Wiederholung der Vorschrift mit geänderten Parametern enthalten kann oder die einer notwendigen Erarbeitung einer neuen Lösungsvorschrift bedarf.

Es gibt heute nur noch wenige Bereiche, wo diese Prozesse der Bearbeitung eines Problems in ihrer Gesamtheit auf eine Person konzentriert sind, dabei ist an Handwerker und Künstler zu denken. Mit der Entwicklung der Industrie ist die Arbeitsteilung eine notwendige Form der Gestaltung dieser Prozesse geworden.

Bei einer Bearbeitung dieser Probleme ist die *Kommunikation* zwischen den an diesen Prozessen beteiligten Individuen unumgänglich. Nicht nur die direkte Kommunikation zwischen mehreren, bei der Lösung eines Problems beteiligten Personen muß gesichert werden, sondern auch die indirekte Kommunikation, die über die Nutzung fixierter Erfahrung und gespeicherten Wissens wirkt.

Für diese Kommunikationsprozesse muß eine hierfür geeignete Sprache geschaffen werden. Diese Sprache muß so aufgebaut sein, daß sowohl die Problemsituation, die Menge der vorliegenden Zustände, die das Problem bei seiner Lösung durchläuft, als auch der Prozeß, die Menge der Überführungsregeln und die Reihenfolge ihrer Anwendung in dieser Sprache beschrieben werden können. Mit der natürlichen Sprache ist diese Aufgabe zweifellos zu lösen. Fragen der Effektivität waren jedoch oft der Ausgangspunkt zur Entwicklung neuer, künstlicher und dem vorliegenden Problemkreis besser angepaßter Sprachen. Wir werden nun die Sprache als Mittel zur Beschreibung von Zuständen und Prozessen weiter untersuchen. Nach HIGMAN [167] verstehen wir unter einer *Sprache* eine Menge von Elementen (Vokabular der Sprache), die zum Zwecke der Kommunikation mit einem Empfänger nach gewissen Regeln (Grammatik der Sprache) zu linearen Ketten verknüpft werden können, mit der Absicht, den Empfänger zu gewissen Tätigkeiten besonderer Art zu veranlassen, deren Eigenschaften aus einer allgemeinen Situation abstrahiert sind.

Eine Konkretisierung dieser allgemeinen Elemente und Regeln der Sprache wird aus einer spezifischen Situation heraus erreicht. Wir verstehen unter der Semantik einer Sprache die Bindung des Vokabulars der Sprache an die Eigenschaften der Situation, mit denen sich die Sprache beschäftigt und die somit die inhaltliche Bedeutung einer Kette festgelegt [167].

Die *Syntax* einer Sprache ordnet den Aufbau von Ketten, indem sie bestimmte Regeln über den gültigen Aufbau von Ausdrücken und Sätzen in dieser Sprache festlegt. Wir wollen nur die Probleme der Beschreibung einer neu zu definierenden Sprache untersuchen. Eine Sprache kann in Ausdrücken einer anderen Sprache beschrieben werden. Als ein rationelles Mittel zur Definition einer künstlichen Sprache, speziell der Syntax dieser Sprache, bietet sich die Beschreibung in einer übergeordneten Sprache, in einer sogenannten *Metasprache* an. Am bekanntesten ist die Notation in der BNF, der BACKUS-NAUR-Form [35]. Diese Notation sei in ihren Grundzügen kurz charakterisiert.

Das Definitionszeichen ::= dient dazu, das Definierte auf der linken Seite dem Definierenden auf der rechten Seite gegenüberzustellen. Das Oder-Zeichen | wird zum Aufbau von Klassen durch Aufzählung verwendet, während die Klammern ⟨⟩ zur Darstellung von Namen für die Klassen dienen.

Es sei als Beispiel angeführt [197]:

⟨Grundsymbol⟩ ::= ⟨Buchstabe⟩ |⟨Ziffer⟩| ⟨logischer Wert⟩ ⟨Begrenzer⟩

⟨Ziffer⟩ ::= 0|1|2|3|4|5|6|7|8|9

⟨Begrenzer⟩ ::= ⟨Operator⟩|⟨Trennzeichen⟩|⟨Klammer⟩|
⟨Vereinbarungszeichen⟩|⟨Spezifikator⟩

⟨Operator⟩ ::= ⟨arithm. Operator⟩|⟨Vergleichsoperator⟩|
⟨logischer Operator⟩|⟨Folgeoperator⟩

⟨arithm. Operator⟩ ::= +|−|*|/|÷

Zusammen mit der Rationalisierung der Programmierung von Rechenautomaten und der Anpassung der Programmbeschreibung an die bekannte Beschreibung und Darstellungsweise von Algorithmen und Vorschriften ist die Entwicklung von neuen problemorientierten Sprachen zu einem Schwerpunkt geworden. In den vergangenen Jahren haben sich weit über 100 verschiedene Sprachen herausgebildet, zu denen viele, die das Teststadium nie überschritten haben, hinzuzuzählen wären. So sehr auch von den verschiedensten Seiten der Wunsch nach einer universellen, bei allen Problemen effektiv zu verwendenden Sprache geäußert wird, sie gibt es nicht, sie wird es auch in Zukunft nicht geben. So werden auch in Zukunft neue, den neuen Aufgabenkomplexen angepaßte Sprachen entwickelt werden müssen.

Um zu sichern, daß bei Benutzung einer Sprache auch der tatsächliche Informationsgehalt vom Sender zum Empfänger übertragen wird, muß vorausgesetzt werden, daß bei der Kommunikation auch beiden Partnern die Sprache mit ihrem Vokabular und ihrer Grammatik bekannt ist. Das heißt, beim Empfänger muß der übermittelten Zeichenkette die gleiche semantische Belegung zuordenbar sein.

Auf den ersten Blick scheint das bei Verwendung einer Programmiersprache schwierig zu sein, den Rechenautomaten zu veranlassen, der Zeichenkette die gleiche semantische Belegung zu geben, wie es vom Programmierer vollzogen worden ist. In der Definition des Begriffs Sprache war zum Ausdruck gebracht worden, daß die übermittelte Zeichenkette den Empfänger zu gewissen Tätigkeiten veranlassen soll. Die Diskrepanz zeigt sich hier in dem in derartigen Ketten enthaltenen Bedeutungsinhalt und den Möglichkeiten, die die Rechenautomaten hinsichtlich der Ausführung von Tätigkeiten haben. Diese Diskrepanz klärt sich auf, wenn wir die durch die Kette übermittelten Tätigkeitsanweisungen in die äquivalente Folge von Maschinenbefehlen übersetzen, die wiederum Operationen, etwa Addition, Subtraktion, Multiplikation usw. an dual codierten Zahlen eines bestimmten Zahlenbereiches vornehmen. Diese Aufgaben des Übersetzers der problemorientierten Sprache in die Maschinensprache einer bestimmten Maschine wird durch *Compiler* und *Interpretationssysteme* vorgenommen. Der Compiler, der die problemorientierte Sprache aufnimmt und in die äquivalente Folge von Maschinenbefehlen umsetzt, repräsentiert die Sematik dieser Sprache bezüglich der vorliegenden Maschine. Compiler und Sprache zusammen werden als ein Sprachsystem bezeichnet. In Abb. 39 sind die beiden Wege der Nutzung einer Sprache Mensch-Mensch und Mensch-Rechenautomat gegenübergestellt.

Die Anpassung der Rechentechnik an neue Aufgaben, z. B. der grafischen Datenverarbeitung, verlangt, neue Sprachen zu entwickeln. Das bedeutet aber, mit der Sprache zusammen auch einen neuen Compiler zu erarbeiten. Um diese im allgemeinen doch sehr aufwendige Arbeit zu umgehen, ist in der Vergangenheit folgender Weg beschritten worden. Die Anpassung einer gebräuchlichen Programmiersprache an ein neues Aufgabenfeld wurde durch eine Erweiterung dieser bereits existierenden Sprache realisiert. Als Grundsprache haben sich hauptsächlich FORTRAN, ALGOL oder PL/1 angeboten und bewährt.

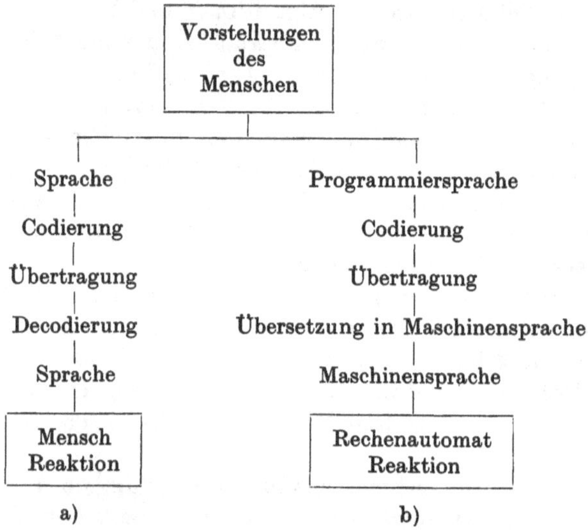

Abb. 39. a) Anwendung einer Sprache für die Kommunikation Mensch–Mensch, b) Anwendung einer Sprache für die Kommunikation Mensch–Maschine

Zwei Richtungen des Vorgehens bilden sich heraus. Die erste Richtung geht von der existierenden Sprache aus und erweitert sich durch Hinzunahme von weiteren Sprachelementen, wie z. B. Konstanten, Variablen, Typen und Operationen. Dieser Weg verlangt, einen sogenannten *Vorübersetzer* aufzubauen, der die in dieser so erweiterten Sprache geschriebenen Programme zunächst in die Grundsprache übersetzt, so, wie es Abb. 40 zeigt. In einem zweiten Lauf wird dann unter Verwendung des sowieso schon vorhandenen Compilers der Grundsprache die Übersetzung in die Maschinensprache vorgenommen [53, 139, 209].

Die zweite Richtung basiert auf der Anwendung der bekannten *Unterprogrammtechnik.* Die zusätzlichen neuen Aufgaben werden durch eine Menge von Unterprogrammen abgefangen. Diese Unterprogramme sind über die üblichen UP-Aufrufe: CALL UP in das in der Grundsprache geschriebene Programm einzufügen. Eine in dieser zweiten Richtung erweiterte Sprache verlangt vom Nutzer Kenntnisse in der Programmierung mit der Grundsprache. Die Behandlung

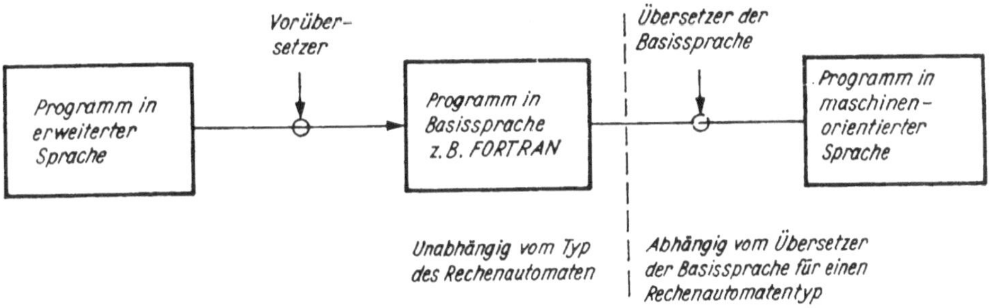

Abb. 40. Übersetzung eines in einer erweiterten Sprache geschriebenen Programms in die Maschinensprache

und Zuordnung der Parameter muß durch den Programmierer vorgenommen werden, eine oft doch etwas aufwendige Arbeit.
Die Unterprogrammtechnik hat allerdings den Vorteil, daß einmal eine beliebige Erweiterung durch neu hinzuzufügende Unterprogramme möglich ist. Bei vielen Rechenanlagen lassen es das Betriebssystem und die für die Grundsprache vorhandenen Compiler zu, diese Unterprogramme in mehrere Sprachen einbeziehen zu können [68, 175, 319, 376].

Für wichtige und sehr umfangreiche Einsatzgebiete sind jedoch auch selbständige Sprachen mit eigenen Compilern entwickelt worden. Ein typisches Beispiel hierfür gibt der Komplex der automatischen Herstellung von Datenträgern für die Steuerung von NC-Maschinen. In der DDR sind die Sprachsysteme SYMAP [327] und MAUS [234] bekannt geworden.

Die Programmiersprachen können in die problemorientierten, deskriptiven oder beschreibenden Sprachen einerseits und die prozedurorientierten, verfahrensorientierten oder algorithmischen Sprache andererseits unterteilt werden. Während der erste Komplex auf die Beschreibung von Problemzuständen, Tatsachen, Objekten gerichtet ist, ist der zweite Komplex auf die Erfassung von Vorgängen, Abläufen und Prozessen orientiert. In praktisch eingesetzten Sprachen treten jedoch beide Aspekte mit unterschiedlichem Gewicht auf.

Neben Programmiersprachen, die wir bisher betrachtet haben, bilden sich mit der Bereitstellung der entsprechenden technischen Mittel Sprachen für die interaktive Arbeitsweise, für die Kommunikation Mensch-Maschine heraus. Diese *interaktiven Sprachen* sind verfahrensorientiert, sie erlauben dem Menschen in diesem Zusammenwirken Mensch-Maschine bei der Lösung von Problemen die Formulierung von Aktivitäten durch den Menschen vorzunehmen, die die Maschine dann sofort ausführt. Diese interaktiven Sprachen sind noch enger an das Aufgabengebiet angeschlossen als es die meisten Programmiersprachen sind. Man spricht auch davon, daß sie nutzerorientiert aufgebaut sind. Eine Gegenüberstellung der Abläufe bei Anwendung einer problemorientierten Sprache und einer interaktiven Sprache zeigt die Abb. 41. Wir werden uns zunächst den Aspekten zuwenden, die bei der Erweiterung von Sprachen zu grafischen Sprachen auftreten. Dann werden die Besonderheiten von interaktiven Sprachen untersucht. Die folgenden Abschnitte behandeln dann grafische Programmiersprachen und Beispiele ihrer Implementierung sowie grafische interaktive Sprachen und ihren Aufbau.

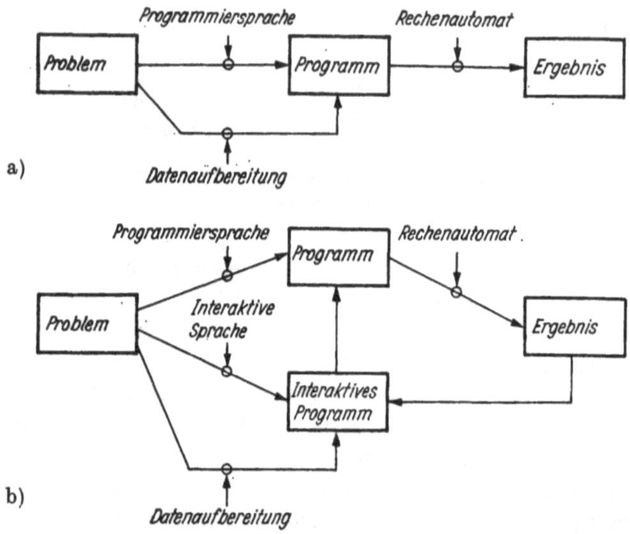

Abb. 41. Gegenüberstellung des Ablaufs der Problemlösung bei Verwendung problemorientierter Sprachen und interaktiver Sprachen, Stapelvorarbeitung (a), Dialogbetrieb (b)

1.3.2. Der Aufbau von grafischen Sprachen

Mit dem Erschließen von neuen Einsatzgebieten der Rechentechnik ist die Forderung nach Verarbeitung von geometrischen Objekten verbunden. Die Programmiersprachen wie FORTRAN, ALGOL usw. sind aber aufgrund des Aufgabenbereiches, aus dem heraus sie entwickelt wurden, auf die Abarbeitung von numerischen Algorithmen orientiert. Geometrische Zusammenhänge, wie sie in den Problemen und Aufgaben der Praxis vorliegen, müssen deshalb über mathematische Modelle einer Behandlung zugänglich gemacht werden. So wird z. B. die Ermittlung einer Eigenschaft eines technischen Gebildes, etwa der Durchbiegung eines beiderseitig gelagerten Balkens bestimmter geometrischer und stofflicher Eigenschaften unter der Einwirkung einer Kraft über ein mathematisches Modell führen. Die Geometrie des Balkens wird im Berechnungsprogramm erfaßt, muß aber auch im konkreten Fall für einen speziellen Balken die aktuellen Parameter enthalten, die über das Eingabeformular dem Rechner zugeführt werden.

Das Ergebnis dieses Berechnungsvorganges wird als Zahlenkolonne ausgegeben und kann nun vom Nutzer des Programmes in grafischer Form, als Biegelinie, dargestellt werden. In derartiger Form werden die meisten heute vorliegenden physikalisch-technischen Aufgaben gelöst. Der Weg ist deshalb gangbar, weil für die Ermittlung bestimmter Eigenschaften, und darum handelt es sich hauptsächlich, bzw. für die Optimierung bestimmter Parameter ein ausreichendes mathematisches Modell vorliegt, das einer rein numerischen Behandlung zugänglich ist. Die Abstraktion von der Geometrie wird dabei mit dem Aufbau des Modells vorgenommen und in Form der Codierung für die Eingabe festgelegt.

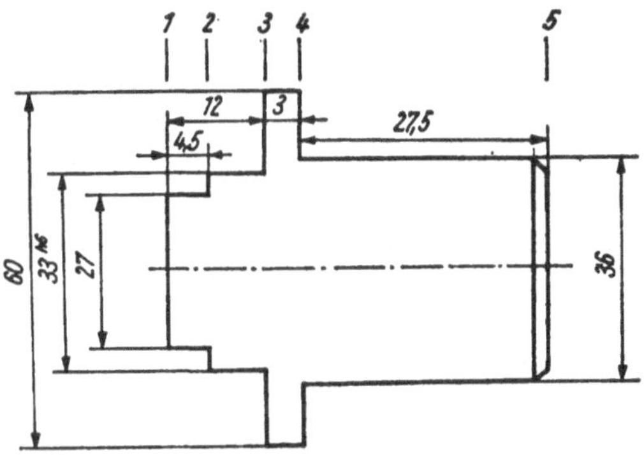

Bezeichn.	Φ, l	Ebene l	Ebene r	Toleranz	Formelelement
Z	60				
Z	33			-6,20	
Z	27				
Z	36				Phase
L	4,5	1	2		
L	12	1	3		
L	3	3	4		
L	27,5	4	5		

Abb. 42. Beschreibung eines rotationssymmetrischen Teils im Eingabeformular

Für eine Vielfalt von Aufgaben wird dieser Weg in der Praxis gegangen. Es hat sich gezeigt, daß es sinnvoll ist, fest strukturierte Eingabeformulare, die der geometrischen Eingabe angepaßt sind, zu verwenden. In Abb. 42 werden ein rotationssymmetrisches Teil und das für die Eingabe verwendete Formular gezeigt [166]. Ähnliche Vorgehensweisen werden besonders im Bereich der technologischen Fertigungsvorbereitung eingesetzt [136, 148, 202, 241, 397]. Tritt aber die geometrische Form mehr in den Vordergrund und wird sie zum prozeßbestimmenden Element, so besteht berechtigt der Wunsch, ohne vorherige Codierung dieser geometrischen Form im Eingabeprozeß mit ihr arbeiten zu können. Im Kapitel 1.1. hatten wir die Darstellung und Beschreibung von geometrischen Objekten sowie von Manipulationen mit ihnen und die Abbildung in eine zwei-dimensionale grafische Darstellung erläutert. Wir müssen nun unter Beachtung der inneren Einheit von Beschreibung der Elemente und ihren Verarbeitungsoperationen nach Wegen suchen, geometrische Objekte und grafische Darstellungen als Elemente einer Sprache zulassen zu können. Ungeachtet dessen muß das technische Problem, das im Rechenprogramm erfaßt wird, weiterhin auf diesem Modell aufbauend, erarbeitet werden. Noch weiter von dieser Vorgehensweise entfernt man sich, wenn die Arbeitsweise des Konstrukteurs beim Entwurf neuer technischer Gebilde mit dem Rechenautomaten besonders im Dialog durchgeführt werden soll. Hier hat die Geometrie eine besondere und dominierende Stellung.

So, wie der Konstrukteur in seinen Vorstellungen beim Entwurf neuer technischer Gebilde mit Ebenen, Kegeln, Zylindern arbeitet, so soll auch die Sprache, die uns hilft, diese Vorgänge auf den Rechenautomaten zu übertragen, diese Elemente: Ebene, Kugel, Zylinder enthalten. In den Anweisungen der Sprache muß es dann möglich sein, die Algorithmen zum Aufbau der Gebilde, wir gehen immer von einem hierarchischen Aufbau aus, zur Manipulation und Veränderung dieser Gebilde beschreiben zu können. Theoretische Grundlagen für den Aufbau höherer grafischer Sprachen sind in [132] enthalten.

Wir hatten bereits ausgesagt, daß es keine universelle Sprache geben wird. Das gleiche gilt auch für das Gebiet der grafischen Datenverarbeitung. Zu spezifisch sind die Anforderungen an eine derartige geometrische oder grafische Sprache. Der Aufbau der Elemente, die ausgewählten und zugelassenen Operationen, die mit diesen Elementen zu vollziehen sind, bestimmen die Repräsentanten der Elemente und der Operationen in dieser Sprache und damit ihren Aufbau.

Wir werden deshalb auch nur den Rahmen einer derartigen grafischen Sprache darstellen können. In Kapitel 1.3.4. werden wir die Erläuterung des Aufbaues von grafischen Sprachen, speziell von grafischen Programmiersprachen fortsetzen, während in Kapitel 1.3.6. interaktive grafische Sprachen dargestellt werden sollen.

1.3.3. Der Aufbau von interaktiven Sprachen

Von einer *interaktiven Arbeitsweise* sprechen wir, wenn bestimmte Handlungen des Nutzers eines derartigen interaktiven Systems sofort in bestimmte Reaktionen umgesetzt werden, die sowohl von der jeweiligen Handlung als auch vom Zustand, in dem sich das System befindet, abhängen [279]. Interaktive Sprachen müssen geeignet sein, derartige Handlungen und Reaktionen beschreiben zu können. Die Handlung des Nutzers wird im allgemeinen sowohl vom zu lösenden Problem bestimmt als auch von der Reaktion des Systems auf die vorangegangene Handlung.

Was haben wir unter einer Handlung des Nutzers zu verstehen?

Je nach der gerätetechnischen Ausrüstung bieten sich die vielfältigsten Möglichkeiten an, Eingaben in den Rechenautomaten durchzuführen, so z. B. Lichtstiftbewegungen, Funktionstasten, Lichttasten, Fernschreiber, Lochstreifen usw. Um hier geräteunabhängig zu bleiben, werden wir alle diese Handlungen als gleichwertig, also zu einer Kategorie gehörig bezeichnen, die intern die gleiche Eingabeinformation für das Verarbeitungsprogramm erzeugen.

Reaktionen des Systems sind wiederum Ausgaben, die ebenfalls in verschiedensten Formen erfolgen können, z. B. als α-numerische Mitteilung auf dem Bildschirm, auf dem Drucker oder auf Lochstreifen. Sie sollen deshalb ebenfalls zu Kategorien zusammengefaßt werden.

Wichtig ist es, den Unterschied zwischen der Sprache, die zum Aufbau eines derartigen interaktiven Systems verwendet wird, und der Sprache, die der Nutzer des Systems im eigentlichen Dialog anwendet, herauszustellen und sich darüber Klarheit zu verschaffen. Für den Aufbau des Systems kann jede Programmiersprache herangezogen werden, obwohl sich auch hier spezielle Sprachen als effektiver in der Handhabung erweisen. Man wird im allgemeinen so vorgehen,

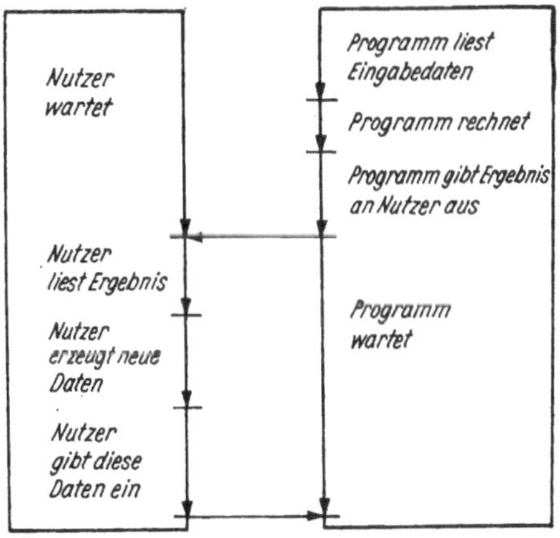

Abb. 43. Zusammenspiel zwischen Rechenautomat und Nutzer des Rechenautomaten

daß man ein solches interaktives Sprachsystem so entwickelt, daß vom Nutzer die eigentlichen Prozeduren und die ihnen zugeordneten Kommandos eigenständig, oft auch wieder im Dialogbetrieb erzeugt und eingefügt werden können. Man spricht dann, da der Compiler für die ganze Klasse von Dialogsprachen verwendbar ist, von *sprachunabhängigen Übersetzern* [262]. In [278] wird ein einfaches Modell des interaktiven Mensch-Maschine-Dialogs angegeben. Das zeigt Abb. 43. Die Aufgabe des Sprachübersetzers ist es, die vom Nutzer eingegebenen Zeichenreihen zu interpretieren und Informationen an die Steuerung weiterzugeben, die den Teil des Programmes ausführt, der mit dem gegebenen Befehl verbunden ist.

Es bietet sich an, für die weiteren Beschreibungen eines derartigen interaktiven Systems und seiner Arbeitsweise den endlichen Automaten heranzuziehen [279]. Ein *endlicher abstrakter Automat* [191, 203] ist gekennzeichnet durch die Menge der Eingänge (Handlungen) X, die Menge der Ausgänge (Reaktionen) Y und die Menge der Zustände des Automaten Z, sowie durch die beiden Funktionen, die Überführungsfunktion f und die Ergebnisfunktion g:

$$A = \{X, Y, Z, f, g, z_0\}.$$

z_0 ist der Anfangszustand, die Funktionen f und g beschreiben folgende Zusammenhänge:

$$f(x_t, z_t) \Rightarrow z_{t+1},$$
$$g(x_t, z_t) \Rightarrow y_t.$$

Da wir es hier mit endlichen Mengen von Eingangs-, Ausgangs- und Zustandsgrößen zu tun haben, können die Funktionen f und g in Überführungs- bzw. Ergebnismatrizen dargestellt werden. Eine übersichtliche Darstellung erhält man auch, wenn der Automat als Graph dargestellt wird, man nennt diese Darstellung: *Zustandsdiagramm* oder *Ablaufgraph.*

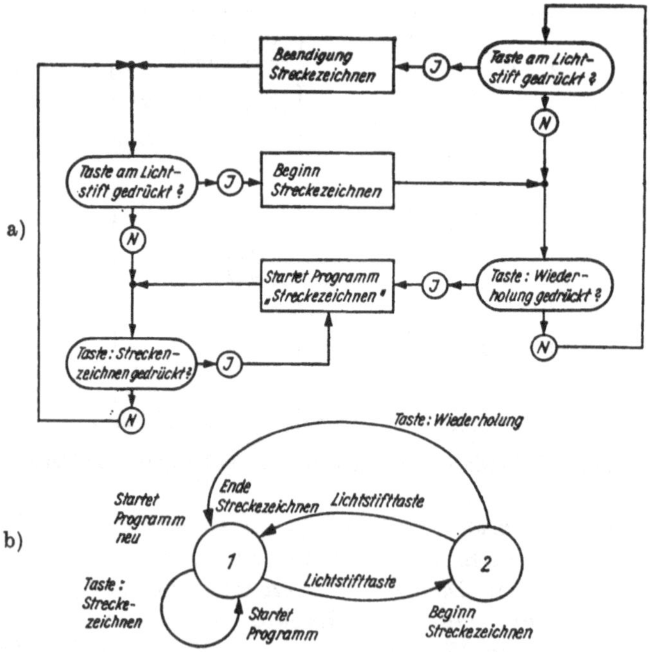

Abb. 44. a) Flußbild für den Ablauf beim Zeichnen einer Strecke,
b) Zustandsdiagramm für die gleiche Aufgabe

In Abb. 44 sind ein Zustandsdiagramm und ein äquivalentes Flußbild dargestellt. Ein Zustandsdiagramm beschreibt demnach eine interaktive Sprache. Umgekehrt ist es möglich, zur Definition einer Sprache ein Zustandsdiagramm heranzuziehen. Ein bestimmtes interaktives Programm, das in dieser Sprache beschrieben wird, kann durch einen gerichteten Graphen charakterisiert werden, der in dieses Zustandsdiagramm projiziert wird.

Damit läßt sich aber nur ein Teil der interaktiven Sprache beschreiben, der Kommando- oder Steuerteil. Jeder Dialogpartner befindet sich zu jedem Augenblick des Dialogs in einem bestimmten Zustand. Durch geeignete Informationsübergaben versucht man, den Dialogpartner in einen für die Lösung der Aufgabe günstigen Zustand zu versetzen [152].

Wie in jeder Sprache, so müssen auch hier die eigentlichen Verarbeitungsoperationen mit definiert werden. Wir finden somit in jeder interaktiven Sprache stets die beiden Komponenten, den prozedurorientierten Sprachteil, der ähnlich den problemorientierten Programmiersprachen aufgebaut ist, und den Kommandoteil der Sprache.

Die Arbeitsweise in der Mensch-Maschine-Kommunikation führt dazu, daß die Elemente eines Programmes in einer interaktiven Sprache nacheinander entstehen und so wie sie erzeugt werden auch verarbeitet werden müssen, d. h., der zugeordnete Compiler muß die Anweisungen einzeln übersetzen. Die hierfür verwendeten Compiler arbeiten als *tabellengesteuerte Syntax-Analysatoren* [279].

1.3.4. Grafische Programmiersprachen

In diesem Kapitel werden wir die Erweiterungen von Programmiersprachen durch grafische Elemente darlegen. Dazu müssen einige allgemeine Bemerkungen zu den Programmiersprachen vorangestellt werden [30, 388].

Für die Bereiche der technischen Vorbereitung der Produktion, aber auch für andere Einsatzgebiete der grafischen Datenverarbeitung ist es effektiv, sich bei der Programmierung der zur Lösung anstehenden geometrischen Probleme hierfür entsprechend erweiterter Programmiersprachen zu bedienen. Die bekannten allgemein genutzten Programmiersprachen müssen für diese Anwendung durch neue Sprachelemente erweitert werden.

Im allgemeinen ist ein grafisches Problem eng mit einem arithmetischen Sachverhalt verbunden. Das grafische Problem ist oft einbettendes Element weiterer numerischer, aus dieser geometrischen Umgebung abgeleiteter Aufgaben. Grafische Probleme treten aber auch zusammen mit der Kommunikation zwischen Nutzer und Programm auf. Der Nutzer eines Programms möchte nicht nur seine Ergebnisse in grafischer Form ausgegeben haben, sondern er möchte auch die grafische Form für die Beschreibung der Eingabeinformation nutzen.

In diesem Kapitel werden wir nur die Programmiersprachen betrachten, die zu automatisch abzuarbeitenden Programmen führen, man spricht dann von *Sprachen im batch-mode* [230]. Wir müssen nun von einem vorliegenden, vollständig aufbereiteten Algorithmus ausgehen, der dieses Vorgehen und damit die autonome Abarbeitung zuläßt. Das wollen wir auch für die grafischen Programmiersprachen fordern; wir setzen derartige Algorithmen als gegeben voraus. Die Programmierung kann also als ein in sich abgeschlossener Prozeß angesehen werden, der die Beschreibung des vorgegebenen Algorithmus in der Programmiersprache, das sich daran anschließende Übersetzen durch einen zugeordneten Compiler und Austesten des übersetzten Programmes umfaßt.

Die Grundgebilde, die in den bekannten Programmiersprachen wie etwa ALGOL, FORTRAN, verarbeitet werden, sind Zahlen bzw. Ketten von α-numerischen Zeichen. Aus diesen Grundgebilden werden komplexere Gebilde, etwa Felder, Listen und Dateien aufgebaut. Eine besondere Eigenschaft dieser Grundgebilde ist ihre statische Struktur, die damit die Voraussetzung für eine von vornherein klar gegliederte Darstellung im Speicher gibt. Man kennt die Grenzen der Felder und die fixe Anordnung der Elemente in ihnen.

Durchaus andere Verhältnisse können uns bei grafischen Programmiersprachen begegnen. Nicht allen Grundelemeten können im allgemeinen, wenn etwa COONS-Flecken zugelassen werden, feste Strukturen und damit Speicherräume zugeordnet werden. Während es mit 3 Koordinaten für Punkte und mit 6 Werten für Strecken im Raum gelingt, den Speicherbereich eindeutig vorzugeben, ist dieser bei einem COONS-Flecken sehr variabel und von der Anzahl der Stützstellen abhängig. Für den Aufbau von Gebilden, die in einer Hierarchie aus diesen Grundgebilden entstehen, ist es erst recht nicht möglich, derartige Speicherbelegungen vorher zu bestimmen. Wir müssen deshalb in den grafischen Programmiersystemen den Speicherproblemen eine größere Aufmerksamkeit widmen. Abschnitt 1.2. behandelte Fragen dieser Art.

Notwendigerweise müssen deshalb die Systeme der grafischen Datenverarbeitung mit den Sprachen auch die Prozesse der Speicherorganisation mit umfassen. In diesem Zusammenhang sind die Datenstrukturen und ihre Verarbeitung, die im Kapitel 1.2. erläutert worden ist, einzuordnen. Aufbau und Verarbeitung von Datenstrukturen müssen ein Bestandteil der grafischen Sprache sein. Die Prozesse der Behandlung von Datenstrukturen müssen aber so in das Sprachsystem eingegliedert werden, daß sie zu keiner zusätzlichen Belastung für den Nutzer werden.

Zunächst einige Aussagen über die Definition von Programmiersprachen. In einer *Programmiersprache* [35] werden Grundelemente (Konstanten, Variablen, Felder, Ausdrücke), Anweisungen und Vereinbarungen definiert. Die Beschreibungen basieren auf den Grundsymbolen.

⟨Gundsymbol⟩ ::= ⟨Buchstabe⟩|⟨Ziffer⟩|⟨logischer Wert⟩|⟨Begrenzung⟩

Aus diesen Grundsymbolen werden Bezeichnungen, Zahlen und Ketten aufgebaut.

⟨Bezeichnung⟩ ::= ⟨Buchstabe⟩|⟨Bezeichnung⟩ ⟨Buchstabe⟩|⟨Bezeichnung ⟩⟨Ziffer⟩.
⟨Zahl⟩ ::= ⟨Zahl ohne Vorzeichen⟩| + ⟨Zahl ohne Vorzeichen⟩| — ⟨Zahl ohne Vorzeichen⟩
⟨Zahl ohne Vorzeichen⟩ ::= ⟨Dezimalzahl⟩|⟨Exponententeil⟩|⟨Dezimalzahl⟩ ⟨Exponententeil⟩
⟨Kette⟩ ::= '⟨offene Kette⟩'
⟨offene Kette⟩ ::= ⟨echte Kette⟩|'⟨offene Kette⟩'|⟨offene Kette⟩ ⟨offene Kette⟩
⟨echte Kette⟩ ::= ⟨jede beliebige Folge von Grundsymbolen, die nicht 'oder' enthält⟩.

Es ist notwendig, die Begriffe Wert und Typ einer Größe einzuführen. Ein *Wert* ist im allgemeinen ein geordneter Satz von Zahlen, von logischen Werten oder Marken. Diese Werte werden bestimmten syntaktischen Einheiten zugeordnet. Die Werte ändern sich im Laufe der Verarbeitung des Programmes. Durch die Angabe des *Typs* werden grundlegende Eigenschaften von Klassen, zu denen Werte zusammengeschlossen werden, gekennzeichnet. Unter einer Variablen verstehen wir eine Kennzeichnung, die einem einzelnen Wort zugeordnet ist.

Ein *Ausdruck* ist eine Regel zur Berechnung eines Wertes, eines numerischen Wertes durch einen arithmetischen Ausdruck, eines logischen Wertes durch einen logischen Ausdruck oder eine Regel zur Ermittlung einer Marke einer Anweisung durch einen Zielausdruck.

Anweisungen sind die eigentlichen Operationseinheiten, die in einer bestimmten Reihenfolge ausgeführt werden. Eine Ergibtanweisung hat die Aufgabe, den Wert eines Ausdruckes einer Variablen zuzuordnen. Durch Laufanweisungen, Sprunganweisungen, bedingte Anweisungen u. ä. wird der Ablauf in der Verarbeitung von Anweisungen variiert und verändert.

Vor Beginn der Verarbeitung ist es notwendig, bestimmte Größen eines Programmes zu vereinbaren, etwa den Typ von Variablen, Feldgrößen u. ä. Dazu dienen die Vereinbarungen.

In analoger Weise gehen wir vor, wenn wir durch Erweiterung einer Sprache eine grafische Programmiersprache entwickeln wollen. Zuerst ist es notwendig, die Menge der Objekte zu erweitern und dabei die grafischen Gebilde einzubeziehen. Diese Erweiterungen sind auf der Basis der vorgegebenen Grundsymbole vorzunehmen. Wir erweitern zuerst die Menge der Typen. Es werden neue Typen eingeführt: Punkt, Ebene, Parameterflecken usw. Jedem Typ ist dabei eine ganz bestimmte Wertestruktur eigen; so besitzt der Punkt als Wert 3 Zahlen, die als Koordinatenwerte in einem bekannten Koordinatensystem gedeutet werden können, eine Ebene besitzen als Wert 4 Zahlen, die die Koeffizienten der Ebenengleichung $Ax + By + Cz + D = 0$ darstellen. Diese Konstanten, die Werte eines Types, können nun Variablen zugeordnet werden. Als Beispiel möge $E7 = (3, D, 0, B)$ dienen, das entspricht der Ebene $E7: 3x + Dy + B = 0$.

Es ist aber auch möglich, über eine Vorgabe von sogenannten primitiven geometrischen Funktionen [175] mit konstanten Parametern auszugehen. Alle zur Verfügung stehenden Grundgebilde werden damit beschrieben und ihnen Wert und Typ zugeordnet. Die zum Aufbau von Gebilden festzulegenden Operationen, die zusätzlich aufzunehmen sind, müssen natürlich den Objekten angepaßt sein, so, wie es im Kapitel 1.1.3. beschrieben worden ist. Mit diesen Operationen ist es dann möglich, Ausdrücke aufzubauen und zu realisieren. Derartige Operationen sind z. B.: Anreihen, Verbinden, mengentheoretische Operationen $\vee$ und $\wedge$ usw. Ein *grafischer Ausdruck* ist eine Vorschrift zur Berechnung eines grafischen Wertes, dessen Typ durch die verwendeten Operationszeichen und Operationstypen bestimmt ist. Analog weist eine Ergibtanweisung einer grafischen Variablen einen Wert zu, der durch einen grafischen Ausdruck gegeben ist. So wird z. B. durch einen Ausdruck $P(1) - P(2) - P(3) - P(4) - P(1)$ ein Rechteck erzeugt. Durch die Ergibtanweisung $RE = P(1) - P(2) - P(3) - P(4) - P(1)$ wird der Variablen RE das Rechteck zugeordnet.

Wie bei allen Programmiersprachen sind diese Vereinbarungen vor Beginn der Abarbeitung festzulegen.

Um nun die tatsächliche Durchführung dieser Operationen zu ermöglichen, müssen eine Reihe von Unterprogrammen erarbeitet und in das System eingeordnet werden. Diese Unterprogramme werden im ersten Lauf beim Compilieren eines Programmes, das in einer grafischen Programmiersprache geschrieben worden ist, durch den Vorübersetzer in das in der Grundsprache entstehende Programm eingefügt. Ob sie nun tatsächlich eingefügt werden oder nur die Aufrufe erzeugt und eingeordnet werden, sei dahingestellt. Dazu gehören auch die Programme zum Aufbau von Datenstrukturen, zur Ergänzung und Erweiterung von Gebilden, zur Transformation und Manipulation der Gebilde, zur Ermittlung von bestimmten Eigenschaften dieser Gebilde wie etwa Schnittkurve usw.

Zu einem *grafischen Sprachsystem* gehören also:

- erweiterte Sprache selbst,
- Vorübersetzer aus dieser Sprache in die Grundsprache,
- Satz von Unterprogrammen.

Ein anderer Weg zur Sprache für die Verarbeitung grafischer Gebilde führt über die Unterprogrammtechnik. Das setzt voraus, daß alle Operationen mit den Objekten in dieser Menge von Unterprogrammen erfaßt sind. So müssen UP zur Erzeugung von Gebilden, zum Zusammensetzen, zur Ermittlung spezieller Eigenschaften usw. vorliegen und können in die Grundsprache eingebaut werden. Der Aufruf erfolgt in der bekannten Weise, nachdem die erforderlichen Parameter übergeben worden sind. Der Programmierer muß mit den Parameterfeldern, deren Elemente bestimmte Kennzeichen oder Namen tragen, arbeiten und die für die Anwendung eines Unterprogrammes notwendige Auswahl und Aufbereitung selbst treffen. Das hat beim ersten Weg der echten Erweiterung der Sprache der Compiler übernommen.

1.3.5. Beispiele für implementierte grafische Programmiersprachen

Die im Rahmen des Forschungsvorhabens AUTEVO erarbeitete *grafische Programmiersprache* DIGRA (Digitalgrafik) [36, 209, 210] ist als echte Erweiterung von FORTRAN aufgebaut. Damit kann für den arithmetischen Teil der Aufgaben FORTRAN in bekannter Weise eingesetzt werden. Als neue Elemente werden grafische Gebilde eingeführt. Sie werden zur Beschreibung der geometrischen Gestalt von Gegenständen herangezogen. Diese Gebilde sind in einem kartesischen 3-D-Koordinatensystem als Variable der grafischen Sprache definiert.

Da nun jedes grafische Gebilde in Analogie zu den numerischen Werten durch einen Namen, einen Wert und einen Typ charakterisiert wird, kann in gleicher Weise mit diesen grafischen Gebilden gearbeitet werden, wie mit den Variablen von FORTRAN. Der Wert eines grafischen Gebildes wird durch eine entsprechende Formel durch grafische Strukturen ermittelt und zugeordnet.

Es werden nun folgende Grundgebilde eingeführt: Punkt, Bogen, Parameterflecken, Ausdruck; aus diesen Grundgebilden können durch bestimmte, diesen Typen zugeordnete Operationen Gebilde aufgebaut werden, wie Graph, Polygon, Flecken, Körper, Fläche. Das ist aus Abb. 45 zu ersehen.

Gebilde	Graphen Polygone	Flecken	Körper Fläche
Grund-gebilde	Punkt Bogen	Parameter-flecken	Ausdrücke

Abb. 45. Einteilung der grafischen Gebilde (nach [209])

Wir wollen nun die Grundgebilde betrachten, wir stützen uns dabei auf [209].

Punkt: Ein Punkt wird durch drei Zahlenwerte e_1, e_2, e_3 charakterisiert, die die x, y, z-Koordinatenwerte repräsentieren. Punkt-Wert: (e_1, e_2, e_3).

Bogen: Durch $x = x(u)$, $y = y(u)$, $z = z(u)$ mit den Nebenbedingungen $\dot{x}(u)^2 + \dot{y}(u)^2 + \dot{z}(u)^2 > 0$ und $u(x)$, $u(y)$, $u(z)$ stetig differenzierbar wird ein Stück einer Raumkurve definiert. Bogen-Wert: $(e_1, e_2, \ldots, e_n)$, $n \geqq 3$.

Dabei ist e_1: Name eines Unterprogrammes, das für einen vorgegebenen u-Wert die x, y, z-Werte berechnet. $e_2, \ldots e_n$ Folge von u-Werten.

Parameterflecken: Durch $x = x\ (u, v)$, $y = y\ (u, v)$, $z = z\ (u, v)$ mit der Nebenbedingung:

$$(y_u z_v - z_u y_v)^2 + (z_u x_v - x_u z_v)^2 + (x_u y_v - y_u x_v)^2 > 0$$

wird ein Flächenstück definiert.

Parameterfleckenwert: $(e_1, e_2, \ldots, e_n)$, $n \geqq 8$, gerade. Dabei sind e_1, e_2, e_3 Namen von Unterprogrammen, die für vorgegebene u, v-Werte $x(u, v)$, $y(u, v)$, $z(u, v)$ berechnen. e_4 ist der Name eines Unterprogrammes, das für vorgegebenes (u, v)-Paar einen logischen Wert liefert, der zur Ermittlung, ob ein Punkt innerhalb der Berandung liegt, genutzt wird. $e_5, \ldots, e_n$: Folge von u, v, Paaren.

Ausdruck: Er wird durch die Funktion von drei Variablen x, y, z definiert: $a = f(x, y, z)$. Wir betrachten zwei für die Anwendung wichtige Sonderfälle:

$$a = a_1 x + a_2 y + a_3 z + a_4$$

und

$$a = b_1x^2 + b_2y^2 + b_3z^3 + b_4xy + b_5yz + b_6xz + b_7x + b_8y + b_9z + b_{10}.$$

a_i, b_i reell.

Ebene-Wert: $(e_1,\ldots e_4)$ mit $e_i = a_i$, $i = 1(1)4$
Fläche zweiter Ordnung-Wert: $(e_1,\ldots,e_{10})$ mit

$$e_i = b_i \qquad i = 1(1)10.$$

Analog den Grundelementen bekannter Programmiersprachen werden beim Definieren der Sprache Konstanten, Variable, Ausdrücke festgelegt. Die Ergibtanweisung weist einer grafischen Variablen einen Wert zu. Die Programmstruktur ist ebenfalls derjenigen der Basissprache gleich.

Wir wollen das an einem Beispiel demonstrieren, Abb. 46 zeigt ein DIGRA-Programm zur Definition eines Würfels [209].

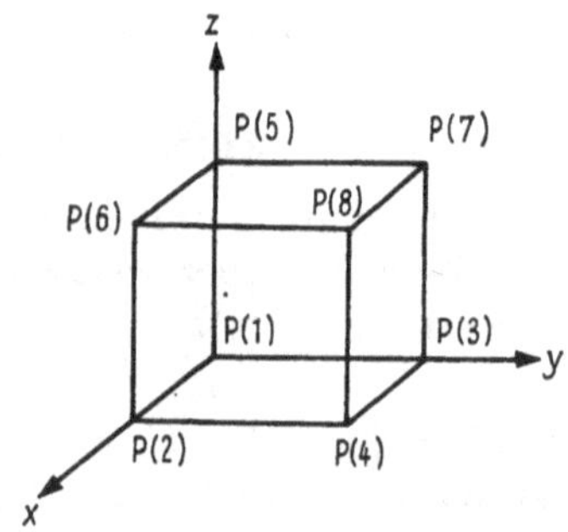

Abb. 46. Beschreibung eines Würfels in der Sprache DIGRA (nach [209])

```
                     Punktfeld: P
                     Graphen: WUERF
                     Kantenlänge: A
                     Hilfsgrößen: K, I, IND
        A = 3
        DO 11 K = 1,2
        DO 11 I = 1,2
        IND = I + 2* (K - 1)
        P(IND) = (A*(I - 1), A*(K - 1), 0)
        11 P (IND + 4) = (0, 0, A)* P(IND)
WUERF = P(1) - P(2) - (P4) - P(3) - P(1) - P(5) - P(6) - P(8) - P(7) - P(5)
                     DO 12 I = 2,4
              12 WUERF = WUERF · P(I) - P(I + 4)
```

In sehr ähnlicher Art wurde im Institut für technische Kybernetik der Belorussischen Akademie der Wissenschaften in Minsk ein System für 2- und 3-D Objekte „FAP“ aufgebaut [139]. Es lehnt sich an die dort 1966 durchgeführten Arbeiten zum System GEOMETER-66 an [137]. Ähnliche Systeme werden in [53, 68, 216, 357, 388] beschrieben.

Das System FAP, dessen 2-D-Teil in [139] beschrieben ist, betrachtet zunächst sogenannte elementare geometrische Objekte: Punkt, Gerade, Kreis, Kurve zweiter Ordnung, Kurvenabschnitt, Kreisbogen, Kurvenbogen zweiter Ordnung. Mit Ausnahme des Punktes werden alle Elemente orientiert betrachtet. Die kanonische Darstellung der elementaren geometrischen Objekte erfolgt wie bei DIGRA in analoger Weise durch Parameterfolgen. So ist die kanonische Darstellung eines Kreises (r, x, y), wobei x, y die Koordinaten des Mittelpunktes sind, während r den Radius des orientierten Kreises angibt. Die kanonische Darstellung des Kreisbogens lautet: $(x_1, y_1, r, x, y, x_2, y_2)$ mit x_1, y_1 Koordinaten des Anfangspunktes, x_2, y_2 Koordinaten des Endpunktes. Zusammengesetzte geometrische Objekte sind Kurven, die aus beliebigen elementaren geometrischen Objekten und ihren Abschnitten bestehen. Eine Beziehung zur Anwendung wird durch die Einführung sogenannter „*zweidimensionaler Konstruktionen*" hergestellt. Diese zweidimensionalen Konstruktionen haben Berandungen, die durch eine Menge elementarer oder zusammengesetzter geometrischer Objekte dargestellt wird, das sind orientierte Graphen. Unter dem *geometrischen Konstruktionsobjekt* versteht man nun den Bereich der Ebene, der „links" vom berandenden orientierten Graphen liegt. Es werden dann *geometrische Komplexe* eingeführt. Das ist eine beliebige Menge geometrischer Objekte, die durchaus unterschiedliche Typen sein können, die durch eine gemeinsame Beziehung vereinigt sind. Schließlich werden in ähnlicher Weise auch hier geometrische Ausdrücke gebildet. Der Ausdruck

$$G5: INZ(x, y)\ KAS\ (10.0\ z\ P1)$$

bestimmt $G5$, die durch einen Punkt mit den Koordinaten (x, y) geht und die Tangente zum Kreis mit dem Radius 10.0 und den Mittelpunkt $P1$ bildet (Abb. 47).

Die andere Version der Erweiterung einer Sprache durch die bekannte UP-Technik wird in [5] dargestellt. Weitere Entwicklungen in ähnlicher Weise sind z. B. in [175, 319] enthalten.

Vollständige Neuentwicklungen von grafischen Programmiersprachen sind besonders im Zusammenhang mit der Programmierung für NC-Maschinen entstanden. In der DDR ist es besonders das Sprachsystem SYMAP (Symbolsprache für die maschinelle Programmierung) [327]. Ein ähnliches Beispiel möge die

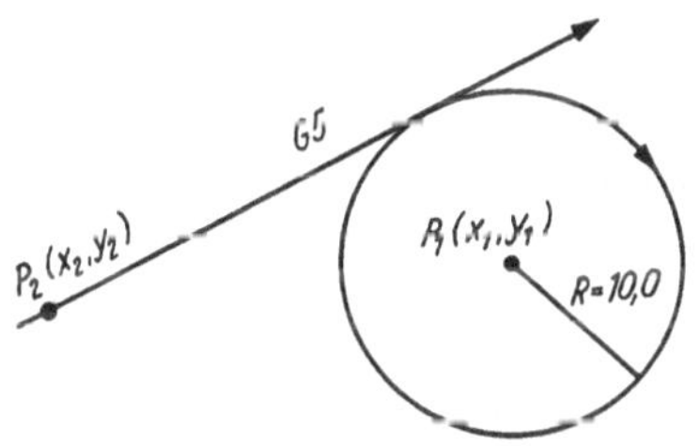

Abb. 47. Gerade $G5$ wird durch folgende Angaben definiert: Punkt $P_0(x_0, y_0)$, Tangente am Kreis mit Radius $R = 10{,}0$ und Mittelpunkt $P_1(x_1, y_2)$

hierfür entwickelte Beschreibungsform für derartige Aufgaben charakterisieren. Durch den Ausdruck *DEF*, *G*2, *GPK*, *P*5, *K*10, *RTS* wird eine Gerade definiert, die den Namen *G*2 besitzt, die durch den Punkt *P*5 verläuft und den Kreis *K*10 rechtsseitig tangiert.

1.3.6. Interaktive grafische Sprachen

Die *interaktive grafische Sprache* ist weit stärker als die grafische Programmiersprache an die zur Verfügung stehende Gerätetechnik für die Kommunikation Mensch-Maschine gebunden. Wir müssen deshalb hier bereits einige Kenntnisse voraussetzen, die im Kapitel 2.2.2.6. dargestellt werden. Dabei handelt es sich im wesentlichen um die Möglichkeiten, die der Lichtstift als aktives Instrument der Eingabe zusammen mit dem Bildschirm bietet.

Licklieder [231] spricht im Zusammenhang mit der grafischen Kommunikation von: „chalk plus talk", was wir etwa so interpretieren können: „sprich darüber und zeichne gleichzeitig". Das charakterisiert sowohl die beiden Formen der Kommunikation:

- verbale, geschriebene oder gesprochene Kommunikation
- grafische, gezeichnete oder gezeigte Kommunikation

sagt aber auch gleichzeitig aus, daß beide Formen miteinander verkoppelt die effektivste Form darstellen. Damit verbunden ist der neue Weg des aktiven Handelns, der im Zeichnen und Zeigen steckt. Ähnliche Gedanken sind im System EUKLID verwirklicht. Auch hier wird die Tätigkeit des Zeigens als Element der Sprache genutzt [290].

Das Wesen einer derartigen interaktiven grafischen Sprache liegt nicht nur darin, daß Handlungen des Menschen sofort vom Rechner ausgeführt werden, sondern vielmehr auch darin, daß mit dem Zeigen die wesentlichen Operationen des Identifizierens von Objekten und des Auslösens von Operationen z. B. über die Nutzung des Lichtstiftes durchgeführt werden können. Diese Aktivität des Zeigens muß in ihrer Handhabung in die interaktive Sprache eingezogen werden.

Die Aufgabe der interaktiven grafischen Sprache ist es, die Prozesse der Entwicklung, Veränderung und Manipulation von geometrischen Objekten über diese Art der Aktivierung der Operationen wirskam werden zu lassen.

Wir hatten gesehen, daß grafische Probleme im allgemeinen meist mit arithmetischen Problemen gekoppelt sind. In diesem Kapitel wollen wir aber die vielerorts aufgebauten Systeme zur Behandlung algebraischer und numerischer Prozesse über das Kommunikationsmittel Bildschirm oder Fernschreiber unter Anwendung interaktiver Sprachen nicht behandeln. Einige dieser Systeme, die vorwiegend zur Entwicklung einer Art On-line-Mathematik entwickelt worden sind, die auch für eine Vielzahl von praktischen Anwendungen sowie für die Ausbildung in Mathematik Bedeutung erlangt haben, werden in [101, 194, 223, 301, 320, 331, 340] beschrieben.

Wir wollen uns im folgenden auf die geometrischen Aspekte konzentrieren. Wir werden auch zwischen der reinen Darstellung von geometrischen Objekten und der Kommunikation mittels dieser Darstellungen unterscheiden müssen.

Aus der in Kapitel 1.1.1. vorgenommenen Unterscheidung zwischen geometrischen Objekten und grafischen Darstellungen ergibt sich der Schluß, daß die interaktive grafische Sprache mit den grafischen Repräsentanten der Objekte arbeiten muß. Das zwischen diesen grafischen Darstellungen, etwa der 3-Tafel-Projektion und dem so abgebildeten geometrischen Objekt, ein eindeutiger Zusammenhang besteht, wollen wir als gegeben voraussetzen. Die interaktive Sprache muß also bei der Entwicklung von geometrischen Objekten und ihrer Manipulation mit diesen grafischen Darstellungen arbeiten. Diese grafischen Darstellungen sind deshalb in geeigneter Form in ihr Vokabular aufzunehmen.

Die beiden Teile einer interaktiven Sprache müssen noch einmal klar herausgehoben werden, der prozedurorientierte Teil und der Kommandoteil. Die auszuführenden Prozeduren sind durch Unterprogramme erfaßt und repäsentieren den prozedurorientierten Text der Sprache. Mit der Menge dieser Unterprogramme wird der Umfang der möglichen Prozeduren und damit der möglichen Operationen und der zu verarbeitenden Objekte abgesteckt. Dieser Teil wird durch den Kommandoteil gesteuert. Dieses Kommandoteils bedient sich der Nutzer, um seine Prozesse zu steuern. Ein dritter Teil, der allerdings vor dem Nutzer verborgen bleibt, sorgt für die Verarbeitung der Unterbrechungen, die in der interaktiven Arbeitsweise auftreten.

Wir wollen von der Beschreibung einer interaktiven Sprache durch einen endlichen Automaten ausgehen. Aus dem diese Sprache repräsentierenden Zustandsdiagramm kann man ablesen, daß stets eine bestimmte endliche Anzahl von Ausgängen aus einem Zustand Z_k zu anderen Zuständen Z_l überzugehen gestatten. Jedem dieser Ausgänge aus einem Zustand in einen anderen ist eine bestimmte Handlung H_{kl} zugeordnet. Befindet sich das System in einem bestimmten Zustand Z_i, so kann es entsprechend dem Zustandsdiagramm nur in die Zustände Z_{kr}, $r = 1,...n$ durch die Handlungen H_{jr} (Z_i), $r = 1, ..., n$ gesteuert übergehen (Abb. 48). Damit ist der Rahmen, in dem sich der Nutzer bewegen

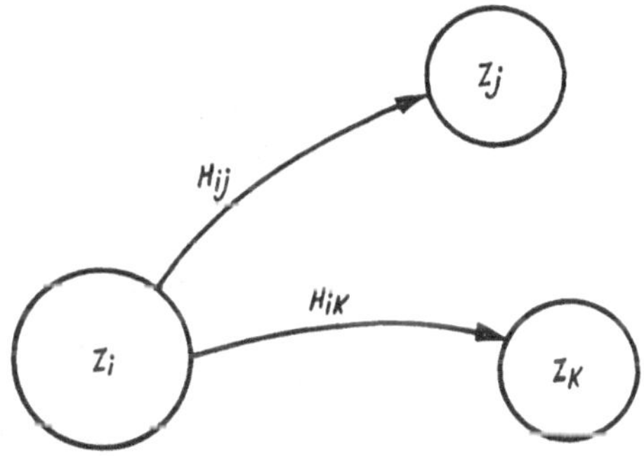

Abb. 48. Übergang vom Zustand Z_i in die Zustände Z_j bzw. Z_k entsprechend der Handlungen H_{ij} bzw. H_{ik}

kann, festgelegt. Dieser Rahmen wird beim Aufbau des Systems, wenn die interaktivierte Sprache definiert wird, abgesteckt.

Wir erleichtern dem Nutzer die Arbeit entschieden, wenn wir ihm zur Auswahl diese Menge der in jedem Zustand möglichen Handlungen anbieten. Die Beschreibung der für den nächsten Schritt zur Auswahl angebotenen Menge von Handlungen bezeichnet man als *Menü* [360]. Die technische Realisierung derartiger Menüs wird in Kapitel 2.3.2.3. behandelt. Da in derartigen Zustandsdiagrammen, die interaktive grafische Sprachen repräsentieren, auch baumartige Verzweigungen möglich sind, führt das dazu, *Menüs* in Form von Hierarchien aufzubauen. Die Auswahl eines Elementes des Menüs kann zu der Reaktion führen, daß wieder ein neues Menü angeboten wird. In Abb. 49 ist ein Beispiel dafür angeführt. Die Beschreibungsform der Menüfunktion als Element eines dargestellten Menüs ist von dem Problemkreis des Einsatzes und den Möglichkeiten des Kommunikationsgerätes abhängig. Es können Symbole, Abkürzungen, Teile der dargestellten Problemsituation sein. Mit der Technik des Zeigens mit Hilfe des Lichtstiftes als Form der Eingabe von Handlungen können diese Menütechniken sehr elegant ausgeführt werden. Mit dem Lichtstift ist es aber auch möglich, auf grafische Darstellungen bzw. auf einzelne Elemente aus einer derartigen Darstellung zu zeigen.

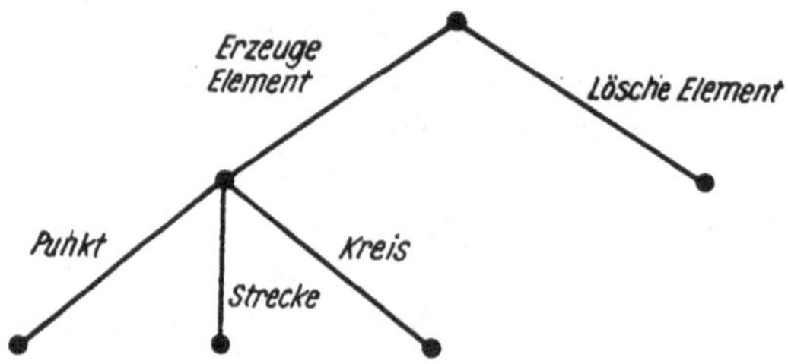

Abb. 49. Beispiel für einen Menübaum

Welche Operationsklassen können durch das Zeigen mit dem Lichtstift ausgeführt werden?

1. Identifizieren eines Teiles, eines Elementes aus einem dargestellten geometrischen Objekt (Eckpunkt, Kante, Fläche usw.).
2. Auslösen einer Operation aus einer Menge vorgegebener Operationen, die auf das ausgewählte Objekt wirkt bzw. die die Auswahl eines Objektes aus der Menge der vorliegenden Objekte verlangt.
3. Erzeugen neuer Objekte durch Bewegung des Lichtstiftes (Freihandzeichnen).

Zwischen der geschriebenen Form eines Programmes zur Verarbeitung geometrischer Objekte bzw. ihrer grafischen Darstellung und der Erfassung des gleichen Prozesses in einer interaktiven Sprache besteht ein eindeutiger Zusammenhang. Beide kann man ineinander überführen, wenn davon ausgegangen wird, daß die Handlungen des Nutzers zu formalisieren sind. Während in einer Programmiersprache ein Unterprogramm für eine grafische Operation über einen CALL-Befehl aktiviert wird, nachdem die Parameterübertragung vorbereitet ist, wird in der interaktiven Sprache durch den hier allgemein einfachen Übersetzer der Zusammenhang zwischen der Handlung, etwa der Aktivierung einer Lichttaste und dem dieser Operation zugeordneten Unterprogramm hergestellt.

Für den Compiler bedeutet das, daß ein Verarbeiten der Handlungen einzeln wie sie erfolgen, vollzogen werden muß. Einige Systeme sind in [61, 223, 308, 309, 317] dargestellt.

In [262] wird ein System beschrieben, das einen Übersetzer beinhaltet, der von der jeweiligen anzuwendenden Sprache unabhängig ist. Er arbeitet in zwei Stufen. In einer ersten Stufe, im sogenannten lexikalen Analysator wird die Handlung in interne Größen der Maschine umgewandelt. In der zweiten Stufe wird das der Anwendung zugeordnete Unterprogramm aufgerufen.

Da sich die Struktur derartiger interaktiver Sprachen nicht verändert, ihnen liegt ja der endliche Automat in seiner Struktur zugrunde, lediglich das Vokabular und die Menge der Unterprogramme variiert, die mit diesem Vokabular zu verbinden sind, kann dieses Übersetzerprogramm für eine breite Klasse von nutzerorientierten interaktiven Sprachen verwendet werden. Es sind dabei lediglich die Tabellen im lexikalen Analysator und die Unterprogramme auszuwechseln und die Sprache festzulegen, mit der der Nutzer die Unterprogramme betreiben will. Das ist eine sehr elegante Technik des Aufbaues interaktiver Systeme.

Während bei allgemeinen Programmiersprachen derjenige, der ein Programm aufstellt, es im allgemeinen auch selbst nutzt, abgesehen natürlich von den Maschinensoftware erzeugenden Programmierern, finden wir bei interaktiven Systemen zwei Personenkreise, den Programmierer, der das System aufstellt und funktionstüchtig macht, und den Nutzer, der ohne Kenntnisse über das System und über die Programmierung bzw. über Programmiersprachen unter Verwendung einer anwendungsorientierten interaktiven Sprache das System anwendet. Deshalb muß die interaktive Sprache sehr einfach, den Erfordernissen der Anwendungsbereiche angepaßt und flexibel sein.

Während die Programmiersprachen von dem Gesichtspunkt der Rechentechnik und ihrer Realisierung in einem Sprachsystem aus entwickelt werden, wird die interaktive Sprache durch die bereits im Fachgebiet üblichen und genutzten Begriffssysteme, die Fachsprachen, wesentlich beeinflußt.

2. RECHENTECHNISCHE GRUNDLAGEN

2.1. Vorbemerkungen

Auf dem Gebiet der Rechentechnik hat die Entwicklung der jüngsten Vergangenheit zu einer engen inneren Verflechtung und gegenseitigen Durchdringung von geräte- und programmtechnischer Realisierung von rechentechnischen Teilaufgaben geführt. Die Trennlinie von gerätetechnischer und programmtechnischer Lösung bestimmter Funktionen in einem Rechenautomaten ist kaum allgemeingültig angebbar, sofern man sich nicht auf einen konkreten Rechenautomaten bezieht.

Deshalb darf durch eine Trennung der Ausführungen über die rechentechnischen Grundlagen in einen gerätetechnischen und einen programmtechnischen Teil nicht der Eindruck einer Autonomie beider Teile entstehen; vielmehr muß stets der Zusammenhang zwischen gerätetechnischer Funktion und programmtechnischer Vervollkommnung gesehen werden.

In den Rechenautomaten der ersten Generation waren lediglich einige wenige Grundoperationen der Informationsverarbeitung wie z. B. Addieren, Multiplizieren, Speichern eines Wortes, Lesen eines Wortes, logisches Verknüpfen von Zeichen u. ä. technisch, d. h. durch logische Schaltkreise, realisiert. Die Programme zur Verarbeitung komplizierter Funktionen basieren auf diesen Grundoperationen. Eine Vielzahl von Aktivitäten der Programmierer waren darauf gerichtet, diesen Prozeß der dadurch bedingten aufwendigen Programmerstellung zu rationalisieren. Ein Schritt in dieser Richtung wurde durch die Entwicklung der Unterprogrammtechnik erreicht, die kompliziertere Operationen, durch eine Folge von Grundoperationen beschrieben, über einen einfachen Aufruf zu nutzen erlaubt. Somit wird die Illusion erzeugt, der Rechenautomat verfüge über eine weitaus größere Menge von Operationen als durch die Befehlsliste dargestellt wird. Später führte die technische Weiterentwicklung auf dem Sektor der Bauelemente dazu, programmtechnisch realisierte Funktionen durch technische Lösungen zu ersetzen. Die Rechenwerke wurden durch spezielle Prozessoren für Gleitkommaoperationen und für die Steuerung der Ein- und Ausgabe ergänzt.

Die Entwicklung und Vervollkommnung der Operationssysteme erlaubte in Verbindung mit den problemorientierten Programmsprachen und den ihnen zugeordneten Compilern in größerem Umfang Operationen wie Grundfunktionen der Rechenanlage zu handhaben. Für den Nutzer einer modernen Rechenanlage ist diese Grenze zwischen gerätetechnischer Realisierung einer Funktion der Informationsverarbeitung und der Abarbeitung dieser Funktion durch ein

Programm nicht mehr zu erkennen; es ist für ihn auch unwichtig, ist er doch immer mehr vom direkten Kontakt mit dem Rechner eleminiert worden. Für ihn ist aber das Gesamtsystem als Einheit von Geräten und Programmtechnik ständig nutzerfreundlicher geworden.

Die gleiche Entwicklungstendenz läßt sich auch bei den peripheren Geräten feststellen. Je nach Typ des Gerätes ist die Menge und Vielfalt der möglichen Funktionen variabel und ihre Realisierung unterschiedlich. Besonders bei den hier interessierenden peripheren Geräten für die Belange der grafischen Datenverarbeitung findet man in verstärktem Maße eine Verlagerung von Funktionen, die bisher im Zentralrechner durchgeführt worden sind in den Bereich der peripheren Geräte, etwa durch eine Zusammenfassung dieser Funktionen in einem zwischen Zentralrechner und peripherem Gerät eingefügten autonomen Satellitenrechner oder durch eine hardwaremäßige Realisierung direkt im peripheren Gerät.

Das erschwert natürlich die Festlegung und Abgrenzung des Inhaltes der Kapitel, die den technischen Aufbau bzw. die Programmierungstechnik behandeln werden.

Wir werden deshalb von vornherein nicht auf ausgewählte konkrete Geräterealisierungen orientieren, sondern versuchen, den Aufbau, die Struktur und die Arbeitsweise der Geräte bis zu einem gewissen Grade idealisiert zu behandeln. Typische Entwicklungsrichtungen charakterisierende Geräte werden jedoch betrachtet. In der gleichen Weise werden wir die Programmierung verallgemeinert behandeln, wobei der Schwerpunkt auf der Nutzung und Anwendung der speziellen Geräte der grafischen Datenverarbeitung und der interaktiven grafischen Kommunikation liegen wird.

2.2. Technischer Aufbau der Geräte der Rechentechnik

2.2.1. Aufbau und Arbeitsweise der Zentraleinheit und der konventionellen Peripherie

In diesem Kapitel werden wir den technischen Aufbau und die Arbeitsweise der elektronischen Ziffernrechenautomaten behandeln. Wir werden uns zunächst auf die Zentraleinheit als Verkörperung von Rechenwerk, Leitwerk und Speicherwerk konzentrieren und dann die im Zusammenhang mit der Ein- und Ausgabe von Informationen, also der Verbindung Rechenautomat mit seiner Umgebung stehenden Probleme darstellen.

Dazu ist es notwendig, einige rechentechnische Grundlagen, die für das Verständnis der Arbeitsweise und des technischen Aufbaues vorausgesetzt werden müssen, zusammenfassend bereitzustellen. Diese Darstellungen sind deshalb nicht als eine vollständige Behandlung der rechentechnischen Grundlagen anzusehen, dafür sind die bekannten und bewährten Werke der Literatur empfohlen, z. B. [191, 135, 165, 349, 356].

Auf Grundlage dieser Ausführungen werden wir dann im Kapitel 2.2.2. den technischen Aufbau und die Arbeitsweise der für die grafische Datenverarbeitung wichtigen peripheren Geräte, wie z. B. Zeichenautomat, Bildschirm mit Lichtstift usw. sowie das Zusammenspiel dieser Geräte mit der Zentraleinheit behandeln.

Während wir für die Beschreibung des Aufbaues und der Arbeitsweise der konventionellen Geräte der Rechentechnik voraussetzen wollen, daß die in dieser Anlage durch das Programm zu verarbeitenden Daten bereits digitalisiert, d. h. entweder als Zahlenwerte oder als alphanumerische Zeichen in geeigneter Codierung auf einem Datenträger vorgegeben sind, sollen die speziellen Geräte der grafischen Datenverarbeitung genau diesen Prozeß der Übertragung der Informationen Umwelt — Rechenautomat bzw. Rechenautomat — Umwelt für spezielle Aufgabenklassen der Verarbeitung grafischer Strukturen erfassen und vereinfachen.

Die Abbildungen der Objekte des Informationsverarbeitungsprozesses auf die diskreten Objekte eines mathematischen Kalküls werden dann für die Rechentechnik interessant, wenn die Abbildung der Objekte auf die Bauelemente der Rechentechnik als Träger dieser Informationen durchzuführen ist. Diesem Problem der Repräsentation von Informationen durch technische Systeme werden wir uns zuerst zuwenden.

Wir können also voraussetzen, daß die zu verarbeitenden Informationen digitalisiert vorgegeben sind. Im externen, maschinenunabhängigen Bereich nutzen wir zur Beschreibung dieser Informationen ein Alphabet, meist die Ziffern 0···9, die Buchstaben A···Z und einige Sonderzeichen + — ; aus. Für die interne, technisch realisierte Beschreibung wählen wir das Alphabet, das nur die beiden Zeichen 0 und L enthält. Aneinandergereihte Elemente eines Alphabets bezeichnen wir als Worte. Die Anzahl der Elemente eines Wortes wird durch den Typ des zugrundegelegten Rechenautomaten bestimmt. Worte und die durch Zusammenfassen von Worten gebildeten Sätze verkörpern in einer Umgebung einen bestimmten semantischen Bedeutungsinhalt.

Der Aufbau spezieller Klassen von Worten ist durch Vorgabe von Gesetzmäßigkeiten bestimmt. Dem Zahlwort festes Komma, dezimal, liegt die Gesetzmäßigkeit $x = \sum_{i=1}^{n} a_i \cdot B^i$, $B = 10$ zugrunde; die Ziffern a_i werden dann zu einer n-stelligen Zahl mit der Basis 10 verbunden und im Wort angeordnet. Auf der Basis $B = 2$ wird die duale Festkommazahl so beschrieben: $X_F = \sum_{i=1}^{n} a_i \cdot 2^i$, während eine Zahl im beweglichen Komma (Gleitkommazahl) in halblogarithmischer Form dargestellt wird $X_G = \sum_{i=1}^{n} a_i\, 2^i \cdot 2^e$.

Die Transformation der Zahlen aus der üblichen Dezimaldarstellung in die duale Form wird durch den Rechenautomaten bei der Eingabe bzw. bei der Ausgabe in umgekehrter Richtung vorgenommen. Man spricht vom Prozeß der Konvertierung. Dieser Konvertierungsprozeß läßt sich umgehen bzw. auf eine sehr einfache Vorschrift reduzieren, wenn man die Umwandlung der Dezimalziffern stellenweise vornimmt. Natürlich muß man dann bei der Verarbeitung einen höheren Aufwand in Kauf nehmen. In analoger Weise wird die Verschlüsselung von Zeichenreihen aus dem externen Alphabet in die duale Darstellungsform vorgenommen. Ein Alphabet mit 2^n-Zeichen kann eindeutig in einen n-stelligen Code umgewandelt werden. Einige Beispiele für gebräuchliche Codierungen sind in Abb. 50 angegeben.

	Aiken-Code				Stibitz-Code				2 aus 5 Code					Fernschreib-Code				
0	0	0	0	0	0	0	1	1	1	1	0	0	0	0	1	1	0	1
1	0	0	0	1	0	1	0	0	0	0	0	1	1	1	1	1	0	1
2	0	0	1	0	0	1	0	1	0	0	1	0	1	1	1	0	0	1
3	0	0	1	1	0	1	1	0	0	0	1	1	0	1	0	0	0	0
4	0	1	0	0	0	1	1	1	0	1	0	0	1	0	1	0	1	0
5	1	0	1	1	1	0	0	0	0	1	0	1	0	0	0	0	0	1
6	1	1	0	0	1	0	0	1	0	1	1	0	0	1	0	1	0	1
7	1	1	0	1	1	0	1	0	1	0	0	0	1	1	1	1	0	0
8	1	1	1	0	1	0	1	1	1	0	0	1	0	0	1	1	0	0
9	1	1	1	1	1	1	0	0	1	0	1	0	0	0	0	0	1	1

Abb. 50. Darstellung einiger verschiedener Codes

In der gleichen Weise, wie hier die Objekte der Datenverarbeitung, die Zahlen und Zeichenreihen erfaßt und beschrieben werden, müssen auch die Anweisungen zur Verarbeitung dieser Objekte, die Befehle, beschrieben werden. Diese Anweisungen können als Folge von Zeichen angesehen werden, sie ordnen sich damit unter diesem Aspekt der Informationsbeschreibung in dieses System der internen Darstellung ein. Somit treten Objekte, aber auch Anweisungen als Worte aus Folgen von Dualwerten auf. Damit ist die Basis für eine einheitliche rechnergerechte Darstellung dieser sich in Dualworten repräsentierenden Objekt- und Prozeßbeschreibung gegeben.

Diese Folgen von Dualwerten müssen sowohl gespeichert als auch nach bestimmten, vorgegebenen, eindeutig von der Klasse der dargestellten Informationen abhängigen Algorithmen, d. h. eindeutig beschriebenen und fixierten Regeln und Vorschriften verarbeitet werden. Diese Algorithmen sind unterschiedlich für die Verarbeitung der Klassen der Zahlen in festem Komma, in beweglichem Komma, der Klasse der Zeichenreihen und der Klasse der durch Zeichenreihen dargestellten Befehle.

Sowohl die Speicherung dieser Folgen von Dualworten, als auch die Verarbeitung dieser Folgen nach vorgegebenen Algorithmen, werden auf den sog. logischen Grundoperationen aufgebaut.

Wir wollen das zunächst für eine einzelne Dualstelle betrachten. Einem Dualwert wird eine *logische Variable* zugeordnet. Die logische Grundoperation verarbeitet jeweils den Wert einer oder mehrerer logischer Variablen. Die 16 möglichen Verknüpfungsregeln der BOOLEschen Funktion für zwei logische Variable x, y sind in Abb. 51 dargestellt.

y	0	0	1	1	Symbol	Bezeichnung	Darstellung
x	0	1	0	1			
1	0	0	0	0		Konstante Null	0
2	0	0	0	1	$\cdot$, &, $\wedge$	Konjunktion	$x \cdot y$
3	0	0	1	0		Inhibition	$\bar{x} \cdot y$
4	0	0	1	1			y
5	0	1	0	0			$x \cdot \bar{y}$
6	0	1	0	1			x
7	0	1	1	0	$\not\equiv$	Antivalenz	$x \cdot \bar{y} + \bar{x} \cdot y$
8	0	1	1	1	$\vee$, +	Disjunktion	$x + y$
9	1	0	0	0	$\bar{\vee}$	NOR	$\bar{x} \cdot \bar{y}$
10	1	0	0	1	$\equiv$	Äquivalenz	$\bar{x} \cdot \bar{y} + x \cdot y$
11	1	0	1	0			$\bar{x}$
12	1	0	1	1	$\rightarrow$	Implikation	$\bar{x} + y$
13	1	1	0	0			$\bar{y}$
14	1	1	0	1			$x + \bar{y}$
15	1	1	1	0	$\vert$	Sheffferscher Strich	$\bar{x} + \bar{y}$
16	1	1	1	1		Konstante Eins	1

Abb. 51. BOOLEsche Funktion von 2 Variablen, x, y — Variable, $\bar{x}$, $\bar{y}$ — Negation der Variablen

Bevor wir die logische Grundoperation und ihre technische Realisierung in Form von logischen Schaltungen betrachten können, müssen wir die Frage nach der technischen Darstellung eines Dualwertes bzw. des Wertes einer logischen Variablen prinzipiell behandeln. Es ist eine eindeutige Zuordnung zwischen den Werten, die eine Dualstelle oder logische Variable annehmen kann und den Zuständen, in denen sich ein technisches System befinden kann, herzustellen. Es wird eine hinreichende Sicherheit des technischen Systems hinsichtlich Stabilität und Eindeutigkeit der Zuordenbarkeit der beiden Zustände verlangt.

Eine Vielzahl technischer Systeme erfüllt die geforderten Eigenschaften. Es sind nur Relais, Elektronenröhre, Transistor, Ferritkern usw. (Abb. 52) genannt. Die Zuordnung der Werte der logischen Variablen zu den möglichen Zuständen des Systems ist weitgehend willkürlich, oft aber technisch bedingt. So kann einem Relais, das einen Stromkreis unterbricht (öffnet), sowohl eine 0 als auch das L zugeordnet werden.

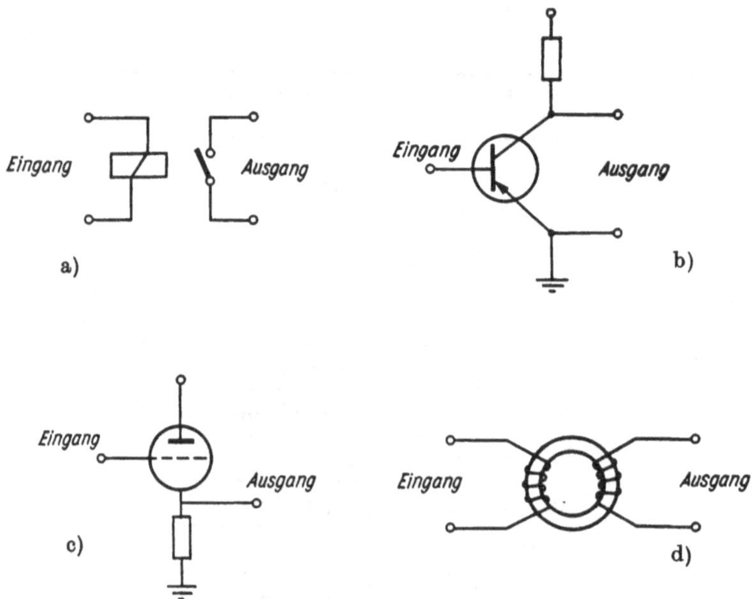

Abb. 52. Einige Beispiele für bistabile Elemente, Relais (a), Transistor (b), Triode (c), Ferritkerne (d)

Wir müssen nun den nächsten Schritt von der technischen Darstellung eines Dualwortes durch ein technisches System zur Darstellung eines vollständigen Wortes vollziehen. So wie die Aneinanderreihung von Werten logischer Variablen ein Wort repräsentiert, deren semantische Belegung eine Zahl oder ein Befehl sein kann, genau so wollen wir die jeweils eine einzelne Stelle repräsentierenden technischen Systeme aneinanderreihen und miteinander verschalten.

Diese technische Einrichtung zur Aufnahme eines Wortes nennen wir ein *Register*. Damit ist die Speicherung eines Wortes realisiert.

So wie die Algorithmen der Informationsverarbeitung durch Grundoperationen mit logischen Variablen beschrieben werden können, muß die technische Realisierung von Informationsverarbeitungsprozessen auf der äquivalenten Verknüpfung technischer Systeme aufgebaut werden. Die technischen Systeme werden zu *Schaltnetzen*, auch *kombinatorische Schaltkreise* genannt, verbunden und so die Informationsübertragung und Verarbeitung in diesem technischen System ermöglicht.

Die Operationen wie Addition und Multiplikation werden in eine Folge von Grundoperationen zerlegt, die in einer zeitlichen Folge ausgeführt werden. Die Addition zweier Festkommazahlen wird auf die Verknüpfung jeweils zweier gleicher Dualstellen und der Verarbeitung des Überlaufs der nächstniedrigen Stelle zurückgeführt und diese entsprechend der Stellenzahl zyklisch ausgeführt.

Auf die technische Ebene übertragen bedeutet das, durch Signale, die zu wohldefinierten Zeitpunkten erzeugt werden, den Ablauf dieser Verknüpfungen der technischen Elemente bzw. der in ihnen dargestellten logischen Variablen und den Informationsfluß zwischen den technischen Elementen zu steuern.

Wir können nun die technische Realisierung der logischen Grundelemente betrachten. Das soll am Beispiel des Relais als System demonstriert werden. Den beiden Zuständen, in denen sich ein Relais befinden kann, Kontakt geschlossen oder geöffnet, ordnen wir die logischen Variablen 0 und L zu. Die Grundoperationen basieren auf der Verknüpfung mehrerer Eingangsgrößen in einem logischen Schaltkreis zu einer Ausgangsgröße. Diese Eingangsgrößen werden durch Relais repräsentiert, die dieser Größe zugeordnet sind, wie in Abb. 53 dargestellt. Die Verknüpfung wird durch entsprechende Verschaltung der Kontakte der Relais erreicht. Damit stellt dieser Schaltkreis, aus den beiden Relais bestehend, das Ergebnis der Grundoperation dar. Durch eine Abfrage des Zustandes durch ein Signal, das zu einem bestimmten Zeitpunkt erzeugt wird, kann dieses Ergebnis erfaßt und weitergeleitet werden.

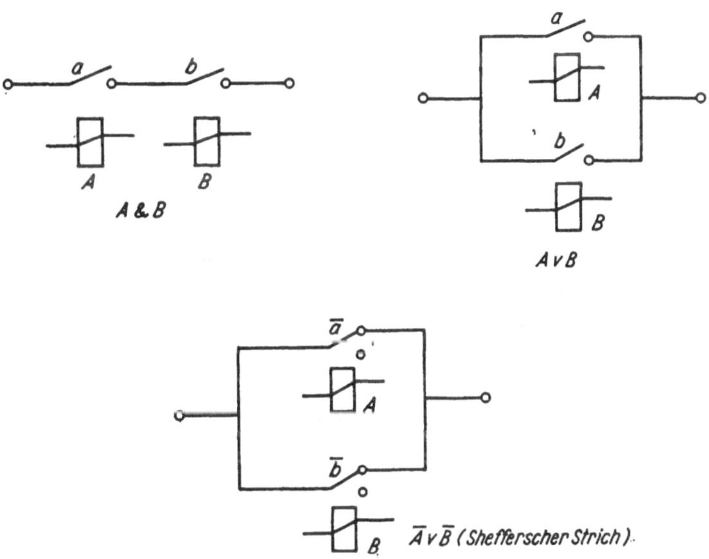

Abb. 53. Relaisschaltungen, A, B — Relais, a, b — Kontakte dieser Relais

Wir müssen hier die Vorstellung über die technische Realisierung der Werte der logischen Variablen durch ein technisches System ergänzen. Wir waren davon ausgegangen, daß der Zustand des technischen Systems den logischen Wert repräsentiert. Hier in diesem Beispiel zeigte es sich, daß der Zustand eines derartigen technischen Gebildes auch über die Abfrage durch ein getaktetes Signal möglich ist. Man kann deshalb auch dieses zum ersten duale Verhalten zur Repräsentation eines logischen Wertes ausnutzen. Sowohl die Zustände, in denen sich ein technisches System zu einem bestimmten Zeitpunkt befindet, als auch die Folge von Signalen, die sowohl an einer bestimmten Stelle des Systems über einen bestimmten Zeitraum als auch an den Ausgängen der Elemente zu einem bestimmten Zeitpunkt gemessen werden können, eignen sich für die Beschreibung der dargestellten logischen Variablenwerte. Einige der den logischen Grundoperationen äquivalenten Verknüpfungen technischer Elemente sind in Abb. 54 dargestellt. a und b sind logische Variable, $\bar{a}$ bzw. $\bar{b}$ sind die Negationen von a bzw. b.

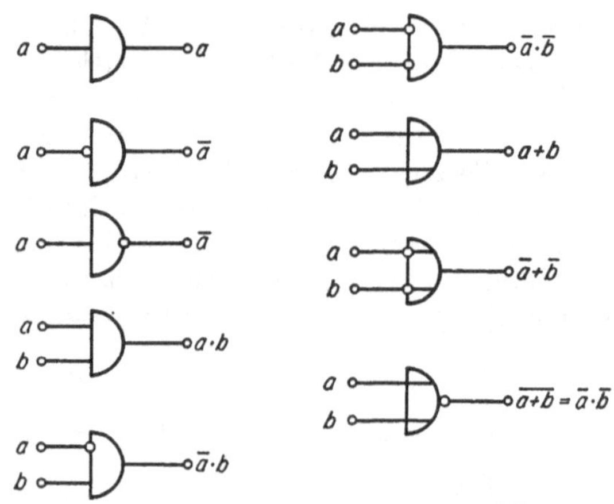

Abb. 54. Darstellung einiger logischer Verknüpfungselemente durch ihre Symbole, a, b — logische Variable, $\bar{a}$, $\bar{b}$ — Negation dieser logischen Variablen

Die Zusammenschaltung derartiger Systeme, die Grundoperationen repräsentieren, führt zu logischen Schaltnetzen. Ist die Ausgangsfunktion einer derartigen Schaltung nicht nur von den Eingangsinformationen abhängig, sondern auch von dem Zustand der Schaltung selbst, so spricht man von einem *Schaltwerk* oder *sequentiellem Schaltkreis* [191]. Das setzt aber ein Hinzufügen eines Speicherelementes voraus, um den Zustand des Systems bis zum nächsten Arbeitstakt aufbewahren zu können. Dabei ist zu beachten, daß das Flip Flop die Funktion des Speicherelementes übernimmt.

Die bisher verwendeten Elemente für die technische Realisierung von Operationen der Informationsverarbeitung können in drei Klassen eingeteilt werden, die logischen Verknüpfungselemente ∨, &, —, die Speicherelemente und die sogenannten Tore oder Schalter. Die Tore sind den logischen Verknüpfungselementen ähnlich aufgebaut, dienen aber nicht der Informationsverarbeitung selbst, sondern nur der Steuerung ihres Ablaufes. Durch die Verschaltung derartiger logischer Schaltnetze bzw. Schaltwerke werden auf einer nächst höheren Ebene Teilfunktionen der Informationsverarbeitung realisiert. Diese Teilfunktionen sind u. a. Addition zweier Folgen von Dualwerten, Vergleich zweier derartiger Folgen, Verschieben einer Folge von Dualwerten in einem Register usw.

Auf diesen Teilfunktionen basierend werden dann die komplexen Einheiten wie Rechenwerk, Leitwerk, Speicherwerk und Ein-/Ausgabewerk aufgebaut. Wir wollen uns zunächst der technischen Realisierung einer dieser Teilfunktionen, der Addition zweier Dualzahlen im festen Komma, Zahlbereich jeweils kleiner 1, zuwenden. Dieses *Addierwerk* soll in Serie arbeiten, d. h., die Ziffern werden nacheinander, mit der niedrigsten Stelle beginnend, verarbeitet; im Parallelbetrieb dagegen werden alle Stellen in einem Takt verarbeitet. Wir wollen zunächst die Randbedingungen klären. Die zu addierenden Zahlen sol-

a_i	b_i	$ü_i$	s_i	$ü_{i+1}$
0	0	0	0	0
0	1	0	1	0
1	0	0	1	0
1	1	0	0	1
0	0	1	1	0
0	1	1	0	1
1	0	1	0	1
1	1	1	1	1

Abb. 55. Funktionstabelle für den Dualadder

len in zwei Registern stehen, das Ergebnis soll in ein drittes Register geleitet werden. Die eigentliche Verknüpfung erfolgt im Addierwerk. Dieses Addierwerk ist mit seinen Eingängen so mit den Registern verbunden, daß über Tore gesteuert der serienmäßige Einlauf der Worte synchron zueinander erfolgen kann.

Wir führen zunächst die Abkürzungen ein: a_i bzw. $b_i = i$-te Stelle im Wort a bzw. b. $s_i = i$-te Stelle der Summe und $ü_i$ die i-te Stelle des Überlaufs. Die zu verwendenden logischen Funktionen $\vee$, & und Negation wollen wir wie in Abb. 54 darstellen. Die Operation der stellenweise dualen Addition mit Übertrag zur nächst höheren Stelle läßt sich leicht aus der Funktionstabelle (Abb. 55) ableiten und führt zu folgenden Formeln.

Betrachtet man zunächst einen Halbadder (2 Stellen), dann erhält man

$$s_i = \bar{a}_i \cdot b_i + a_i \cdot \bar{b}_i$$
$$ü_i = a_i \cdot b_i$$

für einen Volladder

$$s_i = \bar{a}_i \cdot b_i \cdot \overline{\ddot{u}}_{i-1} + a_i \cdot \bar{b}_i \cdot \overline{\ddot{u}}_{i-1} + \bar{a}_i \cdot \bar{b}_i \cdot \ddot{u}_{i-1} + a_i \cdot \bar{b}_i\, \ddot{u}_{i-1}$$

$$\ddot{u}_i = a_i \cdot b_i \cdot \overline{\ddot{u}}_{i-1} + \bar{a}_i \cdot b_i \cdot \ddot{u}_{i-1} + a_i \cdot \bar{b}_i \cdot \ddot{u}_{i-1} + a_i \cdot b_i \cdot \ddot{u}_{i-1}$$

Durch Umformungen lassen sich diese Formeln noch vereinfachen.

Die Umsetzung der Formel in einen sequentiellen Schaltkreis ist in Abb. 56 dargestellt. In Abb. 57 ist der Adder mit den Registern, in denen die Zahlen bereitgestellt werden, und dem Summenregister dargestellt. Ein Spezialfall des Addierwerkes ist der 1-*Adder*. Er realisiert die Aufgabe des Weiterzählens um 1 Einheit der niedrigsten Stelle des Zahlenwertes. Eine weitere wichtige, eine Teilfunktion realisierende Einheit ist der sog. *Vergleicher*. Dieses Schaltnetz vergleicht die beiden Operanden und liefert die Aussage, welcher von beiden Operanden als Absolutbetrag größer ist als der andere bzw. liefert ein spezielles Signal als Ergebnis, wenn beide Operanden gleich sind. Ein Vergleicher für zwei Dualstellen ist in Abb. 58 angegeben. Die Verarbeitung von

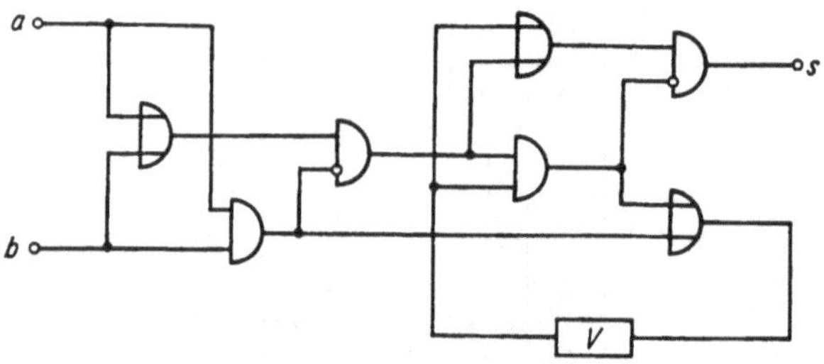

Abb. 56. Logisches Schaltbild für den Dualadder im Serienbetrieb.
V – Verzögerung um einen Takt

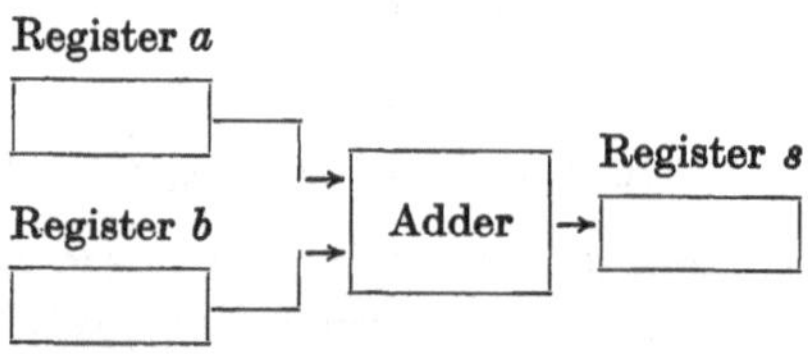

Abb. 57. Serienaddierwerk mit Registern

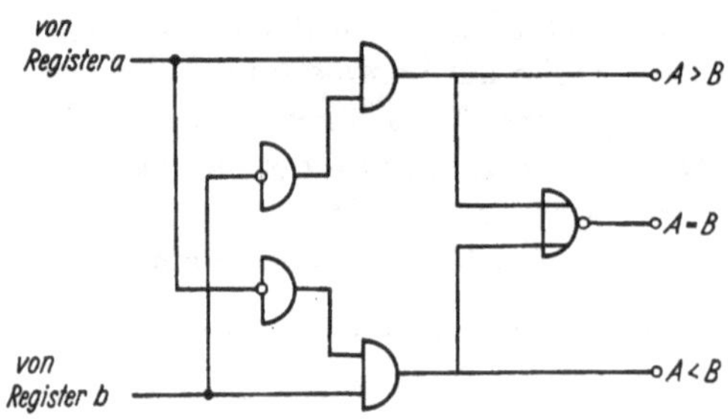

Abb. 58. Logisches Schaltbild für den Vergleicher für je eine Dualstelle zweier Worte

negativen Zahlen wird durch die Art der Darstellung dieser negativen Zahlen bestimmt. Entweder wird eine negative Zahl als Absolutbetrag mit Vorzeichen dargestellt oder als Komplement, d. h. als Differenz zum Basiswert, zu 2.

Die erstere Darstellungsform verlangt ein Subtraktionswerk aufzubauen. Da es dem Addierwerk sehr ähnlich ist, kann es deshalb mit ihm zu einem Addier-Subtrahier-Werk vereinigt werden. Der vorher durchzuführende Vergleich bestimmt, welcher Operand von welchem zu subtrahieren ist, und legt gleichzeitig das Vorzeichen des Ergebnisses fest. In der Komplementdarstellung reduziert sich die Subtraktion auf die Bildung des Komplementes des Subtrahenden und auf die anschließende Addition dieses Wertes. Eine Reihe von Besonderheiten sind in diesen Schaltwerken für die Addition und Subtraktion zu erfassen und zu korrigieren, wie etwa Überlauf des Zahlbereiches.

Weitaus komplizierter ist der Algorithmus der Verarbeitung von Zahlen in Gleitkommadarstellung. Er läßt sich aber auch auf Addition von Festkommazahlen, Vergleichen und Verschiebeoperationen zurückführen.

Die Operationen der Multiplikation und Division werden auf wiederholte Durchführung von Addition bzw. Subtraktion zurückgeführt. Ähnliche Schaltwerke werden entstehen, wenn man ziffernweise dual codierte Zahlen verarbeiten will.

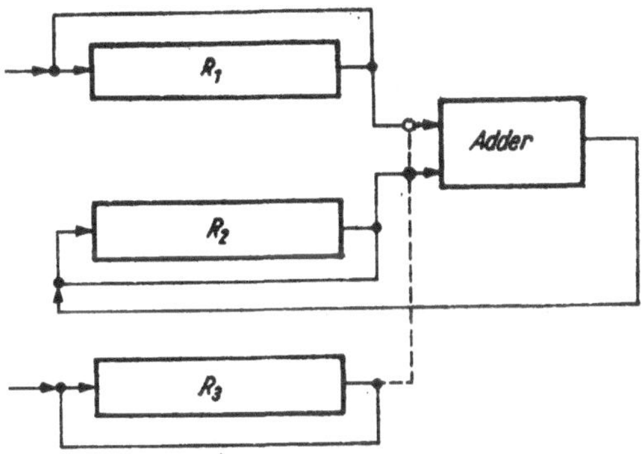

Abb. 59. Grobschaltbild eines Rechenwerkes, R_1 — Multiplikanden-Register, R_2 — Summenregister, R_3 — Multiplikator-Register

Die Grobstruktur eines *Rechenwerkes* ist in Abb. 59 angegeben. Je nach den im Befehlsschlüssel vorgegebenen Operationen, die im Rechenwerk ausgeführt werden müssen, ergeben sich unterschiedliche Strukturen für das Teilsystem Rechenwerk. Darüberhinaus bestimmen solche Faktoren, wie Zahlendarstellung, verwendete Bauelemente, Serien- oder Parallelbetrieb, Wortlänge usw., diese Struktur entscheidend mit. Da jeder Rechenautomat über eine den Einsatzgebieten und den Bedürfnissen des Nutzers angepaßte Menge von Operationen verfügt, ist notwendigerweise auch der technische Aufbau der Rechenwerke sehr unterschiedlich gestaltet.

Wir haben bereits erkannt, daß die Steuerung des zeitlichen Ablaufs der einzelnen Teiloperationen durch das Öffnen und Schließen der Tore erfolgt.

Die Aufgabe eines *Steuerwerkes* ist es nun, diese Signale zur Bedienung der Tore zu erzeugen. Die allgemeine Struktur zeigt Abb. 60. In einem derartigen Steuerwerk, man spricht auch vom Leitwerk eines Rechenautomaten, findet man im allgemeinen eine Hierarchie der Steuersignale vor. Während auf der höchsten Ebene des Leitwerkes der globale Ablauf gesteuert wird: Befehl suchen, Befehl entschlüsseln, Operand suchen, Operation auslösen, werden durch diese globalen Signale jeweils untergeordnete Steuerwerke aktiviert, die die ausgewählte Operation in ihrem Ablauf steuern. Diese Steuerwerke sind entweder als Schrittschaltketten, wie in Abb. 61a, oder als Matrix, wie in Abb. 61b gezeigt, aufgebaut. In dieser Matrix wird über die Auswahl der Spalten die gewünschte Operation aktiviert. Eine geeignete Zeitschalteinrichtung

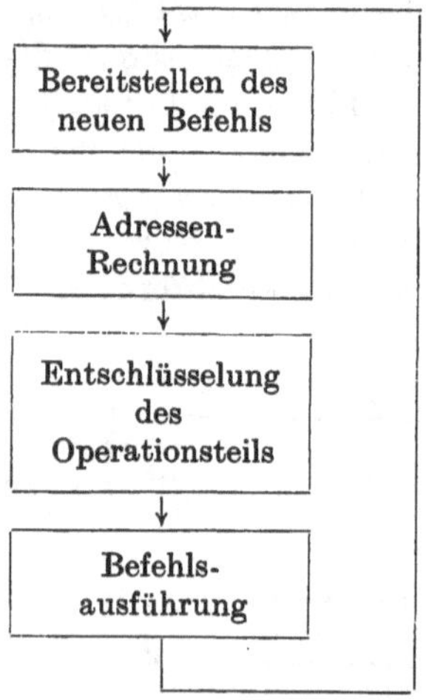

Abb. 60. Vereinfachtes Flußbild für den Befehlsablauf im Rechenwerk

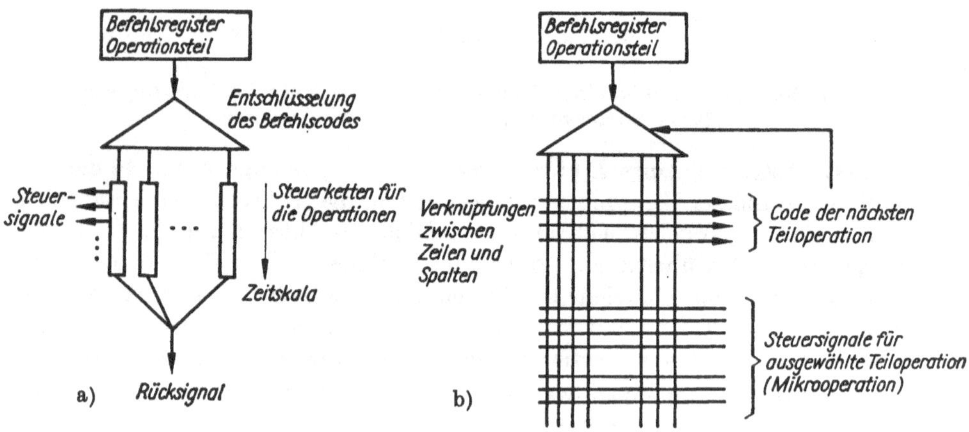

Abb. 61. Aufbau der Steuerwerke eines Rechenautomaten a) Schrittschaltketten, b) Matrix,

wählt nun in bestimmten gequantelten Zeiteinheiten die Zeilen an. Soll zum entsprechenden Zeitpunkt ein Signal erzeugt werden, so ist der Kreuzungspunkt dieser Matrix entsprechend zu gestalten, etwa mit einem Ferritkern oder einer Diode zu versehen. Ein Signal am Ende einer derartigen Impulsfolge gibt dann die Rückmeldung über die vollzogene Operation an die Zeitsteuerung der übergeordneten Ebene.

Die Struktur des Steuerwerkes wird ebenfalls entscheidend durch den Aufbau der Befehle der jeweiligen Rechenanlage bestimmt. Welche Angaben enthält ein Befehlswort? In jedem Befehl sind mindestens zwei Angaben enthalten. Ein Operationsteil, der die auszuführende Operation enthält und ein Adressenteil, der für das Finden des oder der zu verarbeitenden Operanden die notwendigen Informationen bereitstellt. Einige Beispiele für 1 bis 4 Adreßbefehle gibt Abb. 62. Im Operationsteil sind neben den Angaben über die im Rechenwerk auszuführenden Operationen einige weitere Klassen von Operationen unterzubringen; die Transportoperationen, die für den Datentransport sorgen, die Ein- und Ausgabeoperationen mit Informationen für die Steuerung des Ablaufes in einigen peripheren Geräten sowie die Test- und Sprungbefehle, die unter anderer Deutung der Adressen zu einer Verzweigung im sequentiellen Abarbeiten einer Befehlsfolge führen.

Der automatische Ablauf in einem Rechenautomaten setzt voraus, daß sowohl die auszuführenden Befehle als auch die durch diese Befehle zu verarbeitenden Operanden in einem Speicher dem automatischen Zugriff zugänglich sind. Den *Speicher* können wir als eine Menge von Elementen, den Speicherzellen, die einzeln lokalisiert werden können, auffassen. Wir können zwei

1-Adreß-Befehl:

B-Teil	Adr. d. Operanden

z. B. ⟨RW⟩ B ⟨Adr. d. Op⟩ → ⟨RW⟩

2-Adreß-Befehl:

B-Teil	Adr. 1. Op.	Adr. 2. Op.

z. B. ⟨Adr. 1. Op.⟩ B ⟨Adr. 2. Op.⟩ → ⟨RW⟩

3-Adreß-Befehl:

B-Teil	Adr. 1. Op.	Adr. 2. Op.	Adr. Erg.

z. B. ⟨Adr. 1. Op.⟩ B ⟨Adr. 2. Op.⟩→⟨Adr. Erg.⟩

4-Adreß-Befehl:

B-Teil	Adr. 1. Op.	Adr. 2. Op.	Adr. Erg.	Adr. NB

z. B. ⟨Adr. 1. Op.⟩ B ⟨Adr. 2. Op.⟩→ ⟨Adr. Erg.⟩ Nächster Befehl ⟨Adr. NB⟩

a) b)

B-Teil: Befehlsteil
Adr. Erg.: Adresse der Zelle, in der Ergebnis gespeichert wird
Adr. NB: Adresse der Zelle, in der nächster Befehl steht.

Abb. 62. Aufteilung der Befehlsworte bei 1 bis 4 Adreß-Befehlen

Mengen von Informationen unterscheiden, die den eigentlichen Speicherinhalt repräsentierenden Worte und die Informationen, die zum ordnungsgemäßen Zugriff erforderlich sind, die Adressen. Die Grobstruktur eines Speichers ist in Abb. 63 dargestellt. Dargestellt ist hier ein Arbeitsspeicher. Der Umfang der zu verarbeitenden Befehle und Daten zwingt dazu, zur Speicherhierarchie überzugehen. Die im direkten Zugriff zugänglichen Speicherzellen sind im Arbeitsspeicher vereinigt, der einen Umfang von 64 – 256 K Worten hat.

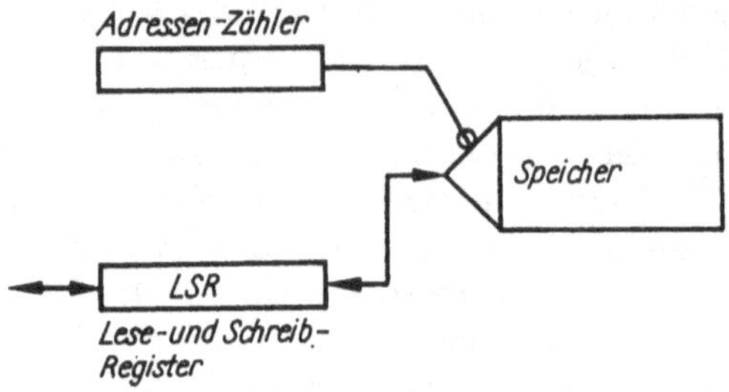

Abb. 63. Grobstruktur der Speicheransteuerung

Entsprechend verfügen die Adressen im Befehl über diesen Bereich. Diese Arbeitsspeicher sind vorwiegend als Ferritkernspeicher, als Dünnschichtspeicher, aufgebaut. Die Auswahl der vorgegebenen Speicherzelle wird über logische Netze vollzogen. Diesen internen Arbeitsspeichern sind im allgemeinen noch externe Speicher wie Magnetband, Magnettrommel, Wechsel- oder Festplattenspeicher zugeordnet. Die Verbindung zwischen diesen beiden Speicherebenen wird durch einen Datentransport in Form von Datenblöcken hergestellt. Es ist deshalb gerechtfertigt, diese Speicher wie Ein- und Ausgabegeräte zu behandeln.

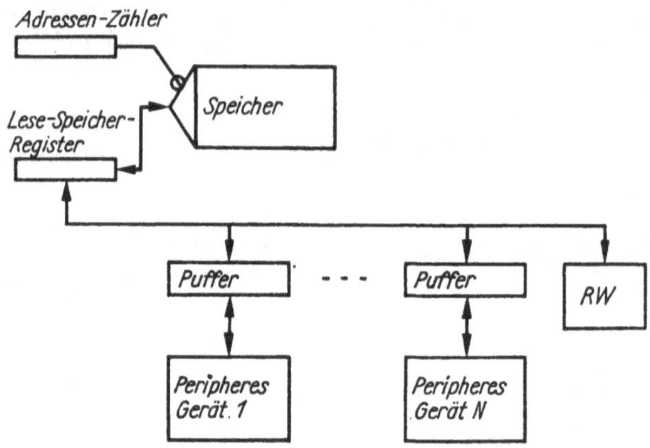

Abb. 64. Verbindung des Speichers mit dem Rechenwerk und den peripheren Geräten

Damit ergibt sich die Aufgabe, den Datentransport von einem externen Datenträger zum Arbeitsspeicher und vom Arbeitsspeicher zum Datenträger zu erfüllen. Wir können voraussetzen, daß der Datenträger die Information bereits in digitalisierter Form aufbereitet enthält. Entweder wurde dieser Datenträger vom Arbeitsspeicher mit diesen Daten beschrieben oder die Daten wurden vom peripheren Gerät übersetzt und in dieser normierten Form auf den Datenträger übertragen. Diese Zusammenhänge sind in Abb. 64 angegeben.

Wenn wir voraussetzen, daß die peripheren Geräte geeignet aufbereitete, digitalisierte Daten liefern, so ist natürlich auch der Weg der direkten Kopplung peripherer Geräte- und Arbeitsspeicher unter Umgehung eines zwischen-

			7 →	0	0	0	0	1	1	1	1
			6 →	0	0	1	1	0	0	1	1
			5 →	0	1	0	1	0	1	0	1
4	3	2	1								
0	0	0	0				0		P		p
0	0	0	1			!	1	A	Q	a	q
0	0	1	0				2	B	R	b	r
0	0	1	1				3	C	S	c	s
0	1	0	0				4	D	T	d	t
0	1	0	1				5	E	U	e	u
0	1	1	0				6	F	V	f	v
0	1	1	1				7	G	W	g	w
1	0	0	0			(	8	H	X	h	x
1	0	0	1			)	9	I	Y	i	y
1	0	1	0			*	:	J	Z	j	z
1	0	1	1			+	;	K		k	
1	1	0	0			,	<	L		l	
1	1	0	1			–	=	M		m	
1	1	1	0			.	>	N		n	
1	1	1	1			/	?	O		o	

Steuerzeichen

Abb. 65. Lochstreifencode (CCITT-Code und ISO-7-bit-Code)

geschalteten Datenträgers möglich. Man spricht hier von *on-line-Betrieb* dieser Geräte, direktgekoppelte Geräte, während der über Datenträger gekoppelte Informationsaustausch als *off-line-Betrieb*, datenträgergekoppelte Geräte, bezeichnet wird. Die hauptsächlich verwendeten Datenträger sind: Lochstreifen, Lochkarte, Magnetband und die schwerpunktmäßig als Zwischenspeicher eingesetzten Magnettrommel, Plattenspeicher.

Die Grundelemente der Datenspeicherung sind bei Lochstreifen, Lochkarte und Magnetband die Zeichen, die zu Worten, so wie es die Struktur des Rechen-Steuerwerkes verlangt, zusammengesetzt und diese wieder zu Blöcken vereinigt werden können. Während hier die Gestaltung einer Hierarchie von Blöcken wahlweise erfolgen kann, ist doch bei den festadressierten Trommel- und Plattenspeichern eine derartige Strukturierung nur in den vorgegebenen Grenzen möglich. Im allgemeinen wird der Transport in Blöcken gesteuert vollzogen.

Der Lochstreifen mit 5, 7 oder 8 Informationskanälen und einem zusätzlichen Kanal von Transportlöchern trägt die Informationen zeichenweise verschlüsselt in den senkrecht zur Transportrichtung angeordneten Lochkombinationen. Als Beispiel für einen Code ist in Abb. 65 der CCITT Code Nr. 5, auch JSO-7 bit Code genannt, dargestellt. Während die Fixierung der Information auf diesem Papier- oder Kunststoffstreifen durch einen mechanischen Stanzprozeß erfolgt, wird das Lesen entweder mechanisch über Bürsten, photoelektrisch oder kapazitiv vollzogen. Es sind heute beim Lesen Leistungen von 125, 300, 500 und 1000 Zeichen/Sekunde und beim Stanzen von 75 und 150 Zeichen/Sekunde üblich.

Die Lochkarte trägt 12 Zeilen zu je 80 Spalten, in deren Positionen die Informationen nach einem aus einer Vielzahl von Codes verschlüsselt gelocht sind. Die Position innerhalb einer Karte wird nach der vorweglaufenden Kante der Karte bestimmt. Abb. 66 zeigt den beim R 300 üblichen Code. Analog zum Lochstreifen erfolgt die Speicherung durch einen Stanzprozeß, während mechanische, optische und kapazitive Abtasteinrichtungen üblich sind. Es ist sowohl die spaltenweise Abtastung als auch die Parallelabtastung der gesamten Karte möglich. Die Leistungen liegen beim Lesen zwischen 200 und 800 Karten/Minute, beim Stanzen zwischen 100 und 400 Karten/Minute.

Dem Datenträger Magnetband ist das Prinzip des magnetomotorischen Speicherns und Lesens zugrunde gelegt. Mit Geschwindigkeiten von 1 — 3 m/s wird das Band an den Lese- bzw. Speicherköpfen vorbeibewegt, wobei sowohl unterschiedliche Schreibverfahren (zurück zu Null, nicht zurück zur Null), unterschiedliche Anzahl von Informations- und Kontrollspuren als auch verschiedene Codes Verwendung finden. Die Adressierung der einzelnen Blöcke erfolgt über Kennzeichnungen am Blockanfang. Informationsdichten von 64 bit/mm, das entspricht 50 Mio bit/750 m Magnetband und Übertragungsleistungen von 160 000 bit/sec sind üblich. Magnettrommel und Magnetplatte tragen die Informationen in zweidimensionaler Anordnung. Lese- und Schreibprinzipien ähneln denen beim Magnetband. Hier sind Kapazitäten von 64 Mio bit/Trommel bzw. 1-Seite Wechselplatte bzw. $1 \cdot 10^9$ bit/Festplattensystem üblich.

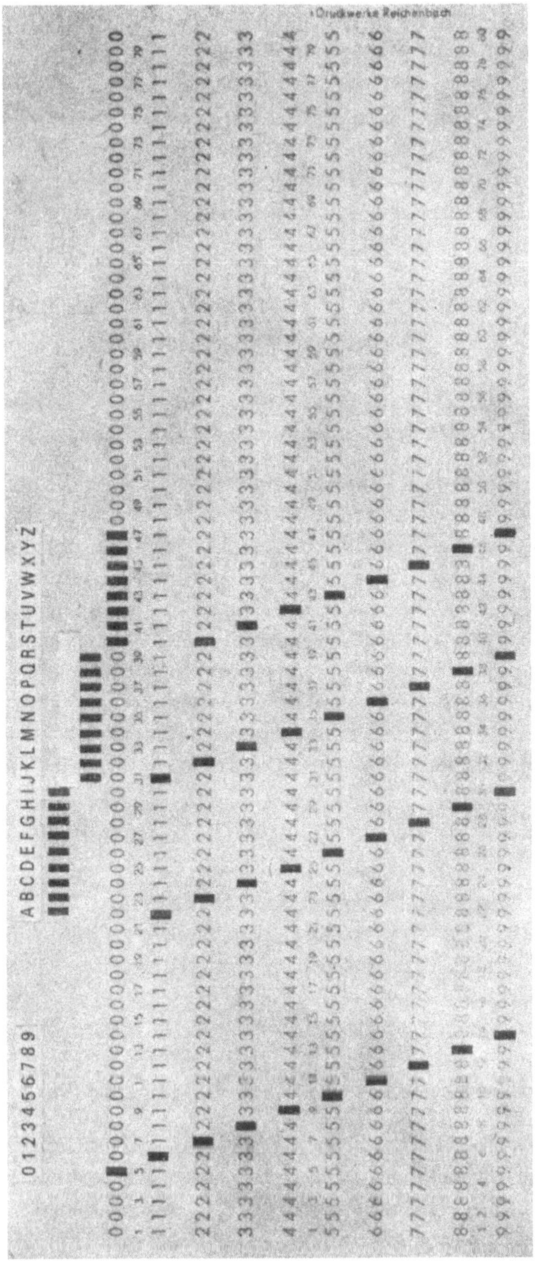

Abb. 66. Lochkartencode (R300)

Diese kurzskizzierten Komplexe: Rechenwerk, Steuerwerk, Speicherwerk und Ein- und Ausgabewerk, sind die wesentlichen Einheiten der Zentraleinheit. Ihr Zusammenspiel wird durch die Arbeitsweise des Rechenautomaten festgelegt. Jede Maschine arbeitet durch die Unterschiede im Befehlssystem, in der Zahlendarstellung, in der Konfiguration der wesentlichen Einheiten in einer anderen Arbeitsweise. Bereits das Parallelarbeiten etwa von Rechenwerk und Speicher bzw. Ein- und Ausgabe verlangt andere Prinzipien der Datentransporte und Strukturen im Steuerwerk gegenüber einer auch auf der Ebene der Befehlsentschlüsselung rein in Serie arbeitenden Anlage.

2.2.2. Aufbau und Arbeitsweise der peripheren Geräte für die grafische Datenverarbeitung

2.2.2.1. Klassifizierung der Ein- und Ausgabegeräte sowie der Geräte der aktiven Kommunikation für die grafische Datenverarbeitung

Wir hatten bereits in 2.2.1. kennengelernt, daß eine Voraussetzung für die autonome Arbeit eines Rechenautomaten das Bereitstellen eines aus dem Problemfeld abgeleiteten und aufbereiteten Programms einschließlich der zur Bearbeitung eines konkreten Beispiels notwendigen Daten ist. Vor Beginn des Verarbeitungsprozesses müssen diese Informationen im Speicher der Anlage bereitstehen. Das verlangt eine geeignete, der Arbeitsweise angepaßte Verbindung zwischen dem Nutzer des Programms und der Rechenanlage, um über diesen Kanal die Eingabe dieses in sich abgeschlossenen Komplexes von Daten zu erreichen und um zu sichern, daß in gleicher Weise die Ergebnisse des Verarbeitungsprozesses in weiterverwendbarer Form an den Nutzer übertragen werden können.

Diese Aufgabe der Ein- und Ausgabegeräte ist in die folgenden Teilaufgaben zu gliedern:

- Eingabe des zu verarbeitenden Programms,
- Eingabe der Daten über die im Programm zu verarbeitenden Objekte,
- Übergabe von Mitteilungen an den Nutzer des Programms während der Arbeit,
- Übergabe der Antworten auf diese Mitteilungen an die Rechenanlage,
- Ausgabe der Ergebnisse des Verarbeitungsprozesses.

Die heute meist praktizierte Arbeitsweise im Rechenzentrum ist der sogenannte *geschlossene Betrieb* (*closed shop*). Er läßt die Übergabe von Mitteilungen an den Nutzer und die Rückübermittlungen von dessen Antworten an die Maschine im allgemeinen nicht zu. Mit der Zunahme der Möglichkeiten des Dialogbetriebes werden diese Wege der Kommunikation immer mehr an Bedeutung erlangen, und man wird Teile der Eingabe von Daten, ja von Programmen, und die Rückgabe von Zwischenergebnissen und Endergebnissen in diese Form der Kommunikation während des Verarbeitungsprozesses verlegen können.

Wir wollen die Eingabe der Verarbeitungsprogramme nicht weiter betrachten. Wir können davon ausgehen, daß diese Programme bereits in einer internen Bibliothek vorliegen oder, wie eine Zeichenreihe betrachtet, von vorgefertigten Lochkarten oder Lochstreifen in die Maschine eingelesen werden. Der Schwerpunkt soll bei der Erfassung und Eingabe von Informationen über die zu verarbeitenden Objekte liegen.

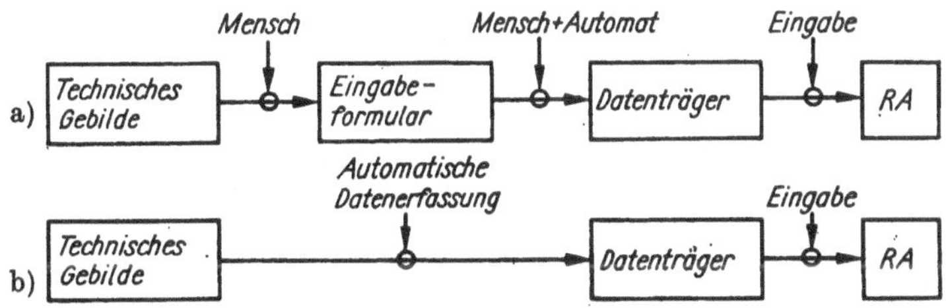

Abb. 67. Eingabe von Informationen über ein existierendes technisches Gebilde, a) Manuelle Aufbereitung der Daten, b) Maschinelle Aufbereitung der Daten

Im Rahmen der grafischen Datenverarbeitung hat die Frage der Ein- und Ausgabe von Beschreibungen von Objekten unter Umgehung des aufwendigen Weges der manuellen Codierung und Übertragung in numerische Modelle und deren Eingabe in bekannter Weise eine große Bedeutung.

Da wir uns nun den technischen Hilfsmitteln zur Realisierung der effektiven Ein- und Ausgabe zuwenden wollen, werden wir deshalb die Aufbereitung und die Eingabe von numerischen Werten und Zeichenreihen in die Datenträger Lochstreifen, Lochkarte oder Magnetband, die als Beschreibung von Modellen technischer Gebilde oder geometrischer Objekte anzusehen sind, außer Acht lassen. Beide Varianten, die manuelle Aufbereitung und die gerätetechnisch realisierte Form sind in Abb. 67 einander gegenübergestellt. Wir werden im folgenden die Besonderheiten der Geräte darstellen, die der Ein- und Ausgabe grafischer Beschreibungen dienen, und so die Beziehung zur rechnerinternen Form sichern.

Technische Gebilde können uns

- als tatsächlich körperlich existierende Gebilde,
- als grafische Darstellung des Gebildes,
- als Vorstellung[1]) des Gebildes in der Bewußtseinssphäre des Menschen

[1]) Diese Vorstellungen können in den verschiedenen, im Prozeß der Konstruktion vorkommenden Abstraktionsstufen wie Prinzip, Entwurf auftreten.

entgegentreten [378]. Durch die Eingabegeräte der grafischen Datenverarbeitung müssen sie in rechnerinterne und verarbeitbare Darstellungen übertragen werden. Die Ausgabegeräte übersetzen diese interne Darstellung wieder zurück in die oben genannten drei Repräsentationen des technischen Gebildes. Das ist auch die Basis zur Einteilung dieser Geräte.

Zwischen diesen drei Kategorien sind natürlich unabhängig vom Rechenautomat Transformationen untereinander möglich, so wie es Abb. 68 zeigt. Zum Beispiel können Vorstellungen des Menschen von ihm in grafischen Darstellungen fixiert werden, körperlich existierende Gebilde erzeugen Vorstellungen im Menschen u. ä. Für die weiteren Betrachtungen beschränken wir uns auf die Verbindungen dieser Kategorien mit der internen digitalen Darstellung im Rechenautomaten und auf die dazu erforderlichen Geräte.

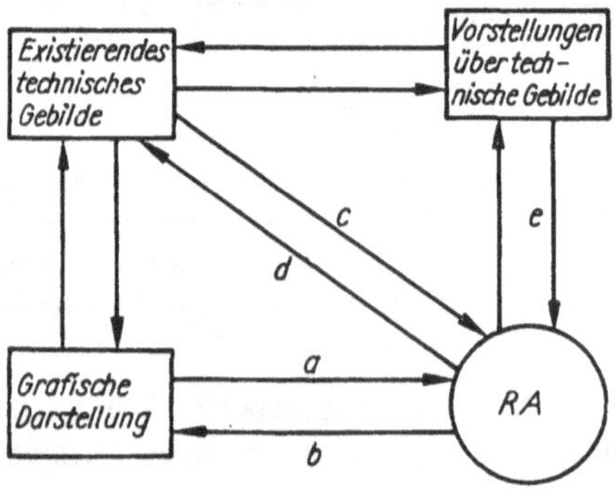

Abb. 68. Verbindung zwischen dem Rechenautomaten und den Formen, in denen Informationen über technische Gebilde vorliegen können. *a* — Eingabe grafischer Darstellungen, *b* — Ausgabe grafischer Darstellungen, *c* — Eingabe von Informationen über existierende 3-dimensionale Körper, *d* — Ausgabe von Informationen zur Erzeugung von 3-dimensionalen Körpern, *e* — Ein- und Ausgabe von Vorstellungen über technische Gebilde

Auf dieser Basis, die nur bestimmte Aspekte der Darstellungsform berücksichtigt, werden wir die Gliederung in folgende Kapitel vornehmen:

- Eingabe grafischer Darstellungen (Zeichnungen),
- Ausgabe von grafischen Darstellungen (Zeichnungen),
- Eingabe von Informationen über existierende, vorliegende 3 D-Körper,
- Ausgabe von Informationen zur Herstellung von 3 D-Körpern
- Ein- und Ausgabe von Vorstellungen über technische Gebilde über Dialoggeräte

Im Rahmen dieser Darstellung werden wir die Diskussion soweit führen, daß der prinzipielle Aufbau und die Arbeitsweise der Geräte erkennbar ist. Im Kapitel 2.3. werden dann die zum Betreiben der Geräte notwendigen Programme erläutert. Die Anwendung dieser Geräte wird im Kapitel 3 behandelt.

2.2.2.2. Eingabe grafischer Darstellungen

Im Kapitel 1.1.1. hatten wir die Begriffe: Technisches Gebilde, technische Dokumentation, geometrisches Objekt, grafische Darstellung definiert und erläutert. Wir werden uns in diesem Kapitel mit grafischen Darstellungen befassen und die von den technischen Gebilden abgeleiteten Darstellungen in der 2-dimensionalen Ebene als Objekte des Eingabeprozesses festlegen. Grafische Darstellungen können intern entweder als Punktfolgen, die die externe Darstellung geeignet approximieren, beschrieben werden oder durch Begriffe wie Kreis, Strecke und durch Formeln der analytischen Geometrie wie z. B. $(x - a)^2 + (y - b)^2 = r^2$ erfaßt werden. Diese Zusammenhänge sind in Kapitel 1.1.2. und 1.1.3. erläutert worden.

Wir werden uns zuerst der *Erfassung grafischer Darstellungen in Punktfolgen* zuwenden. Zunächst eine Aussage über die Elemente, aus denen grafische Darstellungen aufgebaut sind. Wir können diese Elemente in 2 Klassen einteilen, in die Klasse der *Grundelemente* und in die Klasse der *Flächenbelegungselemente*.

Als Grundelemente für den Aufbau grafischer Darstellungen verwenden wir Punkte[1]), Strecken und Kurven; wir wollen sie hier unter dem Begriff *Konturen* zusammenfassen. Zur Verstärkung des räumlichen Eindruckes, den eine grafische Darstellung als Abbildung eines 3-dimensionalen geometrischen Objekts in der Ebene vermitteln soll, werden zusätzlich geeignete Informationsträger zur Kennzeichnung von Flächen oder Teilen dieser Flächen herangezogen. So werden Flächen in Abhängigkeit von der Entfernung vom Projektionszentrum mit unterschiedlichen Grauwerten bzw. Farben belegt, oder es werden die von einer Lichtquelle aus nicht sichtbaren Flächen bzw. Flächenteile ebenfalls mit Grauwerten belegt.

Für den Eingabeprozeß ist es wichtig, diese beiden Kategorien von Informationsträgern zu unterscheiden, die Konturen und die Belegung der Flächen mit Helligkeits- und Farbwerten.

Wenden wir uns zunächst der ersten und wichtigsten Kategorien zu. Bei einem wesentlichen Teil der technischen Zeichnungen als hauptsächlicher Repräsentant der grafischen Darstellungen verzichtet man auf die Möglichkeiten der Grauwertbelegung von Flächen. Hier nutzt man nur die Schraffur aus, um

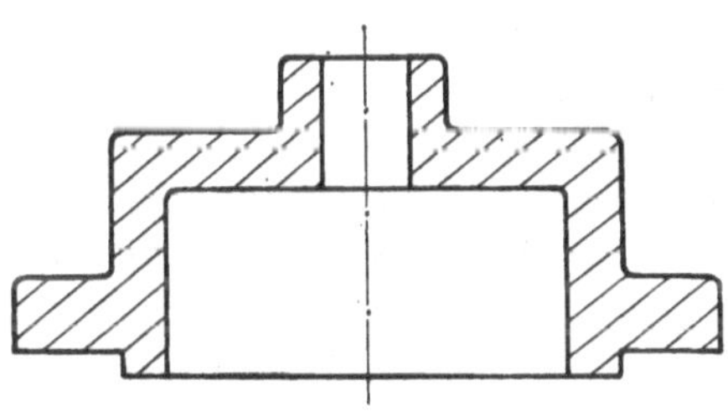

Abb. 69. Beispiel für eine technische Zeichnung

1) In dieser Einteilung nehmen die isolierten Punkte eine Sonderstellung ein.

bestimmte Flächen zu kennzeichnen. Ein typisches Beispiel einer Zeichnung aus dem Maschinenbau zeigt Abb. 69.

Wir gehen davon aus, daß die Konturen in einem Koordinatensystem zu beschreiben sind. Dieses Koordinatensystem muß für die weitere interne Bearbeitung bekannt sein.

Die Aufgabenstellung für die Eingabegeräte dieser Klasse läßt sich wie folgt präzisieren. Fassen wir diese Konturen als Analogdarstellung auf, so besteht die Aufgabe der Erfassung und Eingabe darin, die Übersetzung in eine digitalisierte Beschreibung vorzunehmen. *Digitalisiergeräte*, die zur Lösung dieser Aufgabe eingesetzt werden, erfassen die Koordinaten von Punkten in einem vorher festgelegten Koordinatensystem, wobei diese Punktmenge nach einer bekannten Prozedur identifiziert werden muß. Die Registratur erfolgt in digitaler Form auf einem maschinenlesbaren Datenträger. Der Ablauf wird in Abb. 70 gezeigt.

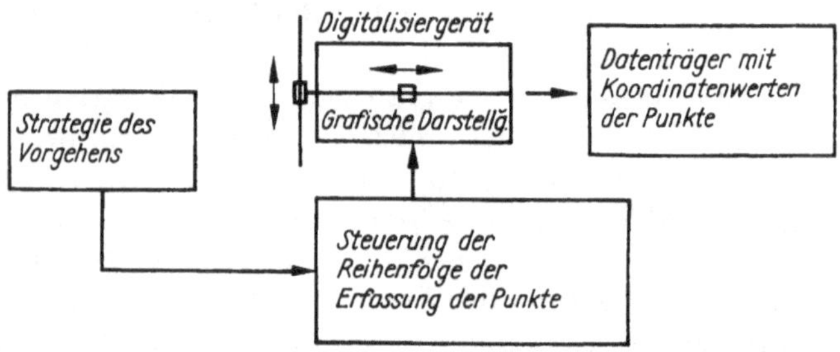

Abb. 70. Ablauf bei der Erfassung von Koordinaten der Punkte der grafischen Darstellung

Neben dieser in der Praxis angewendeten Beschreibung und Registratur einer hinreichend dichten Punktfolge, die notwendig ist, um die Kontur zu approximieren, wäre z. B. die Registratur ausgewählter Punkte und die Angabe von Richtungsvektoren bzw. die Registratur ausgewählter Punkte und die Angabe von speziellen Informationen über den Verlauf der Kontur bis zum nächsten Punkt möglich.

Die Genauigkeit, mit der Konturen durch derartige Punktfolgen approximiert werden können, ist abgesehen von der Meßgenauigkeit des Systems durch die Prozedur der Erfassung selbst bestimmt.

Diese Prozedur des Identifizierens und Erfassens von Punkten, die registriert werden sollen, kann in einem manuellen Verfahren verwirklicht werden. Der Bediener des Digitalisiergerätes erfaßt selbst die zu registrierenden Punkte mit dem Meßsystem und löst dann die Registratur der Koordinatenwerte aus. Durch zusätzliche Informationen wie Punktnummern, Klasse zu der der Punkt gehört u. a. kann der Bediener den weiteren Bearbeitungsprozeß der Daten beeinflussen und unterstützen. Das setzt aber voraus, daß der Bediener über eine Strategie des Vorgehens oder über eine geeignete Vorschrift zur Erfassung der Punkte verfügt. Das betrifft nicht nur die Auswahl der Elemente, die erfaßt werden sollen, sondern auch die Art und Weise, wie ausgewählte Elemente selbst abgetastet werden sollen, z. B. das Erfassen eines Kreises durch ausgewählte Punkte auf der Peripherie. Die Approximation von Kurven z. B. verlangt Festlegungen über die Quantelung des Kurvenzuges und damit über die Menge der Punkte, die angefahren und registriert werden müssen. Die Quantelung des Kurvenzuges kann auf Basis von wählbaren äquidistanten Wegabständen in x oder in y-Richtung bzw. in x- und y-Richtung oder von wählbaren äquidistanten Zeitabständen erfolgen, wobei zusätzlich eine Geschwindigkeitsregelung in Abhängigkeit von der Krümmung der Kurve wirksam werden kann (Abb. 71) [246].

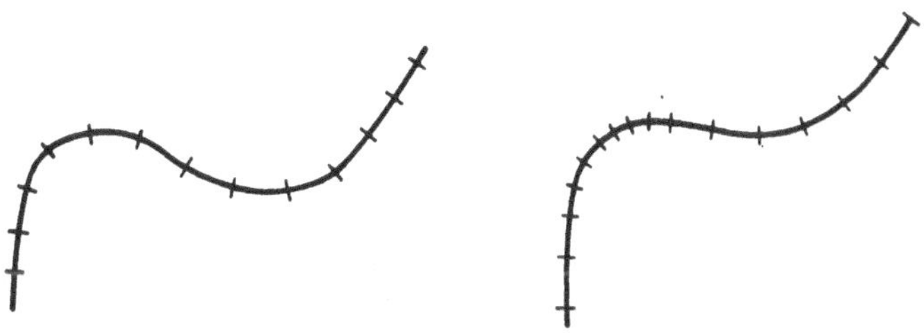

a) b)

Abb. 71. Quantelung eines Kurvenzuges zur Approximation durch Punkte, a) Äquidistante Wegstücke, b) Äquidistante Zeitabschnitte

Das sind Prinzipien, die sowohl bei einer manuellen Abtastung als auch bei automatisierten Abtastsystemen zugrundegelegt werden. Schwierigkeiten bereiten bei derartigen automatisierten Abtastsystemen Kurvenzüge mit Verzweigungen und Schnittstellen mit anderen Kurvenzügen.

An diesen Stellen muß dann ein manueller Eingriff erfolgen, oder es müssen Prozeduren der Entscheidungsfindung bereitgestellt werden, die etwa unter Berücksichtigung der Stetigkeit der 1. Ableitung der Kurve arbeiten. Diese Entscheidungsprozeduren verlangen einen hohen technischen Aufwand, der nur über einen Kleinsteuerrechner [265] zu bewältigen ist. Praktisch angewendet werden diese automatisierten Abtast- und Registriersysteme, die nachdem sie auf eine Kontur gesetzt worden sind, diese selbsttätig verfolgen können [86, 207, 214]. Es gibt auch Versuche, die Systeme zum selbständigen Finden der Kontur zu befähigen.

Der *technische Aufbau eines Digitalisiergerätes* ist mit seinen Einheiten in Abb. 72 dargestellt. Auf einer oft bis AO reichenden Arbeitsfläche wird das die grafische Darstellung tragende Dokument mechanisch, elektrostatisch oder pneumatisch befestigt. Es gibt Varianten von Geräten, die mit einem Bild arbeiten, das über Projektion eines Filmbildes auf eine als Arbeitsfläche dienende Mattglasscheibe erzeugt wird [85].

Parallel zu den Kanten der Arbeitsfläche verlaufen die Bewegungsrichtungen der beiden Laufwagen und repräsentieren so die Koordinatenrichtungen des

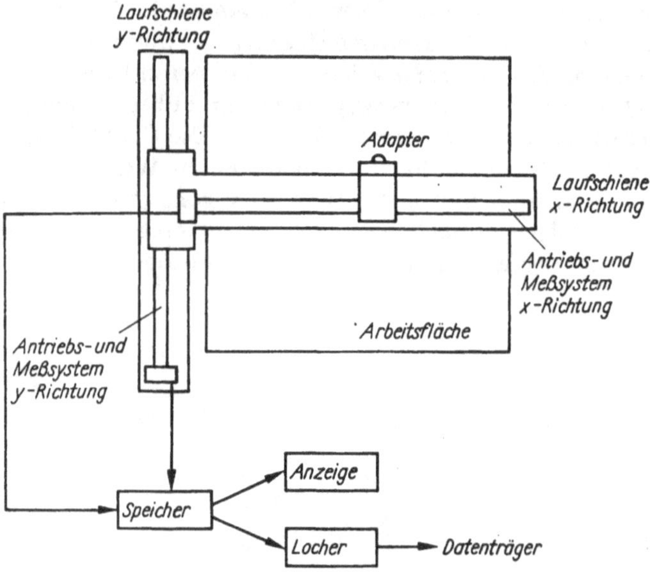

Abb. 72. Aufbau eines Digitalisiergerätes

geräteinternen Koordinatensystems. Wie bei einer Laufwagenzeichenmaschine sind diese beiden Wagen gekoppelt, so daß jeder Punkt der Arbeitsfläche erreicht werden kann. Jeder Laufwagen ist mit einem Längenmeßsystem als Maßverkörperung ausgerüstet. Im allgemeinen werden *Digitizer* verwendet, die auf der Basis von optisch mit Photodioden abgetasteten Codescheiben arbeiten, um die Winkelstellung einer den Laufwagen bewegenden Spindel zu messen [32, 134, 204]. Um eine hinreichend genaue Quantelung der oft über 1000 mm reichenden Gesamtstrecke zu sichern, schaltet man über Getriebe miteinander gekoppelte Codescheiben hintereinander. Es ist auch möglich, codierte Lineale zu verwenden und diese optisch abzutasten.

Eine derartige Variante zeigt die Abb. 73. Die Spur mit den niedrigsten Positionswert hat eine Ableseeinrichtung, während die übrigen Spuren zur Sicherung der Ablesegenauigkeit mit je 2 versetzten Ableseeinrichtungen versehen sind. Welche der beiden Ableseeinrichtungen in einer Spur verwendet werden, wird durch das Ergebnis der nächst niedrigen Spur bestimmt, wenn 0:voreilend, wenn L:nacheilend.

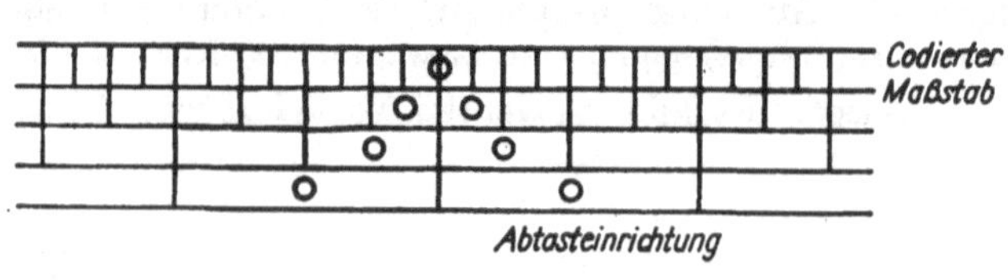

Abb. 73. Abtastung eines codierten Lineals

Entweder verwendet man auf den Codescheiben oder Codelinealen gleich den Verarbeitungscode, oder man muß besonders im Hinblick auf Sicherung einer Universalität bei der Weiterverarbeitung der Daten geeignete Codewandler einsetzen. Sehr einfache Geräte arbeiten inkremental. Durch die Verschiebung des Abtasters angetriebene Schlitzscheiben liefern die zu zählenden Impulse. Diese durch die Digitizer ermittelten Positionskoordinaten werden, nachdem evtl. Korrekturen angebracht worden sind, um zum Gerät unterschiedliche Koordinatenursprünge in der abzutastenden Zeichnung zuzulassen, an die Registriergeräte übergeben. An die Digitalisiergeräte können handelsübliche Lochband-, Lochkarten- oder Magnetbandgeräte angeschlossen werden. Zusätzlich angebrachte Anzeigegeräte (Digitalanzeige) erlauben eine ständige Überwachung und Kontrolle der gemessenen und zu registrierenden Koordinaten. Die Auslösung des Registrierprozesses erfolgt entweder von Hand über eine Taste bzw. über einen Fußschalter oder über die automatisch arbeitenden Einrichtungen in Abhängigkeit von zurückgelegter Wegstrecke bzw. von der vergangenen Zeit.

Die Meßeinrichtung des Digitalisierungsgerätes besteht entweder aus einem Fadenkreuz, einer Meßlupe mit Fadenkreuz, oder einem Stift zum Abfahren von Konturen. Die Verwendung eines Tasters erfordert die Korrektur der Position, die um den Radius der Tasterkugel verfälscht ist. Die Meßeinrichtung und damit verbunden die beweglichen Teile des Laufwagens werden von Hand, über Handräder oder motorisch auf die zu identifizierenden Punkte bewegt. Wir wollen noch einige Daten der Digitalisiergeräte angeben. Das Gerät „digitron“ [81] vom VEB Meß- und Zeichengerätebau Bad Liebenwerda arbeitet mit einer Fläche von 920 × 1500 mm. Die Genauigkeit des Meßsystems ist 0,1 mm. Vom VEB Carl Zeiss Jena wurde das Gerät „Coordimeter F“ [246] entwickelt. Bei diesem Gerät ist eine Trennung von inkrementalen Gebern und Digitizern möglich, ihre Kopplung erfolgt dann über Drehmelder. Das hat den Vorteil, analog arbeitende Registriergeräte sowie Meßgeräte aller Bereiche, wie sie z. B. in der Photogrammetrie üblich sind, auch nachträglich noch mit digitalen Registrier- und Erfassungsgeräten koppeln zu können. Dabei lassen sich die Digitizer in weiten Grenzen an die Erfordernisse der analogen Systeme anpassen. Auch hier kann die Auslösung der Messung von Hand erfolgen oder automatisch in Abhängigkeit vom Weg in den Stufungen 0,1 — 10 mm bzw. von der Zeit in Stufungen 0,1 — 10 s.

Von der Firma Benson USA wird das Gerät Boscar 630 hergestellt, das die Projektion und Vermessung von Filmbildern auf einem Schirm ermöglicht [34]. Geräte mit automatischer Linienverfolgung sind z. B. Aristometer von der Firma AEG und d-mac Pencil follower von der Firma d-mac, wobei letzteres mit einem unter der Arbeitsfläche liegenden induktiv gekoppelten Nachfolgesystem arbeitet [85, 123].

Eine weitere Klasse von Geräten arbeitet auf der Basis der *zeilenweise Abtastung der Arbeitsfläche* [214]. Diese Geräte registrieren in einer festgelegten Fläche entsprechend gerastert die Helligkeitswerte in diesen Rasterfeldern oder die Helligkeitsänderungen. Diese Geräte liefern damit eine digitale Abbildung der gerasterten Vorlage. In [330] wird ein Abtastsystem beschrieben, das einen durch eine Elektronenstrahlröhre erzeugten Leuchtpunkt zeilenweise über die Vorlage gleiten läßt. Die reflektierte Helligkeit wird über Photomultiplier aufgefangen und in einer sich anschließenden Elektronik digitalisiert (Abb. 74). Sie verlangen eine umfangreiche interne Weiterverarbeitung dieser Informationen, sie stellen eine Vorstufe zur Strukturerkennung und Analyse dar [14, 141, 268].

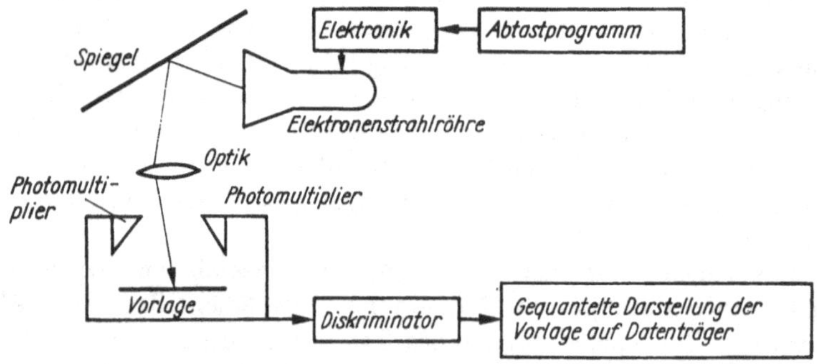

Abb. 74. Automatisch arbeitende Abtasteinrichtung für Zeichnungen (nach [330])

Mit diesen zuletzgenannten Geräten ist auch die automatische Erfassung der in den Flächen gegebenen Grauwerte möglich. Mit den erläuterten Digitalisiergeräten kann dieser Prozeß der Grauwerterfassung nur durch Angabe zusätzlicher Informationen durch den Menschen erfolgen. Es muß gesichert sein, daß die Gebiete gleicher Flächenbelegung durch Konturen begrenzt sind. In diesen Flächen ist dann, wenn nicht eine begriffliche Kennzeichnung erfolgt, wie in Abb. 75 zu ersehen, je ein Punkt auszuwählen, dem zusätzlich die die Flächenbelegung charakterisierenden Informationen hinzugefügt werden.

Wir hatten den Schwerpunkt der Darlegungen auf die Erfassung von technischen Zeichnungen und damit von Konturen gelegt. Probleme der Strukturerfassung, wie sie etwa in der Medizin, Biologie, Metallographie, Kernphysik, Luftbildauswertung, Schrifterkennung und anderen Gebieten auftreten, sind verwandt, werden aber für den Bereich der technischen Vorbereitung und der

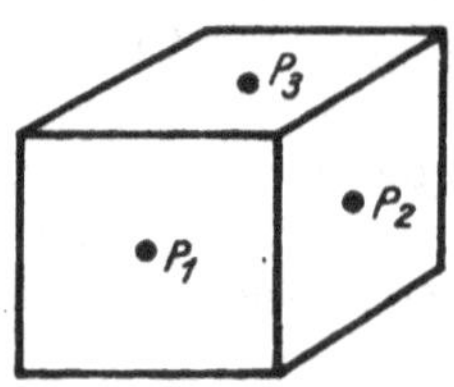

Abb. 75. Zuordnung von Kennzeichen zu Punkten, um die Flächen, in denen die Punkte liegen, unterscheiden zu können. P_i — ausgewählte Punkte der Flächen, denen Kennzeichen zugeordnet sind, z. B.: P_1 rot, P_2 grün, P_3 blau

Eingabe von grafischen Darstellungen in der nächsten Zeit kaum zu einer praktischen Bedeutung gelangen. Hier sei auf die Spezialliteratur der betreffenden Gebiete verwiesen.

Wir hatten gesehen, daß es möglich ist, gemessenen und registrierten Punkten zusätzliche Informationen hinzuzufügen. Das kann auch der Weg sein, die interne Beschreibung von grafischen Darstellungen durch Kombination aus begrifflicher Beschreibung und zugehörigen Parametern zu lösen. Abb. 76 zeigt, wie die Eingabe eines Dreiecks auf den Lochstreifen angeordnet registriert werden kann.

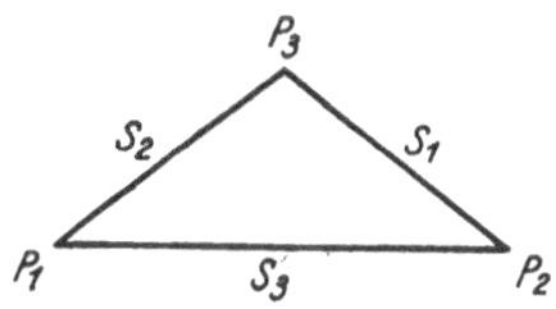

Abb. 76. Eingabe der Daten eines Dreiecks (Elemente und ihre Relation) Start $|D|S_1|S_2|S_3|P_1|x_1|y_1|P_2|x_2|y_2|P_3|x_3|y_3|S_1|P_2|P_3|S_2|P_1|P_3|S_3|P_1|P_2|$ Ende

Damit kann die Struktur einer grafischen Darstellung durch Angabe der Punkte und durch Beschreibung ihrer Verbindung erfaßt werden. Diese Arbeitsweise, wir werden ihr noch einmal im Zusammenhang mit dem aktiven Bildschirm begegnen, erlaubt eine effektive Eingabe klassifizierbarer Gebilde. Die Digitalisiergeräte können durch eine Reihe von mechanischen und elektromechanischen Geräten ergänzt werden, die die Eingabe von Positionen auf einer Fläche ermöglichen. Es sei auf das Kapitel 2.2.2.6.4.3. verwiesen. Dort werden diese Geräte wie RAND-Tablet mit der aktiven Kommunikation zusammen abgehandelt.

2.2.2.3. Ausgabe grafischer Darstellungen

Die Aufgabe dieser Kategorie von Ausgabegeräten umfaßt die Herstellung und externe Fixierung grafischer Darstellungen als Abbildungen geometrischer Objekte in der 2-dimensionale Ebene. Wir gehen auch hier wieder davon aus, daß diese grafischen Darstellungen aus Punkten, Strecken und Kurven aufgebaut sind. Zusätzlich lassen wir noch das Einfügen von Text an bestimmten Stellen der grafischen Darstellung und das Eintragen von Grauwerten bzw. Farbtönen in die Flächen zu.

Die *interne Beschreibung* einer grafischen Darstellung, von der wir ausgehen wollen, kann sein:

Liste von Punktkoordinaten oder
Liste von Punktkoordinaten, mit der Angabe, wie diese Punkte durch eine Strecke oder Kurve zu verbinden sind.

Aus der Verbindung dieser Daten mit den Möglichkeiten, die ein Zeichenautomat besitzt, lassen sich die Forderungen präzisieren, wie diese Daten zur Steuerung des Zeichenautomaten aufzubereiten sind.

Die Aufgabe des *Zeichenautomaten* umfaßt die Positionierung eines Zeichenwerkzeuges an beliebiger Stelle des Arbeitsfeldes, das Kennzeichnen dieser Position durch ein festgelegtes Zeichen, z. B. einen Punkt, sowie das Zeichnen des Weges, den das Zeichenwerkzeug zur Erreichung der nächsten vorgegebenen Position zurücklegt. Diese anzufahrenden Positionen sind in einem Koordinatensystem gegeben. Der Zeichenautomat besitzt ein eigenes geräteinternes Koordinatensystem, in das die darzustellenden Positionen transformiert werden müssen. Jeder Koordinatenachse ist ein Bewegungs- und Meßsystem zugeordnet. Durch das koordinierte Zusammenwirken dieser beiden Bewegungssysteme kommt die erwünschte und vorgegebene Bewegung des Zeichenwerkzeuges zustande. Technisch bedingt ist eine Quantelung der Bewegung in jeder Koordinatenrichtung. Wenn wir davon ausgehen, daß die Bewegung jeweils nur in Elementarschritten erfolgt, so ergeben sich die in Abb. 77 angegebenen 8 möglichen Richtungen der Bewegung des Zeichenwerkzeuges. Auf

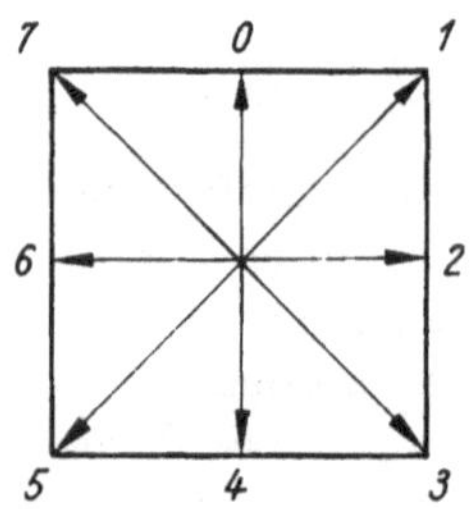

Abb. 77. Mögliche Elementarschritte eines Zeichenautomaten

diesen 8 Grundschritten der Bewegung aufbauend muß jede Strecke oder Kurve durch diese Elemente approximiert werden, so wie es Abb. 78 für eine Strecke zeigt [56, 302]. Um zu hinreichenden Genauigkeiten, beeinflußt z. B. durch die Strichstärke, zu gelangen, muß die Rasterung entsprechend gewählt werden. Die hier zugrundeliegenden Approximationsalgorithmen werden im Zusammenhang mit dem Bildschirm und der Darstellung von Strecken auf dem Bildschirm in 2.2.2.6.5. behandelt. Damit ergeben sich auch die Forderungen an die Steuerinformationen für den Zeichenautomaten, die in entsprechenden Verarbeitungsprogrammen erzeugt werden müssen bzw. deren Erzeugung den oft in Zeichen-

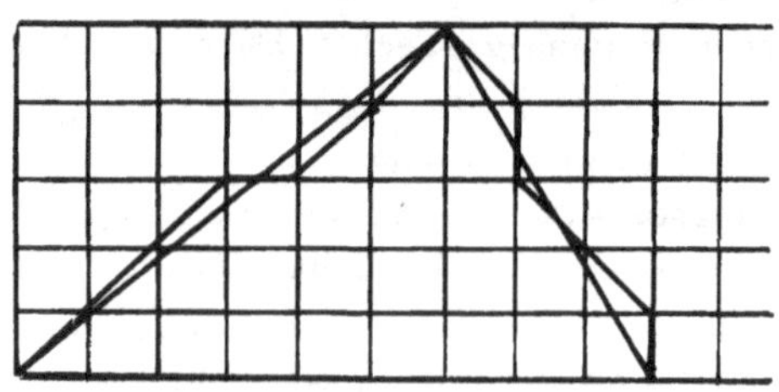

Abb. 78. Approximation einer Strecke durch Elementarschritte

automaten integrierten Spezialrechnern als autonome Aufgabe zu übertragen ist. Darüber ist in 2.3.2.1. im Zusammenhang mit der Programmierung der Zeichenautomaten berichtet.

Der *technische Aufbau* eines Zeichenautomaten ist in Abb. 79 dargestellt. Die Bewegung des Zeichenwerkzeuges beruht auf einem gesteuerten und koordinierten Arbeiten von zwei Bewegungssystemen für die beiden Koordinatenrichtungen. Für diesen gesteuerten Antrieb pro Achse findet man in den Zeichenautomaten zwei unterschiedliche Prinzipien verwirklicht [55]. Das erste

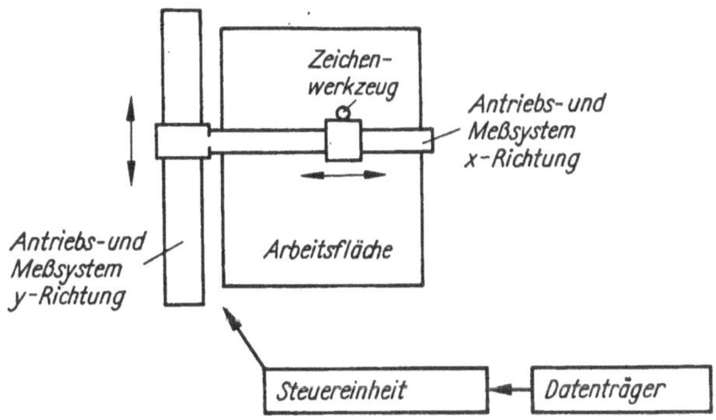

Abb. 79. Prinzipdarstellung des Aufbaues eines Zeichenautomaten

Prinzip beruht auf der Anwendung eines Schrittmotors [49]. Durch den *Schrittmotor* wird eine eindeutige Zuordnung einer bestimmten Winkeldrehung zu einem Steuerimpuls erreicht. Durch ein angepaßtes Getriebe wird die Übersetzung auf eine das Bewegungssystem antreibende Spindel übertragen. Die kleinste steuerbare Einheit der Längsbewegung in Achsenrichtung wird damit dem Steuerimpuls des Schrittmotors zugeordnet.

Durch das programmierte Zusammenwirken der beiden Achsen und ihrer Antriebe ergibt sich die tatsächliche Bewegung des Zeichenwerkzeuges. In Abb. 78 war eine derartige Approximation dargestellt worden. Jedem Rasterschritt in der Koordinatenrichtung entspricht ein Impuls für das zugeordnete Steuersystem. Um diese vorgegebene Strecke zu zeichnen, müssen die beiden Impulsfolgen für die x- und y-Achse synchron erzeugt werden. Die mögliche Zeichengeschwindigkeit hängt sowohl von der Wahl der Schrittlänge als auch von der Schrittgeschwindigkeit des Motors ab, die im allgemeinen durch die Trägheit der Mechanik begrenzt wird. In diesem System mit Schrittmotor wird keine zusätzliche Kontrolle der Position durchgeführt.

Das zweite Prinzip beruht auf der Anwendung eines *Servosystems* [32, 55, 134, 204]. Genau laufende Spindeln, wie etwa vorgespannte Kugelumlaufspindeln [259], die durch einen Servomotor angetrieben werden, sorgen auch hier für die Bewegung des Zeichenwerkzeuges. Die Spindeln sind mit Meßsystemen gekoppelt, die Aussagen über die momentane Position des Zeichenwerkzeuges liefern. Diese Werte werden als Rückmeldung in einem Vergleicher mit der Sollposition verglichen, Abb. 80. Das Ergebnis dieses Vergleiches wird dann als Regelgröße der Motorsteuerung zugeführt. Die Meßsysteme basieren auf Codescheiben, so daß die gleichen Digitizer Anwendung finden können, wie sie in Kapitel 2.2.2.2. bei den Digitalisiergeräten beschrieben worden sind. Diese Systeme erlauben weit höhere Genauigkeiten zu erreichen als die Systeme mit Schrittmotoren. Die Positionierung von einzelnen isolierten Punkten bzw. die Bewegung des Zeichenwerkzeuges parallel zu den Koordinatenachsen ist durch diese Geräte problemlos zu realisieren. Weit schwieriger ist die Zeichnung von Strecken unter beliebigem Winkel zu den Achsen.

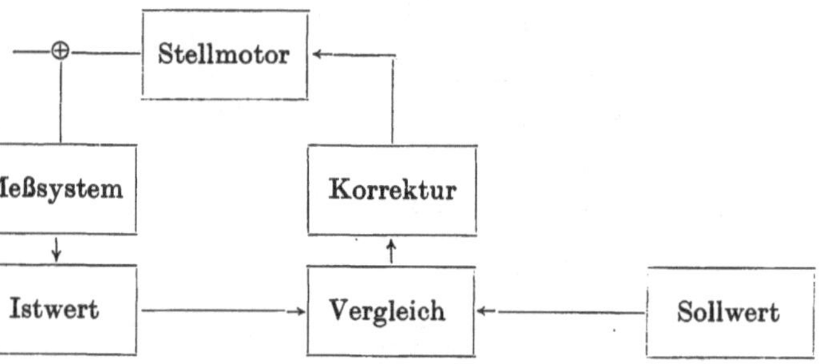

Abb. 80. Prinzip des Servosystems

Eine interessante Lösung findet man beim Gerät Graphomat Z 64 der Firma Zuse [396]. Über ein duales Getriebe, das in den Stufen 1:2:4:8:(— 16) schaltbar ist, werden beide Spindeln von einem Motor gemeinsam angetrieben. Damit ergeben sich die von einem Punkt aus zu erreichenden Rasterpunkte. Da die Anzahl der Arbeitstakte n zwischen 1 und 16 wählbar und vorgebbar ist, kann damit ein Feld von 16 × 16 mm durch die Informationsangabe (u, v_x, v_y) $u = 1, ..., 16$; $v_x, v_y = (-15, ..., 0, \cdots, +15)$ erreicht werden.

Zur Ausführung von Zeichnungen auf Papier kommen als Zeichenwerkzeug Tuschefedern, Bleistiftminen, Kugelschreiber, Faserstifte u. a. Instrumente in Frage. Bei der Verwendung von Gravier- oder Schneidwerkzeugen ist die Bearbeitung von Folien oder ähnlicher für Vervielfältigung geeignete Materialien möglich. Verwendet man einen *Lichtzeichenkopf*, so kann mit einem Lichtstrahl wählbarer Breite auf einer fotochemischen Schicht eine Schwärzung erzeugt werden. Über Hubeinrichtungen (Magnete) können diese Werkzeuge programmierbar durch Befehle gesteuert, d. h. gehoben und gesenkt, also außer Betrieb oder eingesetzt werden bzw. auch über spezielle Befehle bei einzelnen Ausführungen von Zeichenautomaten automatisch gewechselt werden. Das ist notwendig, um bei nicht zusammenhängenden Konturen ohne Wirkung des Werkzeuges von einer Position zur nächsten gelangen zu können. Eine Reihe von Zeichenautomaten verfügen außerdem über eine Einrichtung, häufig wiederkehrende Elemente in einer derartigen grafischen Darstellung, wie z. B. Textzeichen, Sonderzeichen des jeweiligen Anwendungsgebietes (Kartographie usw.) schnell und unkompliziert an vorbestimmten Stellen anbringen zu können. Dazu verwendet man steuerbare Druckwerke.

Zwischen dem Zeichenmaterial, also der Arbeitsfläche, und dem Bewegungssystem besteht die in Abb. 81 angegebene feste Beziehung. Es haben sich für den Aufbau der Zeichenautomaten zwei Konstruktionsprinzipien herausgebildet. Das erste Prinzip sieht vor, daß die Bewegung des Zeichenwerkzeuges in den beiden Achsenrichtungen durch zwei Bewegungssysteme bei fester Arbeits-

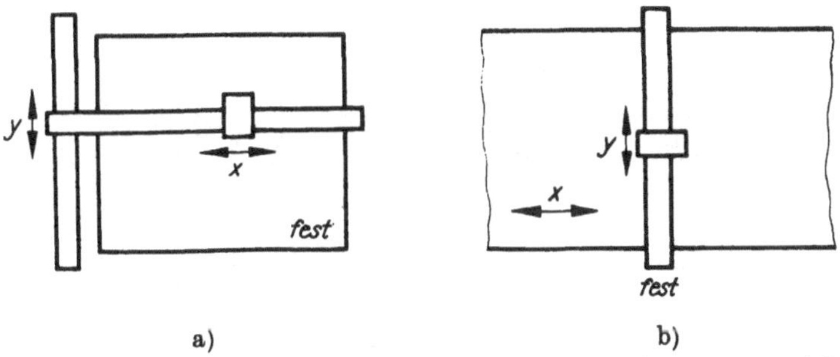

Abb. 81. Realisierung der Relativbewegung des Zeichenwerkzeugs zur Arbeitsfläche, a) Prinzip der Tischzeichenmaschine, b) Prinzip des Trommelzeichengerätes (Plotter)

fläche verwirklicht wird. Das ist das Prinzip der *Tischzeichenautomaten*, Abb. 81 Prinzip a. Wird eine Bewegungsrichtung durch die Bewegung der Arbeitsfläche realisiert, während die zweite wie oben aufgebaut ist, dann ist das das Prinzip des *Trommelzeichenautomaten*,[1]) Abb. 81 Prinzip b. Durch die in sich geschlossene Arbeitsfläche der Trommel ist theoretisch die Begrenzung des Zeichenpapiers in der einen Koordinatenachse unbegrenzt. Die Genauigkeit des Trommelzeichenautomaten ist nicht so hoch wie die beim Tischautomaten zu erreichende.

Typische Vertreter der Kategorie der Trommelzeichenautomaten sind ITEKAN III des Institutes für technische Kybernetik Minsk [138] und Geräte der Firma Calcomp. Tischzeichenautomaten werden durch den Cartimat des VEB Carl Zeiss JENA [88], dem ITEKAN II (Abb. 82) [138] und dem Digigraf repräsentiert. Wichtige Daten dieser Zeichenautomaten sind in Abb. 83 zusammengefaßt. Die mit der Aufgabe der Färbung bzw. Einsetzung von Grauwerten in Flächen verbundenen Probleme sind für die praktische Nutzung noch nicht hinreichend gelöst. Es bieten sich zunächst die Möglichkeiten der Schraffur an. Sie ist sowohl von der Zeichenzeit her sehr aufwendig als auch von der Ermittlung der Linienführung, vor allem, wenn es sich um konkave Konturen bzw. um Flächen handelt, in deren Bereich wiederum eine andere Fläche eingelagert ist, wie es beispielsweise Abb. 84 zeigt. Geschlossene Flächen mit Grauwerten zu belegen, ist durch entsprechend eng gewählte Schraffur möglich, aber sehr aufwendig.

[1]) Wir finden hierfür oft die Bezeichnung: Plotter

Abb. 82. Abbildung des Zeichenautomaten ITEKAN II, entwickelt am Institut für technische Kybernetik der Akademie der Wissenschaften der BSSR, Minsk

	DIGIGRAF 1008	ITEKAN-2	CARTIMAT
Bauart	Tisch	Tisch	Tisch
Zeichenfläche [mm]	800×1000	620×840	900×1200
Zeichenwerkzeug	Tuschefeder Kugelmine Gravierstichel	Tuschefeder	Bleimine Lichtschreibkopf Schneidwerkzeug
Antrieb	Servo-Motor	Schrittmotor	Schrittmotor
Genauigkeit [mm]	0,05	0,1 – 0,3	0,05
Zeichengeschwindigkeit	100 [mm/s]	60 – 100 [mm/s]	35 – 10 Pkte/min

Abb. 83. Einige Daten von Zeichenautomaten

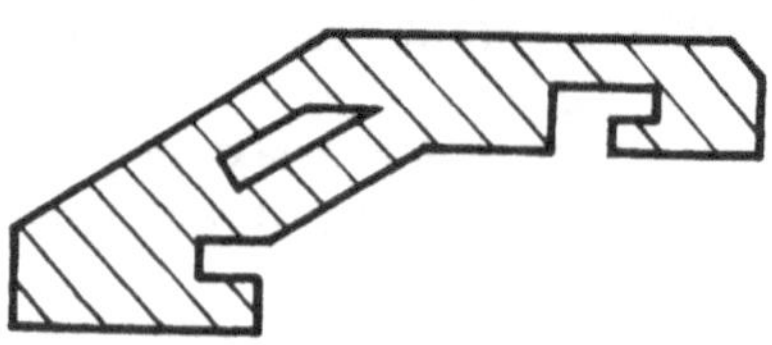

Abb. 84. Schraffur komplizierter Teile

Ein Wort ist noch zu den integrierten Spezialrechnern [265] zu sagen. Sie haben nicht nur die bereits erwähnte Aufgabe, Rechenprozesse für die Erzeugung der Steuerinformationen zu übernehmen, sondern sie realisieren auch eine Reihe von zusätzlichen Operationen. Derartige Operationen sind die Maßstabsänderung, Translation, Rotation oder Spiegelung an bereits aufbereiteten grafischen Darstellungen sowie die Steuerung der Erzeugung von verschiedenen Stricharten, wie punktiert, strichpunktiert usw.

Erste Versuche zur automatischen Herstellung *dreidimensionaler grafischer Darstellungen* sind erfolgreich durchgeführt worden [55, 342]. Diese Geräte ähneln 2-D-Zeichentischen. Die Arbeitsfläche ist im Rastermaß z. B. 1,27 mm unterteilt und mit Bohrungen versehen. Zwei Varianten der Erzeugung der „z-Koordinatenwerte" sind möglich.

Die erste Variante sieht für jede Bohrung fest zugeordnete Stäbe vor, die durch einen unter der Arbeitsfläche beweglichen Mechanismus in z-Richtung um den dieser Position zugeordneten z-Wert nach oben geschoben werden.

Die zweite Variante arbeitet nach dem gleichen Grundprinzip. Sie erzeugt aber die Repräsentanten der z-Werte aus dem Vorrat einer Drahtrolle, von der diese Stäbe in der erforderlichen Länge zugeschnitten werden. Das so über der Arbeitsfläche erzeugte Gebilde kann dann im Block abgenommen und gespeichert werden.

Auf einer technisch völlig anderen Basis wurde die Aufgabe der Herstellung von grafischen Darstellungen gelöst. Sie basiert auf der Anwendung der sogenannten passiven Bildschirme. Hier führt der Weg über die Steuerung eines Elektronenstrahles auf einem Braunschen Rohr. Die Informationen über die Positionen sind über die Ablenkspannungen am Kathodenstrahlrohr wirksam zu machen. Der Weg des Elektronenstrahls wird während der Bewegung auf der photochemischen Schicht eines Films fixiert. Die Funktion und Arbeitsweise des passiven Bildschirms wird zusammen mit dem aktiven Bildschirm in 2.2.2.6. behandelt, da sie eine Teilfunktion des umfassenden aktiven Systems darstellt.

Über kleinformatige, hochgenau und mit scharfgebündeltem Elektronenstrahl arbeitende Bildröhren bietet sich hier der Kontakt zur Mikrofilmtechnik an (Abb. 85). Diese Geräte des COM (Computer Output on Microfilm) werden in Zukunft Bedeutung erlangen [24, 161]. Es sind Leistungen mit folgenden Daten erreicht worden: 10 — 500 000 Lichtpunkte/s Ausgabegeschwindigkeit, 80 Linien/mm Auflösung, 0,02 — 0,04 mm Strichstärke. Ein COM Gerät ersetzt 30 Schnelldrucker bzw. 5000 Elektroschreibmaschinen [24]. Neben der Verwendung der Kathodenstrahlröhre mit der Projektion des Bildes auf den Film ist die direkte Zeichnung mit Hilfe eines Elektronenstrahls im Vakuum auf Film möglich. Über die entsprechenden Eingabegeräte von Mikrofilm CIM (Computer Input from Microfilm) kann dann zusammen mit den COM-Geräten ein technologischer Ring der Datenverarbeitung mit bisher in seinen Möglichkeiten für die technische Vorbereitung nicht zu übersehenden Einsatzgebieten geschlossen werden. Hier bietet sich die Kopplung von digitaler Verarbeitung grafischer Daten mit analoger Verarbeitung von grafischen Daten auf der Ebene der Mikrofilmtechnik an.

Werden an die Qualität von grafischen Darstellungen keine besonderen hohen Anforderungen gestellt, so bietet sich der *konventionelle Schnelldrucker* als ein geeignetes Hilfsmittel für die Ausgabe an. Die möglichen Positionen der Drucktypen ergeben ein Raster, das in der Breite bis zu 180 Einheiten von etwa 2,5 mm und mit fast unbegrenzter Länge von etwa 4,2 mm Ausdehnung für diese Rasterelemente beträgt.

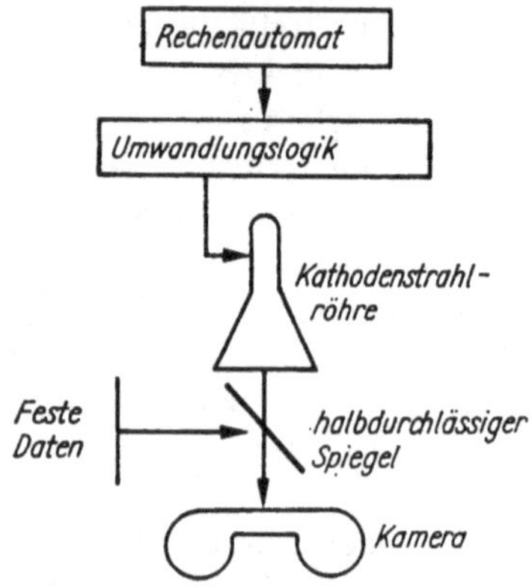

Abb. 85. Rechnergesteuerte Ausgabe auf Mikrofilm (COM)

In diesem Raster lassen sich unterstützt durch geschickt gewählte Drucksymbole grafische Darstellungen ausgeben. Abb. 86 zeigt ein derartiges Ergebnis der Abbildung einer grafischen Darstellung in dieses Rasterfeld. Da die verschiedenen Drucktypen einen unterschiedlichen Schwärzungsgrad im Rasterelement hervorrufen, kann man unterstützt durch ein bewußt gewähltes Über-

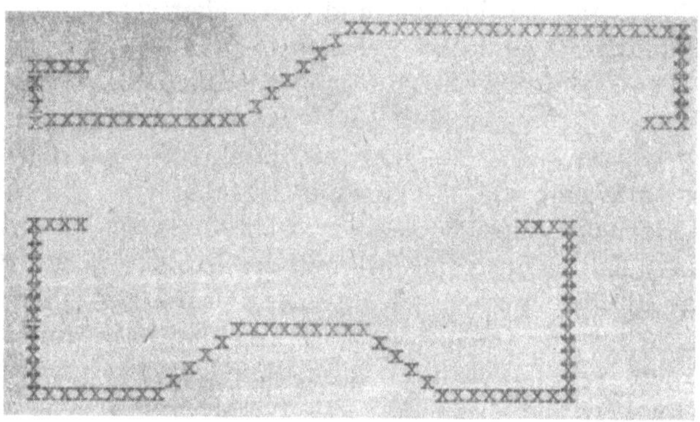

Abb. 86. Beispiel eines auf einem Drucker ausgegebenen Bildes, Bewehrungen für Stahlbeton

einanderdrucken von mehreren Typen an einer Position eine große Skala von Grautönen erzeugen. Teilt man das auszugebende Feld in mehrere Teile auf, erzeugt diese Teilbilder in der eben beschriebenen Art auf einem Schnelldrucker und fügt die Teile anschließend zusammen, so läßt sich über eine photografische Verkleinerung des Gesamtbildes ein doch recht brauchbares Verfahren angeben. Beispiele dafür sind z. B. in [2, 174, 201, 268, 343] abgebildet.

2.2.2.4. Eingabe von Informationen existierender 3-dimensionaler Körper

Neben grafischen Darstellungen und den Vorstellungen über technische Gebilde sind die real existierenden 3-dimensionalen Körper eine weitere Quelle der Informationen für die Eingabe in Rechenautomaten und damit für Verarbeitungsprogramme. Auch im Bereich der technischen Vorbereitung der Produktion existieren eine Reihe von Aufgaben, die die zu verarbeitenden Informationen aus vorhandenen Körpern ableiten. Sei es, daß diese Körper in einer bestimmten Umgebung eine Funktion ausüben oder daß es Modelle sind, also Körper, die nur bestimmte, in diesem Fall geometrische Eigenschaften repräsentieren. Wie arbeiten die Eingabegeräte, um die für die interne Verarbeitung relevanten Daten dieser Körper zu erfassen und auf Datenträger maschinell lesbar zu fixieren?

In der Praxis haben sich zwei grundsätzlich unterschiedliche Prinzipien der Lösung dieser Aufgabe entwickelt.

Das erste Verfahren beruht auf der auf die drei Koordinaten des Raumes ausgedehnten Arbeitsweise des Digitalisierungsgerätes. Das ist das Grundprinzip der *3-D-Meßmaschine*, auch *Universalmeßstand* genannt.

Das zweite Verfahren nutzt die Erfahrungen der *Photogrammetrie* aus. Es werden Stereoaufnahmen des Körpers hergestellt. Über Auswertegeräte wird das virtuelle Modell der Geometrie des Körpers vermessen und damit koordinatenmäßig erfaßt.

In beiden Verfahren werden Mengen von Koordinatenwerten ausgewählter Punkte des Modells bzw. des Körpers bereitgestellt, die durch Verarbeitungsprogramme aufbereitet und problemorientiert weiterverarbeitet werden müssen. Die Arbeitsweise der *3-D-Meßmaschine* ist im folgenden beschrieben.

Der eigentliche Meßkopf, auch Adapter genannt, ist in drei Koordinatenrichtungen beweglich angeordnet, so, wie es in Abb. 87 gezeigt wird. Diese drei Achsen verkörpern das geräteeigene Koordinatensystem, in dem die Punkte des Körpers vermessen werden. Jede Koordinatenachse ist mit einem Wegmeßsystem ausgerüstet. Diese Meßsysteme arbeiten auf der gleichen Basis wie die in Digitalisiergeräten für die Erfassung 2-dimensionaler Gebilde eingesetzten Meßsysteme. Sie wurden in 2.2.2.2. beschrieben.

Der Meßkopf ist im allgemeinen als Kugel ausgebildet, um ausgewählte Punkte der beliebig im Koordinatensystem liegenden Flächen des Körpers antasten zu können. Wie sich leicht erkennen läßt, werden bei diesem Verfahren Teile der Körper von der Messung ausgeschlossen, die durch den Adapter nicht

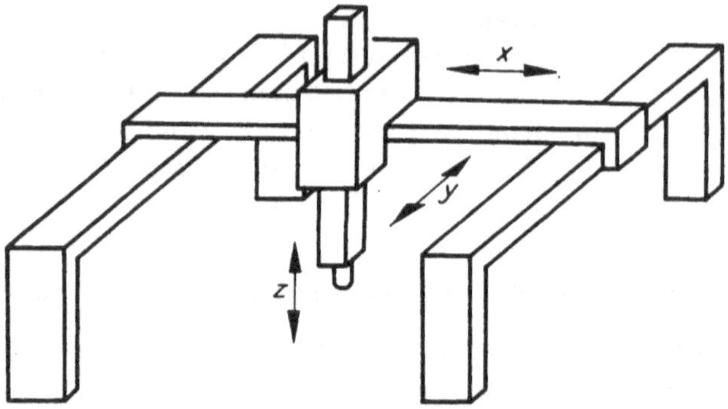

a)

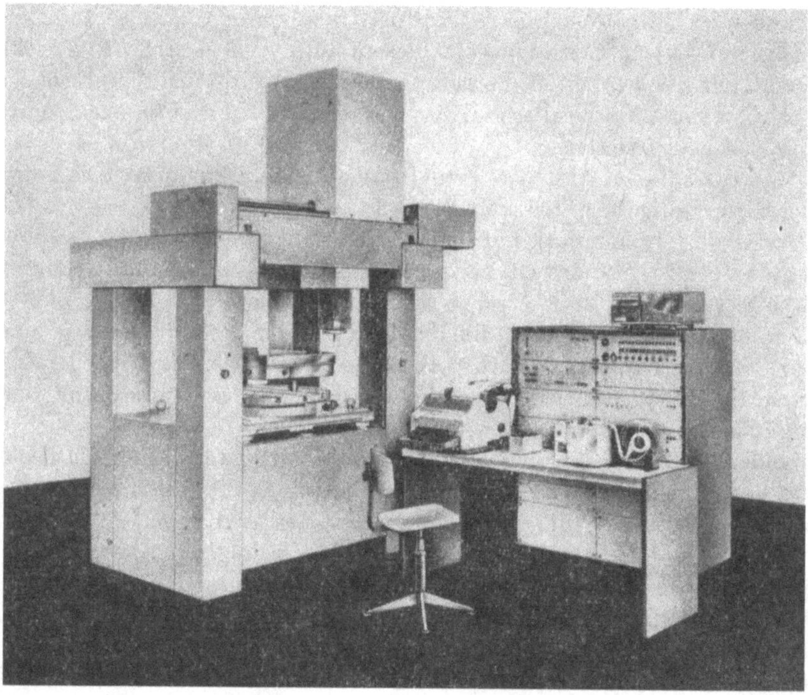

b)

Abb. 87. 3-dimensionalen Meßmaschine, a) Prinzip, b) Foto des UMS (VEB Carl Zeiss JENA)[1]

[1]) Der Verfasser dankt für die freundliche Genehmigung für die Wiedergabe der Abbildung.

erreicht werden können. In diesem Fall sind dann Spezialeinrichtungen am Adapter einzusetzen oder der Körper muß im Meßgerät um einen bestimmten Winkel gedreht werden. Es gibt Beispiele, daß diese Meßstände fahrbar sind und so den Körper als Meßobjekt von allen Seiten anfahren können.

In diesem Fall des Messens in zwei verschiedenen jeweils meßgeräteeigenen Koordinatensystemen ist es wichtig, die Beziehung zwischen diesen verschiedenen Koordinatensystemen herzustellen. Dazu müssen Transformationen der zur Messung verwendeten Koordinatensysteme in ein einheitliches Koordinatensystem erfolgen. Über ausgewählte Fixpunkte die in jeweils zwei Komplexen von Messungen auftreten, werden diese Beziehungen hergestellt. Dazu kann man die in der Geodäsie bekannten Verfahren anwenden [185]. Diese 3-D-Meßgeräte ermöglichen das manuelle Anfahren von ausgewählten Punkten und das Messen und Registrieren der Koordinatenwerte dieser Punkte. Neben der Erfassung von einzelnen, isolierten und ausgezeichneten Punkten des Körpers lassen diese Geräte auch die Erfassung von Flächen zu. Diese Flächen werden über Auswerteprogramme im Rechenautomaten aus einer nach bestimmten Vorschriften gemessenen Punktmenge rekonstruiert und approximiert. Bei mathematisch schwer erfaßbaren Flächen kann ähnlich wie in der Geodäsie ein schichtweises Erfassen der räumlichen Begrenzung des Körpers durch Abfahren der Höhenlinien erfolgen. Bei diesem Vorgehen lassen sich auch die Prozesse des Messens automatisieren, z. B. durch Automatisierung der Höhenmessung über den beiden anderen gerasterten Koordinaten, die nach einem festen Programm abgefahren werden.

Eine spezielle Aufgabenklasse der technischen Produktionsvorbereitung bietet weitere, auf diesen Eingabegeräten basierende Ansatzpunkte der Automatisierung von Meßprozessen. Für Kontrollzwecke, etwa in Fertigungsprozessen technischer Gebilde, ist es notwendig, bestimmte vorgegebene Punkte nach einem genau bekannten Regime zu vermessen. Dieser Meßprozeß ist wesentlich leichter zu automatisieren, da die in Frage kommenden Punkte mit ihren Sollkoordinaten bekannt und damit ansteuerbar sind. Die Differenzen zwischen Soll- und Ist-Koordinatenwerten können dann registriert und zur Steuerung weiterer Folgearbeitsprozesse verwendet werden.

Im VEB Carl Zeiss Jena wurde ein für die Lösung dieser Aufgaben einsetzbarer Universalmeßstand UMS [274] entwickelt. Er hat einen Arbeitsbereich von 750 × 400 mm. Die Meßgenauigkeit beträgt 0,001 mm (Abb. 87). Das zweite Verfahren, das Verfahren der *Industriephotogrammetrie* [218] hat eine Reihe wesentlicher Vorteile. Das für die Vermessung von technischen Gebilden herangezogene Verfahren der Photogrammetrie oder Bildmessung, beruht auf der in einem speziellen Auswertegerät vorgenommenen Ausmessung eines durch die zwei photografischen Aufnahmen des Gebildes erzeugten stereoskopischen Bildes. Den Vorgang in seinen Stufen zeigt Abb. 88.

Vom zu vermessenden Körper wird durch eine spezielle Stereomeßkammer ein Bildpaar von definierten unterschiedlichen Zentren aus aufgenommen. Werden diese Bildpaare in einem Auswertegerät in eine vorgegebene Position zueinander gebracht, so erhält der Betrachter den Eindruck eines räumlichen virtuellen Modells vermittelt. Über Handräder kann eine Marke an beliebigen Positionen des Raumes, damit auch an ausgewählte Punkte des Körpers gesetzt und diese Koordinatenwerte des Punktes in einem geräteinternen Koordinatensystem registriert werden. Aus der Luftbildvermessung sind eine Reihe von Verfahren bekannt, die z. B. den Anschluß von mehreren Bildpaaren, die aus unterschiedlichen Richtungen aufgenommen wurden, die jeweils gemeinsame Gebiete über-

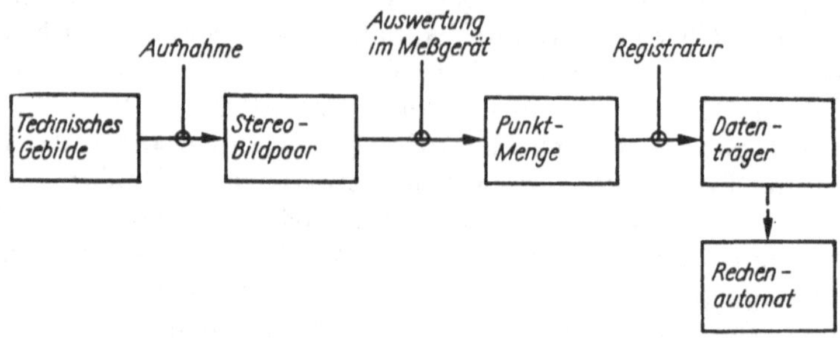

Abb. 88. Arbeitsablauf bei der Industriephotogrammetrie

decken, zueinander herstellen. Die wesentlichen Vorteile dieses Verfahrens liegen im berührungsfreien Messen des Körpers, in der Erfassung des Zustandes des Gesamtkörpers zu einem genau definierten Zeitpunkt, in der Wiederholbarkeit der Auswertung sowie in der Erfaßbarkeit von bewegten oder schwer zugänglichen Objekten. Für diese Aufgabe wurden durch den VEB Carl Zeiss ein aus der Luftbildvermessung abgeleitetes Gerätesystem „Industriephotogrammetrie" entwickelt. (Abb. 89)

Dieses photogrammetrische Auswerteverfahren liefert genauso wie das mit einer 3-D-Meßmaschine arbeitende Verfahren Punktmengen in einem bekannten Koordinatensystem, die durch sich im Rechner anschließende Auswerteprogramme aufbereitet, korrigiert und verarbeitet werden können.

2.2.2.5. Ausgabe von Informationen zur Erzeugung von Körpern

Ein Schwerpunkt der grafischen Datenverarbeitung ist die Erarbeitung von Informationen über 3-dimensionale Körper mit dem Ziel der Informationsbereitstellung für den sich anschließenden Herstellungsprozeß des technischen Gebildes. Dieses Gebiet der Erzeugung von Steuerinformationen für die direkte und automatische Herstellung bzw. Bearbeitung von technischen Gebilden hat sich zu einem eigenen und selbständigen Gebiet, der automatischen Programmierung von *numerisch gesteuerten Werkzeugmaschinen* entwickelt. Die Verfahren in diesem Gebiet gehen von Werkzeugmaschinen aus, die über Datenträger Informationen für die Durchführung von zerspanenden oder umformenden Operationen erhalten. Das setzt aber vorgegebene Körper voraus, man kann von Halbzeugen sprechen, die lediglich in ihrer Geometrie bearbeitet und ver-

a)

b)
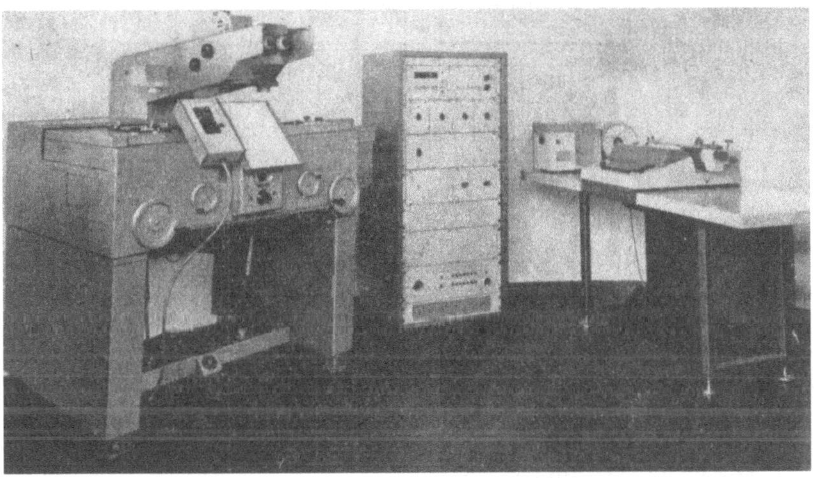

Abb. 89. Industriephotogrammetrie, a) Aufnahmekammer, b) Auswertegerät (Stecometer, Coordimeter F, Peripherie) (VEB Carl Zeiss JENA)[1])

---

1) Vgl. Fußnote S. 108.

ändert werden. Entsprechend der verschiedenen Zerspanungsprozesse werden u. a. numerisch gesteuerte Drehmaschinen, Bohrmaschinen, 2-D-Fräsmaschinen, $2^1/_2$-D-Fräsmaschinen[1]) und schließlich 3-D-Fräsmaschinen eingesetzt.

Das Prinzip dieser Maschinen beruht darauf, daß ein in zwei oder drei Koordinaten bewegliches und gesteuertes Werkzeug die Bearbeitung vornimmt. In einer der Arbeitsweise des Zeichenautomaten ähnlichen Form werden die Steuerungen der einzelnen Achsen vorgenommen. Im Prinzip ist der Aufbau einer 2-D-Fräsmaschine mit der eines Tischzeichenautomaten zu vergleichen. Für feine Fräsarbeiten werden tatsächlich auch Zeichenautomaten genutzt, die ein angetriebenes rotierendes Werkzeug an Stelle des Zeichenwerkzeuges tragen. Wiederum kann auch eine numerisch gesteuerte 2-D-Fräsmaschine, wenn sie an Stelle des Fräsers ein Zeichenwerkzeug trägt, zur Erzeugung einer Zeichnung, etwa für Kontrollzwecke, genutzt werden. Das umfangreiche Gebiet der numerisch gesteuerten Werkzeugmaschinen werden wir hier nicht weiter verfolgen. Dazu sei auf die Spezialliteratur verwiesen [206, 327]. Ein völlig andersgeartetes Prinzip des Aufbaues von Körpern liegt der Kategorie von Maschinen zugrunde, die Körper aus vorgefertigten Elementen zusammensetzen [151, 273]. Vorbereitete Elemente eines Baukastens werden durch *Manipulatoren* ausgewählt und an bestimmten vorher errechneten Positionen des Arbeitsraumes platziert. Das setzt natürlich eine bestimmte Reihenfolge im Aufbau voraus und beschränkt damit das Verfahren auf bestimmte Klassen von Körpern. In Abb. 90 wird ein entsprechendes Beispiel gezeigt.

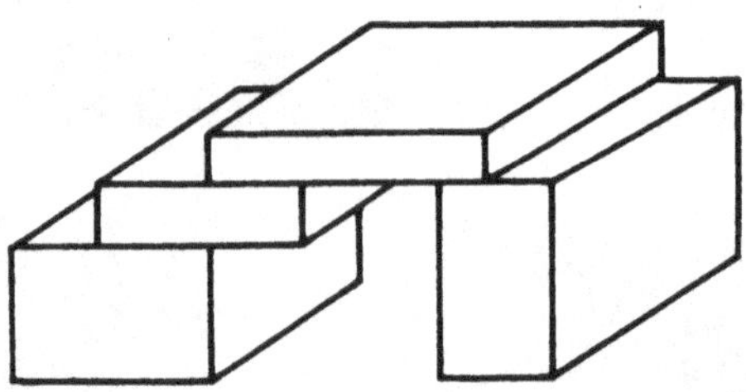

Abb. 90. Beispiel eines aus Bausteinen zusammengesetzten Gebildes

Existieren auch für diese Arbeitsweise noch keine praktisch bedeutenden Anwendungen, so ist doch ein Schritt in Richtung auf automatisierte Montagemaschinen mit unterschiedlichen, numerisch über Datenträger vorgegebenen Arbeitsprogrammen zu sehen.

Die Bedeutung, die diesem Komplex der Eingabe von Informationen über existierende Körper und die Ausgabe von Steuerinformationen an Körper erzeugende Geräte u. a. zukommt, liegt in der Bereitstellung der Basis für eine technologische Linie der Einbindung des Aufgabenfeldes der grafischen Datenverarbeitung in den Produktionsprozeß.

[1]) Die dritte Koordinate kann während des Abarbeitungsprozesses nicht kontinuierlich verstellt werden.

2.2.2.6. Dialoggeräte für die aktive grafische Kommunikation

2.2.2.6.1. Interaktive Arbeitsweise

Zuerst müssen wir noch einmal klar die von den Geräten der aktiven grafischen Kommunikation zu lösenden Aufgaben darstellen. Die Ausführungen über die *Dialoggeräte für die grafische Kommunikation* müssen zwei wesentliche Aspekte herausarbeiten.

Der *erste Aspekt* beinhaltet die grafische Darstellung als *Objekt des Kommunikationsprozesses.* Wir gehen davon aus, daß für viele Aufgabengebiete, insbesondere für die von uns als Schwerpunkt gewählten Gebiete der Konstruktion und Technologie, der Kommunikationsprozeß Mensch-Maschine auf der Basis grafischer Darstellungen vollzogen wird. Wir hatten uns bereits damit auseinandergesetzt, daß der Konstrukteur bei der Bearbeitung von Aufgaben der technischen Vorbereitung der Produktion seine Vorstellungen in Form von grafischen Darstellungen, von Zeichnungen, Skizzen erfaßt und zu Papier bringt. Diese grafischen Darstellungen nutzt der Konstrukteur zum Fixieren seiner Vorstellungen, z.B. über Zwischenergebnisse, die im Prozeßablauf entstehen, aber auch zur externen Speicherung seiner Vorstellungen, die im Rahmen des durch die Arbeitsteilung notwendig gewordenen Kommunikationsprozesses erforderlich ist. Damit ist die grafische Darstellung nicht nur Form der Speicherung von Informationen, sondern auch Objekt des aktiven Kommunikationsprozesses sowohl zwischen den Menschen als auch zwischen Mensch und Maschine. Die Geräte der aktiven grafischen Kommunikation müssen deshalb die Verwendung dieser Darstellungen als Objekte des Kommunikationsprozesses Mensch-Maschine sichern.

Der *zweite Aspekt* betrifft die *interaktive Arbeitsweise.* Wir sprechen von interaktiver Arbeitsweise, wenn die Steuerung des Ablaufes sowohl durch Anweisungen und Befehle des Programmes aber auch durch Eingriffe des Nutzers zu den von ihm wählbaren Zeitpunkten erfolgen kann. Die sich aus dieser Arbeitsweise ergebenden Forderungen verlangen die direkte, die on-line-Kopplung der hierfür genutzten peripheren Geräte an die Zentraleinheit. Das ist aber für die interaktive Arbeitsweise nicht ausreichend.

Wir waren bei Behandlung der Arbeitsweise der peripheren Geräte davon ausgegangen, diese peripheren Geräte über Datenträger, d. h. off-line an die Zentraleinheit anzukoppeln (Abb. 91). Prinzipiell lassen sich natürlich die in den vorangegangenen Kapiteln erläuterten Geräte wie z.B. Zeichenmaschine,

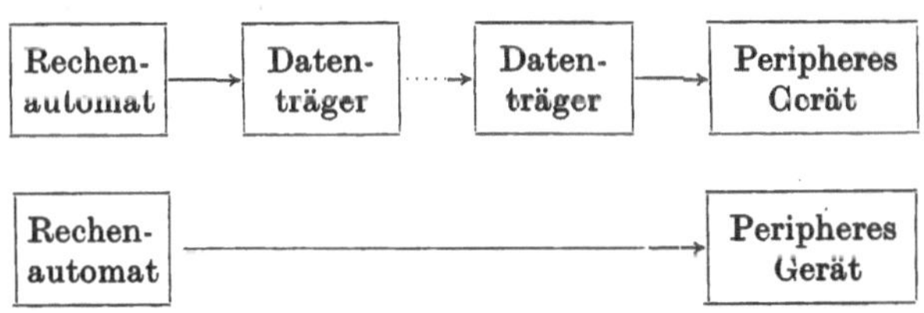

Abb. 91. Off-line- und on-line-Kopplung von peripheren Geräten

Digitalisiergerät — wenn die Voraussetzungen für einen effektiven Betrieb (Multiprogrammierung) vorliegen — direkt an die Zentraleinheit ankoppeln. Damit ist noch keine interaktive Arbeit in der von uns gewünschten Weise möglich. Diese on-line-Kopplung bedeutet lediglich, daß erstens die Steuerinformationen aus der Zentraleinheit direkt an diese Geräte gegeben werden und zweitens, daß die Datenmengen direkt von der Zentraleinheit zum peripheren Gerät bzw. in umgekehrter Richtung geleitet werden können. Das ist die bekannte Arbeitsweise, wie sie vom Magnetband-, Lochkarten- oder Lochstreifengerät bzw. vom Drucker her bekannt ist. Diese Geräte sind fest in das Regime der Zentraleinheit integriert, und ihre Steuerung erfolgt ausschließlich von dort.

Die interaktive Arbeitsweise basiert darauf, daß die Arbeit des Dialoggerätes sowohl vom abzuarbeitenden Programm in der Zentraleinheit, also vom internen, im voraus festgelegten Ablauf bestimmt wird als auch durch die Steuerung, die der Nutzer zu den von ihm festgelegten Zeitpunkten vornimmt. Das ist die äußere Erscheinungsform der interaktiven Arbeitsweise so, wie sie sich dem Nutzer darbietet.

Zwischen diesen beiden Arten der Steuerung und Aktivierung der Arbeit des Dialoggerätes, einmal durch das zugehörige Programm, zum anderen durch den Eingriff des Nutzers, besteht eine enge innere Kopplung. Da es sich hierbei hauptsächlich um programmtechnische Probleme handelt, werden wir diese Frage ausführlich in 2.3.2.3. abhandeln. Hier wollen wir festhalten, daß diese Kopplung zwischen Steuerung durch Programm und Eingriff vom Nutzer in der Form realisiert ist, daß sämtliche Ein- und Ausgabebefehle für den Datentransport Zentraleinheit-Dialoggerät und Dialoggerät-Zentraleinheit programmtechnisch vorbereitet und im Programm enthalten sein müssen. Die Eingabe von Daten in das periphere Gerät ist unabhängig davon. Das bedeutet, daß eine Trennung vorhanden ist zwischen der Eingabe in das periphere Gerät, durch den Nutzer vorgenommen, und dem Datentransport, der durch das Programm ausgelöst wird. Durch die aufeinander abgestimmten Aktivitäten im Programm und die durch den Nutzer zu vollziehenden, wird die interaktive Arbeitsweise so wie Abb. 94 zeigt, realisiert.

Für die weiteren Ausführungen sind zwei Teilaufgaben näher zu betrachten. Wir müssen die Geräte der interaktiven Arbeit in ihrem Aufbau und in ihrer Arbeitsweise darstellen, und wir haben das Zusammenspiel zwischen diesen Geräten und der Zentraleinheit mit ihrem festen Regime zu klären und zu erläutern. Bezüglich des zweiten Komplexes, der Beziehung interaktives Gerät zur Zentraleinheit, werden sich sowohl hinsichtlich der Gerätetechnik als auch bezüglich der notwendigen zuzuordnenden Programme präzise Forderungen ergeben. In diesem Kapitel wollen wir jedoch nur die gerätetechnischen Probleme dieses Komplexes behandeln, wir sind uns jedoch im klaren darüber, daß stets die Einheit von Gerätetechnik und Programmierung als integrierendes Element zu sehen ist.

Zunächst ist es notwendig, eine Darstellung des Zusammenspiels zwischen einem konventionellen peripheren Gerät und der Zentraleinheit zu geben. Am

Beispiel eines Ausgabegerätes ist die gerätetechnische Kopplung in Abb. 92 dargestellt. In der Praxis sind eine Vielzahl von Möglichkeiten für die Lösung dieser Aufgabe realisiert worden, von denen wir eine Variante auswählen. Der Ausgabebefehl wird im Leitwerk der Zentraleinheit entschlüsselt. Entweder sind in diesem Befehl selbst bzw., wie es bei den Anlagen der 3. Generation meist der Fall ist, in einem vom Befehl anzusprechenden Steuerfeld alle die

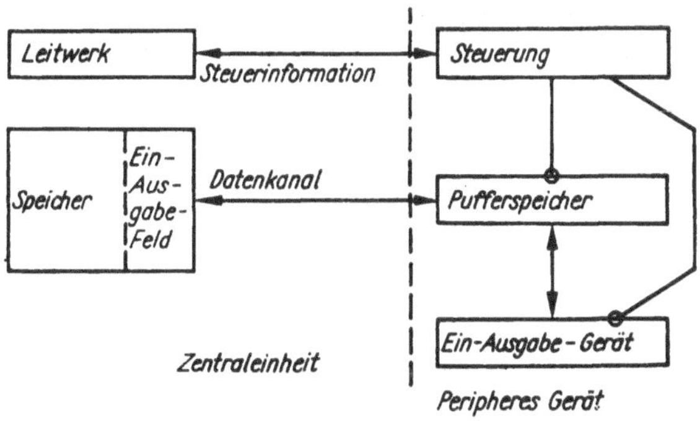

Abb. 92. Gerätetechnische Kopplung von Zentraleinheit und peripherem Gerät

Informationen zugänglich, die zur Abarbeitung benötigt werden, das sind Angaben über das zu verwendende Ausgabegerät, Angaben, an welchen Positionen des Speichers sich die auszugebenden Daten befinden, über das anzusprechende Fehlerregime usw. Das Leitwerk vergewissert sich zunächst durch ein entsprechendes Signal über den Zustand und die Bereitschaft des peripheren Gerätes, diese Operation ausführen zu können. Ist das der Fall, wird der Datentransport von der Zentraleinheit zum peripheren Gerät vollzogen. Das periphere Gerät erhält dann die Anweisung, völlig autonom die Verarbeitung des Datensatzes und die Ausgabe auf den externen Datenträger vorzunehmen. Ein Rücksignal zeigt die Beendigung dieses Prozesses an.

Wird jedoch bei Abfragen des peripheren Gerätes auf Übernahmebereitschaft des Datensatzes eine negative Antwort zuteil, so muß dieser Ausgabebefehl in der Zentraleinheit zunächst suspendiert, d. h. in Wartestellung versetzt werden. Das Signal, das dann zu einem folgenden Zeitpunkt die Freigabe des peripheren Gerätes meldet, bewirkt die Reaktivierung des in Wartestellung befindlichen Befehls und leitet dann die Abarbeitung wie eben geschildert ein. Dieser Ablauf ist in Form eines Flußbildes in Abb. 93 dargestellt.

Der Prozeß einer Dateneingabe über ein peripheres Gerät verläuft analog. Der entschlüsselte Befehl aktiviert, wenn Aufnahmebereitschaft vorliegt, das Eingabegerät. In einem autonomen Regime übernimmt das Gerät die Daten vom Datenträger. Ist dieser Prozeß erfolgreich abgeschlossen, erfolgt die Rückmeldung an die Zentraleinheit, die nun ihrerseits den Datentransport zum Speicher auslöst.

Eine Reihe von Maßnahmen, z.B. die Verwendung von zwei Datenbereichen als Pufferspeicher — in dem einen Datenbereich werden Daten eingelesen, aus dem anderen wird die Übertragung in die Zentraleinheit vorgenommen — erlaubt eine Steigerung der Leistungsfähigkeit der Ein- und Ausgabe. In Kapitel 2.2.3. werden wir derartige Voraussetzungen wie Multiprogrammierung diskutieren, die für die Gestaltung einer effektiven Arbeitsweise wichtig sind. Wie unterscheidet sich die Arbeitsweise des Dialoggerätes von diesem für konventionelle Ein- und Ausgabegeräte dargelegten Ablauf? Für die interaktive Arbeitsweise gilt im Prinzip für das Zusammenspiel peripheres Gerät — Zentraleinheit die gleiche Arbeitsweise.

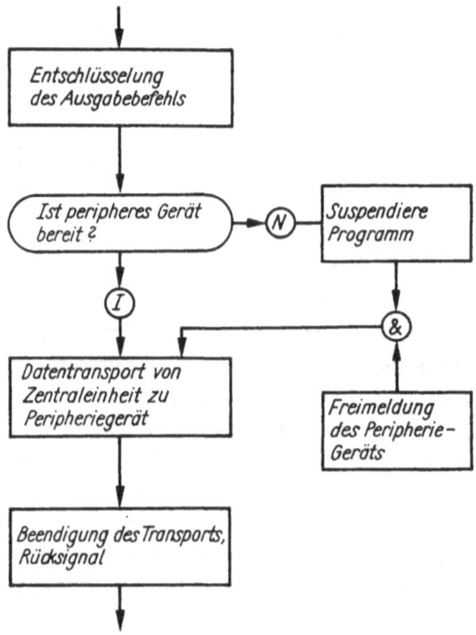

Abb. 93. Flußbild für die Abarbeitung eines Ausgabebefehls

Für die Ausgabe gilt die Identität, denn die Aktivierung der Ausgabeoperation erfolgt allein durch das in der Zentraleinheit ablaufende Programm. Das Regime ist dem oben geschilderten Ablauf für die Steuerung des Ausgabegerätes identisch.

Für die Eingabe gilt, daß entweder das Programm der Zentraleinheit Daten anfordert oder vom Nutzer der Wunsch bzw. der Befehl nach Übernahme von Daten an das Gerät herangetragen wird. Tatsächlich kann der Nutzer von außen nur Eingriffe signalisieren, d. h. Signale an die Zentraleinheit geben, die mitteilen, daß er Daten eingeben möchte. Das können dann beschreibende Daten sein, es können aber auch Anweisungen sein, z.B. Anweisungen, die die Ausgabe bestimmter Daten veranlassen sollen. Der Ablauf erfolgt dann in folgender

Weise. Wir müssen auch hier zwischen zwei Varianten, die vom Zustand des Systems abhängen, unterscheiden. Entweder befindet sich bereits der Eingabebefehl in Wartestellung oder es liegt kein Eingabebefehl vor. Im ersten Fall kann die Tätigkeit des Nutzers am Dialoggerät die Aktivierung des suspendierten Befehls bewirken und damit erreichen, daß die Eingabeoperation ausgeführt wird. Im zweiten Fall ist der Nutzer zur Untätigkeit gezwungen. Er kann lediglich die Eingabe der Informationen am peripheren Gerät vornehmen, kann aber keine Weitergabe an die Zentraleinheit erreichen.

Um hier überhaupt zu einer sinnvollen Arbeit zu kommen, muß über die Gestaltung der zugeordneten Programme das Abstimmen der Ein- und Ausgabebefehle mit den Handlungen des Nutzers vorgenommen werden. Darüber wird im Kapitel 2.3.2.3. berichtet. Das für die interaktive Arbeitsweise gültige Regime des Zusammenspiels Zentraleinheit — interaktives Gerät — Nutzer ist in Abb. 94 dargestellt, vergleiche auch Abb. 43.

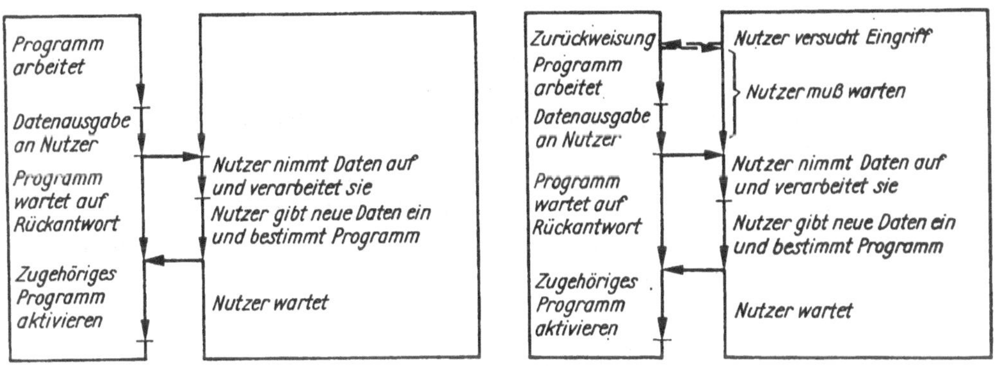

a) b)

Abb. 94. Eingriffe in den Ablauf eines Programms, a) Programm hat vor Eintreffen des neuen Eingriffs Abarbeitung bereits beendet, b) Programm hat vor Eintreffen des neuen Eingriffs Abarbeitung noch nicht beendet

Da im allgemeinen der Dialog zwischen Mensch und Maschine sich sowohl grafischer Elemente bedient, als auch α-numerische Elemente enthält, wollen wir den Sonderfall des ausschließlich auf α-numerischer Basis geführten Dialoges kurz betrachten und damit die prinzipielle Arbeitsweise noch einmal darlegen. Wir können einen Fernschreiber als Dialoggerät einsetzen, aber auch ein getrenntes Eingabetastenfeld und Anzeigetableau nutzen. Da im allgemeinen nicht zeichenweise, sondern mit Worten oder Wortkombinationen Dialog geführt wird, erzeugt ein Eingabevorgang, und nur dieser ist hier interessant, in einem Pufferspeicher die dem Wort zugeordnete bit-Folge. Erst die Marke „Ende" erzeugt das an die Zentraleinheit weiterzuleitende Signal und gibt damit die Bereitschaft zur Übergabe der Informationen an die Zentraleinheit weiter. Ist das zugeordnete Programm aufnahmebereit, wird der Prozeß der Übernahme der Daten aktiviert.

2.2.2.6.2. Der Bildschirm[1])

Die existierenden Bildschirmgeräte unterscheiden sich sehr stark in der Struktur und dem technischen Aufbau. Es ist deshalb nicht möglich und nicht sinnvoll, zu spezielle technische Einzelheiten zu erläutern. Dazu sei auf die Spezialliteratur verwiesen [103, 171, 232, 233, 296, 315, 359].

Wir legen den folgenden Ausführungen ein erdachtes Modellgerät zugrunde, das in sich die wesentlichen Eigenschaften der Geräte vereinigt und so eine Basis ist für die Demonstration des Aufbaues und der Arbeitsweise dieser Geräteklassen. Wir behandeln zuerst den Aufbau des zentralen Elementes, den Bildschirm. Die Aufgabenstellung für das *interaktive Bildschirmgerät*, grafische Strukturen auf einer vorgegebenen Fläche darzustellen, die vom Nutzer gezielt beeinflußt und verändert werden können, führt zu den Forderungen, die an das in diesem Gerät zu verwirklichende physikalisch-technische Prinzip für die Darstellung von Strukturen zu stellen sind. Wir betrachten zunächst die für die Praxis wichtige Lösung.

Die *Elektronenstrahlröhre* [74] ist das für die Lösung dieser Aufgabe geeignete, in der Praxis dominierend eingesetzte Instrument, intern beschriebene Strukturen für das menschliche Auge wahrnehmbar darzustellen. Das technische Prinzip der Elektronenstrahlröhre, auch Kathodenstrahlröhre oder Braunsches Rohr genannt, beruht auf der fast trägheitslosen Steuerung eines Elektronenstrahles, der beim Auftreffen auf den Leuchtschirm der Röhre einen wohldefinierten, für einen bestimmten Zeitraum mit abklingender Intensität sichtbaren Leuchtfleck hervorruft (Abb. 95).

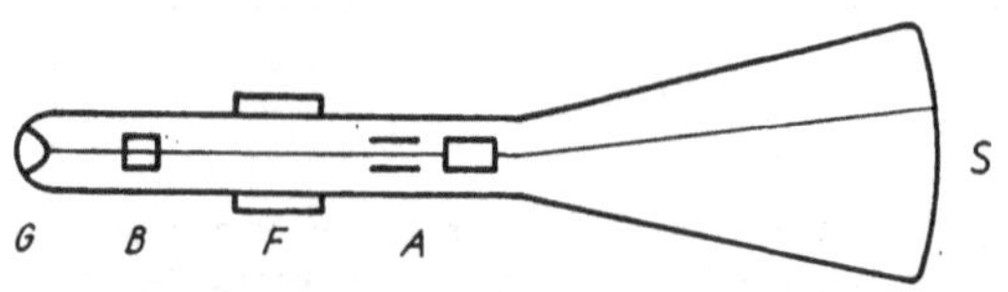

Abb. 95. Schematischer Aufbau der Kathodenstrahlröhre: G — Glühkatode, B — Beschleunigungseinrichtung, F — Fokussierung, A — Ablenksystem, S — Schirm.

Die aus der Glühkathode G austretenden Elektronen werden durch eine hohe Gleichspannung (∼15000 V) beschleunigt. Eine elektromagnetische Anordnung F bündelt den Strahl hinreichend eng, um einen für die exakte und reproduzierbare Darstellung der Strukturen notwendigen Leuchtfleck zu erzielen. Durch elektrostatische oder durch magnetische Felder kann dieser Elektronenstrahl beeinflußt und in seiner Bahn abgelenkt werden. Auf diesem Prinzip wird die Aufgabe der Positionierung des Leuchtfleckes auf beliebigen vorgegebenen Positionen des Leuchtschirmes erfüllt. Die Erzeugung des Feldes für die elektrostatische Ablenkung A wird durch zwei senkrecht zueinander stehende Plattensysteme, an die eine Ablenkspannung angelegt wird, erzeugt. Das Feld für die elektromagnetische Ablenkung wird durch senkrecht zur Bildachse

[1]) Hierfür finden wir oft die Bezeichnung: Displaygerät.

liegende Magnetspulen erzeugt. In der Praxis werden jedoch gemischte Systeme verwendet, um damit den unterschiedlichen Aufgaben der Strahlablenkung effektiver gerecht werden zu können. (Zwischen der Ablenkspannung und der auf dem Schirm erzeugten Ablenkung des Strahls von der Ausgangsposition im Zentrum des Bildfeldes besteht ein funktioneller Zusammenhang.)

Auf dem Leuchtschirm der Bildschirmgeräte sind zwei phosphoreszierende Schichten aufgebracht [162]. Eine dieser Schichten ist den Farb- und Kontrastverhältnissen des menschlichen Auges angepaßt, während die andere Schicht in ihren Eigenschaften den Forderungen des sog. Lichtstiftes entspricht. Um eine verzerrungsfreie Darstellung auf einer ausreichend großen Arbeitsfläche zur Verfügung zu haben, werden entweder Röhren mit ebener Schirmfläche (Radar) verwendet oder es wird von größeren Bildröhren nur der zentrale Teil des Schirmes als Arbeitsfeld ausgenutzt. Die Größen der heute üblichen Arbeitsfelder liegen zwischen 250 × 250 mm bis zu 400 × 400 mm. Die Restfehler, die als Funktion des Abstandes des Strahles vom Zentrum der Bildfläche der Röhre auftreten, müssen durch elektronische Schaltungen korrigiert werden. Der Aufbau einer Bildröhre ist im Prinzip in Abb. 95 dargestellt.

Elektronische Schaltungen steuern und realisieren damit die beiden Funktionen, die die Bildröhre erfüllen muß:

- Positionierung des Leuchtfleckes auf eine gewünschte Stelle,
- Steuerung der Helligkeit dieses Leuchtfleckes.

Durch zeitlich nacheinander erfolgende Positionierung des Strahles an unterschiedlichen Stellen wird die gewünschte Struktur auf dem Bildschirm erzeugt. Es werden nicht nur diese Positionen, die durch den Strahl fixiert werden können, zum Aufbau der Struktur herangezogen, sondern auch die Strahlbewegungen selbst, die notwendig sind, um von einer Position des Schirmes zur nächsten zu gelangen; sie repräsentieren sich in Form von leuchtenden Strecken.

Zwei grundsätzlich unterschiedliche *Steuerregime für die Strahlablenkung* bieten sich zum Aufbau der Strukturen auf dem Bildschirm an. Das *erste Regime* steuert den Strahl *zeilenweise*, den Schirm vollständig überstreichend über die Fläche des Bildschirmes, so wie es Abb. 96a zeigt. Die Strukturen werden bei diesem Verfahren durch Hell-Dunkel-Steuerung des Elektronenstrahls erzeugt.

a) b)

Abb. 96. Verfahren der Bilderzeugung a) Zeilenweises Überstreichen der gesamten Schirmfläche, Bild wird durch Hell-Dunkel-Steuerung erzeugt b) Strahl wird auf den Stellen entlanggeführt, die dargestellt werden sollen

Das entspricht dem dem kommerziellen Fernsehen zugrunde liegenden Verfahren. Ein auf dieser Technik aufgebautes Bildschirmsystem wird in 2.2.2.6.7. beschrieben. Das *zweite Verfahren* beruht auf der Festlegung, den Elektronenstrahl nur an den Stellen des Schirmes entlang zu führen, die die darzustellenden Strukturen repräsentieren. Die darzustellenden Strukturen sind deshalb in Steuerinformationen für die Strahlablenkung umzusetzen. Eine Steuerung der Helligkeit, hier wird man im allgemeinen mit zwei Stufen (hell — dunkel) auskommen, ist nur dann notwendig, wenn isoliert voneinander liegende Teile der Struktur zu einem Linienzug zu verbinden sind. Das Verfahren wird in Abb. 96b gezeigt. Dieses Verfahren wird fast ausschließlich angewendet. Das ist dadurch begründet, daß die darzustellenden Strukturen aus den besonders gut für dieses Verfahren geeigneten Elementen: Punkt, Strecke, Kreis aufgebaut sind. Während das erste Verfahren die Darstellung von unterschiedlichen Helligkeitsstufen auf beliebigen Flächenteilen ermöglicht, bereitet die Lösung dieser Aufgabe beim zweiten Verfahren Schwierigkeiten.

Eine zunächst störende Eigenschaft dieser Bildröhren ist die geringe Nachleuchtdauer des dargestellten Bildes. Unter *Nachleuchtdauer* sei die Zeit verstanden, in der die Helligkeit des Bildes auf die Hälfte des ursprünglichen Wertes gesunken ist. Es ist nicht möglich, Bildschirme mit langer Nachleuchtdauer zu verwenden. Damit wäre die schnelle Änderung von Strukturen bzw. die Darstellung von dynamischen Vorgängen stark beschränkt. Für die Bildröhren mit kurzer Nachleuchtdauer muß deshalb zur Erzeugung und Sicherung eines stabilen, für das menschliche Auge ohne Schwierigkeiten aufnehmbaren Bildes die Technik des *Regenerierens* des Bildes eingesetzt werden. Mit einer bestimmten, minimalen Frequenz muß das Bild zyklisch erzeugt werden. Um ein für den Nutzer des Systems *flimmerfreies Bild* auf dem Schirm zu erzeugen, muß die Bildwiederholung mit einer Frequenz von mindestens 20—30 Hz erfolgen. Wenn auch der Elektronenstrahl mit einer sehr großen Geschwindigkeit die Strukturen erzeugt, wird dadurch eine obere Grenze für die Bildwiederholfrequenz festgelegt. Überschreitet die Gesamtlänge der Struktur auf dem Bildschirm einen bestimmten, gerätebedingten Wert (er liegt bei etwa 300—500 m),

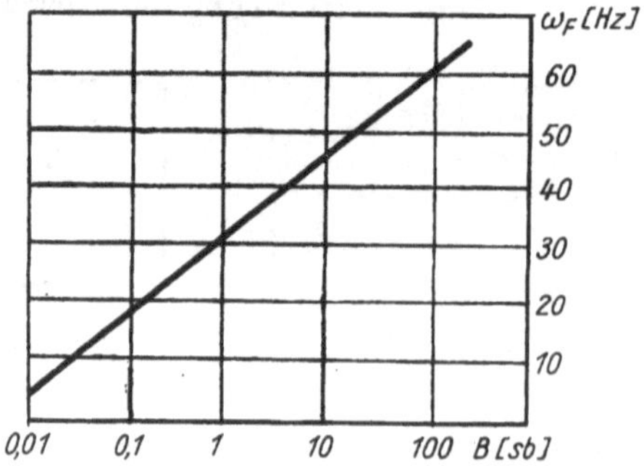

Abb. 97. Kritische Flackerfrequenz ω_F als Funktion der Helligkeit B (nach [49])

so wird die dadurch bestimmte Frequenz unterhalb der für ein flimmerfreies Bild notwendigen Frequenz liegen, das Bild wird zu flimmern beginnen. Der Zusammenhang zwischen kritischer Flackerfrequenz ω_F und Helligkeit B zeigt Abb. 97. Diese Grenze wird sehr stark durch die Schaltfrequenz der logischen Elemente und Baugruppen bestimmt; sie wird sich sicher in den nächsten Jahren erhöhen.

Um eine hinreichend genaue und regnerierbare Darstellung von Strukturen zu sichern sowie die rechnerinterne Beschreibung dieser Strukturen zu ermöglichen, muß eine *Quantelung der Arbeitsfläche* bzw. der die Arbeitsfläche aufspannenden Koordinatenachsen vorgenommen werden. Jede Koordinatenachse wird in eine festgelegte Anzahl von Einheiten unterteilt. Die Wahl der Anzahl der Einheiten und damit die Festlegung der Quantelung ist von folgenden Faktoren abhängig:

- Größe des Arbeitsfeldes (~250 mm),
- Durchmesser des Leuchtpunktes (~0,25 mm),
- Auflösungsvermögen des menschlichen Auges in Arbeitsentfernung, ca. 30 cm (~0,2 mm).

Aus diesen Einflußfaktoren läßt sich die noch wirkungsvolle Rasterung mit 1000, max. 2000 Einheiten pro Koordinatenachse angeben. „Noch wirkungsvoll" soll hier bedeuten, daß diese Größe nur wenig unter der durch das menschliche Auge noch lokalisierbaren und unterscheidbaren Größe liegen soll. Die in der Praxis am häufigsten verwendete Rasterung liegt bei den heute üblichen Schirmgrößen bei 1024 × 1024 Punkten; einzelne Geräte haben 2048 × 2048 bzw. 4096 × 4096 Rasterpunkte. Jedem identifizierbaren Punkt der Arbeitsfläche ist somit eindeutig ein Koordinatenpaar (x, y) zugeordnet. Wir legen das Koordinatensystem wie in Abb. 98 angegeben, den Ursprung in die linke untere

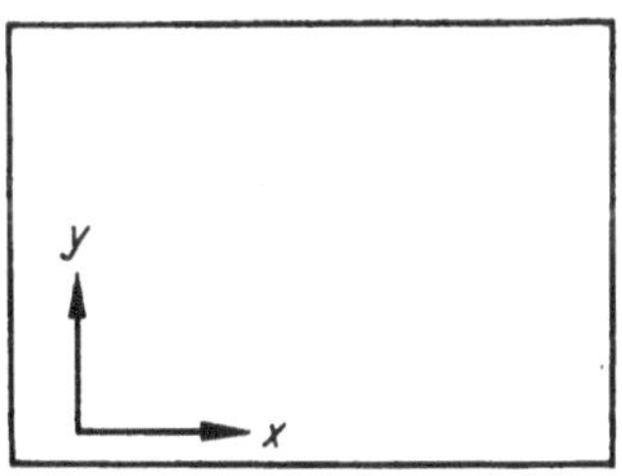

Abb. 98. Schirmbildkoordinatensystem

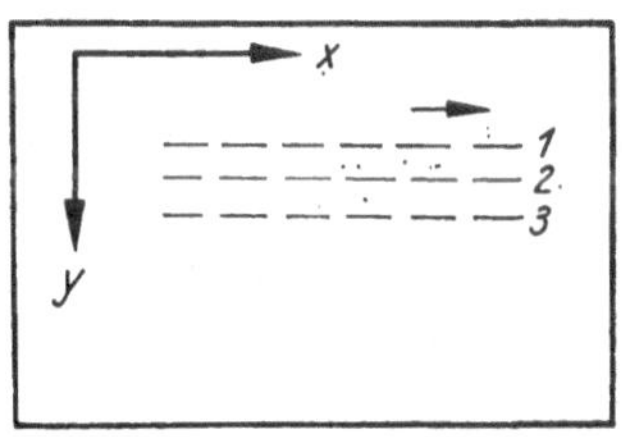

Abb. 99. Bei α-numerischen Geräten noch übliches Koordinatensystem

Ecke. Viele Geräte verwenden noch ein Koordinatensystem auf dem Bildschirm, dessen Ursprung links oben liegt, die positive y-Achse also senkrecht nach unten weist. Das ist entwicklungsschichtlich bedingt, wurden doch viele grafische Bildschirmgeräte aus solchen Geräten entwickelt, die nur Text darstellen konnten. Das ist dem bei uns üblichen Schreibregime von links nach rechts und zeilenweise von oben nach unten angepaßt. (Abb. 99).

2.2.2.6.3. Bildschirmgerät zur Darstellung von Punkten

Wir wollen nun den logischen Aufbau des Bildschirmgerätes darstellen. Wir gehen zunächst von der vereinfachten Variante aus, ein Gerät zu beschreiben, das nur Punkte darstellen kann. Daran werden wir den Aufbau und die Funktion untersuchen, um dann die Erweiterung auf Darstellung von Strecken und Text vorzunehmen. Der Zusammenhang zwischen dem Tupel der Koordinatenwerte und der Position auf dem Bildschirm ist nun technisch zu realisieren. Dazu sind die Koordinatenwerte, wir wollen den Bereich 0 ···1023 zulassen, in die adäquate Ablenkspannung für die Elektronenstrahlröhre umzuwandeln. Wir wollen zur Vereinfachung voraussetzen, daß eine Proportionalität zwischen Koordinatenwert und Ablenkspannung besteht.

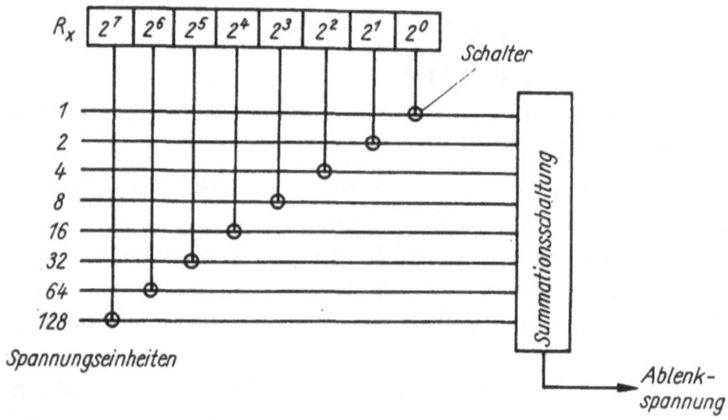

Abb. 100. Möglichkeit der Umwandlung einer Dualzahl in eine ihr äquivalente Ablenkspannung

In Abb. 100 ist das Prinzip skizziert, auf dessen Basis die Erzeugung der Ablenkspannung erfolgen kann. Die Koordinatenwerte sind durch ganze Dualzahlen dargestellt und werden in den Registern R_x und R_y bereitgestellt. Die einzelnen Stellenwerte dieser Dualzahl werden zur Steuerung von Toren verwendet, die eine dem Positionswert dieser Stelle entsprechende Spannung einer Addierschaltung für Spannungen zuführen. Ist die Position mit L besetzt, dann wird die entsprechende Spannung addiert. Da die Spannungen für das linke und rechte Ablenksystem zu erzeugen sind, wird die höchste Stelle zur Steuerung dieser Auswahl genutzt. Für die Koordinatenwerte 0···511 wird das linke Ablenksystem mit der dem Koordinatenwert proportionalen Spannung gespeist, während für die Koordinatenwerte 512 bis 1023 das rechte System, dazu ist der Koordinatenwert um 512 zu reduzieren, versorgt wird. Eine Spannungsquelle erzeugt die Spannungen im Verhältnis 1:2:4:8 ··· : 256, die von der oben geschilderten Logik über Tore gesteuert und in einer Schaltung aufsummiert werden. Eine spezielle Schaltung sorgt für die Aufteilung auf das linke oder rechte Ablenksystem sowie für die Korrektur beim Nulldurchgang. Für die x- und y-Achse sind zwei analoge Systeme aufgebaut.

Wir müssen nun die Beziehung zu den *Steuerworten* der Rechenanlage herstellen, die durch Programme aufbereitet und über Ausgabebefehle an das Bildschirmgerät übertragen werden. Als Wortstruktur wählen wir die in Abb. 101 angegebene, auf der Basis von 24 bit. Die Positionen 1···4 des Wortes nehmen Sonderzeichen zur Kennzeichnung der Klasseneinteilung der Worte auf.

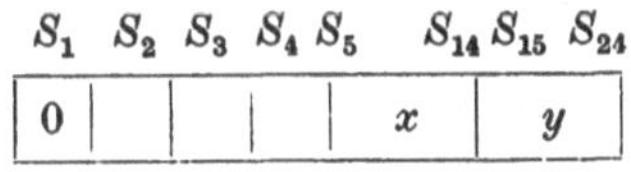

Abb. 101. Struktur eines Punktwortes

Die Stelle S_1 wird verwendet, um zu kennzeichnen, ob es sich um ein Punktwort handelt, S_1 wird „0" gesetzt. In diesem Fall repräsentieren die Positionen S_5 bis S_{14} den x-Wert des Punktes; S_{15} bis S_{24} den y-Wert des Punktes. Soll der Punkt leuchten, ist S_4 gleich „L" zu setzen, sonst „0". Die Bedeutung der übrigen Stellen wird später erläutert. Die logische Schaltung für die Darstellung eines Punktes auf dem Bildschirm ist in Abb. 102 angegeben.

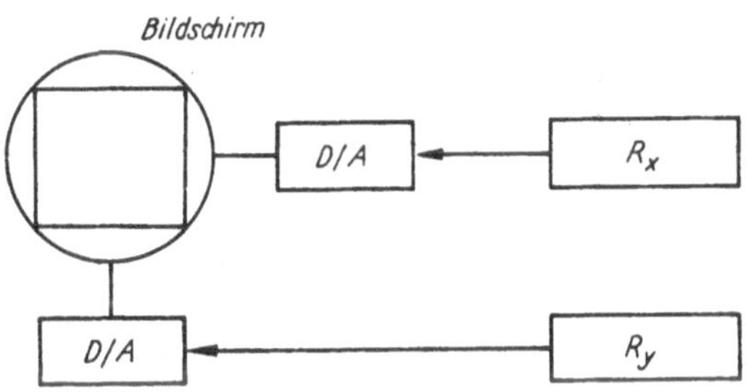

Abb. 102. Vereinfachte Schaltung zur Darstellung eines Punktes auf dem Bildschirm

Eine Struktur besteht im allgemeinen aus einer Vielzahl von Punkten. Wir gehen davon aus, daß diese Menge von Punkten $P_1 \cdots P_n$ in der eben beschriebenen Wortstruktur als Folge von Worten in einem Bereich des Speichers deponiert ist. Diese Folge von Worten ist nun sequentiell dem in Abb. 102 beschriebenen System zuzuführen. Wir setzen hier voraus, daß diese Worte im Hauptspeicher einer Rechneranlage in den Speicherzellen P_A bis P_{A+n} gespeichert sind. Das Leitwerk der Rechneranlage verarbeitet den Ausgabebefehl in der Weise, daß mit dem niedrigsten Index beginnend die Worte an das periphere Gerät überführt werden. Eine spezielle Schaltung zerlegt die dort ankommenden Worte in die beiden Koordinatenwerte und führt diese den jeweiligen Registern der Digital-Analog-Wandlung zu, während die Sonderzeichen entsprechend der angegebenen Deutung verarbeitet werden.

Um zu sichern, daß jeweils nur die tatsächlich erreichten Punktpositionen aufleuchten, muß bei Bewegung des Strahles von Position P_i zur folgenden

Position P_{i+1} der Strahl dunkelgetastet werden. Die Aufgabe, die das Leitwerk des Gerätes zu bewältigen hat, ist in Abb. 103 als Flußbild angegeben. Mit diesem Regime läßt sich auch das Regenerieren des Bildes durchführen. Durch wiederholtes Überführen dieses Datenblockes der Punktkoordinaten von der Zentraleinheit in das periphere Gerät wird das zyklische Darstellen der Struktur auf dem Schirm erreicht. Das Leitwerk der Zentraleinheit hat dabei die Aufgabe, den Ausgabebefehl entsprechend zu interpretieren und nach Erreichen des letzten Wortes erneut mit dem Punkt P_1 zu beginnen.

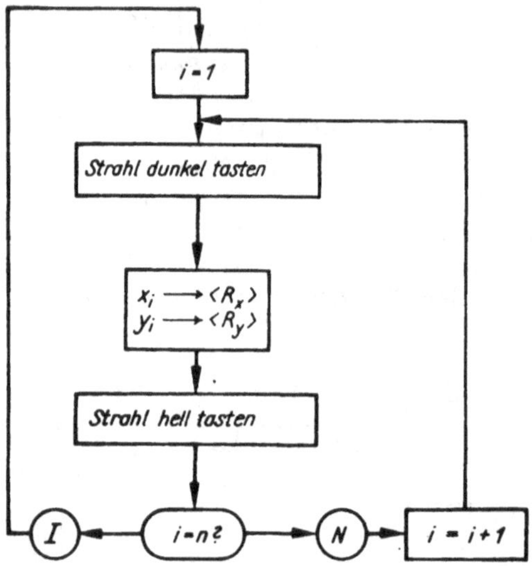

Abb. 103. Flußbild der Arbeitsweise des Leitwerkes des Bildschirmgerätes zur Darstellung einer Punktfolge P_1 bis P_n; Koordinaten des Punktes P_i sind x_i und y_i

Diese Arbeitsweise hat aber einen entscheidenden Nachteil. Für die gesamte Zeit der Darstellung dieser Punktmenge auf dem Bildschirm ist die Zentraleinheit durch diesen sich ständig wiederholenden Datentransport für alle weiteren Arbeiten blockiert. Abhilfe kann durch einen im peripheren Gerät angeordneten, gesonderten Pufferspeicher erreicht werden. Dadurch wird eine Selbständigkeit der Arbeit dieses Gerätes in der Phase des Regenerierens des Bildes erreicht. Der Datentransport ist nur ein einziges Mal zwischen Zentraleinheit und peripherem Gerät notwendig.

Die Größe dieses *Pufferspeichers,* der im Bildschirmgerät hinzugefügt werden muß, wird durch die Arbeitsgeschwindigkeit des Anzeigesystems, also die Geschwindigkeit der Strahlablenkung, und durch die maximale Anzahl der flimmerfrei darstellbaren Punkte bestimmt. Die in den üblichen Geräten verwendeten Pufferspeicher liegen in ihrer Größe zwischen 2000 und 4000 Worten entsprechend der oben beschriebenen Wortstruktur. Das so erweiterte Schema zeigt Abb. 104.

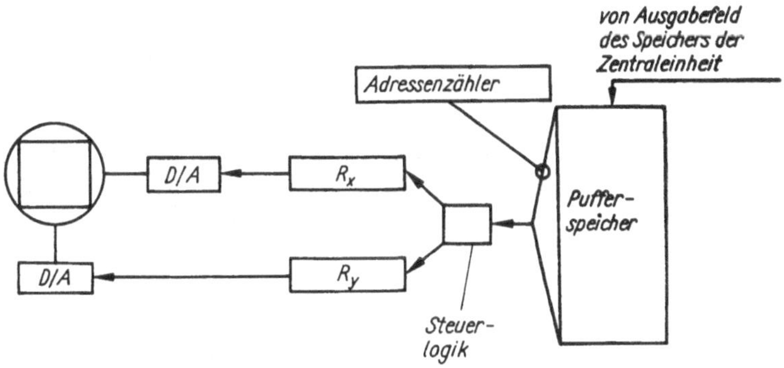

Abb. 104. Durch Pufferspeicher erweiterte Schaltung des Bildschirmgerätes

Der Pufferspeicher ist mit einem *Adreßzähler* gekoppelt, der das sequentielle Einlesen der Worte vom Speicher der Zentraleinheit in diesen Pufferspeicher sowie das Ausgeben aus diesem Pufferspeicher zur Verarbeitung steuert. Das System kann so aufgebaut werden, daß bei jedem Regenerierungszyklus der gesamte Pufferspeicher gelesen wird, unabhängig davon, wieviel Worte tatsächlich in ihm untergebracht sind. Es bietet sich aber auch die elegantere Möglichkeit an, das letzte Wort einer Punktmenge mit einem Sonderzeichen zu versehen und so nur den tatsächlich ausgelasteten Bereich des Pufferspeichers zu verarbeiten.

Betrachten wir nun den Prozeß, wie diese dargestellte Struktur vom Programm aus gesteuert verändert werden kann. Dazu ist es notwendig, die neue Struktur im Speicher der Zentraleinheit aufzubereiten. Durch Überschreiben verbunden mit dem Löschen des alten Inhaltes des Pufferspeichers werden diese neuen Daten in den Pufferspeicher gebracht. Das ist die einfachste und unproblematischste Art. Prinzipiell besteht natürlich auch die Möglichkeit, einzelne Worte einer Datenmenge im Pufferspeicher zu verändern. Das entspricht der Änderung einzelner Objekte auf dem Bildschirm. Dazu muß aber bei der Übertragung dieser korrigierenden Daten auch ein Transport der Adressen zum peripheren Gerät erfolgen. Dazu ist die Übergabe der Startadresse und der Anzahl der Worte an das Ausgabegerät notwendig.

Eine interessante, wenn auch bisher praktisch kaum realisierte Möglichkeit der Beeinflussung des Ablaufes in der Abarbeitung des Pufferspeichers wird durch Einführen eines Sprungbefehls in die Menge der Worte, die die Struktur beschreibt, erreicht. Damit läßt sich der starre, sequentielle Ablauf in der Abarbeitung der Worte des Pufferspeichers variieren. Da es sich um vorwiegend programmtechnische Probleme handelt, wird in 2.3.2.3. darüber berichtet.

Wir hatten gesehen, daß die Position des Elektronenstrahls auf dem Bildschirm durch den Inhalt der beiden Register R_x und R_y (Abb. 104) bestimmt wird. Die Ablenkung des Strahls von einem Punkt zu einem anderen Punkt ist nicht einfach durch das Beschreiben der Register mit den neuen Koordinaten zu vollziehen, sondern verlangt eine technische Lösung, die etwas aufwendiger ist. Wir betrachten eine Möglichkeit, die im ICL 1830-Bildschirmgerät [178] realisiert ist.[1]) Als Voraussetzung dafür fassen wir den Vorgang der Veränderung des Ablenkfeldes, der Veränderung der Ablenkspannung als einen zeitlichen gequantelten Vorgang auf. Wir legen einen Prozeß zugrunde, der eine gequantelte Veränderung der Ablenkspannung in Schritten, entsprechend der Rasterung des Arbeitsfeldes auf dem Schirm, vorsieht. Auf dieser Basis wird dann das Verfahren aufbauen, das es gestattet, Strecken auf dem Schirm darzustellen.

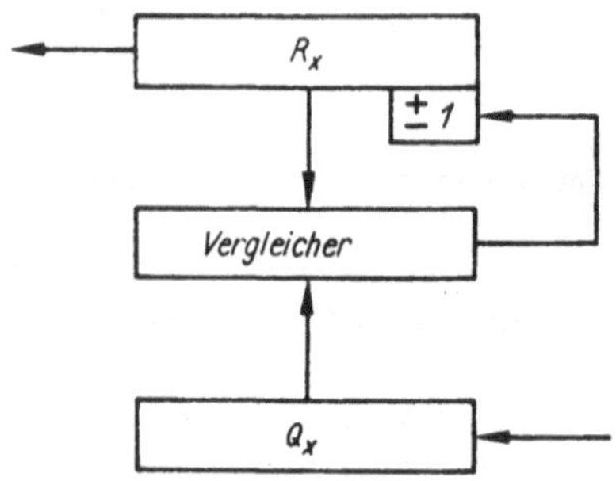

Abb. 105. Vergleicherschaltung zur Steuerung der Bewegung des Elektronenstrahls von Position P_1 und P_2.

Wir ergänzen das Register R_x (Abb. 105) durch ein zweites Register Q_x. Im Register R_x ist der Koordinatenwert der momentan angezeigten Position aufbewahrt. Im Register Q_x wird die neue, zu erreichende Position eingeschrieben. Beide Register sind über eine Vergleicher miteinander verknüpft. Ein Vergleicher ist eine logische Schaltung, der eine Aussage über die zwischen den beiden zu vergleichenden Werten bestehende Relation liefert,

$$\langle R_x \rangle = \langle Q_x \rangle, \quad \langle R_x \rangle < \langle Q_x \rangle \quad \text{oder} \quad \langle R_x \rangle > \langle Q_x \rangle .$$

Das Register R_x ist darüberhinaus mit einem Addierwerk zur Durchführung der Addition von $+1$ oder -1 verbunden.

Der Ablauf während der Neupositionierung des Strahls vollzieht sich wie folgt. Das Register Q_x wird mit einem neuen Koordinatenwert beschrieben. Da wir die Nichtidentität zwischen alter und neuer Position annehmen, wird der Vergleicher entweder $\langle R_x \rangle > \langle Q_x \rangle$ oder $\langle R_x \rangle < \langle Q_x \rangle$ feststellen. Beide Signale veranlassen die Dunkelsteuerung des Strahls. Wird $\langle R_x \rangle > \langle Q_x \rangle$ ermittelt, so bedeutet das, daß der Wert der Koordinate x in der momentanen Position größer ist als der zu erreichende Wert, wir müssen -1 zum $\langle R_x \rangle$ addieren. Im anderen Fall wäre $+1$ zu addieren. Nach diesem Zyklus wird erneut der Vergleich vorgenommen. Das wiederholt sich solange, bis die Identität von $\langle R_x \rangle$ und $\langle Q_x \rangle$ erreicht ist. Das Signal der Gleichheit, das der Vergleicher liefert, beendet diese Zyklen und steuert den Strahl wieder hell. Die

[1]) Die Angaben zu diesem Gerät unterliegen dem Copyright. Der Verfasser möchte für die freundliche Genehmigung zum Abdruck danken.

Position des Elektronenstrahls entspricht der durch den Inhalt von Q_x vorgegebenen Stelle. Dieses Verfahren wird in beiden Koordinatenrichtungen x und y parallel durchgeführt. Die Hellsteuerung des Strahls erfolgt natürlich erst dann, wenn beide Vergleicher Identität angezeigt haben. Aufgrund der unterschiedlichen Werte von Δx und Δy nimmt dieser Vorgang auch einen unterschiedlichen Zeitfonds ein.

Mit diesem technischen Aufbau kann die Aufgabe, n Punkte auf dem Schirm darzustellen, deren Koordinaten x und y in einem Datenfeld vorgegeben sind, als prinzipiell gelöst angesehen werden. Das nun erhaltene Gesamtschema zeigt Abb. 106.

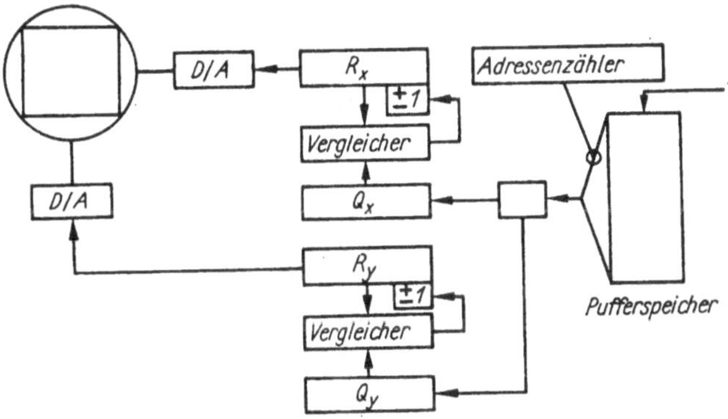

Abb. 106. Gesamtschema des Bildschirmgerätes zur Darstellung von Punktfolgen unter Berücksichtigung der schrittweisen Bewegung des Strahls

2.2.2.6.4.1. Bildschirmgerät für den aktiven Eingriff — Identifizieren von Objekten

Die zweite Aufgabe sieht die aktive Beeinflussung und Veränderung der auf dem Schirm dargestellten Situation durch den Benutzer des Systems während der Arbeitsphase vor. Diese Aufgabe kann in zwei Teilaufgaben zerlegt werden. Zunächst soll ein beliebiger, willkürlich zu wählender Punkt aus dieser dargestellten Menge identifiziert werden. Die zweite Teilaufgabe beinhaltet dann die Anwendung einer Operation etwa Löschen, Verschieben u. a. auf das identifizierte Objekt, um damit die dargestellte Situation tatsächlich zu verändern.

Wenden wir uns der ersten Teilaufgabe zu. Einen Punkt aus dieser Menge dargestellter Punkte zu *identifizieren* bedeutet, seine Nummer in der Liste der die Menge beschreibenden Daten zu finden und anzugeben. Da wir davon ausgegangen waren, daß eine identische Abbildung zwischen Ausgabefeld im Speicher der Zentraleinheit und Pufferspeicher des peripheren Dialoggerätes (Abb. 107) vorliegt, so liefert die Ermittlung der Nummer im Pufferspeicher gleichzeitig die Nummer für das Datenfeld in der Zentraleinheit, so daß dadurch die Weiterverarbeitung, die auf alle Fälle in der Zentraleinheit erfolgen muß, dort gesichert ist. Damit reduziert sich diese Teilaufgabe der Identifikation eines Punktes einer Menge dargestellter Punkte auf die Ermittlung der diesem Punkt zugeordneten Pufferspeicheradresse und die Übergabe dieses Wertes an die Zentraleinheit zur Weiterverarbeitung.

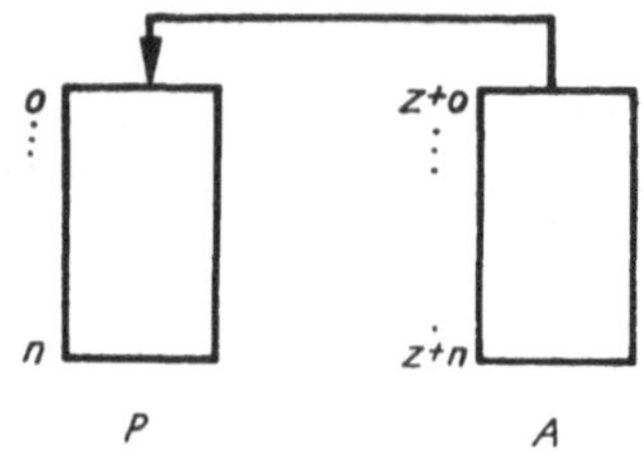

Abb. 107. Identische Abbildung des Inhaltes des Ausgabefeldes im Speicher der Zentraleinheit auf den Pufferspeicher des Bildschirmgerätes, P — Pufferspeicher des Bildschirmgerätes, A — Ausgabefeld im Speicher der Zentraleinheit

Zur technischen Lösung dieser Aufgabe der Identifikation eines Punktes nutzen wir die bisher als Nachteil empfundene Eigenschaft des ständigen Regenerierens der dargestellten Struktur aus. Wir können auch von dargestellter interner Situation sprechen. Wie aus Abb. 106 ersichtlich, besteht dabei ein eindeutiger Zusammenhang zwischen der Position des Wortes im Pufferspeicher, das die Koordinatenwerte des betreffenden Punktes beinhaltet, also seiner Adresse, und dem Zeitpunkt des Aufleuchtens dieses Punktes auf dem Bildschirm. Der Punkt P_i leuchtet jeweils zu den Zeitpunkten $(t_i + n \cdot \Delta t)$, $n = 0, 1, 2 \cdots$ auf. Wir zählen t_i vom Zeitpunkt des Starts eines Zyklus zur Abarbeitung des Pufferspeichers an, Δt ist die Gesamtlänge zur Abarbeitung des Pufferspeichers, n die Anzahl der bisher durchlaufenen Zyklen. Das läßt sich in Abb. 108 als Zeitskala darstellen. Die Zeitabstände zwischen dem Aufleuchten der einzelnen Punkte sind unterschiedlich, bedingt durch den verschieden langen Weg. Dabei gilt folgende Relation:

$$t(P_i, P_j) = f\,(\text{Max}\,(|x_i - x_j|, |y_i - y_j|).$$

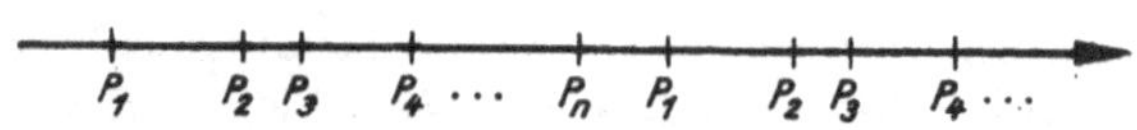

Abb. 108. Zeitskala des Aufleuchtens der Punkte P_1 bis P_n auf dem Bildschirm

Unter Ausnutzung des Zusammenhanges zwischen Zeitpunkt des Aufleuchtens und der Pufferspeicheradresse kommt es nun darauf an, den Zeitpunkt des Aufleuchtens des zu identifizierenden Punktes zu ermitteln, um daraus die Adresse zu berechnen. Dazu bedienen wir uns des sogenannten Lichtstiftes, Lichtgriffels oder auch unkorrekterweise Lichtschreibers (im angelsächsischen Sprachraum als light pen bezeichnet).

Der technische Aufbau dieses *Lichtstiftes* [150, 162, 170, 350] ist sehr einfach. Er ist in Abb. 109 dargestellt. Über ein optisches System wird eine begrenzte Fläche des Leuchtschirmes der Bildröhre auf eine Photozelle abgebildet. Es sind Varianten für den Aufbau bekannt, die das optische System, die Photozelle und den Verstärker im Griffel unterzubringen versuchen, während andere Varianten über ein Lichtleitkabel (Faseroptik) die Abbildung des Bildfeldes auf die fest im Gerät installierten Photozelle und Verstärker vornehmen.

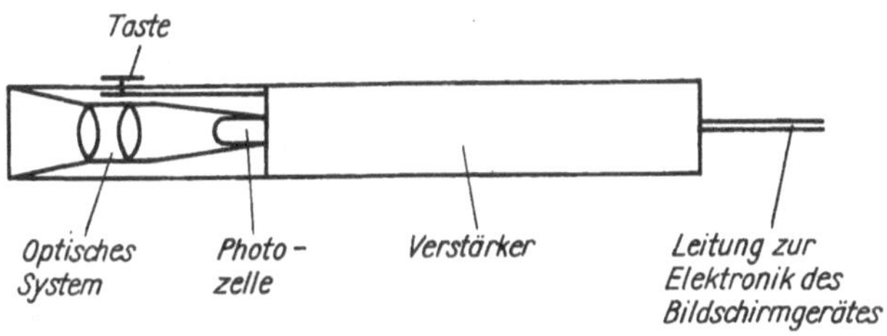

Abb. 109. Schematischer Aufbau des Lichtstiftes

Ein im Sichtfeld des Lichtstiftes aufleuchtender Punkt aktiviert die Photozelle. Sie erzeugt einen an die Steuerung des peripheren Gerätes weiterzuleitenden Impuls. Wie bereits erwähnt, besitzt der Bildschirm zwei Leuchtschichten. Die eine Schicht mit sehr kleiner Nachleuchtzeit ist auf den Arbeitsbereich des Lichtstiftes abgestimmt und erlaubt so das Erfassen des Zeitpunktes des Aufleuchtens des ausgewählten Punktes.

Der Lichtstift ist im allgemeinen noch mit einer Taste ausgerüstet. Damit kann er eingeschaltet werden, wenn er auf die gewünschte Stelle gerichtet worden ist. Einige Schwierigkeiten bereitet diese Arbeitsweise, wenn der zu identifizierende Punkt in seiner engeren Umgebung weitere Punkte enthält. Die Verarbeitung des erzeugten Impulses in der Steuerung des Bildschirmgerätes bewirkt ein Fixieren des zu diesem Zeitpunkt aktuellen Standes des Adressenzählers des Pufferspeichers. Damit ergibt sich der eindeutige Zusammenhang:

$$t_i + n \cdot \Delta t \rightarrow \text{Punkt } P_i \rightarrow \langle\text{Adressenzähler}\rangle \rightarrow \langle\text{Speicherzelle}\rangle\ .$$

Das nun wiederum zur Lösung dieser Aufgabenstellung erweiterte System ist in Abb. 110 dargestellt. Ein entsprechendes Kommando sorgt nun für den Transport des Inhaltes des Adressenspeichers an die Zentraleinheit, der dort weiterverarbeitet wird. Über die hiermit im Zusammenhang stehenden programmtechnischen Fragen wird in Kapitel 2.3.2.3. berichtet.

Zur Lösung der Aufgabe des Identifizierens eines Punktes bietet sich noch ein anderer Weg an. Ordnen wir den Elementen eindeutige Namen zu, die zusammen mit diesen Elementen selbst auf dem Schirm dargestellt werden, über die technische Lösung der Textdarstellung wird in 2.2.2.6.6. berichtet, so bietet sich die Nutzung der α-numerischen Eingabe an. Über die Eingabe

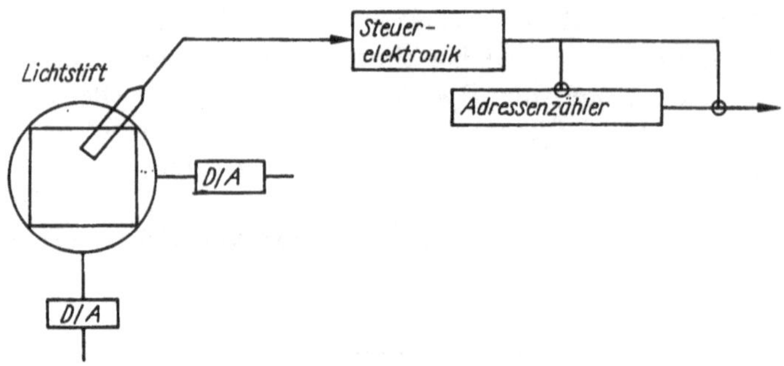

Abb. 110. Einordnung des Lichtstiftes in das Gesamtschema des Bildschirmgerätes (vgl. Abb. 106)

des Namens kann das Element identifiziert werden. Ein in der Zentraleinheit bereitgestelltes Programm muß aus der Liste der Koordinatenwerte, die durch Namen ergänzt und mit ihnen fest verkoppelt abgespeichert sind, den entsprechenden Wert auswählen. Damit sind die technischen Voraussetzungen beschrieben, die das Identifizieren eines Elementes aus einer dargestellten Vielfalt erlauben.

2.2.2.6.4.2. Bildschirmgerät für den aktiven Eingriff — Veränderung der Situation

Die zweite wichtige Teilaufgabe hat die Veränderung dieser auf dem Bildschirm angebotenen Situation zum Ziel. Die *Veränderung der Situation* ist in zwei Richtungen zu sehen:

- Veränderung bereits dargestellter Elemente, etwa die Veränderung ihrer Position, das Löschen eines Elementes aus dieser Menge
- Veränderung durch Ergänzen mit neuen Elementen.

Diese Veränderungen sollen dabei vom Nutzer dieser Dialoggeräte gesteuert werden.

Die Veränderung einer vorliegenden Situation auf dem Bildschirm kann im Prinzip auf die erste bereits untersuchte Teilaufgabe, auf das Identifizieren von Elementen aus einer Menge zurückgeführt werden. Wir wollen voraussetzen, das zu verändernde Element sei bereits fixiert und damit seine Adresse und sein Index im Datenblock bekannt. Zur Lösung der Aufgabe, dieses Objekt zu verändern, ist das System nun noch durch die Anweisung zu unterstützen, die Angaben über die, auf das identifizierte Element anzuwendende Operation enthält. Zur Lösung dieser Aufgabe wollen wir das Identifizieren eines Elementes aus einer gegebenen Menge ausnutzen. In diesem Fall bedeutet das, einen Operator oder ein Unterprogramm aus einer Menge vorbereiteter und bereitgestellter Unterprogramme, die jeweils für eine Klasse von Aufgaben gelten, auszuwählen und auf das vorher identifizierte Objekt anzuwenden.

Von dieser in 2.3.2.3. detailliert dargestellten Arbeitsweise gehen wir aus. Zunächst jedoch noch eine Zwischenbemerkung.

Wir müssen uns im Klaren darüber sein, daß der eigentliche Zweck eines aktiven Eingriffs im Rahmen des Dialogbetriebes nicht etwa in der Veränderung einer dargestellten Situation auf dem Bildschirm resultieren kann, sondern daß vielmehr mit diesem Eingriff eine Veränderung bzw. eine Präzisierung des weiteren Programmablaufes und damit der Verarbeitung der internen Situation vollzogen werden soll. Das verlangt aber, daß die durch den Eingriff erzeugten Informationen auch der Zentraleinheit übermittelt und dort zielgerichtet weiter verarbeitet werden müssen. Die hier schwerpunktmäßige Programmtechnik ist in 2.3.2.3. beschrieben. In vielen Fällen ist es sinnvoll, das vom Nutzer gesteuerte Verändern der Struktur auf dem Bildschirm vom Übertragen der Ergebnisse dieser Manipulationen an die Zentraleinheit zeitlich zu trennen. Das erlaubt dem Nutzer ein Probieren und Korrigieren, ohne jeweils die Zentraleinheit dadurch zu belasten.

Zwei verschiedene Arbeitsweisen sind für die Art der Steuerung dieser Veränderungen sowohl auf dem Bildschirm als auch der äquivalenten Darstellung im Speicherblock der Zentraleinheit möglich. Einmal arbeiten wir mit dem peripheren Gerät in der Weise, daß die Operationen des Manipulierens dort verarbeitet werden und der neu gestaltete Inhalt des Pufferspeichers, der ja die momentane Situation auf dem Schirm repräsentiert, wird in die Zentraleinheit überführt. Dort wird durch Vergleich mit der vorher gegebenen und dort noch gespeicherten Ausgangssituation die Veränderung herausgearbeitet. Als zweiter Weg bietet sich die direkte Übertragung dieser Veränderungsanweisungen an die Zentraleinheit an. In der Zentraleinheit werden die Veränderungen dann durch Abarbeitung des aufgerufenen Programms durchgeführt und die Ergebnisse als neue Situation auf dem Bildschirm dargestellt.

Die Forderung, eine Operation aus einer Menge auszuwählen und zu aktivieren, läßt sich technisch durch zwei Varianten realisieren.

Ein am peripheren Gerät angeschlossenes Tastenfeld, man spricht von *Funktions- oder Operationstasten*, erlaubt für diese Aufgabe die Zuordnung „Taste" – „Unterprogramm". Die Betätigung einer Taste erzeugt ein codiertes Signal, das an die Verarbeitungseinheit übertragen wird und dort zur Auswahl des Unterprogrammes verarbeitet wird. Entweder wird eine feste gerätetypspezifische Zuordnung zwischen Tasten und Unterprogramm vorgenommen oder die Möglichkeit offen gelassen, eine dem Problemkreis angepaßte, programmierbare Zuordnung der Tasten zum jeweiligen, dem Problemkreis angepaßten Satz von Unterprogrammen vornehmen zu können. Eine über das Tastenfeld zu legende beschriftete Schablone [359] [29], die über die Beschriftung die Zuordnung der Tasten zum Unterprogramm ausdrückt, erleichtert die Arbeit mit freiprogrammierbaren Tasten; siehe dazu Abb. 111.

Ungeübte Nutzer eines interaktiven Systems haben oft eine hohe Fehlerquote in der Bedienung des Tastenfeldes. In [374] wird eine Einrichtung vorgeschlagen, die einen besseren Schutz vor Fehlbedienung des Tastenfeldes

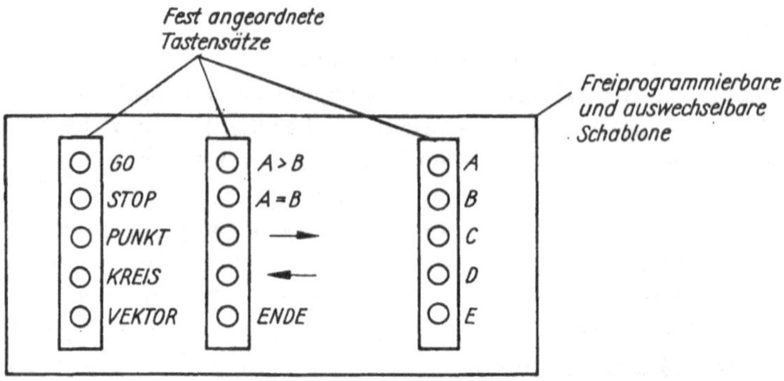

Abb. 111. Auswechselbare Schablone zur verbalen Kennzeichnung fester Tastensätze

sichern soll. Durch eine elektrische Anordnung werden die Tasten blockiert, die bei Betätigung zu einer falschen Syntax führen würden. Über eine optische Rückkopplung durch Beleuchtung der im nächsten Schritt zu nutzenden Tasten wird gleichzeitig eine weitere Unterstützung bei der Handhabung eines derartigen Tastenfeldes erreicht. Das Schema ist in Abb. 112 dargestellt.

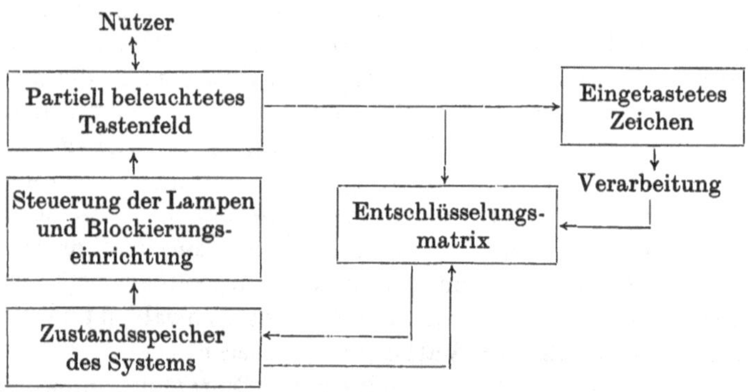

Abb. 112. Optische Rückkopplung zwischen Tasten und Nutzer (nach [374])

Eine Vielzahl von Operationen verlangt die zusätzliche Bereitstellung von Parametern. So muß die Operation: „Verschieben" durch die Parameter: „Richtung der Verschiebung" und „Anzahl der Einheiten" ergänzt werden. Dazu kann die α-numerische Tastatur genutzt werden. An Stelle der Funktionstastatur läßt sich natürlich auch die α-numerische Tastatur durch Zuordnung von Zeichen bzw. Zeichenkombinationen (Abkürzungen der Operationen) zu den Programmen einsetzen. Die Eingabe der Parameter, z.B. der neuen Position bei Verschiebeoperationen, kann auch über die Verwendung des Lichtstiftes elegant vollzogen werden. Diese Arbeitsweise wird in Verbindung mit der Eingabe neuer Elemente diskutiert.

Die zweite Variante der Auswahl einer Operation aus einer Menge vorgegebener Operationen ist ebenfalls bereits bei den ersten Bildschirmgeräten verwendet worden [354]. Sie beruht darauf, die Funktionstastatur auf dem Bildschirm abzubilden und dort die Identifizierung mittels Lichtstift vorzunehmen. Diese *Lichttasten* werden durch spezielle Zeichen, Worte, Abkürzungen o. ä., die an vorher bestimmten Positionen des Bildschirmes dargestellt werden, repräsentiert (Abb. 113). Jede Lichttaste ist, wie oben beschrieben, einem Programm zugeordnet. Durch die Erfassung der Lichttaste mit dem Lichtstift wird dann das zugehörige Programm aktiviert. Die Erzeugung und Handhabung der

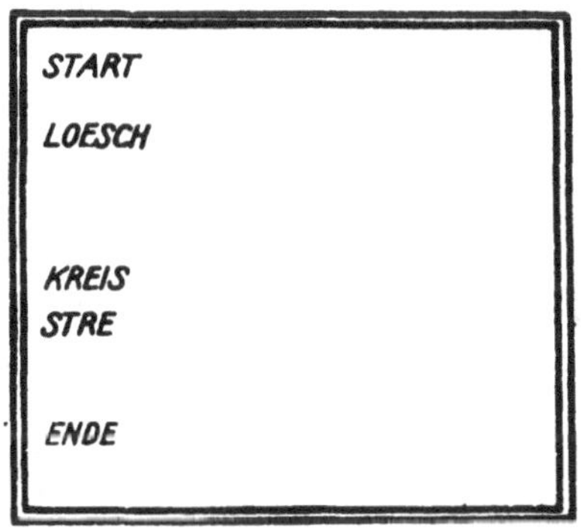

Abb. 113. Teil des Bildschirms mit Lichttasten

Lichttasten ist in 2.3.2.3. beschrieben. Da die Lichttasten repräsentierenden Symbole den zur eigentlichen Struktur gehörenden Elementen in ihrer Erzeugung gleichwertig sind, ist auch der Prozeß des Identifizierens dem gleich, den wir kennengelernt hatten. Jeder Lichttaste ist somit eine bestimmte Position, Adresse im Pufferspeicher zugeordnet. Im Ausgabefeld des Hauptspeichers ist diese Beziehung: Adresse des Speicherplatzes, Symbol auf dem Bildschirm und Name bzw. Nummer des Unterprogrammes fixiert und erlaubt so den

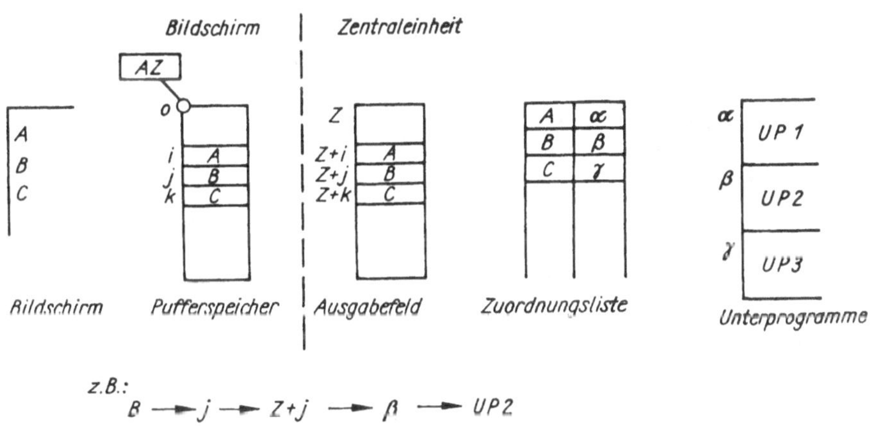

Abb. 114. Darstellung des Zusammenhanges zwischen Lichttasten und zugeordneten Unterprogrammen. A, B, C Lichttasten, i, j, k, Z, α, β, γ Adressen.

Rückschluß vom Symbol der Lichttaste auf dem Bildschirm auf das zugeordnete Programm (Abb. 114).

Mit dieser technischen Lösung der Funktionstasten und der Lichttasten ist das Instrumentarium gegeben, das dem Nutzer die aktive Beeinflussung der dargestellten Situation erlaubt.

2.2.2.6.4.3. Bildschirmgerät für den aktiven Eingriff — Erzeugen neuer Elemente

Es bleibt noch die Teilaufgabe der Erzeugung neuer Elemente auf dem Bildschirm und der Aufnahme der sie beschreibenden Daten in die interne Datenmenge der Zentraleinheit zu realisieren. Hier wollen wir auch die bereits erwähnte Aufgabe der Nutzung des Lichtstiftes z.B. zur Angabe der neuen Position bei Verschiebeoperationen einordnen.

Es bieten sich wieder zwei Möglichkeiten der Lösung an. Die eine Möglichkeit besteht in der Aktivierung eines intern das Element erzeugenden Programmes. Die Parameter für dieses Programm werden über die α-numerische Tastatur eingegeben. Die zweite interessante Möglichkeit geht davon aus, über ein geeignetes Hilfsmittel eine Positionsmarke auf dem Bildschirm an die gewünschte Position zu verschieben. Diese Positionsmarke, wir werden sie *Lichtmarke* (light cross) nennen, befindet sich stets an einer dafür vorgesehenen Position auf dem Bildschirm, meist in der rechten unteren Ecke. Sie wird z.B. durch * oder □ oder ähnliche Symbole charakterisiert.

Betrachten wir zunächst den Fall der Veränderung der Position der Lichtmarke durch den Lichtstift.[1]) Das hier zugrundeliegende Prinzip beruht darauf, mit dem Blickfeld des Lichtstiftes[2]) die Lichtmarke zu erfassen und beim Verlieren der Lichtmarke aus dem sich bewegenden Gesichtsfeld des Lichtstiftes einen besonderen Algorithmus zu aktivieren. Dazu erzeugt eine spezielle Schaltung bei Bewegung des Lichtstiftes auf dem Bildschirm ständig diese Marke neu und sichert so, daß sie nicht aus dem Blickfeld des Lichtstiftes gelangt. So kann diese Lichtmarke an die gewünschte Stelle gebracht werden. Der Ablauf ist im einzelnen folgender [178]:

Solange die Lichtmarke noch vom Blickfeld des Lichtstiftes erfaßt wird, erfolgt keine Reaktion. Sobald der sich bewegende Lichtstift die Lichtmarke aus seinem Blickfeld verliert, wird das spezielle Erzeugungsprogramm für neue Lichtmarken aktiviert. Wie in Abb. 115 angegeben, werden in einem Abstand von acht Rastereinheiten acht neue provisorische Lichtmarken erzeugt. Die erste dieser in einer zeitlichen Folge aufleuchtenden Marken, die der Lichtstift nun registriert, wird als neue Position der Lichtmarke definiert und diese Position registriert. Ein festverdrahtetes Programm liefert die Impulse, die in die Eingänge der Adder, wie in Abb. 116 angegeben, geleitet werden. Ist der

---

[1]) In dieser Funktion kann die Bezeichnung: Lichtschreiber akzeptiert werden.

[2]) Unter dem Blickfeld des Lichtstiftes wollen wir den durch das optische System des Lichtstiftes erfaßten Bereich des Arbeitsfeldes des Bildschirms verstehen.

Lichtstift zu schnell bewegt worden, was sich darin zeigt, daß keine dieser provisorischen Lichtmarken vom Blickfeld des Lichtstiftes erfaßt wird, so wird in einem folgenden Zyklus in einem größeren Abstand um die alte Position eine bestimmte Anzahl weiterer provisorischer Marken erzeugt.

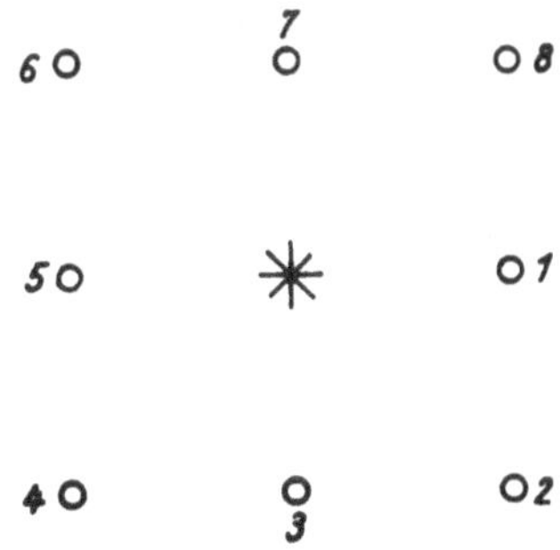

Abb. 115. Schema der Erzeugung provisorischer Lichtmarken bei Bewegung des Lichtstiftes

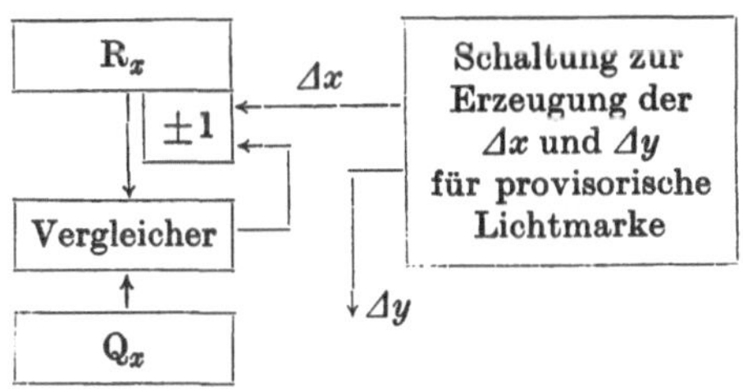

Abb. 116. Erzeugung der provisorischen Lichtmarken

Ein anders arbeitendes Verfahren war bereits bei SKETCHPAD [354] angewandt worden. Ein kreuzähnliches Gebilde aus Punkten aufgebaut (Abb. 117) wird als Lichtmarke erzeugt. Bei Bewegung des Lichtstiftes verschiebt sich der Schwerpunkt dieses Kreuzes aus dem Zentrum des Blickfeldes

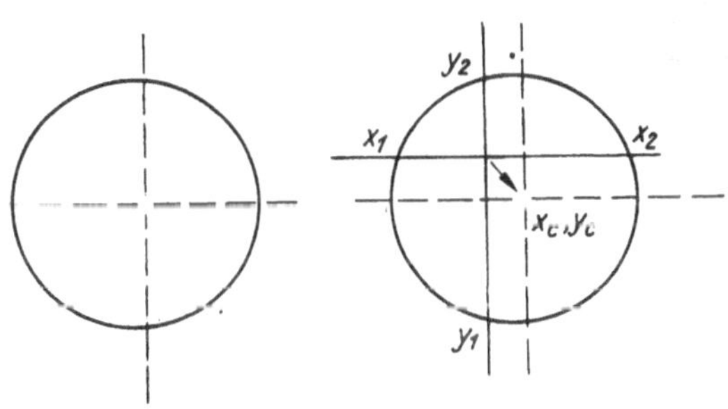

Abb. 117. Lichtmarke und Blickfeld des Lichtstiftes (nach [354]),

$$x_c = \frac{x_1 + x_2}{2}, \quad y_c = \frac{y_1 + y_2}{2}$$

des Lichtstiftes. Der Schwerpunkt wird nun errechnet und als Zentrum der Lichtmarke gesetzt. In [145] werden zwei weitere Verfahren angegeben, das Zentrum des Blickfeldes des Lichtstiftes zu fixieren, das Spiral- bzw. Zeilensuchverfahren. Beim ersten Verfahren wird spiralartig von der alten Position ausgehend das Arbeitsfeld des Bildschirmes abgesucht, während das zweite Verfahren auf einem zeilenweisen Abtasten des Schirms beruht.

Je nach der Gestaltung des zugehörigen Verarbeitungsprogrammes kann entweder die Endposition der Bewegung des Stiftes erfaßt oder der gesamte zurückgelegte Weg, d. h. die Gesamtheit der Positionen, die die Lichtmarke auf ihrem Weg einnahm, registriert werden. Im letzteren Fall spricht man vom sogenannten *Freihandzeichnen*. Im ersteren Fall muß über eine Funktionstaste dem peripheren Gerät die Anweisung erteilt werden, die erreichte Position als Endposition zu erfassen und an die Zentraleinheit weiterzugeben. An vielen Lichtstiften ist jeweils eine Taste angebracht, die für den Zeitraum des Mitführens der Lichtmarke gedrückt werden muß.

Auf diese Weise kann auch die Erzeugung neuer Elemente durchgeführt und die Position des neuen Elementes vorgegeben werden. Die Arbeit mit der Lichtmarke kann von der Darstellung der Struktur auf dem Bildschirm nicht getrennt werden. Oft ist es notwendig, die Lichtmarke in eine bestimmte Position zu bereits vorhandenen, auf dem Schirm dargestellten Elementen zu brin-

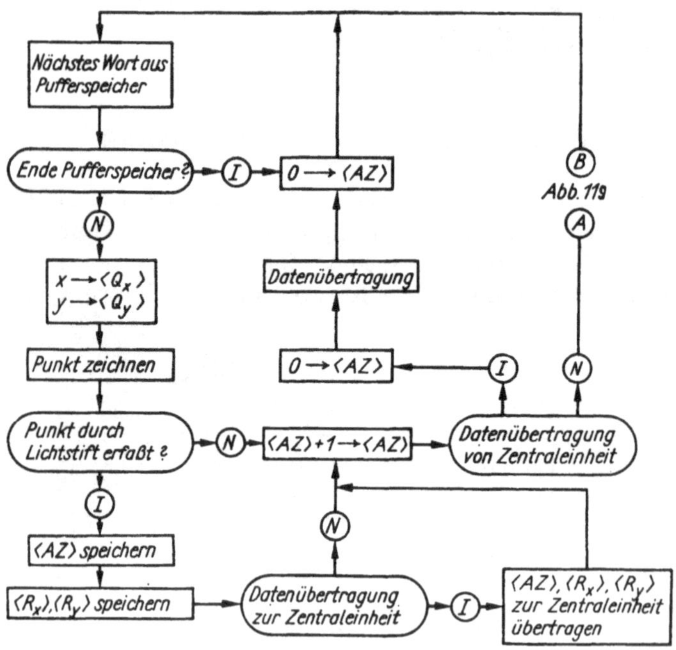

Abb. 118. Flußbild für die Darstellung der Punkte auf dem Bildschirm, Lichtmarke wird nicht genutzt

gen. Deshalb muß das Regenerieren des dargestellten Bildes und die Erzeugung und Bewegung der Lichtmarke in einem Ablauf sinnvoll vereinigt werden.

Durch das Ineinanderschachteln der Arbeit mit der Lichtmarke und dem unabhängig davon ständig zu vollziehenden Regenerieren der dargestellten Struktur wird die Schaltung des Bildschirmgerätes kompliziert. Wir wollen untersuchen, wie sich beide Aktivitäten zu einem Zyklus vereinigen lassen. In Abb. 118 ist das Schema des Ablaufes dargestellt, so, wie es im Normalfall ohne

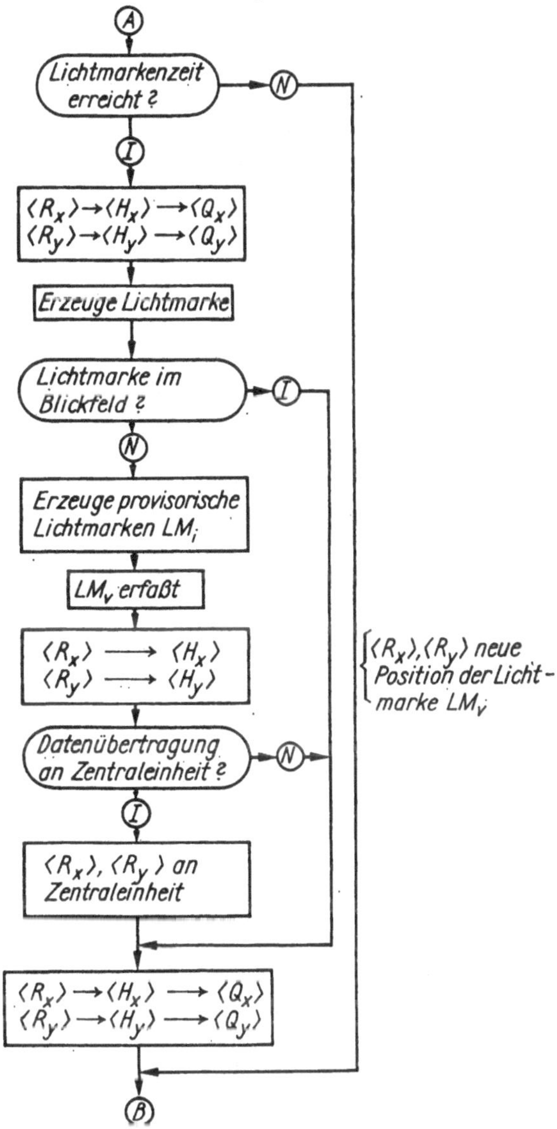

Abb. 119. Das in Abb. 118. einzufügende Flußbild bei Nutzung der Lichtmarke

Benutzung der Zeichenmarke abgearbeitet wird. Die Positionierung mit Hilfe der Lichtmarke vollzieht sich in analoger Weise (Abb. 119). Die Position der Lichtmarke wird in einem Hilfsregister aufbewahrt und die Positionen der provisorischen Marken werden über eine spezielle Schaltung erzeugt.

Eine Verbindung beider Regime verlangt, den Elektronenstrahl abwechselnd nach dem ersten, dann nach dem zweiten Schema zu steuern. Ein fester Rhythmus liegt dem Gesamtablauf zugrunde. Im Wechsel von etwa 1 ms wird das Zeichen der Struktur unterbrochen. Aus Abb. 120 sind diese Schritte des

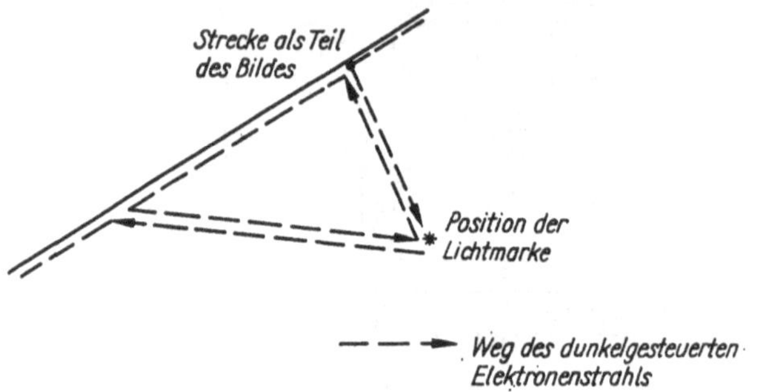

Abb. 120. Bewegung des dunkelgesteuerten Lichtstrahls zwischen der Zeichnung am Bild und der Zeichnung der Lichtmarke

Zeichnens des Bildes bzw. des Zeichnens der Lichtmarke und der Verfolgung des Lichtstiftes klar zu erkennen. Um das zu realisieren, müssen wir die Schaltung durch die Hilfsregister H_x und H_y ergänzen. Abb. 121 zeigt die Einordnung in die bestehende Struktur der Register R_x, R_y und Q_x, Q_y. Die Darstellung des Gesamtablaufes erhalten wir, wenn wir das Schema der Abb. 119 in das Schema Abb. 118 an die vorgesehene Stelle einordnen.

Neben dieser Lösung, mit Hilfe des Lichtstiftes die Lichtmarken an die gewünschte Position zu bringen, haben sich eine Reihe von Geräten zur Realisierung dieser Aufgabe herausgebildet [55]. Es handelt sich um verschieden gestaltete mechanische Steuereinrichtungen, mit deren Hilfe Richtung und Geschwindigkeit bzw. Richtung und Dauer der Bewegung der Lichtmarke be-

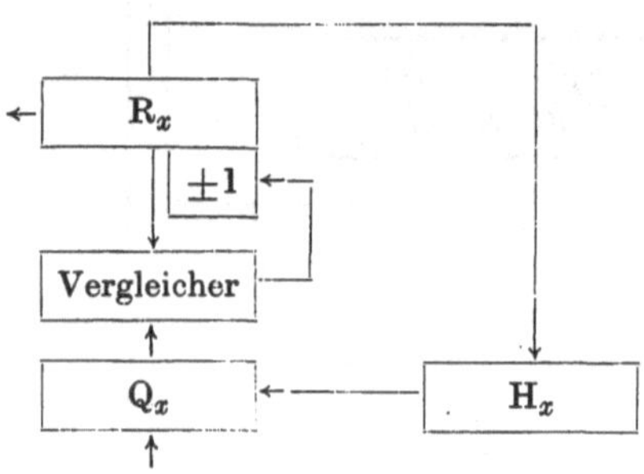

Abb. 121. Einfügen eines Hilfsregisters

einflußt werden können. Diese Geräte sind als Rollkugel, Maus, Steuerknüppel bekannt (tracking ball, joystick). Die allseitig bewegliche, in einer Schale gelagerte *Rollkugel* (Abb. 122) bestimmt durch die Richtung, in der die Drehung vorgenommen wird, die Bewegungsrichtung der Lichtmarke, während der Winkel, um den die Kugel in dieser Richtung gedreht wird, die Geschwindigkeit festlegt, mit der sich die Lichtmarke über den Bildschirm bewegen soll. Die Drehrichtung der Rollkugel wird auf die Koordinatenrichtungen projiziert und liefert die zu x und y zu addierenden Werte.

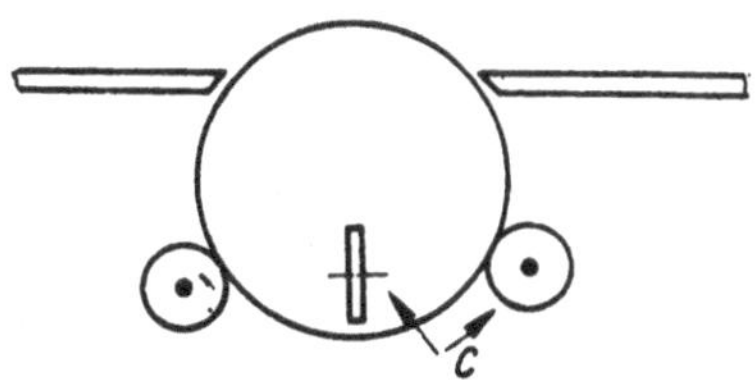

Abb. 122. Prinzipieller Aufbau der Rollkugel, C — Code-Geber für x- und y-Richtung.

Der Winkel bestimmt die pro Zeiteinheit im Hilfsregister zu addierenden Werte. Die Größen werden über Codegeber (Potentiometer) abgenommen und in die zu addierenden Steuergrößen umgewandelt. Wird das Prinzip umgekehrt und die in einer Schale gelagerte Kugel über eine Ebene bewegt, so erhält man die sogenannte *Maus*. Bewegungsrichtung und Weg werden über Codegeber an das Bildschirmgerät übertragen und steuern Richtung und Weg der Lichtmarke. Die über die Codegeber ermittelten Informationen werden in die Hilfsregister H_x und H_y übertragen.

Die bisherigen Darlegungen zur Arbeitsweise des Bildschirmgerätes waren auf die Verarbeitung ausschließlich von Punkten beschränkt. Die interne Situation, d. h. eine in einem Koordinatensystem beschriebene Menge von Punkten, kann auf dem Bildschirm dargestellt werden, es ist möglich, diese dargestellte Mannigfaltigkeit zu verändern, d. h. einzelne Elemente zu identifizieren, darauf Operationen anzuwenden und schließlich neue Elemente zu erzeugen.

Zunächst kann man die Frage stellen, wieweit diese Einschränkung auf Punkte als Grundelemente der Darstellung für die praktischen Belange ausreichend ist. Es ist möglich, Strecken, Kreise, Kreisbögen, Kurven, Text durch Punktfolgen, die für die Anzeigegenauigkeit des Bildschirmes ausreichend dicht angeordnet sind, zu approximieren. In der Praxis wird damit eine Klasse von Geräten charakterisiert, die sich durch niedrigen Aufwand und damit niedrige Kosten auszeichnen. Überschreitet jedoch die geforderte Genauigkeit und der Umfang der darzustellenden grafischen Strukturen eine bestimmte Schranke, muß man auf das wichtige Element: Vektor zurückgreifen und dieses durch Lage der Anfangs- und Endpunkte bestimmte neue Grundelement einführen. Aus Vektoren lassen sich wiederum Kreise, Kreisbögen, Kurven und Text aufbauen, wobei sicher stets die gemeinsame Verwendung von Punkten und Vektoren zu einem Optimum führt.

2.2.2.6.5. Bildschirmgerät zur Darstellung von Vektoren

Bevor Aufbau und Arbeitsweise eines *Vektorgerätes* dargestellt werden, müssen wir die Beschreibung eines Vektors für die Ausgabe zum Bildschirmgerät festlegen. Ein Vektor kann entweder durch Angabe der Absolutwerte der Koordinaten von Anfangs- und Endpunkt oder durch Angabe des Koordinatenwertes des Anfangspunktes und der Inkremente in x- und y-Richtung beschrieben werden. Da bei der Darstellung von Strukturen aus der technischen Vorbereitung der Produktion Folgen von zusammenhängenden Vektoren vorherrschen, bietet sich die letztere Form an. Das Vektorwort unterscheidet sich vom Punktwert durch die Festlegung des Wertes für $S_1 = L$. Die Wortstellen 5—24 nehmen die Inkremente Δx und Δy auf, wie es Abb. 123 zeigt. Ein isolierter Vektor wird also durch zwei Worte beschrieben, durch ein Punktwort, das den Startpunkt des Vektors fixiert und durch das eigentliche Vektorwort, aus dem Länge und Richtung des Vektors zu ermitteln sind. Eine Folge von n zusammenhängenden Vektoren wird durch n + 1 Worte erfaßt.

S_1 S_2 S_3 S_4 S_5 S_{14} S_{15} S_{24}

L				Δx	Δy

Abb. 123. Struktur des Vektorwertes

Zum Zeichnen des Vektors auf dem Bildschirm nutzt man die Bewegung des hell getasteten Elektronenstrahls vom Anfangs- zum Endpunkt aus. Eine der Schwierigkeiten liegt in der Erzielung einer gleichmäßigen Helligkeit des Vektors über die gesamte Strecke. Das aus dem Pufferspeicher des Bildschirmgerätes gelesene Vektorwort wird entsprechend der Kennzeichnung verarbeitet, d. h. die Inkremente werden in die Register Q_x und Q_y gebracht. Ein spezieller Algorithmus sorgt nun dafür, daß die inkrementale Bewegung des Strahles von diesem Anfangspunkt, in den Registern R_x und R_y enthalten, zum Endpunkt erfolgt. Die Schritte in x- und y-Richtung werden zeitlich so aufgeteilt, daß die Abweichung dieser approximierenden Linienfolge von der geradlinigen Verbindung unter einer Rastereinheit bleibt. Es werden die gleichen Algorithmen verwendet, wie sie beim Steuern der Plotter durch die zugehörige Software abgearbeitet werden [56, 230, 302].

Moderne Geräte besitzen sogenannte *Vektorengeneratoren*, die über Analogschaltungen für die Zuführung der notwendigen Steuerspannung an die Ablenksysteme des Bildschirmes sorgen. Während Vektorgeräte Kreise je nach Durchmesser aus 8 bis 64 Vektoren (wenn der Kreis etwa die volle Fläche des Schirms umfaßt) approximieren, besitzen eine Reihe von Geräten eigene dafür geschaffene wieder analog arbeitende Kreisgeneratoren [46]. Die Aufbereitung der einen Kreis approximierenden Vektoren erfolgt durch Programme. Es werden somit 9 bis 65 Worte im Pufferspeicher zur Darstellung eines Kreises belegt.

Nach einer Einteilung der Bildschirmgeräte in [129] bietet sich eine dritte Klasse von Geräten an. Diese Geräte nutzen die Fläche als weiteres oder einziges Grundelement zur Darstellung vorwiegend räumlicher Strukturen aus. Hier liegen jedoch über erste Versuche hinausgehend noch keine praktisch nutzbaren Ergebnisse vor. Für die nächsten Jahre werden bestimmt durch die in den Einsatzgebieten vorliegenden geometrischen Objekte und ihre grafischen Darstellungen durch Punkte, Strecken, Kreise Punkt- und Vektorgeräte vorherrschend sein.

2.2.2.6.6. Bildschirmgerät zur Darstellung von Text

Die bisher geschilderte Technik erlaubt bereits die Darstellung von Text, also von α-numerischen Zeichen an gewünschten Stellen des Bildschirms. Derartige Zeichen müssen aus Vektoren oder Punktfolgen aufgebaut werden. Diese Technik ist aber bezüglich des erforderlichen Speicherraumes im Pufferspeicher nicht tragbar. Es bietet sich deshalb die Anwendung von *speziellen Generatoren zur Erzeugung dieser Zeichen* an.

Zunächst muß aus Gründen des Aufwandes der in der bisherigen Technik fast unbegrenzte Umfang des Alphabetes auf einen Wert von 128 oder 256 Zeichen beschränkt werden. Wir lassen hier 128 Zeichen zu. Zur Codierung der 128 Zeichen werden 7 bit benötigt. Wenden wir noch die vom Fernschreiber her bekannte Technik der Bereichsumschaltung über das sogenannte Shift-Zeichen an, so können wir noch weiteren Speicherraum einsparen. Durch die Zerlegung des Alphabetes in 4 Bereiche zu je 32 Zeichen genügen nur 5 bit zur Identifizierung eines Zeichens aus dem vorgewählten Bereich. Wir können nun 4 darzustellende Zeichen in einem Text-Wort angeben, deren Aufteilung Abb. 124 zeigt. Zur Kennzeichnung, daß es sich um ein Textwort handelt, setzen wir $S_2 = L$.

S_1	S_2	S_3	S_4	$S_5 \ldots S_9$	$S_{10} \ldots S_{14}$	$S_{15} \ldots S_{19}$	$S_{20} \ldots S_{24}$
	L			T_1	T_2	T_3	T_4

Abb. 124. Struktur des Textwortes

Neben dieser Beschreibung der darzustellenden Textinformation in einem oder mehreren Textworten muß noch der Ort sowie die Größe der Zeichen auf dem Bildschirm angegeben werden. Die Umschaltung auf eine der möglichen Schriftgrößen, meist sind es 3 mit 4, 8 oder 16 Rastereinheiten in der Höhe, kann über ein spezielles Zeichen des Alphabetes vorgenommen werden und hat dann Gültigkeit bis ein neues Shiftzeichen für die Schriftgröße erscheint. Wir gehen davon aus, daß die Zeichen einer Schriftgröße in einem definierten und begrenzten Feld, einem Rechteck, erzeugt werden. Den linken unteren

Eckpunkt dieses Rechtecks wählen wir als Ursprung des Zeichens. Durch ein Punktwort können wir diesen Ursprung an die gewünschte Stelle des Schirmes bringen. Aufeinanderfolgende Zeichen werden in Abhängigkeit von dem zur Schriftgröße gehörigen Zwischenraum aneinandergesetzt. Das im allgemeinen verwendete Prinzip sieht vor, dem System der Positionierung des Zeichens, das durch die in Q_x und Q_y stehenden Koordinatenwerte gesteuert wird, ein zweites Ablenksystem für das Erzeugen des Zeichens in dieser Position zu überlagern. Die Erzeugung der Ablenkspannung für das zweite System wird durch Symbolgeneratoren vorgenommen. Eine Reihe verschiedener Verfahren sind bekanntgeworden [55, 79, 173].

Diese Verfahren wurden in [244] wie folgt untergliedert:

— Videotechnik:	Fernsehraster, Punktraster, Strichraster Feste Position im Symbolfeld vorgegeben, Symbol wird durch Hell-Dunkel-Steuerung des Strahles erzeugt.
— Profilstrahltechnik:	Projektion des Strahls durch eine Maske, spezielle Bildröhre, z. B. Charaktron [65].
— Griffeltechnik:	Darstellen des Symbols durch Mikrovektoren oder durch Teile von LISSAJOUS-Figuren. Symbol wird durch Positionierung des Strahls erzeugt.

Abb. 125 zeigt Beispiele für dieses Verfahren. Die *Punktrastertechnik* zerlegt jedes Zeichen in eine Menge von Punkten, die in einem festen Raster, meist 5×7 Punktraster, angeordnet sind. Abb. 125b zeigt ein Beispiel.

Ein zweiter Weg wird durch die *Strichrastertechnik* gewiesen. Die Zeichen werden aus Vektoren bzw. Kurvenstücken, die im Rasterfeld an bestimmten Stellen liegen, aufgebaut. Es ist möglich, die Zeichen so zu gestalten, daß mit

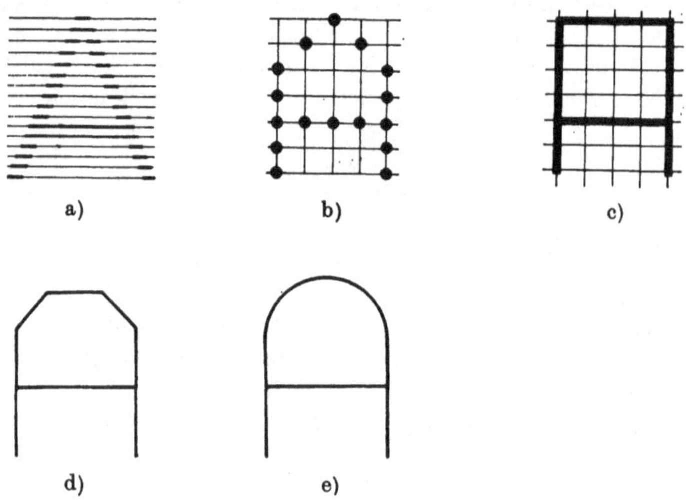

Abb. 125. Verschiedene Verfahren der Zeichenerzeugung, a) Fernsehrastertechnik, b) Punktrastertechnik, c) Strichrastertechnik, d) Mikrovektoren, e) LISSAJOUS-Figuren (nach [326])

maximal 7 von diesen Grundelementen auszukommen ist. Ein Beispiel für die Vektortechnik zeigt Abb. 125d, während in Abb. 125e ein Beispiel für die Verwendung von Teilen von LISSAJOUS-*Figuren* dargestellt ist. Jedes Grundelement wird durch einen entsprechenden Symbolgenerator erzeugt. Ein Beispiel für eine derartige Mannigfaltigkeit zeigt Abb. 126 (Ausschnitt) [142].

Abb. 126. Teile von LISSAJOUS-Figuren (nach [142])

Technisch ist die Aufgabe zu lösen, aus dem Code des darzustellenden Zeichens so, wie er im Textwort angegeben wird, die Folge von Steuerbefehlen für die Aktivierung der zum Aufbau des Zeichens benötigten Symbolgeneratoren der Grundelemente abzuleiten. Hierzu verwendet man meist einen mit dem Alphabet auswechselbaren Festwertspeicher, der diese Umwandlung des Codes in eine zeitliche Folge von neuen Codezeichen durchführt. Das Prinzip einer derartigen Lösung ist in Abb. 127 angegeben.

Aus den vorher bereitgestellten Shiftzeichen und dem aus dem Textwort entnommenen Code für das zu schreibende Zeichen wird eine Adresse gebildet. Für jedes Zeichen des Alphabetes ist eine Ebene z im Matrixblock vorhanden.

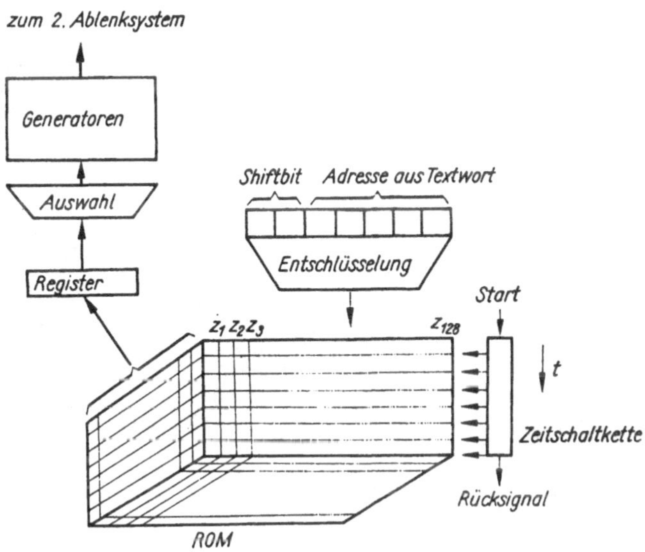

Abb. 127. Prinzip der Darstellung von Zeichen, die aus Grundsymbolen aufgebaut werden. ROM-Read Only Memory = Festwertspeicher.

Die Adresse wird zur Auswahl einer dieser Ebenen herangezogen. Die senkrecht dazu liegenden waagerechten Ebenen werden nun durch eine Zeitschaltung in bestimmten Takten angesteuert. In der zu beiden Ebenen senkrechten dritten Ausgangsebene werden die Codes für die Ansteuerung der Symbolgeneratoren in dieser Taktfolge ausgegeben. Die Beziehungen zwischen Eingängen und Ausgang werden durch Elemente z.B. Ferritkerne an den entsprechenden Kreuzungsstellen der Matrix realisiert. Diese Matrix ist vom Typ ROM (read only memory [385]), d. h., sie wird nur zum Lesen von Informationen eingesetzt, wodurch sich der Ansteuerungsaufwand reduziert. In der Reihenfolge, wie die Codes für die Symbolgeneratoren erzeugt werden, erzeugen diese Elemente, aus denen das darzustellende Zeichen aufgebaut ist.

Ein weiteres, andersgeartetes Verfahren sei noch erwähnt, das sogenannte Maskenverfahren oder Profilstrahltechnik. Eine Lochblende, das jeweilige Zeichen darstellend, wird direkt durch den Elektronenstrahl auf den Schirm abgebildet (Abb. 128, Abb. 129).

Mit den hier beschriebenen Verfahren können die Zeichen natürlich nur in einer waagerechten Zeile angeordnet werden. Eine Erweiterung des Alphabetes,

Abb. 128. Bildschirmgerät für α-numerische Kommunikation des VEB ROBOTRON Dresden[1])

[1]) Der Verfasser dankt für die freundliche Genehmigung für die Wiedergabe der Abbildung.

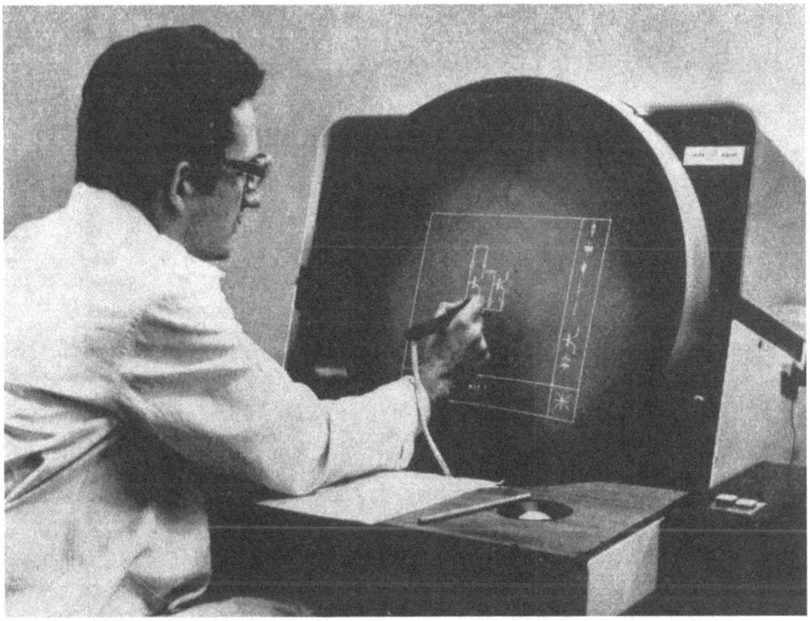

Abb. 129. Bildschirmgerät für grafische Kommunikation GD 71 der Ungarischen Akademie der Wissenschaften Budapest[1])

die Verwendung einer anderen Schriftgröße sowie das Schreiben unter beliebigem Winkel zur x-Achse muß über die im Punkt- oder Strichrasterverfahren softwaremäßig zu realisierenden Zeichen erfolgen. Für viele Anwendungsfälle läßt sich eine Trennung der darzustellenden Strukturen in einen fixen und einen variablen Teil vornehmen. Dann ist es möglich, die fixen Strukturen über vorgefertigte Dias mit dem durch Elektronenstrahl erzeugten variablen Bild zu vereinigen. Spezielle Bildröhren erlauben, über ein Bildfenster derartige Dias einzublenden (Abb. 130). Abb. 131 zeigt die Möglichkeit, unter Umgehung des Pufferspeichers Informationen auf eine mit einer Kamera gekoppelten Bildröhre auszugeben.

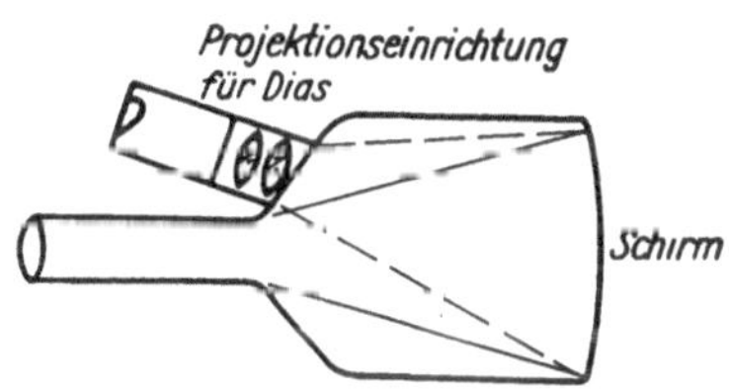

Abb. 130. Spezialbildschirm zum Einblenden von Dias

[1]) Der Verfasser dankt für die freundliche Genehmigung für die Wiedergabe der Abbildung.

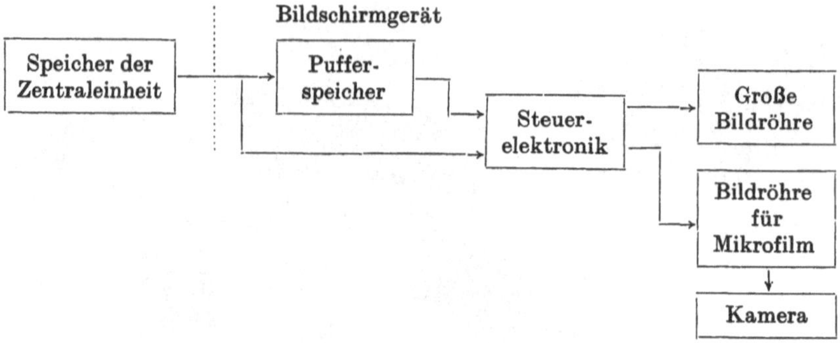

Abb. 131. Bildschirm mit Ausgabe auf Mikrofilm

2.2.2.6.7. Bildschirmgeräte mit neuartigen Anzeigeeinrichtungen

Wenn auch heute die Kathodenstrahlröhre die dominierende Anzeigeeinrichtung der Bildschirmgeräte verkörpert, so haben die ihr eigenen Nachteile sehr frühzeigt die Suche nach neuen Anzeigeeinrichtungen beginnen lassen. Der größte Nachteil der Kathodenstrahlröhre ist mit der Notwendigkeit des ständigen Regenerierens der dargestellten Struktur verbunden. In dem Maße, wie die Kosten autonomer Speicher zurückgehen, wird auch dieser Nachteil an Bedeutung verlieren. Unabhängig davon werden die Bestrebungen weitergeführt, die Elektronenröhre durch sogenannte Festkörperelemente zu ersetzen. Die eigentliche Zielstellung dieser Entwicklung gipfelt darin, die Anzeigeeinrichtung mit einer jeder Position direkt zugeordneten Speichereinrichtung zu verbinden. Während die Informationsspeicherung bei der Kathodenstrahlröhre in codierter Form (Strecke als Koordinaten der Anfangs- und Endpunkte) vorgenommen wird, soll eine 1—1 Abbildung sowohl gespeichert als auch dargestellt genutzt werden.

Im Prinzip beruhen die bekannten Anzeigeeinrichtungen außer Kathodenstrahlröhren darauf, Licht einer unbegrenzt zur Verfügung stehenden Quelle durch geeignete Materialien so zu modulieren, daß die in diesen Materialien eingespeicherten Strukturen beliebig lange und mit ausreichender Intensität dargestellt werden können.

Betrachten wir zunächst die *Speicherröhre* [170, 115, 228, 366, 367]. In der Kathodenstrahlröhre wird die einzige Energie, die zur Aussendung des Lichtes über den Phosphor des Schirmes zur Verfügung steht, durch den Elektronenstrahl erzeugt. Diese kurzzeitig zugeführte Energie muß über einen längeren Zeitraum verteilt werden. Dazu muß eine zweite Energiequelle eingesetzt werden. Die erste Energie, die durch das Signal des Elektronenstrahls geliefert wird, wird nun nur dazu genutzt, die zweite Energiequelle entsprechend zu modulieren. Damit ist eine Trennung in Speicherung der Informationen und Erzeugung der äquivalenten Struktur möglich. Zusätzlich zur strukturerzeugenden Phosphorschicht wird eine zweite dielektrische Schicht zur Speicherung eingesetzt, so, wie es Abb. 132 zeigt. Die Struktur wird durch das Schreibsystem einmal erzeugt und als Ladungselement auf dem Dielektrikum gespeichert. Die zweite Energiequelle, die gleichmäßig über die gesamte Fläche des Schirms strahlt, wird durch diese Ladungsträger moduliert. So entstehen für längere Zeiten erhaltbar Bilder hoher Leuchtkraft. Durch abermaliges Beschreiben mit einem Strahl mit hoher Energie wird das Bild bzw. werden Teile des Bildes gelöscht.

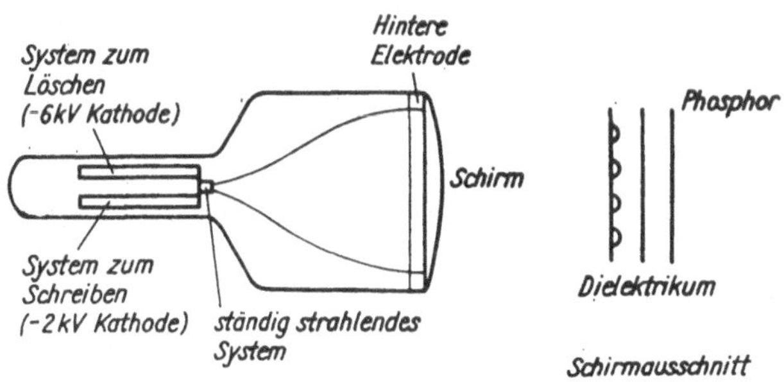

Abb. 132. Prinzip der Speicherröhre

Die *photochrome Bildröhre* beruht darauf, daß dieses photochrome Material undurchsichtig wird, wenn es mit UV-Licht bestrahlt wird, dagegen wieder durchsichtig wird, wenn es erwärmt oder mit Infrarotlicht bestrahlt wird. In Abhängigkeit von der Raumtemperatur lassen diese Röhren Speicherzeiten von 1—15 Minuten zu. Abb. 133 zeigt eine technisch mögliche Realisierung [170]. Das UV-Licht der Kathodenstrahlröhre erzeugt eine Abbildung der Struktur auf der photochromen Schicht. Von außen tritt Licht durch diese Schicht, wird am halbdurchlässigen Spiegel reflektiert und erzeugt die sichtbare Struktur auf dem Anzeigeschirm.

Es sind Versuche mit *photoplastischen Schichten*, thermoplastischen Medien, dünnen Ölschichten, über Schlierenoptik sichtbar gemacht, durchgeführt worden [294]. Wesentlich erfolgreicher waren die Versuche mit *Kristall-Licht-Modulatoren*. Elektrische oder magnetische Felder verändern die optischen Eigenschaften der elektrooptisch aktiven Kristalle. Es treten Veränderungen der Durch-

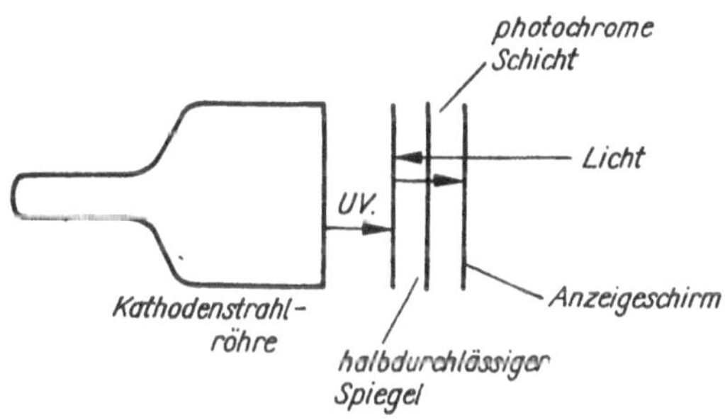

Abb. 133. Prinzip der photochromen Bildröhre

sichtigkeit, des Brechungsindex, der Polarisationsebene und der Farbe auf. Auf diesen physikalischen Effekten beruhen die Festkörperbildschirme.

Bei dem *Elektrolumineszenz-Bildschirm* [146, 170, 251] wird eine elektrolumineszente Platte beidseitig mit durchsichtigen Leiterzügen belegt, die Ebene x der Leiterzüge ist senkrecht zur Ebene y der Leiterzüge. Wird an x_i- und y_j-Leiterzug eine Spannung angelegt, dann wird die an der Kreuzungsstelle liegende Schicht zur Lichtausstrahlung angeregt. Damit kann eine sogenannte Mosaiktafel aufgebaut werden, d. h., die Leuchtpunkte müssen einzeln angesteuert werden. Jedes Mosaikelement wird mit einem individuellen Halbleiter-Speicher verbunden, um auch hier das Regenerieren zu vermeiden. Über Photoelemente ist auch eine optische Rückkopplung als Speicher möglich.

Auch auf dieser Basis der Matrixansteuerung sind die *magneto-optischen Bildschirme* aufgebaut [92, 119, 170]. Eine kolloidale Suspension spezieller Materialien (Magnetite) wird über einem dünnen magnetischen Film angebracht. Durch Veränderung des Magnetfeldes wird die optische Eigenschaft dieser Suspension verändert, so daß bei einem schrägen Lichteinfall die „eingeschalteten" Elemente hell, die anderen dunkel erscheinen. *Flüssigkeitskristalle* [40 224] und *Laser* [215] werden für derartige Anzeigeeinrichtungen eingesetzt. Als aktives lichtemitierendes Element wird die *Elektrolumineszenz-Diode* verwendet [170].

In Abb. 134 wird der *Plasma-Bildschirm* [43,44] im Prinzip gezeigt. Durch Anwendung eines lichtemittierenden Stiftes kann direkt auf dem Schirm ge-

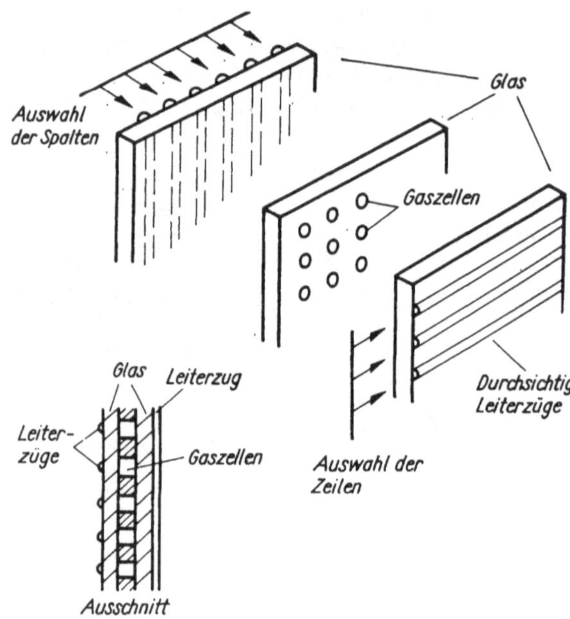

Abb. 134. Prinzip des Plasmabildschirms

zeichnet werden. Es ist aber auch möglich, den Zustand dieser Zellen abzutasten. Steuerspannungen bringen die einzelnen Zellen in den „Ein"-Zustand bzw. löschen sie wieder.

Da fast alle Anzeigeeinrichtungen mit elementbezogenen Speichern als Rasterbildschirmen [252] aufgebaut sind, d. h. jedes Element des Bildfeldes einzeln angesteuert werden muß, hat eine in [361] beschriebene Vorgehensweise eine gewisse Bedeutung. Ein sehr großer Anteil der Elemente einer Graphik sind parallel zu den Koordinatenachsen liegende Strecken. Um diese Strecken nicht punktweise auf einen Rasterbildschirm übertragen zu müssen, werden diese Elemente sowohl als Einheit gespeichert als auch angesteuert. Das Prinzip dieser Anordnung zeigt Abb. 135. Die Adressen des Start- und Endpunktes der achsenparallelen Strecke werden in die Adressen-Register übertragen. Durch die Entschlüsselung in der Decodiereinrichtung D werden in der Endstufe die zwischen Anfangs- und Endpunkt liegenden Ferritkern-Transistor-Elemente aktiviert. Durch einen zweiten Leseimpuls werden diese aktivierten Elemente abgefragt und die Signale zur Ansteuerung der Matrix erzeugt.

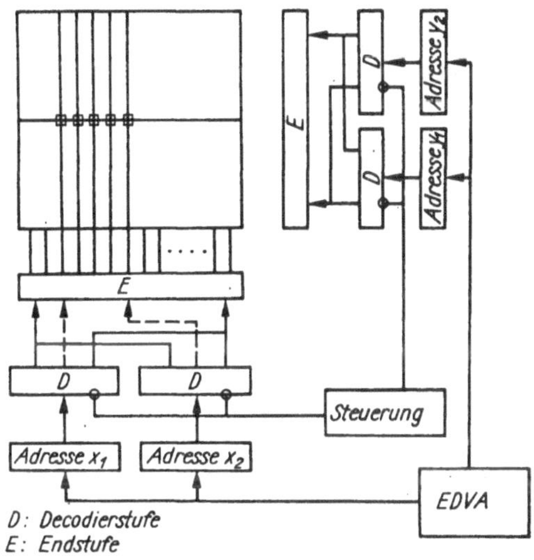

Abb. 135. Ansteuerung eines Matrixbildschirms zur gleichzeitigen Darstellung von achsenparallelen Strecken (nach [361])

Die heute noch beschränkte Größe von 250 mm × 250 mm bis 500 mm × 500 mm Arbeitsfläche wird ebenfalls als Nachteil angesehen. Deshalb versucht man, über *Projektion des Schirmbildes* zu großflächigen Darstellungen zu kommen (nur passive Ausgabe!) (Abb. 136) [198]. Ebenso versucht man Stereobilder durch gleichzeitiges Betrachten zweier entsprechend zugeordneter Bilder zu erhalten, etwa unter Verwendung eines vor den Schirm geschalteten Spiegels und zweier Polarisationsfilter wie es Abb. 137 zeigt. So wird jedem Auge das ihm zugeordnete Bild zugeführt [291].

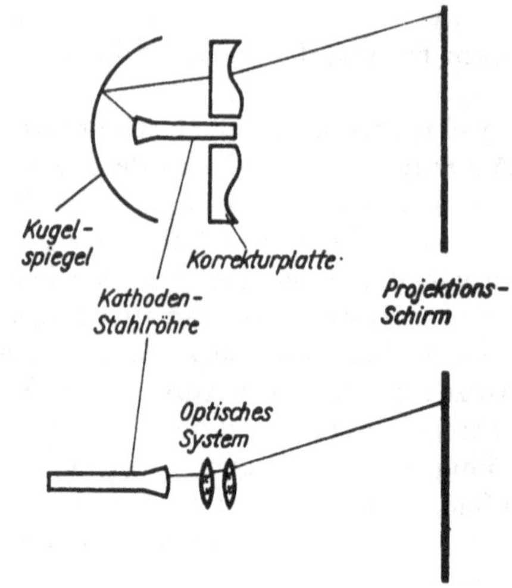

Abb. 136. Projektion von Schirmbildern

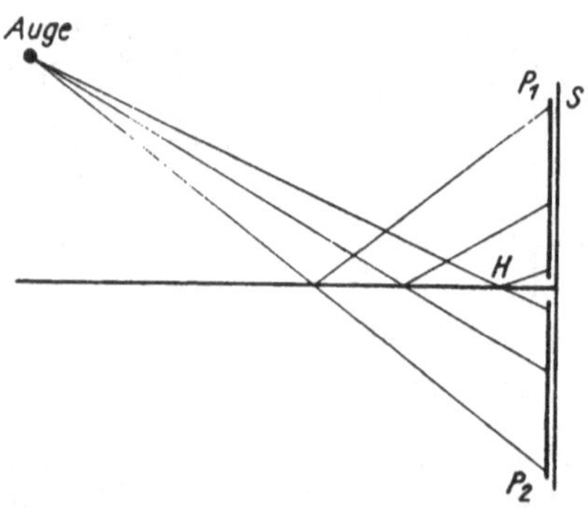

Abb. 137. Erzeugung von Stereobildern am Bildschirm, P_1-Polarisationsfilter horizontal, P_2 – Polarisationsfilter vertikal, S – Schirm der Kathodenstrahlröhre, H – Halbdurchlässiger Spiegel

2.2.2.6.8. Bildschirmgerät mit vom Bildschirm getrennter Eingabefläche

Der Wunsch nach Vereinfachung des Geräteaufbaues hat zu einer Trennung von passiver Anzeigefläche und aktiver Eingabefläche geführt. Die Verbindung zwischen dargestellter Struktur und einzugebenden neuen Elementen bzw. zu korrigierenden und zu verändernden Elementen wird durch optische Rückkopplung über den Menschen hergestellt. Dem Aufbau einer derartigen Eingabetafel können eine Reihe von verschiedenen Grundprinzipien zugrunde gelegt werden. Die Aufgabe besteht darin, die durch einen bleistiftähnlichen Stift auf der Arbeitsfläche angezeigte Position in zugeordnete x- und y-Koordinatenwerte umzuwandeln.

Es bietet sich die analoge Arbeitsweise an, verkörpert durch das *SYLVANA-Tablet* [358] und die digitale Arbeitsweise, wie sie im *RAND-Tablet* [76] verkörpert ist. Weiterhin ist es möglich, diese Geräte danach einzuteilen, ob der Stift aktives oder passives Element ist, d. h., ob er Informationen aussendet oder die von der Arbeitsfläche ausgesandten Informationen empfängt.

Betrachten wir einige Prinzipien etwas näher; zunächst die digitale Arbeitsweise. Beim *RAND-Tablet* wirkt die Arbeitsfläche als Generator [76, 229]. In zwei Ebenen, die jeweils der x- und der y-Achse parallele, in Rasterung angebrachte Leitungen enthalten, werden Signale ausgesandt, die vom Stift aufgenommen werden. Jede Leitung sendet einen Impulszug aus, der der direkten Koordinate dieses Leiterzuges entspricht. Somit nimmt der Stift als elektrostatischer Aufnehmer die Koordinate des Punktes, den der Stift berührt, direkt auf. Abb. 138 zeigt das Schema.

In [229] wird ein auf magnetischer Basis arbeitendes Gerät dargestellt. Hier wirkt der Stift als Signalgeber, der eine Folge von periodischen Spannungsimpulsen aussendet. Diese Impulse werden über die in mehreren Schichten

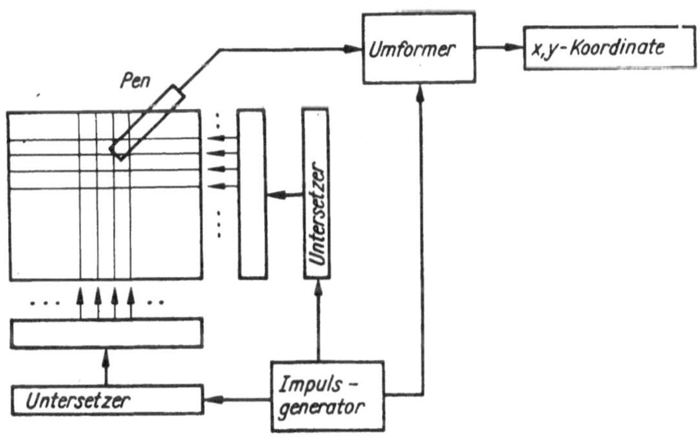

Abb. 138. Prinzip des RAND-Tablets (nach [76])

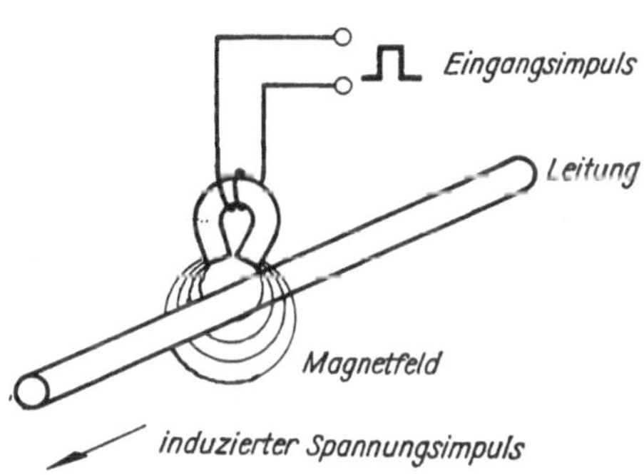

Abb. 139. Induzierte Spannungsimpulse in Leiterzügen

liegenden Ebenen, in denen zusammenhängende Leiterzüge eingelegt sind, aufgenommen. Über einen am Stift angebrachten Magneten, Abb. 139, werden in den Leiterzügen ebenfalls Spannungsimpulse induziert. Jede Ebene nimmt ein bit der Adresse der Position auf. Abb. 140 zeigt, wie die Leiterzüge in den einzelnen Ebenen angeordnet sind. Auch hier erhält man die direkte Adresse der Position, an der sich der Stift befindet.

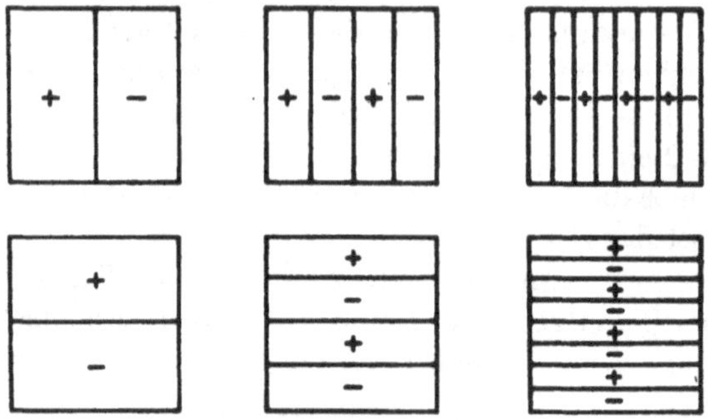

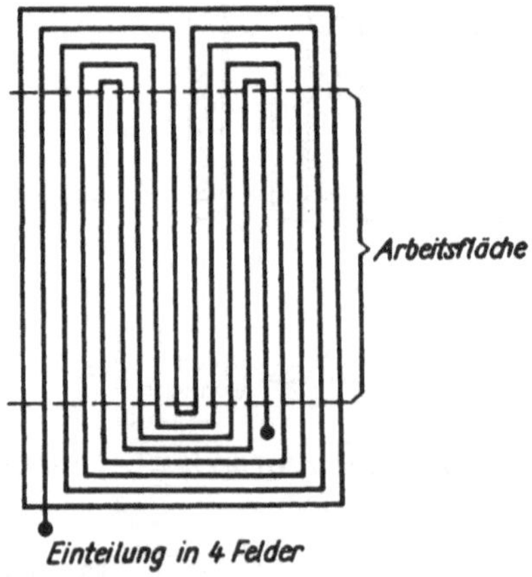

Abb. 140. Verteilung der Leiterzüge in den einzelnen Ebenen

Die analoge Methode des SYLVANA-TABLET beruht auf der Messung von Laufzeit [358], Kapazität [168, 207, 363], Widerstand [168, 295]. Die Grundfläche ist aus einem leitenden Film, meist auf einer Glasplatte mit dünner Glasschutzschicht angebracht. Parallel zu den Achsen werden laufende Wellen erzeugt. Die Phasen der Wellen sind lineare Funktionen der Position. Abb. 141 zeigt das Schema dieser Arbeitsweise. Durch den Stift werden die Signale abgegriffen und eine Phasenmessung zur Ermittlung der Koordinatenwerte vorgenommen.

In [364] wird ein Verfahren beschrieben, bei dem über den Stift ein Strom in die Arbeitsfläche geleitet wird. Die Position des Stiftes ist aus der Stromverteilung an den Rändern zu bestimmen. Durch Einführen bestimmter symmetrischer Randbedingungen erzeugt man eine einfache Relation zwischen Koordinatenposition und Randstrom.

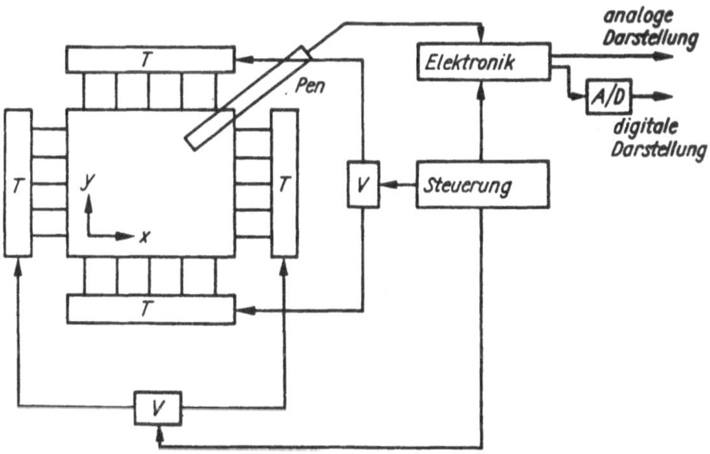

Abb. 141. Prinzip des SYLVANA-Tablets (nach [358]), V — Verstärker, T — Treiber

Die Ausnutzung der Laufzeit von Ultraschallwellen führte zum Aufbau eines *3-D-Eingaberaumes „LINCOLN-WAND“* genannt [310]. Parallel zu den Koordinatenachsen werden Ultraschallwellen ausgestrahlt. Ein Adapter wirkt als Mikrophon. Die Laufzeit wird in Koordinatenwerte umgerechnet. Die Bewegung dieses Adapters in diesem Eingaberaum erlaubt z.B. die Erfassung einer Raumkurve.

Es werden auch Eingabeflächen mit grober Rasterung entwickelt, sodaß der Stift durch den Finger bzw. einen normalen Schreibstift ersetzt werden kann

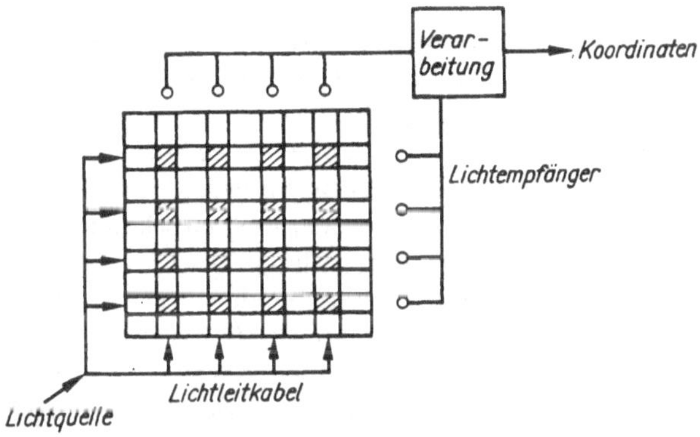

Abb. 142. Lichtstrahlen als Informationsträger (nach [323]), ▨ — zu berührende Stellen der Fläche

[168, 295]. So kann durch den Druck des Schreibstiftes der Kontakt zwischen einer Membrane und einer Oberfläche, wobei beide einen Widerstand von 1000 Ohm/Flächeneinheit haben, hergestellt werden. Damit ist auch wieder der Zusammenhang zwischen Position und Widerstand hergestellt.

Ein anderes Verfahren [323] beruht darauf, daß durch die Berührung mit dem Finger zwei Lichtstrahlen unterbrochen werden, Abb. 142. Um die optische Rückkopplung zwischen Ausgabe- und Eingabefläche so eng wie möglich zu gestalten, versucht man, diese Eingabetafeln aus durchsichtigem Material herzustellen und vor den Schirm des Bildschirmgerätes zu setzen. Die dabei auftretenden Deformationen können über spezielle Schaltungen ausgeglichen werden [324].

Eine interessante Lösung zeigt [121], Abb. 143.

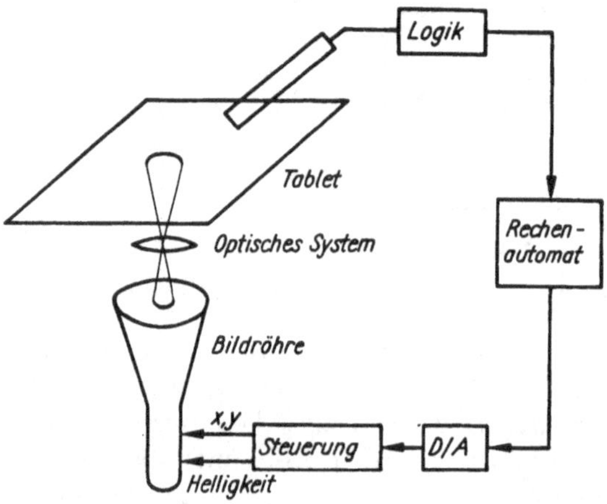

Abb. 143. Verbindung von Bildschirm mit Eingabetafel

2.2.2.6.9. Bildschirmgerät auf Basis der Fernsehtechnik

Im Hinblick auf niedrige Kosten für die Bildschirmgeräte werden verstärkt Systeme entwickelt, die auf der Basis der beim Fernsehen üblichen Technik die Nutzung handelsüblicher Fernsehgeräte bzw. Monitore erlauben. Diese Geräte tasten mit dem Strahl mit stets gleichbleibender Geschwindigkeit zeilenweise den gesamten Schirm ab. Die Anwendung dieses Prinzips für die Darstellung von intern in numerischer Form beschriebenen Strukturen aus Punkten, Strecken, Kreisen auf dem Bildschirm verlangt zunächst eine binäre Abbildung des darzustellenden Bildes auf einem rechnerinternen digitalen Speichermedium, meist einer Magnettrommel oder Platte. Auf diesem Speichermedium wird eine dem Raster des Bildschirmes angepaßte punktweise Darstellung des Bildes erreicht, man spricht von einer *nichtcodierten Darstellung* [129]. In einem zweiten Schritt erfolgt dann die 1—1-Abbildung dieser Darstellung auf den Bildschirm des handelsüblichen Fernsehgerätes. In [282] wird ein Gerät vorgestellt, das mit einer Rasterung von 254 Zeilen zu je 240 bit arbeitet. Das interne Ausgabefeld hat die Größe von 2540 Worten zu je 24 bit. Jede Zeile des Bildschirmes wird aus 10 Worten zu 24 bit dieses Feldes aufgebaut. Das Schema dieses Gerätes ist in Abb. 144 dargestellt. Die eigentliche Schwierigkeit bei dieser Geräteklasse liegt in der Aufbereitung des internen binären Abbildes. Die Darstellung von Punkten, Strecken, Text durch die oben definierten Worte sind die Eingangsdaten für das Programm zur Umwandlung in das Punktmuster des jetzigen Ausgabefeldes. Linien müssen in Punktfolgen zerlegt werden, Symbole in Punktraster usw.

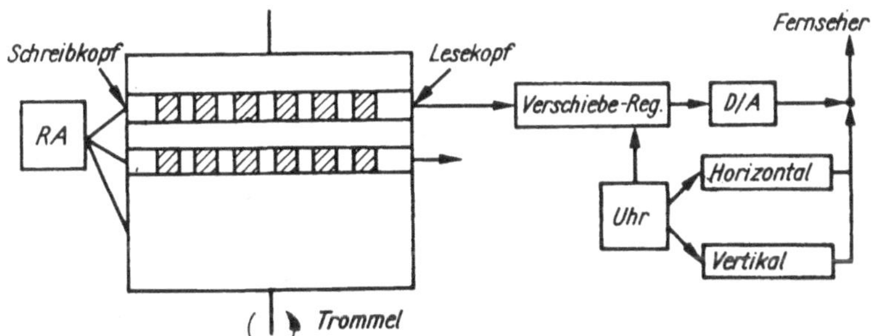

Abb. 144. Prinzipielle Aufbau eines Systems zur Nutzung eines Fernsehgerätes als Bildschirm (nach [289]), ▨ — Datenblock für eine Zeile des Fernsehbildes, 512 Blöcke pro Umfang

Die Abarbeitung dieser Programme muß nun synchron mit dem Speichermedium der internen Darstellung verlaufen, denn es sind jeweils nur die unter den Köpfen des Speichers liegenden Zellen zugänglich, um das Bild zu verändern bzw. zu erweitern. Gelingt es, hierfür Speicher mit wahlfreiem Zugriff einzusetzen, entfällt dieser Nachteil. Den Anschluß mehrerer Fernsehgeräte beschreiben [94, 282].

Die Arbeit mit dem Lichtstift ist hier schwieriger, da ja lediglich die Koordinaten eines identifizierten Punktes ermittelt werden können. Durch einen Verarbeitungsprozeß, der als Inverses des Bilderzeugungsprozesses angesehen werden kann, muß aus diesen Koordinaten des Punktes das Element ermittelt werden, zu dem dieser Punkt gehört. Es läßt sich aber eine Rollkugel verwenden, die eine Lichtmarke an beliebige Positionen des Schirmes bewegen kann. In einem zeitlich festen Zyklus leuchtet diese Marke hell auf und hebt sich so aus der Struktur ab. Über eine Taste kann die Übernahme der Koordinatenwerte der erreichten Position an die Zentraleinheit eingeleitet werden.

Diese Geräteklasse hat eine Reihe von weiteren Vorteilen. Verwendet man 3 bit pro darzustellendem Punkt, ordnet ihm aber nicht, wie üblich ist, die Helligkeitsstufe zu, sondern nutzt diese 3 bit zur Steuerung der Farbauswahl, so läßt sich bei Anschluß eines handelsüblichen Farbfernsehers ein Farbbild darstellen. Bei Schwarz-weiß-Bildern ist es durch einfache Umschaltung z.B. möglich, eine Struktur, die hell auf dunklem Grund dargestellt ist, umzuwandeln in eine Darstellung dunkel auf hellem Grund. Dieses Gerät kann ebenfalls zur Erzeugung räumlicher Bilder eingesetzt werden [289]. Es werden zwei Farben (rot und grün) benutzt, die in zwei bit pro Punkt abgespeichert werden können. Schreibt man in diese Zellen jetzt die beiden unterschiedlichen Bilder eines stereoskopischen Bildpaares ein, so kann über die Betrachtung des Schirmes mit einer rot-grün-Brille ein räumliches Bild beobachtet werden.

Schließlich erlaubt diese Technik eine Superposition des dargestellten Bildes mit analog gespeicherten Dias oder mit life-Fernsehaufnahmen. Im Bereich der Lehre kann diese Kombination von großer Bedeutung sein.

2.2.2.6.10. Einige Entwicklungstendenzen

Zur Erhöhung der Leistungsfähigkeit der peripheren Dialoggeräte überträgt man einen Teil der sonst im Zentralrechner auszuführenden Operationen von dort in das periphere Gerät und sichert ihm damit die autonome Abarbeitung von Prozessen zu. Bei modernen Geräten [94, 129, 156, 346, 353] versucht man, Operationen, die heute noch durch umfangreiche Programmpakete zeitaufwendig ausgeführt werden, in die Hardware des Bildschirmgerätes zu verlegen. Das gilt besonders für die Rotation, Translation und Skalierung 3-dimensionaler Gebilde sowie die Abbildung dieser geometrischen Objekte in 2-dimensionale grafische Darstellungen. Dazu müssen auch die Operationen des Ausblendens des darzustellenden Teils der erfaßten Umgebung, die Ermittlung verdeckter Linien und die Erzeugung von Schattierungen auf Flächen und Flächenteilen gerechnet werden. Die Lösung dieser Aufgaben mit einem Digitalrechner ist zu aufwendig, dafür wäre als Satelittenrechner des Bildschirmes ein Großrechner erforderlich. Bereits SUTHERLAND [253] wieß auf diese „Schraube ohne Ende“ hin.

Die mit den heutigen Bildschirmgeräten zu erreichende Anzeigegenauigkeit liegt in der Größenordnung $1^0/_{00}$. Es bieten sich deshalb die Analogbausteine an, die durchaus diese Genauigkeit garantieren können, um aus diesen Bau-

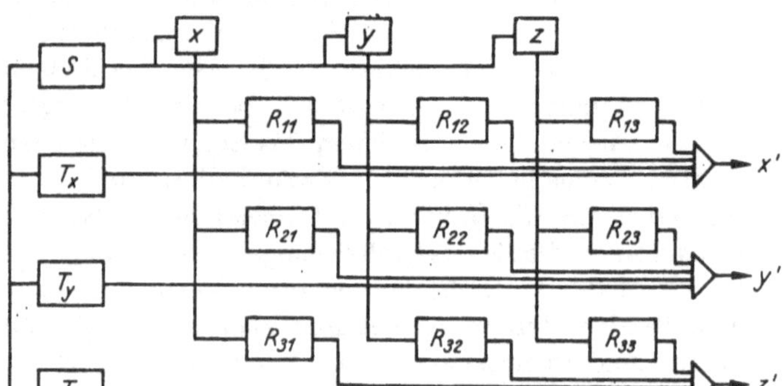

Abb. 145. Gerätetechnische Lösung der Aufgaben der Rotation R_{ij}, Skalierung S und Translation T

steinen die erforderlichen Prozessoren aufzubauen [94, 106, 129, 156, 353]. In Abb. 145 ist das Blockbild für die Lösung der Aufgaben: Rotation, Translation und Skalierung 3-dimensionaler Gebilde angegeben. Die Geschwindigkeit dieser Technik erlaubt das flimmerfreie Darstellen von Objekten, die bis zu 5000 Vektoren besitzen können. Die Funktion des Ausblendens (3-D-Windowing) ist besonders dann schwierig, wenn Strecken teilweise im Bild, teilweise außerhalb liegen. Eine Reihe von Operationen werden jedoch digital ausgeführt werden müssen. Besonders die Befehlsverarbeitung, die Adressen- und Sprungbefehltechnik, die Subbildtechnik und die Unterprogrammtechnik [156, 373], die sich in derartigen Prozessoren als sehr nützlich erweisen werden.

Die technische Weiterentwicklung der Geräte und die Suche nach neuen Prinzipien und billigeren Verfahren der Darstellung und Eingabe grafischer Gebilde muß den tatsächlichen Forderungen der Praxis gegenübergestellt werden. Bekanntlich besteht ein Wechselspiel zwischen den Leistungen in den Anwendungsgebieten und den zur Verfügung stehenden Möglichkeiten. Mit einer bestimmten Sicherheit läßt sich bereits erkennen, daß eine Vielzahl der Einsatz- und Anwendungsgebiete der Bildschirmtechnik ausschließlich mit 2-dimensionalen, höchstens mit $2^1/_2$-dimensionalen Darstellungen arbeiten werden. Es seien nur die Gebiete Leiterplattenentwurf, Entwurf integrierter Schaltungen, bautechnische Zeichnungen genannt. Die Probleme sind entweder bereits zweidimensionaler Natur oder lassen sich einfach auf 2-dimensionale Darstellung und Kommunikation zurückführen. Das sind Faktoren, die zweifellos die Weiterentwicklung der Geräte beeinflussen müssen. Über die Bereitstellung von billigen und einfach in den Arbeitsprozeß einzugliedernden Geräten kann der Durchbruch zur umfassenden Nutzung dieser Bildschirm-Kommunikationsgeräte gelingen.

2.2.3. Rechentechnische Voraussetzungen für den Aufbau von Systemen der grafischen Datenverarbeitung

Die im off-line-Betrieb arbeitenden Geräte wie Zeichentisch, Digitalisiergerät usw. haben keine neuen Probleme bezüglich des Anschlusses an ein System der Datenverarbeitung hervorgebracht. Das gilt auch für die on-line-Kopplung dieser Ein- und Ausgabegeräte [280].

Zusätzliche Forderungen an die Struktur und an die Arbeitsweise des gesamten Datenverarbeitungssystems ergeben sich dann, wenn der Mensch als Nutzer des Systems im Dialog neben der Programmablaufsteuerung einen aktiven Einfluß auf den Ablauf in der Zentraleinheit ausübt. Das Charakteristische des Dialogbetriebes sahen wir ja darin, daß der Nutzer entsprechend der vorgesehenen Möglichkeiten des zugehörigen Programmes beliebig den Eingabeprozeß von Daten und Anweisungen steuern kann und damit hinsichtlich des Zeitablaufes und des von ihm blockierten Zeitfonds zu einem nichtkalkulierbaren Faktor wird. Durch die zwischen Mensch und Maschine wechselnden Aktivitäten treten Wartezeiten im Ablauf ein. Wartezeiten des Menschen auf

Lösung einer Teilaufgabe durch die Maschine und Wartezeiten der Maschine auf die Bewältigung von Problemen durch den Menschen. Diese Forderungen können wir so zusammenfassen: Reduktion dieser Wartezeiten, sodaß sie für die Gesamtanlage unproblematisch werden, Ermöglichung des Eingriffes durch den Menschen und sofortige Verarbeitung seiner Eingriffe. Welche Forderungen ergeben sich daraus zusätzlich an die Rechenautomaten?

Die modernen Rechenanlagen erfüllen bereits alle diese Voraussetzungen [33, 71, 93, 196]. Die heute unter dem Begriff der *Multiprogrammierung* bekannte Arbeitsweise erlaubt es, gleichzeitig mehrere Programme im Speicher geladen zu haben, die zeitlich ineinanderverschachtelt verarbeitet werden. Obwohl theoretisch bei den einzelnen Anlagen 8 oder 16 Programme zugelassen werden, liegt doch der Faktor selten über 2. Greift man einen beliebigen Zeitpunkt heraus, wird tatsächlich nur an einem Programm gearbeitet, während die anderen Programme sich entweder in Wartestellung befinden oder Befehle aus diesen Programmen die Steuerung des Datentransportes von und zu peripheren Geräten durchführen. Dieses Zusammenspiel und die Aktivierung der einzelnen Programme entsprechend der vorliegenden Situation, wie Priorität, freie periphere Geräte usw. wird durch das Operationssystem der Datenverarbeitungsanlage gesteuert. Das Dialogprogramm kann mit anderen sogenannten Hintergrundprogrammen zusammen in der Anlage verarbeitet werden. Wird die Regie durch das Dialogprogramm an den Menschen übergeben, überbrückt das Operationssystem die Wartezeit auf die Reaktionen des Menschen durch Übergang auf ein anderes bereitstehendes Programm. Damit wird die Datenverarbeitungsanlage weitgehend ausgelastet [41, 66, 344].

Wird die Reaktion des Menschen in Form einer Eingabe durch das Operationssystem registriert, muß sofort auf das Dialogprogramm zurückgekehrt werden. Diese Echtzeitverarbeitung garantiert, daß Aktivitäten des Menschen, die über das Dialoggerät der Zentraleinheit zugeführt werden, auch sofort verarbeitet werden können. Dieser aktive Eingriff wird durch das sogenannte *Interrupt-Handlung-System*, ein Teil des Operationssystems, das Unterbrechungsverarbeitungssystem aufgenommen und verarbeitet. Das geschieht in der Form, daß das ankommende Signal die gewünschte Unterbrechung anzeigt und das Operationssystem die Steuerung dem Dialogprogramm übergibt. Dieses Programm muß auf die Eingabe vorbereitet sein, es veranlaßt die Übernahme der Daten vom peripheren Gerät und verarbeitet sie. Mit diesen notwendigen Voraussetzungen der effektiven Arbeit im Dialog kommt der Nutzer nicht in Berührung. Das sind Aufgaben, die beim Aufbau eines derartigen Systems zu lösen sind.

Wie wir bereits im einleitenden Kapitel zu diesem Abschnitt der rechentechnischen Grundlagen darlegten, ist die Grenze zwischen gerätetechnischer Realisierung und programmtechnischer Lösung von Aufgaben bei peripheren Geräten des grafischen Dialoges im Flusse und in den verschiedenen Gerätetypen sehr unterschiedlich gehandhabt worden. SUTHERLAND [253] spricht von einer „Schraube ohne Ende“, wenn er die Tendenz darlegt, immer mehr Funktionen vom Zentralrechner in das zum Bildschirmrechner entwickelte

System zu verlagern. Es zeigen sich aber auch Entwicklungen, z.B. Zentralrechner und Bildschirmrechner über einen gemeinsamen Kernspeicher zu koppeln. Diese Tendenz versucht, eine engere Verbindung zwischen den durch die Darstellprogramme aufbereiteten Datenfeldern und den Problemprogrammen herzustellen. So werden die grafischen Daten, die zur Darstellung und Verarbeitung der grafischen Gebilde verwendet werden, eng mit den Problemdaten des eigentlichen übergeordneten Problemlösungsprozesses, meist eines technischen Prozesses, verbunden werden können.

Damit im Zusammenhang steht die Forderung, die Darstellungen auf dem Bildschirm aus der internen Repräsentation der Objekte, die sich in den Datenstrukturen zeigen, ableiten zu können, also sie durch Informationsverarbeitungsprozesse aus diesen Darstellungen gewinnen zu können. Das erlaubt die Schlußfolgerung anzudeuten, daß dieser Komplex der Verarbeitung der Problemdaten mit der Aufbereitung der grafischen Darstellungsdaten auf der einen Seite dem Komplex des Redigierens und Manipulierens von grafischen Darstellungen, wozu Skalierungen, Rotationen um bestimmte Achsen, Projektionen u. ä. zu rechnen sind, auf der anderen Seite entgegensteht. Das kann die Basis einer sinnvollen Teilung der Aufgaben auf Zentral- und Bildschirm- oder Satelittenrechner sein. Wenn man von nicht autonomen und von autonomen Systemen spricht, es sind auch die Begriffe intelligente und nichtintelligente Systeme fälschlicherweise gebräuchlich, so meint man den Unterschied bezüglich der Übernahme und selbständigen Ausführungen dieser genannten Funktionen.

In der praktischen Realisierung ist besonders auch im Hinblick auf den Anschluß mehrerer Bildschirmgeräte an einen Zentralrechner die Version der Verwendung eines handelsüblichen Satelittenrechners verbreitet. Dieser *Satelittenrechner* wird zwischen Hauptrechner und Bildschirm geschaltet und übernimmt eine Reihe von Funktionen, die sonst in jedes Bildschirmgerät verlegt werden müßten. Diese Technik paßt sich auch den Teilnehmersystemen an, die es erlauben, über entsprechende Modems und Datenübertragungssysteme die Leistungen eines zentralen Rechners ausnutzen zu können.

Diese damit ermöglichte Trennung von Haupt- oder Hintergrundrechner (host computer) und Satelittenrechner mit Bildschirm und den Zusatzgeräten wie Zeichentisch, Digitalisiergerät, Drucker, erfüllt damit die Forderung, diese peripheren Geräte zu den in den Arbeitsprozeß des Nutzers, d. h. des Konstrukteurs integrierten Hilfsmitteln zu machen und direkt an den Arbeitsplatz zu bringen. Damit ergibt sich die Gestaltung dieses Arbeitsplatzes als weitere Aufgabe der Zukunft. Mit dieser Dezentralisierung der peripheren Geräte sind die Fragen des Datentransportes zu lösen. Dazu werden entweder spezielle dafür geschaffene Leitungen oder die bereits vorliegenden Fernschreib- oder Fernsprechleitungssysteme genutzt. Von dieser Wahl hängt die Übertragungsrate und damit indirekt auch die Trennung der Aufgaben in Haupt- und Satelittenrechner ab. Die Probleme der Architektur von derartigen großen Systemen wird durch die grafischen Programme und damit die Datenübertragungssysteme beeinflußt und bestimmt.

2.3. Programmiertechnik

Bei der Beschreibung des Aufbaues und der Arbeitsweise der Geräte der grafischen Datenverarbeitung war es notwendig, immer wieder Beziehungen zu den Programmen und den zur Steuerung dieser Geräte erforderlichen Datenfeldern herzustellen. In diesem Kapitel werden wir die Aufbereitung der Programme, sowohl der Grundprogramme als auch der darauf aufbauenden Anwendungsprogramme, in ihrem Prinzip behandeln. Da sich die einzelnen Ein- und Ausgabegeräte einschließlich des Bildschirmgerätes in Struktur, Leistung und Darstellung der Daten für die Ein- und Ausgabe unterscheiden, müssen notwendigerweise auch die Grundprogramme in Zahl und Inhalt stark variieren. Wir werden deshalb wieder ein idealisiertes System zugrundelegen und seine Prinzipien darstellen, sowie die Handhabung dieser Programme demonstrieren. Dabei beschränkem wir uns auf die Elementarprozesse der Ein- und Ausgabe und des Dialoges.

2.3.1. Grundzüge der Programmierung von Rechenautomaten und von konventionellen peripheren Geräten

Ein *Programm* ist eine geordnete Menge von Vereinbarungen und Anweisungen. *Vereinbarungen* enthalten Aussagen über Eigenschaften der zu verarbeitenden Objekte, während die *Anweisungen* Aussage über die mit diesen Objekten nach vorgegebenen Vorschriften zu vollziehenden Operationen enthalten.

Das Programm muß dazu in einer Form beschrieben sein, die eine automatische Verarbeitung durch einen Rechenautomaten erlaubt. Dieser Rechenautomat mit seinen Besonderheiten bestimmt entscheidend die Form der Darstellung von Programmbeschreibungen und notwendigerweise auch die Beschreibung der Objekte, die durch das Programm zu verarbeiten sind. Mit jedem Rechenautomaten ist seine eigene Programmiersprache, die sogenannte Maschinensprache, fest verbunden. In dieser niedrigsten Stufe der Programmierung sind die Programme nur aus Anweisungen, aus Befehlen, aufgebaut. Eine Liste, die einige Befehle in einer möglichen Darstellungsform enthält, zeigt Abb. 146. Vereinbarungen sind auf dieser Stufe nicht zu treffen, da hier eine Einheit besteht zwischen den im Befehl beschriebenen Angaben über die auszuführenden Operationen und den tatsächlich ausführbaren Operationen, sowie

Maschinenprogramm			Bedeutung
Operationszeit	Register	Adresse	
07	2	326	Addiere ⟨326⟩ zu ⟨Register 2⟩
02	2	436	Speichere ⟨Register 2⟩ nach Zelle 436
01	3	064	Lies ⟨064⟩ in Register 3
07	3	2	Addiere ⟨Register 2⟩ zu ⟨Register 3⟩

Abb. 146. Teil eines Maschinenprogramms

zwischen der Angabe über die zu verarbeitenden Operanden und der Codierung der tatsächlichen Positionen- unter denen diese Operanden im Speicher zu finden sind. Die Programmierung auf dieser Stufe der Maschinensprache durchzuführen, ist aufwendig und langwierig.

. Man versuchte deshalb sehr frühzeitig in der Geschichte der elektronischen Rechentechnik die Programmierung menschengerechter zu gestalten. Es bietet sich an, die Operationsangaben durch die im Sprachgebrauch üblichen Abkürzungen wie ADD, MULT, LIES u. ä. zu beschreiben oder die zu verarbeitenden Operanden mit problemnahen Namen zu versehen und diese in den Befehlen anstelle der absoluten Adressen des Speichers zu verwenden. Das verlangt aber, Vereinbarungen festzulegen. Der Zusammenhang zwischen dem Namen des Operanden und der Adresse im Speicher, d. h. der Zelle, in der das Wort zu finden ist, muß in einem Adreßbuch festgehalten sein. Der nächste Schritt in der Vereinfachung der Programmierung übertrug dann die Erstellung und Verwaltung dieses Adreßbuches an den Rechenautomaten. Damit erreicht man die Stufe der sogenannten Assemblerprogramme.

Das führte von einer Zweiteilung des Gesamtprozesses der Anwendung der Rechentechnik:

— Aufstellen des Programmes in der Maschinensprache,
— Abarbeitung in der Rechenanlage;

zu einer Dreiteilung:

— Aufschreiben des Programmes in Assemblersprache,
— Eingabe und Übersetzen dieses Assemblerprogrammes in ein Maschinenprogramm,
— Abarbeiten des Maschienprogrammes.

Ein nächster Schritt der Rationalisierung der Programmierarbeiten wurde durch die Anwendung der *Unterprogrammtechnik* getan. Es zeigte sich sehr bald, daß in vielen Programmen wiederholbare, gleiche Teilabschnitte zu finden waren. Derartige Teilalgorithmen, wie etwa die Berechnung von Quadratwurzeln, von trigonometrischen Funktionen, die Lösung eines Gleichungssystems u. a., konnten aufbereitet und als Unterprogramme für die Einordnung in eine umfassendere Aufgabe bereitgestellt werden. In einem gewissen Sinne wird damit dieser Teilalgorithmus zu einer durch einen Namen aufrufbaren Operation.

Über die Adressenänderung 1. Art ist es möglich, diese Unterprogramme in sich abgeschlossen als autonomes Programm aufzubauen, während die Adressenänderung 2. Art die Voraussetzung schafft, daß die Parameter aus dem Rahmenprogramm an das Unterprogramm übertragen werden können und die Rückgabe der Ergebnisse an dieses Rahmen- oder Hauptprogramm mühelos und ohne zusätzliche Belastung des Programmierers erfolgen kann. Es wurde versucht, die noch immer bestehenden Schwierigkeiten bei der Beschreibung des Algorithmus in einer dem Problemkreis angepaßten Form durch die Entwicklung von problemorientierten Programmiersprachen weitgehend zu verringern. Für mathematisch-technische Probleme wurden ALGOL und FORTRAN, für kommerzielle Belange COBOL und schließlich mit dem Versuch einer Integration über all diese Einsatzgebiete PL/1 geschaffen.

Je weiter sich diese Sprachen von der Maschinensprache in Syntax und Semantik entfernen, um so umfangreicher sind die zu treffenden Vereinbarungen. Es sind Vereinbarungen über die Typen der Operanden, über Namen, Speicherplatzbedarf, Unterprogramme u. v. a. m. zu fixieren. Damit verbunden werden die zu jeder Sprache gehörigen Übersetzer, die Compiler, immer aufwendiger. Die Programme, die in dieser problemorientierten Sprache geschrieben sind, werden durch den Compiler in abarbeitbare Maschinenprogramme übersetzt.

Für eine Vielzahl von Fachgebieten sind Spezialsprachen entstanden, die die Formulierung von Rechenvorschriften in enger Anlehnung an vorliegende Formulierungsgewohnheiten dieser Gebiete berücksichtigen. Sie geben damit dem Nutzer die bestmögliche Unterstützung bei der Anwendung der Rechentechnik. Damit sind dem im Anwendungsbereich arbeitenden Programmierer eine Reihe von Schwierigkeiten abgenommen worden, der Aufwand auf der Seite der Sprach- und Compilerentwicklung ist jedoch enorm gewachsen. Über die Entwicklung von Metasprachen, die eine eindeutige Definition einer neuen Sprache in einer übergeordneten allgemeinen Sprache zulassen, versucht man, mit der Definition der Sprache gleichzeitig den zugehörigen Compiler automatisch zu gewinnen.

Für die weiteren Ausführungen werden wir uns auf Assemblersprachen und auf FORTRAN stützen, ohne dabei eine der vielen Versionen dieser Sprache konkret zu verwenden. Wir wollen voraussetzen, daß die Grundkenntnisse in FORTRAN-Programmierung vorhanden sind. Für die Charakterisierung der Programmierung von Problemen der grafischen Datenverarbeitung werden wir nur einige Elemente aus FORTRAN heranziehen müssen. Wir wollen auch weiterhin von einem 24 bit Wort ausgehen. Im Befehlswort werden Operationsangabe, Adressenangabe und Angabe eines Indexregisters eingefügt. Die Operanden können Zahlen im festen Komma oder Gleitkommazahlen sein.

Von besonderer Wichtigkeit sind im Rahmen unserer Zielstellung die *Ein- und Ausgabebefehle.* Grundsätzlich ist bei modernen Maschinen der Ein- und Ausgabebefehl sowohl in der Assemblersprache als auch in der problemorientierten Sprache (FORTRAN) aus zwei getrennten Teilen aufgebaut. Der eigentliche Befehl wird durch ein zugeordnetes Steuerfeld spezifiziert. In diesem Steuerfeld sind die weiteren, für die Durchführung der Operation notwendigen Angaben enthalten, wie z. B. Speicherbereich, in dem die auszugebenden Daten stehen bzw. in dem die einzugebenden Daten gespeichert werden müssen, Darstellungsform der Daten, Fehlerbehandlung u. a. Diese Angaben sind in Abhängigkeit von der Rechenanlage sehr verschieden. In Abb. 147 ist der Zusammenhang zwischen Ausgabebefehl, Steuerfeld, Datenspeicherbereich und Ausgabegerät dargestellt worden. In einem FORTRAN-Programm werden diese Ein- und Ausgabeanweisungen ähnlich aufgebaut. Der Befehl enthält die Angaben, welche FORMAT-Anweisungen gültig ist und welches Datenfeld die zu ver-

arbeitenden Daten enthält, während die FORMAT-Anweisung die Umwandlung, Darstellung und Anordnung der Daten selbst regelt.
Der Ausgabe der Daten ist ein Programmabschnitt voranzustellen, der den Aufbau des *Ausgabedatenfeldes* vornimmt. In Abhängigkeit vom peripheren Gerät und dessen Arbeitsweise muß das Datenfeld entsprechend strukturiert werden. Für einen Paralleldrucker müssen die auf einer Zeile anzuordnenden Zeichen einschließlich aller Sonderzeichen in BCD-Codierung sowie alle Leerstellen in aufeinanderfolgenden Worten des Datenfeldes eingetragen werden. Dazu muß

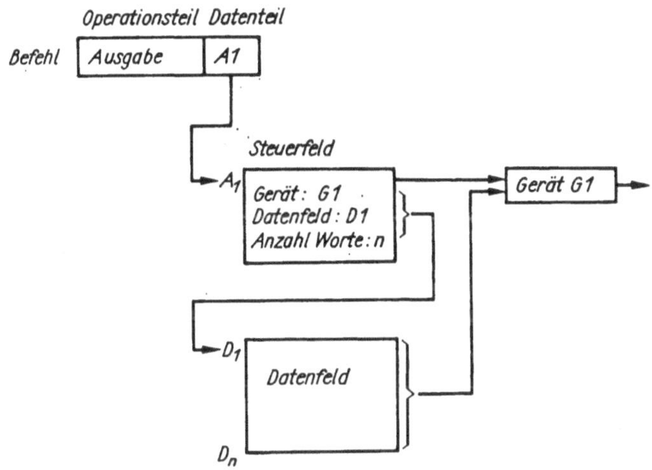

Abb. 147. Schema der Abarbeitung eines Ausgabebefehls

u. a. bei der Aufbereitung des Ausgabefeldes ein Unterprogramm für die Umwandlung der intern verwendeten Dual- in die binär verschlüsselte Dezimalzahlzahldarstellung (BCD) aufgerufen werden. Der Compiler ordnet dann automatisch bei der Übersetzung des Ausgabefeldes in eine Folge von Maschinenbefehlen die hierfür benötigten Unterprogramme aus der Bibliothek ein. Die Aufbereitung des Datenfeldes wird also stets in Abhängigkeit vom verwendeten peripheren Gerät geschehen. Die Arbeit des Programmierers reduziert sich damit bei der Behandlung von Ein- und Ausgabeoperationen im wesentlichen auf die Aufbereitung dieses Datenfeldes. Dadurch ist es im Prinzip auch uninteressant, ob der eigentliche Ausgabebefehl den Datentransport direkt zu einem peripheren Ausgabegerät mit externer Darstellung vornimmt oder die Daten über ein anderes Ausgabegerät zunächst auf einen maschinenlesbaren Datenträger wie Lochstreifen, Magnetband ausgegeben werden, von dem aus dann zu einem beliebigen späteren Zeitpunkt die Steuerung des pheriperen Gerätes mit externer Darstellung (Drucker, Zeichentisch) erfolgen kann.

2.3.2. Besonderheiten der Programmierung von peripheren Geräten für die grafische Datenverarbeitung

Es wird sich zeigen, daß wir eine Trennung zwischen den Eingabe- und Ausgabegeräten einerseits, die hinsichtlich ihrer Funktion des Datentransportes den oben besprochenen konventionellen Geräten gleichzusetzen sind und den Dialoggeräten andererseits vornehmen können, die sich hinsichtlich des Aspektes der Echtzeitverarbeitung auszeichnen. Zunächst einige allgemeine Bemerkungen zur ersten Klasse. Wir zählen zu dieser Klasse die Ausgabegeräte: Zeichentisch, Plotter, passives Bildschirmgerät und die Eingabegeräte: Digitalisiergerät, Meßmaschine, Auswertegerät. Es läßt sich ein ähnlicher Ablauf im Datentransport wie bei den konventionellen Ein- und Ausgabegeräten erkennen.

Grundsätzlich gilt für diese Ausgabegeräte, daß durch ein vorbereitendes Programm das zugeordnete Datenfeld, den Besonderheiten der Arbeitsweise des Gerätes angepaßt, entsprechend aufzubereiten ist. Die Ausgabe im engeren Sinne wird dann wie oben durch einen Befehl ausgelöst, der den Transport zum peripheren Gerät durchführt. Für die Eingabegeräte gilt entsprechendes. Der Eingabebefehl steuert den Datentransport vom Gerät zum Datenfeld. Ein Aufbereitungsprogramm organisiert dann die Bereitstellung der Daten in angepaßter Form für die Weiterverarbeitung (Abb. 148). Welche Konsequenzen ergeben sich daraus? Wie wir gesehen haben, liegt den Strukturen der grafischen Ein- und Ausgabe ein hierarchischer Aufbau zugrunde, sowie er im Kapitel 1.1. beschrieben wurde. Das muß sich natürlich auch in den das Datenfeld aufbereitenden Programmen niederschlagen. In den folgenden Kapiteln werden wir uns deshalb mit zwei Aufgaben befassen müssen.

Die erste Aufgabe wird den Aufbau des Datenfeldes und die Erzeugung der Einzeldaten für dieses Datenfeld auf der Basis von Grundprogrammen umfassen. Darauf aufbauend wird die zweite Aufgabe die Untersuchung der Struktur der Anwenderprogramme und ihre Hierarchie betreffen, um auf diesen Grundprogrammen aufbauend komplizierte grafische Gebilde in problemgebundener Beschreibung verarbeiten zu können. Dadurch wird die Verbindung zwischen der

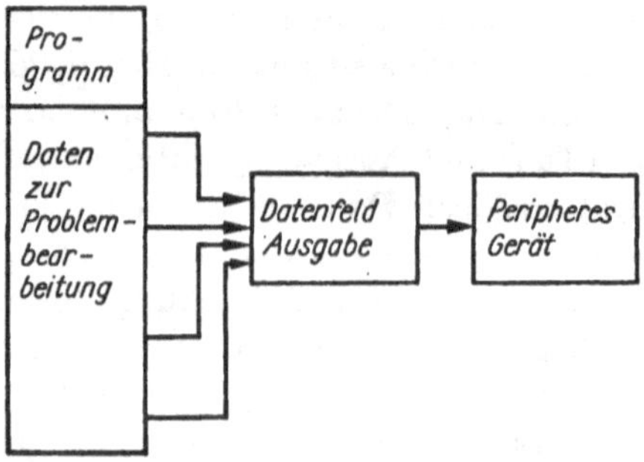

Abb. 148. Zusammenhang: Programm-Ausgabedatenfeld – peripheres Gerät

internen Problemstruktur der Daten und der Ausgabestruktur für das periphere Gerät hergestellt.

Die zweite Klasse, die Klasse der Dialoggeräte läßt sich hinsichtlich der Ausgabefunktion diesen konventionellen Geräten gleichstellen. Nur bei der Eingabe von Daten wird der Aspekt der Echtzeitverarbeitung insofern wirksam, als hier die Steuerung und Auslösung zunächst vom Nutzer, vom Menschen und nicht vom Programm mit seinem festen Ablauf geschieht. Tatsächlich ist bei der Eingabe im Dialogbetrieb eine Zweiteilung des Ablaufs vorzunehmen. Der aktive Eingriff als Eingabe durch den Menschen erzeugt ein Signal, das diesen Wunsch an den Interruptverarbeitungsteil des Operationssystems weiterleitet. Von hier aus wird zum geeigneten Moment ein auf diese Eingabe vorbereitendes Programm aktiviert, das dann wieder unproblematisch wie bei einem konventionellen Eingabegerät diese Eingabe vollzieht und die Daten in einem vorgegebenen Datenfeld abspeichert, wobei es hier im allgemeinen nur kurze Nachrichten, meist aus zwei oder drei Worten bestehend, sein werden, die bei diesem Eingabeprozeß übernommen werden müssen. So, wie für jede Ausgabeoperation ein spezieller Befehl im Programm vorliegen muß, so muß auch für jeden aktiven Eingriff ein derartiger Befehl vorbereitet sein, dessen Zeitpunkt der Wirksamkeit lediglich erst durch den Nutzer bestimmt wird.

2.3.2.1. Programmierung der grafischen Ausgabegeräte

Im Kapitel 2.2.2.2. hatten wir die Arbeitsweise der Zeichenautomaten beschrieben. Wir waren davon ausgegangen, daß als beschreibende Daten des zu zeichnenden Gebildes eine Liste von Punktkoordinaten gegeben ist. Diese Punkte sind in vorgegebener Folge entweder durch Strecken gradlinig zu verbinden, durch Kurvenzüge zu approximieren oder es sind an diesen Positionen bestimmte Symbole zu drucken. Je nach hardwaremäßiger Ausstattung des Zeichenautomaten, z. B. in Abhängigkeit von der Verwendung eines Steuerrechners, ist die *Struktur der Steuerinformationen* zum Zeichnen einer bestimmten Struktur, also für die gleiche Aufgabe, von Gerät zu Gerät unterschiedlich. Die Erzeugung dieser Folge von Steuerinformationen für die Herstellung einer Zeichnung wird vom Gerätehersteller durch ein mit der Zeichenanlage mitgeliefertes Paket von Algorithmen unterstützt. Dieses Paket von Algorithmen wird entweder für eine bestimmte Maschine oder für Rechenautomatentypen bereitgestellt. Wir sprechen hier von einem Basisprogrammpaket.

Dieses Basisprogrammpaket verarbeitet die Elemente aus der Menge der festgelegten Grundelemente und erzeugt dabei die Folge von Steuerinformationen, die der Zeichenautomat zur Herstellung des Grundelementes auf der Zeichenfläche benötigt. Diese Steuerinformationen für die Bewegung des Zeichenstiftes werden in das Datenfeld eingeschrieben und entweder sofort oder dann, wenn das Datenfeld aufgefüllt ist, an den Zeichenautomaten zur Verarbeitung übertragen. Natürlich ist auch die Übertragung auf einen zwischengeschalteten Datenträger möglich.

Kann der Zeichentisch oder Plotter nur Schritte in einer der 8 in Abb. 77 angegebenen Richtungen a_i zum benachbarten Rasterpunkt durchführen, dann müssen im Datenfeld diese Folgen von Richtungsangaben aufbereitet werden. Das hierzu erforderliche Approximationsprogramm (Basisprogramm) wandelt die Informationen der Datenbasis (x_1y_1, x_2y_2), die eine Strecke beschreibt, in die Folge $(a_{i_1}, a_{i_2}, a_{i_3}, \cdots, a_{i_n})$ von Steuerinformationen für den Zeichenautomaten um.

Neben dieser *Grundoperation* der Steuerung und Bewegung des Zeichengerätes sind eine Reihe weiterer Grundoperationen typisch:

- Elementarschritt in einer der 8 möglichen Richtungen,
- Stift heben oder Stift senken,
- Auswahl eines Stiftes,
- Druck des ausgewählten Symbols.

Die *Basisprogramme*:

GV : Gradliniges Verbinden von Punkten,
KV: Kurviges Verbinden von Punkten (3 Punkte, durch Parabel approximieren),
SY : Schreiben oder Drucken von Symbolen,
BZ : Beginn einer Zeichnung,
EZ : Ende einer Zeichnung

erzeugen die für die Ausführung dieser Grundoperationen notwendigen Steuerinformationen in der erforderlichen Reihenfolge. Die Eingangsinformationen für diese Basisprogramme werden aus der Datenbasis entnommen.

Diese Basisprogramme sind im allgemeinen in der Maschinensprache eines speziellen Rechenautomatentyps geschrieben. Die unter Verwendung dieser Basisprogramme geschriebenen Programme, die entweder Daten über Datenträger oder direkt an einen Zeichenautomaten weitergeben, sind dadurch sowohl rechenmaschinenabhängig als auch zeichenautomatenabhängig. Soll ein anderer Zeichenautomat zur Herstellung der Zeichnung verwendet werden, so ist ein neues Programm zu schreiben, daß auf dem, diesem Zeichenautomaten zugeordneten Satz von Basisprogrammen aufbaut.

In den wesentlichen Anwendungsfällen lassen sich die Zeichnungen aus einfacheren Elementen aufbauen. Diese Erkenntnis kann der Programmierung für Zeichenautomaten zugrundegelegt werden.

Auf der nächsthöheren Ebene können dann die sog. *Grundbausteine* definiert werden. Ein derartiger Grundbaustein zerlegt die Zeichenbewegung für die Darstellung einer komplexen Struktur in eine Reihe von Grundoperationen, die durch Basisprogramme automatisch ausgeführt werden können. Diese Grundbausteine sind entweder in Maschinensprache oder in einer problemorientierten Sprache geschrieben und werden für den Anwendungsprogrammierer als Unterstützung bereitgestellt. Die Namen der freien Parameter dieser Grundbausteine werden der Geometrie angepaßt ausgewählt. Der Programmierer kann für seine speziellen Aufgabenbereiche weitere Grundbausteine definieren und ausarbeiten. Eine Auswahl üblicher Grundbausteine enthält Abb. 149 (nach [18]).

Als Beispiel für die Zerlegung der durch den Grundbaustein zu zeichnenden Struktur in Basiselemente wählen wir einen Ausschnitt aus dem Grundbaustein: Rechteck. Aus den Parametern: Länge, Höhe, Lage des linken Eckpunk-

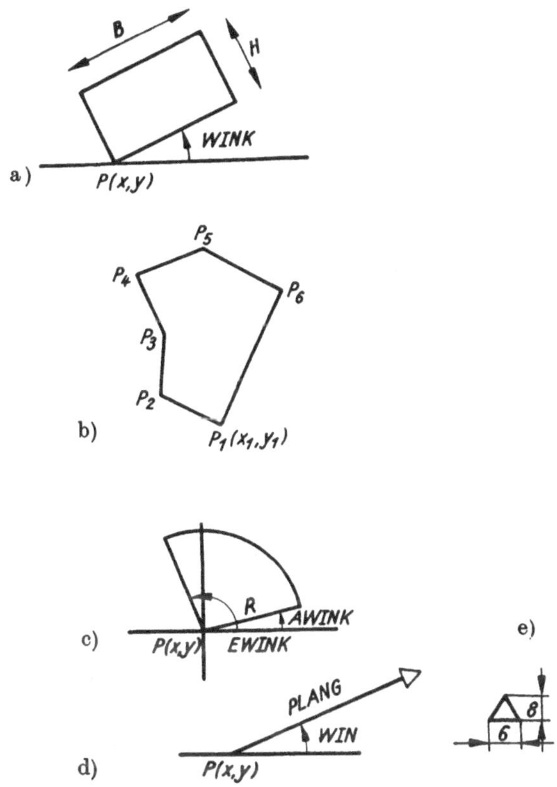

Abb. 149. Einige Beispiele für Grundprogramme

a) REECK (X, Y, B, H, WINK, PAR)
b) POLECK (X_1, Y_1, N, XF, PAR)
XF, YF: Datenfeld der N − 1
Punkte $P_2 \cdots P_N$
c) KRSBOG (X, Y, R, AWINK, EWINK, PAR)
d) PFEIL (X, Y, WIN, PLANG, PAR)

tes und Winkel zur x-Achse, müssen die Parameter für die Unterprogrammaufrufe der Basisprogramme, hier des Basisprogramms „Gradliniges Verbinden", aufgerufen durch „CALL LINE" ermittelt werden. Abb. 150 zeigt diesen Programmausschnitt.

Diese Grundbausteine können in dieser Hierarchie selbst wieder als Elemente zum Aufbau komplexerer Strukturen Anwendung finden. Wir sprechen dann von *Problembausteinen.* Während die Grundbausteine noch frei von Beziehungen zu einen Anwendungsgebiet sind, beziehen sich die Problembausteine auf Anwendungskomplexe, die meist industriezweiggebunden sind. Als Beispiele können wir im Bereich Elektrotechnik: Transistoren, Widerstände, Schalter, im Bereich Bauwesen: Fenster, Türen u. ä. ansehen.

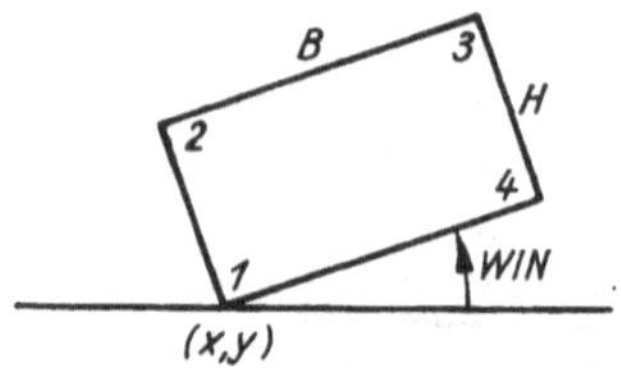

Abb. 150. Abarbeitung des Grundbausteins: Rechteck

Gegeben:
X, Y, B, H, WIN, PAR
Berechnung der vier Eckpunkte
$(x_1, y_1), (x_2, y_2), (x_3, y_3), (x_4, y_4)$
CALL LINE (N PUNK, X FELD, Y FELD, PAR)
N PUNKT $= 4$
X FELD $= x_1, x_2, x_3, x_4$
Y FELD $= y_1, y_2, y_3, y_4$

Werden die Programme für komplette Zeichnungen in dieser Hierarchie aufgebaut, so ist dieses Programm über die Basisprogramme, auf deren Aufrufe der Ablauf zurückgeführt wird, in dieser Form noch an den verwendeten Zeichenautomaten gebunden. Die Verwendung einer problemorientierten Sprache für die Grund- und Problembausteine sichert zwar eine Unabhängigkeit vom verwendeten Rechenautomaten, wenn die Basisprogramme in der jeweiligen Maschinensprache zum Einbau durch den Compiler zur Verfügung stehen, aber nicht vom eingesetzten Zeichenautomaten.

Die Vielzahl der vorhandenen Zeichenautomaten mit ihren unterschiedlichen Basisprogrammen verlangt nach einer Rationalisierung der Erstellung von Zeichenprogrammen. Der Gedanke, derartige Zeichenprogramme bei der Erstellung *zeichenautomatenunabhängig* zu machen, wurde im Programmsystem AUZEI [17, 18] durch den Aufbau eines mehrstufigen Paketes von Programmen realisiert. Erst im Prozeß des Compilierens des Zeichenprogrammes muß eine Festlegung auf den verwendeten Zeichenautomaten erfolgen. Durch den Computer werden dann die hierzu notwendigen Basisprogramme eingegliedert.

Neben einer übersichtlichen hierarchischen Gliederung der Bausteine in diesem Programmpaket wurde der Weg gegangen, zwischen Basissoftware und Grundbausteinen die sog. *Anpassungsprogramme* einzufügen. Die Idee liegt darin, daß die Anpassungsprogramme zwar noch zeichenautomatenabhängig sind, aber vom verwendeten Zeichenautomaten unabhängige Namen und Parameter besitzen. Diese Anpassungsprogramme werden in den Grundbausteinen anstelle der Basisprogramme angesprochen und machen damit diese Grundbausteine zeichenautomatenunabhängig. Das gilt dann genau so für die auf den Grundbausteinen aufzubauenden Problemprogramme. Diese zeichenautomatenabhängigen Anpassungsprogramme haben die Aufgabe, die unabhängigen und allgemeingültigen Namen und Parameter in die Form umzuwandeln, wie sie für die in Frage kommenden Basisprogramme benötigt werden um die Anrufe dieser Basisprogramme aufzustellen. Diesen Zusammenhang zeigt Abb. 151. Die Schwierigkeiten liegen in der Vielfalt der unterschiedlichen Parameter, die die Basisprogramme auf Grund der differenzierten Hardware fordern. Es muß sowohl für die geometrischen Größen als auch für die Technologie der Zeichnungsherstellung eine Anzahl von Parametern vorgesehen werden.

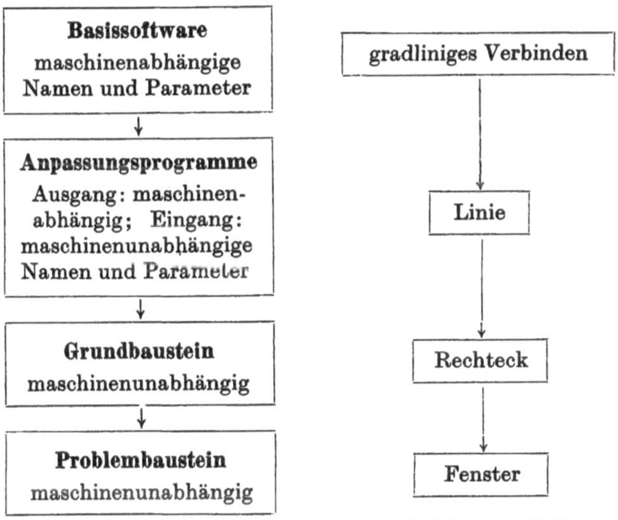

Abb. 151. Programmkonzeption AUZEI (nach [18])

Wir müssen noch eine andere wichtige Frage untersuchen. Verwendet der Programmierer dieses eben beschriebene Programmpaket, dann müssen wir voraussetzen, daß die Vorstellungen über die grafische Darstellung, die auf dem Zeichenautomaten angefertigt werden soll, bereits explizit vorliegen. Mit diesem Programmpaket, es kann als einfache Form einer grafischen Sprache aufgefaßt werden, formuliert und beschreibt der Programmierer den zeitlichen Ablauf der Herstellung der Zeichnung, d. h. den Weg des Zeichenstiftes als Funktion der Zeit. Auch in der nächsthöheren Ebene der Grund- und Problembausteine findet sich die zeitliche Folge der Aktivierung bereits im Programmablauf fixiert wieder. Im Prinzip liegt dem Herstellungsprozeß des Steuerstreifens für eine numerisch gesteuerte Werkzeugmaschine die gleiche Vorgehensweise zugrunde. Die speziellen Sprachen für die Programmierung von NC-Maschinen: SYMAP, APT, EXAPT u. a. haben den Schwerpunkt in der Beschreibung der Geometrie des Weges, den das Werkzeug zurückzulegen hat. Diese Wegbeschreibung ist mit Steuerinformationen, wie Werkzeugwechsel, Änderung der

Geschwindigkeit des Vorschubs bzw. Drehzahländerung des Werkzeuges als Repräsentanten der Technologie des Bearbeitungsprozesses gekoppelt.

Zusammenfassend kann man die analoge Arbeitsweise, wie sie für die Herstellung einer Zeichnung bzw. eines Lochstreifens für eine NC-Maschine Anwendung findet, charakterisieren: Beschreibung der Geometrie des Weges des Werkzeuges über der Zeit.

Das kennzeichnet die Aufgabenklasse, für die diese Arbeitsweise eingesetzt werden kann. Sie ist dann einsetzbar, wenn zum Zeitpunkt der Programmierung die Beschreibung der Geometrie, d. h. der grafischen Darstellung, komplett vorliegt. Die Transformation der Geometriebeschreibung in die zeitabhängige Folge von Steuerinformationen zur Herstellung der Zeichnung wird durch den Programmierer vorgenommen.

Eine Erweiterung des Anwendungsfeldes ergibt sich dann, wenn die in den Programmen für die Beschreibung der Struktur auftretenden Parameter veränderlich gestaltet werden. Das bedeutet, eine Klassenbildung der grafischen Darstellungen vorzunehmen, wobei sich die Elemente einer Klasse nur durch die Werte numerisch beschriebener Parameter unterscheiden. Eine derartige Klasse zeigt Abb. 152. Durch Angabe des Wertes „0" für einen Parameter können Teile des Gebildes dieser Klasse gelöscht werden.

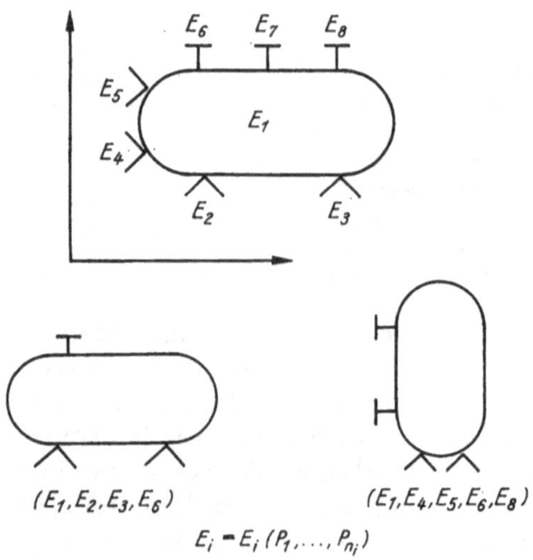

Abb. 152. Einige Beispiele aus der Klasse: Behälter

Vor der Abarbeitung eines derartigen Programmteils müssen die formalen Parameter durch Wertzuweisungen oder über Eingabepozeduren mit aktuellen Parametern versehen werden. Abb. 153 zeigt das Flußbild des Ablaufs beim Zeichnen eines aus fünf Rechtecken bestehenden Fensters.

Diese Technik ist mit der bekannten Unterprogrammtechnik zu vergleichen und in ihrer Wirkung mit ihr identisch. Die Verwendung von formalen Para-

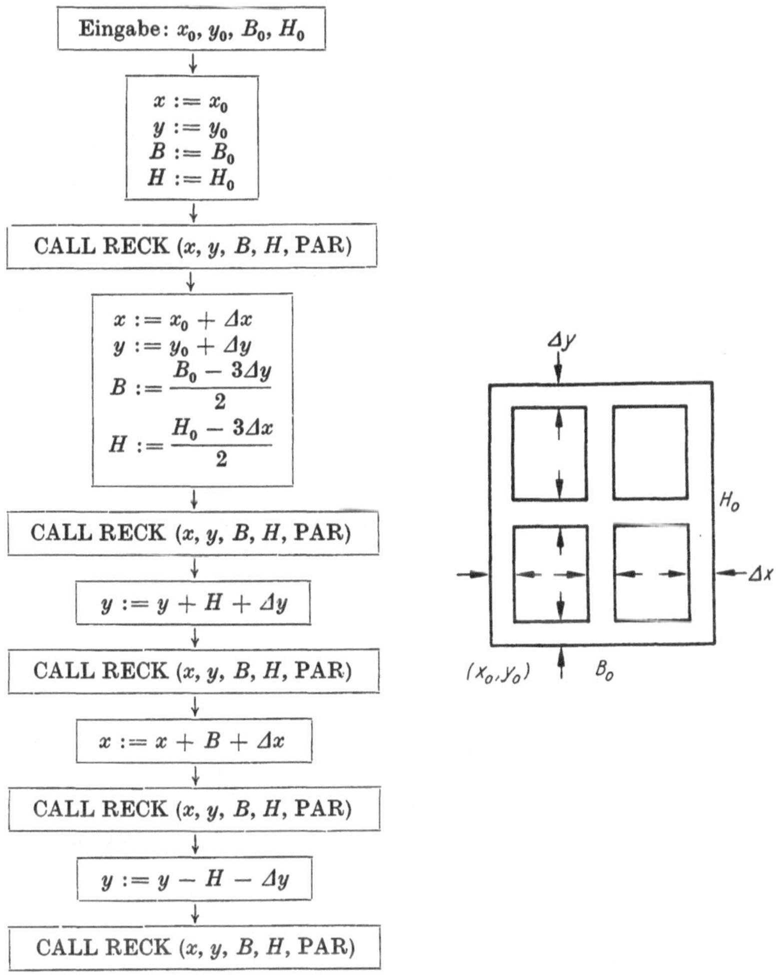

Abb. 153. Flußbild für das Zeichnen eines Fensters, B_0 – Breite des Fensters, H_0 – Höhe des Fensters, Δx, Δy – Breite der Ränder und Stege

metern sichert den Zugriff vom problembezogenen Verarbeitungsprozeß auf diese Darstellungsroutinen. Im Dialogbetrieb vom Menschen gesteuerte Manipulationen und die Durchführung von Operationen eines übergeordneten Programms können durch die Anwendung entsprechender Verarbeitungsroutinen auf die Parameter verwirklicht werden. Es ist hier etwa an die Verschiebung eines Rechtecks im Dialog, die Veränderung des Durchmessers eines Kreises durch ein Problemprogramm o. ä. zu denken. Im Ergebnis der Abarbeitung eines derartigen Programms wird eine Folge von Steuerinformationen für den Zeichenautomaten erzeugt. Für die Anwendung von problemorientierten Verarbeitungsroutinen müssen oft zusätzliche, das Gebilde beschreibende Parameter angegeben werden, die keinen direkten Bezug zur grafischen Darstellung haben.

Im Kapitel 1.1. war der Zusammenhang zwischen geometrischem Objekt und grafischer Darstellung erläutert worden. An dieser Stelle ist dieser Zusammenhang in Form nutzbarer Programme darzustellen. Es bietet sich an, von den Datenstrukturen auszugehen, die sowohl die für die problemorientierte Verarbeitung notwendigen Daten als auch die für die Beschreibung des geometrischen Objektes erforderlichen Informationen geeignet aufbereitet und strukturiert enthalten. Auf diese, die Geometrie beschreibenden Datenstrukturen können dann auch die durch Eingriffe im Dialogbetrieb gesteuerten Operationen des Manipulierens wie z. B. Rotation, Translation sowie die Festlegung der Parameter der jeweiligen Abbildung des 3-dimensionalen geometrischen Objektes in die 2-dimensionale Ebene bezug nehmen. Variierbare Angaben des Projektionszentrums, der Projektionsebene und der Art der Projektion sowie die Vorgaben des Ausschnittes, der abzubilden ist, liefern die verschiedenen Ansichten in der Ebene des Zeichenautomaten. Programme zur Ermittlung der verdeckten Linien verändern nochmals diese Ausgabeinformationen.

Lassen wir noch zu, daß geometrische Objekte in bestimmte relative Lagen zueinander gebracht werden können und sich z. B. durchdringen, so müssen wir die Voraussetzungen schaffen, daß diese Programme zur Ermittlung z. B. der Schnittkurven bzw. Schnittlinien ebenfalls auf diese Datenstrukturen zurückgreifen können. In Abb. 154 sind diese Zusammenhänge dargestellt. Die Version DIGRA-70 [5] ist auf dieser Basis aufgebaut. Ein allgemeingültiges Zeichenprogramm sorgt dann für die Ableitung und Ermittlung der Steuerinformationen für den Zeichenautomaten aus dieser Datenstruktur. Über die Abfrage und Verarbeitung der einzelnen Elemente der Datenstruktur wird die Menge der Grundgebilde ermittelt, die auf dem Zeichentisch herzustellen sind. Die Reihenfolge, in der der tatsächliche Zeichenprozeß der Elemente abläuft, ist bei einer derartigen Gestaltung des Ablaufs zufälliger Natur und wird durch die aufgebaute Datenstruktur bestimmt, die selbst durch das Problemprogramm und die durchgeführten Verarbeitungsroutinen strukturiert worden ist.

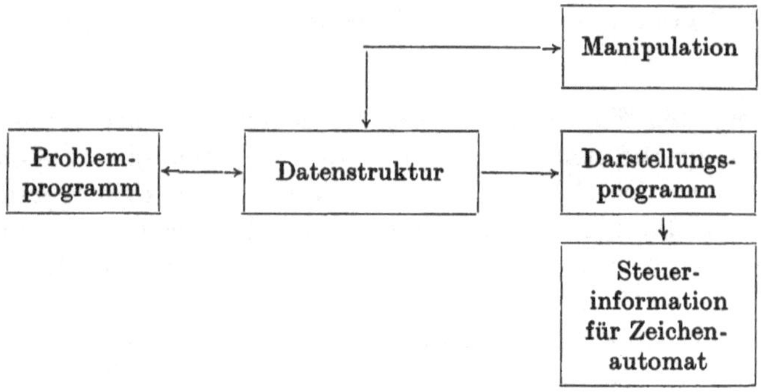

Abb. 154. Datenstrukturen im Zeichenprozeß

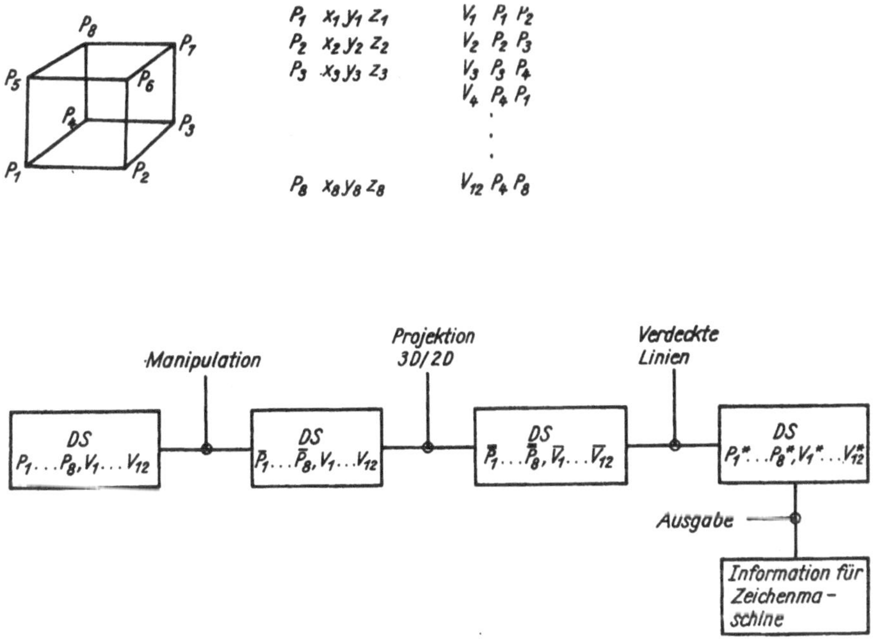

Abb. 155. Veränderung der Datenstruktur eines Würfels im Ausgabeprozeß, P_i — Punkte des Würfels, V_j — Kanten des Würfels

Wir wollen diesen Prozeß an einem sehr einfachen Beispiel verfolgen. Es sei, wie in Abb. 155 gezeigt, ein Würfel als Drahtgitter, als räumlicher Graph, gegeben. Dieses Gebilde wird durch die beiden Listen P und V, die Punktkoordinaten und die Verbindungen der Punkte enthaltend, in der Datenstruktur beschrieben. Manipulationen, etwa wie Rotation um eine Achse, Translation usw. verändern die Koordinatenwerte der Punkte und der Datenstruktur. Die Projektion des 3-dimensionalen Gebildes in die 2-dimensionale Ebene unter Vorgabe des Projektionszentrums und der Projektionsebene führt zu einer neuen Datenstruktur. Die Anwendung der Routinen zur Ermittlung der verdeckten Linien erzeugen wieder eine veränderte Datenstruktur, es können sowohl Punkte als auch Verbindungen gelöscht werden. Das Zeichenprogramm entnimmt dieser so veränderten Datenstruktur die Information über die in der Ebene des Zeichenautomaten darzustellenden Strecken.

2.3.2.2. Programmierung der grafischen Eingabegeräte

Die Erfassung und Eingabe von Informationen über technische Gebilde ist vielgestaltig und enger noch als bei der Ausgabe mit den technischen Problemen selbst verbunden. Digitalisiergerät, Universalmeßstand und Geräteosysteme der Industriephotogrammetrie sind die datenliefernden Geräte. Wir wollen die Eingabeprozesse von programmtechnischen Standpunkt aus zusammenfassen, da die Prozeduren in der Ebene (Digitalisiergerät) und im Raum (Meßmaschine) sehr ähnlich sind. Bei der Erfassung der Informationen über technische Gebilde liegt das Problem darin, festzulegen, welche Punkte — nur diese Elemente können durch die Geräte erfaßt werden — relevant sind, in welcher Reihenfolge sie zu ermitteln sind und wie ihre weitere Verarbeitung vollzogen werden muß, um zu den gewünschten Informationen über das technische Gebilde zu gelangen [270].

Mit der Festlegung der am technischen Gebilde zu messenden Punkte wird gleichzeitig die Form der internen Beschreibung des Objektes in der Rechenanlage erfaßt. Es bestehen enge Wechselwirkungen zwischen der Strategie der Punkterfassung und der internen Darstellung. Abb. 156 zeigt, wie die einzelnen Schritte durchzuführen sind. Durch die vorwiegend manuell durchgeführte Steuerung der Meßprozesse am Objekt ist es rationell, im off-line-Betrieb zu arbeiten, d. h. die erzielten Meßergebnisse über einen exterenen Datenträger, etwa auf einem Lochstreifen, zwischenzuspeichern.

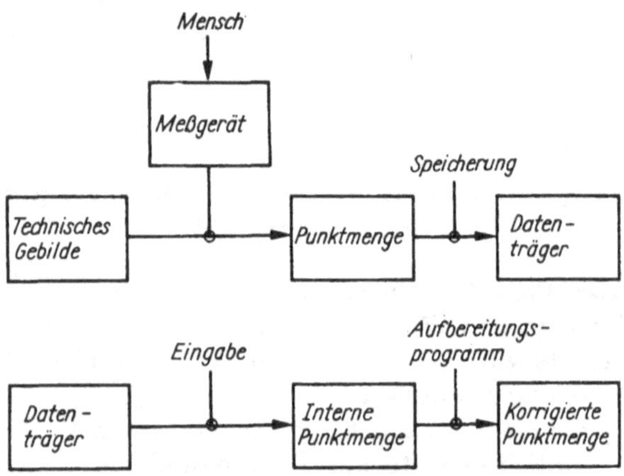

Abb. 156. Ablauf bei der Eingabe und Erfassung von Informationen über ein technisches Gebilde

Die vom Datenträger zu einem späteren Zeitpunkt in die Rechenanlage einzugebenden Daten der vermessenen Punkte müssen nun speziellen Aufbereitungsprozessen unterzogen werden. Dieser Aufbereitungsprozeß ist zweistufig. Der erste Prozeß korrigiert und gleicht gerätebedingte, sowie Meßverfahren eigene Fehler aus. In einem zweiten Prozeß wird dann die Ermittlung des gebildeeigenen Koordinatensystems und die Eingliederung der Punkte in dieses System vorgenommen.

Daran schließen sich, wenn notwendig, Prozesse der Glättung der ermittelten und aus der gemessenen Punktmenge abgeleitete Flächen und Kurven an. Für diese Prozesse können die in der Geodäsie entwickelten Verfahren eingesetzt und genutzt werden [185].

In Abb. 157 ist das Zusammenwirken der einzelnen Programme am Beispiel der *Industriephotogrammetrie* [272] dargestellt. Damit ist ein Weg der Eingabe von Informationen über ein vorliegendes technisches Gebilde beschrieben. In einer Reihe von Sonderfällen treten spezielle Probleme auf. Diese Probleme treten dort auf, wo aus einigen relevanten Punkten die vollständigen Informationen über Elemente wie Kurven, Flächen abzuleiten und in eine weiterverarbeitbare Form zu transformieren sind. Wir sprechen dann von der Ableitung der fehlenden Daten aus den eingegebenen Punktmengen und dem Ein-

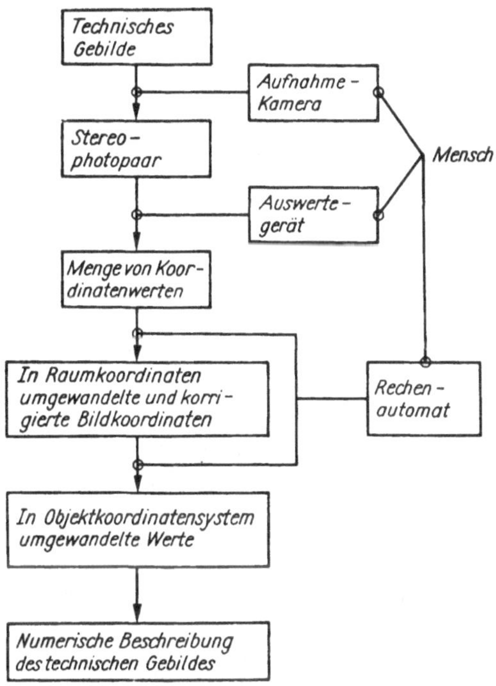

Abb. 157. Industrie-Photogrammetrie

tragen der aufbereiteten Daten in die internen Datenstrukturen. Diese letzte Aufgabe ist sehr stark problembezogen. Man kann immer davon ausgehen, daß neben den eigentlichen Meßdaten über die Punkte noch weitere Informationen einer semantischen Beschreibung der Gebilde mit erfaßt und eingegeben werden können. Diese als zusätzliche Informationen vom Menschen etwa über eine Tastatur in geeigneter Form eingegebenen Informationen vereinfachen wesentlich die Aufbereitungsprozesse der Meßdaten. So ist es möglich, etwa einer Punktmenge als ergänzende Information hinzuzufügen, daß es sich um die Beschreibung einer Ebene handelt. Dadurch können durch entsprechend zugeordnete Ausgleichsprozesse die die Ebene beschreibenden Parameter ermittelt werden.

Eine Problematik ganz anderer Natur begegnet uns beim Versuch, die Meßprozesse zu automatisieren. Die Automatisierung eines Meßvorganges verlangt die Bereitstellung eines entsprechend aufbereiteten Steuerprogramms. In diesem Steuerprogramm ist die Strategie des Vorgehens bei der Durchführung der Messung zu beschreiben. Ein derartiges System der automatischen Längenmessung MAUS [234, 235] beruht auf der Definition einer geeigneten Sprache zur Erfassung der Meßstrategie (Abb. 158).

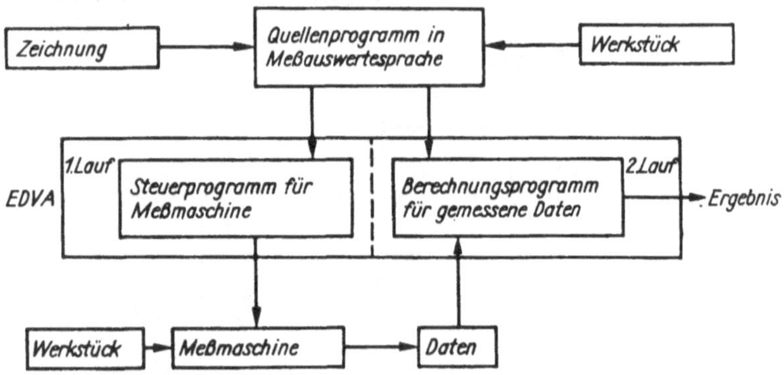

Abb. 158. Anwendung der Meßauswertesprache MAUS (nach [235])

In einem ersten Durchgang erzeugt die EDVA aus dem Quellenprogramm, das den Meßprozeß beschreibt, den Steuerstreifen für die automatische Durchführung der Messung an der numerisch gesteuerten Meßmaschine. Die Meßdaten werden in einem zweiten Lauf zum eigentlichen Resultat verarbeitet. Liegen bereits Informationen über das zu messende Gebilde vor, dann ist es möglich, in dieser Weise vorzugehen. Das ist dann der Fall, wenn ein Sollmodell intern beschrieben vorliegt und dieses durch Vergleich mit einem Istmodell in Bezug gesetzt wird, um Differenzen festzustellen. Hierfür aufgestellte Programmsysteme, die auf einer der NC-Programmierung ähnlichen Sprache beruhen, erlauben so die Beschreibung des Weges des Meßkopfes und der Meßstellen vorzunehmen, wobei eine Schwierigkeit in der Fixierung der Stellung des Abtastkopfes und seiner Gestaltung liegt.

Zur Eingabe von ebenen Darstellungen über Digitalisiergeräte und Kurvenverfolger gehören auch die Programme zur Approximation von Kurven, zur Auswertung dieser Struktur, die wir aber als Spezialgebiete hier nicht weiter verfolgen wollen.

2.3.2.3. Programmierung der Geräte des grafischen Dialogs

Die Vielfältigkeit des gerätetechnischen Aufbaues der Bildschirmgeräte verlangt zuerst die Festlegung einer einheitlichen Basis, auf die sich die zu beschreibenden Programme beziehen können. In Abb. 159 ist ein Bildschirmgerät, auf dessen Funktion wir die Programme des Dialogbetriebes aufbauen wollen, als

Blockbild dargestellt. Bei einer Veränderung dieser Gerätestruktur, etwa durch Aufnahme zusätzlicher Funktionen im Bildschirmgerät, ist natürlich auch die Erarbeitung eines erweiterten Satzes von Grundprogrammen, auf die die Programmierung der Anwendungsprobleme aufbaut, verbunden.

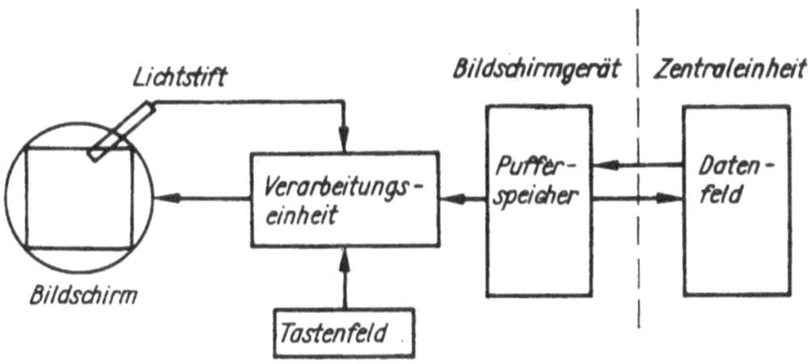

Abb. 159. Blockbild des für die Programmierung zugrunde gelegten Bildschirmgerätes (Vergleiche Abb. 106)

Wir werden uns in diesem Kapitel ausschließlich auf die Erarbeitung der Programme orientieren, die den Betrieb dieses Dialogsystems in der einfachsten Form gewährleisten. Die Leistungsfähigkeit eines derartigen Programmsystems und damit die Unterstützung, die eine derartige Menge an Grundprogrammen dem Programmierer geben kann, wird im wesentlichen durch die richtige Wahl dieser Grundprogramme bestimmt. Unter dem Begriff *Grundprogramme* werden wir die Programme verstehen, die den Informationsaustausch zwischen der *Datenbasis* und dem *Datenfeld,* auch Displayfile genannt, sichern. Unter Datenbasis verstehen wir dabei den Speicherbereich, der alle zum Problem gehörigen Daten, für die interne Verarbeitung aufbereitet, enthält. Das Datenfeld dagegen erhält die Informationen über die zu diesem Zeitpunkt auf dem Bildschirm dargestellten grafischen Strukturen, so wie es Abb. 160 zeigt.

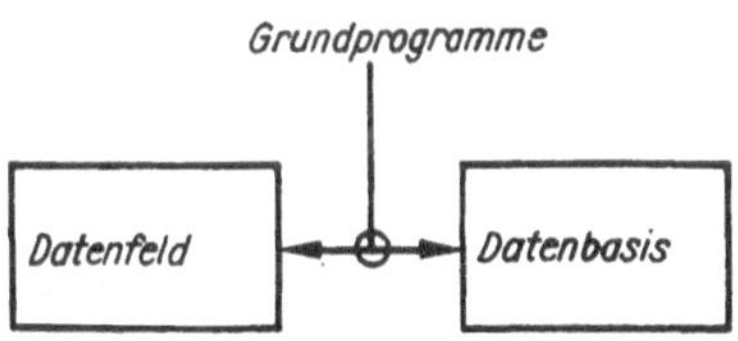

Abb. 160. Datenfeld — Datenbasis

Schwerpunktmäßig werden wir uns mit folgenden Aufgabenkomplexen befassen müssen:

— Grundprogramme zur Darstellung der ausgewählten Grundelemente auf dem Bildschirm und zum Aufbau komplexer Gebilde aus diesen Grundelementen,

— Grundprogramme zur Behandlung von aktiven Eingriffen über Lichtstift und Tastenfeld zur Steuerung der Manipulation und Verarbeitung der Elemente.

2.3.2.3.1. Grundprogramme zur Darstellung von Grundelementen auf dem Bildschirm

Wenden wir uns jetzt den Grundprogrammen zu. Zuerst werden wir die *Grundprogramme für die passive Ausgabe* auf dem Bildschirm, also zur Darstellung einer internen Situation, behandeln. Wir wollen uns noch einmal die Struktur der Worte vergegenwärtigen, die im Datenfeld zur Beschreibung einer Struktur auf dem Bildschirm aufgebaut werden müssen. Als Grundelemente stehen uns dort Punkte, Strecken (Vektoren) und Text zur Verfügung. Diese Worte sind in Abb. 161 angegeben. Wir wollen festlegen, daß die Ausgabe aus dem Datenfeld des Hauptspeichers in den Pufferspeicher des Bildschirmgerätes anschließend an die Abarbeitung einer Grundoperation, die neue Daten im Datenfeld erzeugte, automatisch erfolgt.

s_1 … s_{24}

0	0			x		y		Punkt-Wort
L	0			Δx		Δy		Vektor-Wort
0	L			T_1	T_2	T_3	T_4	Text-Wort

Abb. 161. Wortstrukturen im Datenfeld

Die Grundprogramme zur Darstellung von Grundelementen auf dem Bildschirm lassen sich auf Grund des Arbeitsfeldes in zwei Gruppen einteilen. Die erste Gruppe umfaßt diejenigen Grundprogramme für die Ausgabe von grafischen Darstellungen, die bereits in der Datenbasis mit den auf das Bildschirmkoordinatensystem bezogenen Koordinatenwerten arbeiten. Im allgemeinen ist dieses Koordinatensystem mit einer Quantelung von 1024×1024 Rasterpunkten versehen, so wie es in Abb. 162 ersichtlich ist. Damit ergibt sich eine Genauigkeit der Erfassung von Koordinatenwerten von $1^0/_{00}$. Diese Gruppe von Grundprogrammen kann dann eingesetzt werden, wenn es die Problemsituation zuläßt, daß in diesem, hinsichtlich Genauigkeit beschränkten Koordinatenbereich gearbeitet werden kann. Auch die Verarbeitungsprogramme beziehen sich dann auf dieses Koordinatensystem. Wenn man mit dieser Gruppe von Grundprogrammen arbeitet, muß zusätzliche Sorgfalt aufgewendet werden, um zu ver-

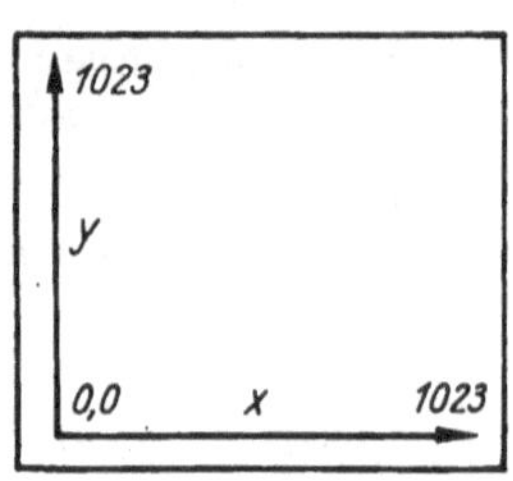

Abb. 162. Bildschirmkoordinatensystem

CALL PUNKT (X, Y, NAME)	X, Y – Koord. des Punktes
CALL STRECKE (XA, YA, XE, YE, NAME)	XA, YA – Koord. des Anfangspunktes XE, YE – Koord. des Endpunktes
CALL KREIS (XM, YM, R, NAME)	XM, YM – Koord. des Mittelpunktes R – Radius
CALL TEXT (XA, YA, G, T, NAME)	XA, YA – Koord. des Anfangs des Textes, G – Größe T – Text selbst

Abb. 163. Aufrufe für einige Grundprogramme mit ihren Parametern

hindern, daß Gebilde bei der Erzeugung oder bei Manipulation über das zulässige Arbeitsfeld reichen und damit verfälschte Darstellungen entstehen können. Mit den in Abb. 161 beschriebenen Worten sind die Ausgangswerte der Grundprogramme charakterisiert. Die Eingangswerte, sie stellen damit die Grundelemente der Datenbasis dar, sind durch Parameter gekennzeichnet, wie sie in der Liste der Grundprogramme Abb. 163 angegeben sind.

Ähnlich den in 2.3.2.1. beschriebenen Basisprogrammen transformieren die Grundprogramme die Beschreibungen von grafischen Darstellungen auf den Grundelementen der Datenbasis beruhend in die für die Darstellung auf dem Bildschirm erforderliche Folge von Steuerinformationen, in die Grundelemente des Datenfeldes. Im Hinblick auf die weitere Verarbeitung dieser dargestellten Objekte über den aktiven Eingriff des Nutzers ist es notwendig, einen einfach zu verarbeitenden Zusammenhang zwischen den auf dem Schirm dargestellten Objekten und damit der Beschreibung im Datenfeld und den in der Datenbasis eingetragenen Daten herzustellen. Dazu ordnen wir jedem Grundelement einen Namen zu. Die Verwendung einer relativen Adresse in der Datenbasis bietet sich hierfür an. FORTRAN läßt weiterhin die Möglichkeit zu, die Grundprogramme als Funktionsunterprogramme zu schreiben und über die Zuordnung eines Wertes eine Indextafel zur Erfassung der Zusammenhänge zwischen Datenbasis und Datenfeld aufzubauen [142] (Abb. 164).

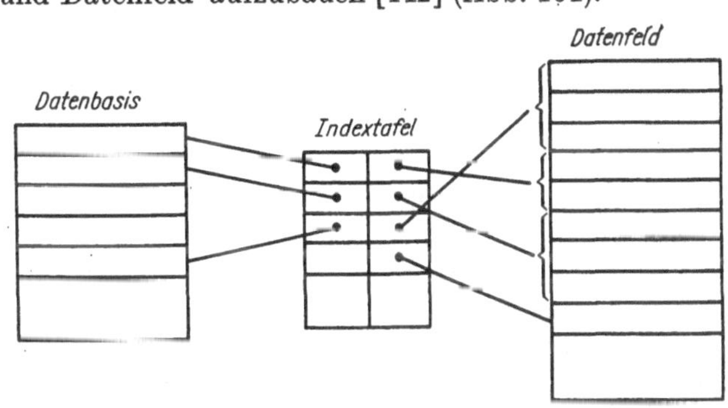

Abb. 164. Indextafel (nach [178])

Die zweite Gruppe von Grundprogrammen erfüllt die gleichen Funktionen wie die erste Gruppe, nutzt aber jetzt ein größeres Arbeitsfeld aus. Wir verwenden ein kartesisches Koordinatensystem mit dem Wertebereich -2^{23} bis $+2^{23}$ für jede Koordinatenachse, wie es bei Verwendung eines 24 bit Wortes möglich ist. In der Datenbasis werden die geometrischen Gebilde, in diesem Koordinatensystem beschrieben, eingetragen, die Anwendungsprogramme arbeiten ebenfalls in diesem Koordinatensystem.

Zwischen diesem internen Koordinatensystem und dem für die Darstellung weiterhin zu verwendenden Bildschirmkoordinatensystem mit 1024 $\times$ 1024 Rasterpunkten muß ein eindeutiger Zusammenhang hergestellt werden. Für die Abbildung einer im internen System beschriebenen Struktur auf dem Bildschirm muß eine entsprechende Transformation vorgenommen werden. Es bietet sich an, das Arbeitsfeld des Bildschirmkoordinatensystems als Fenster oder als Lupe zu verwenden und es an die für die Darstellung interessante Stelle des internen Koordinatensystems zu bringen.

Durch drei Parameter wird dieser Zusammenhang beschrieben:

- Zwei Koordinaten x_0, y_0 geben die Lage des Ursprungs des Bildschirmkoordinatensystems an, wobei wir immer eine achsenparallele Lage voraussetzen.
- Der sogenannte Vergrößerungsfaktor (ZOOM-Faktor) gibt das Verhältnis der beiden Arbeitsbereiche, des internen und des Bildschirmsystems an. Dieser Faktor ist die Länge des Bildschirmarbeitsfeldes im internen System. Ist das Verhältnis der Rasterung 1:1, so ist dieser Faktor 1023.

CALL URSPRUNG (X, Y)	X, Y – Neuer Ursprung des Bildschirm-Koordinatensystems im internen Koordinatensystem
CALL VERSCH URSP (X, Y)	X, Y – Verschiebe Ursprung nach x, y
CALL Z-FAKTOR (Z)	Z – Neuer Vergrößerungsfaktor

Abb. 165. Grundprogramme zur Herstellung der Verbindung: internes Koordinatensystem – Bildschirmkoordinatensystem

Eine Anzahl von zusätzlichen Grundprogrammen, die in Abb. 165 angegeben sind, sichert die Möglichkeit, dieses Fenster wie eine Lupe an beliebige Stelle des internen Systems zu setzen und durch Wahl des Vergrößerungsfaktors den Ausschnitt, der vom internen Bereich durch das Bildschirmarbeitsfeld herausgegriffen und dargestellt werden soll, zu bestimmen. Es ist sogar denkbar, zwei Bildschirme zu verwenden, wobei, wie in Abb. 166 gezeigt, der eine Schirm das geräteinterne System darstellt und auf dem zweiten Schirm der gewählte Ausschnitt gezeigt wird. Dieser Ausschnitt ist auf dem ersten Schirm besonders gekennzeichnet. Das erleichtert, den Überblick zu behalten, an welcher Stelle des Gesamtfeldes sich gerade die Lupe befindet. Für die Darstellung der Struk-

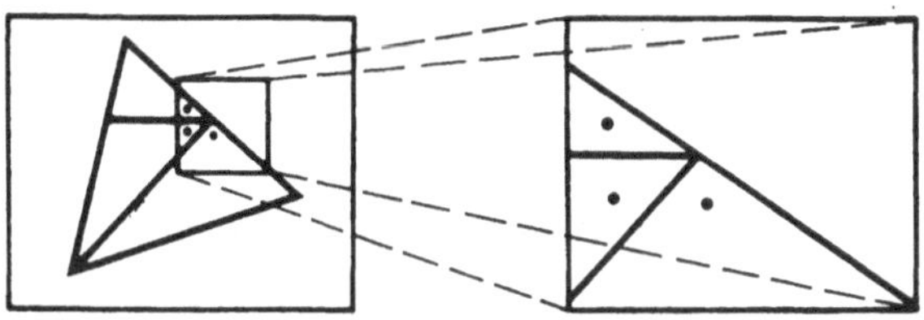

Abb. 166. Verwendung zweier Bildschirme zur Darstellung des Zusammenhanges zwischen einem Ausschnitt aus dem internen Koordinatensystem und dem Bildschirmkoordinatensystem

turen auf dem Bildschirm, die im internen Koordinatensystem beschrieben sind, müssen diese Parameter Berücksichtigung finden, d. h., sie müssen von diesen Grundprogrammen mit verarbeitet werden. Es muß dann noch einmal der gleiche Satz von Grundprogrammen, wie Abb. 163 zeigte, vorhanden sein. Bei der Umwandlung der internen Koordinaten in die externen Bildschirmkoordinaten muß die Lage und Größe des Bildausschnittes, durch die Parameter x_0, y_0 und z bestimmt, berücksichtigt werden. Das ist Aufgabe dieser Grundprogramme. Dazu ermitteln sie zuerst, ob das darzustellende Gebilde überhaupt im erfaßten Bereich liegt bzw. berechnen den Teil, der in diesen Bereich hineinfällt und bestimmen dann die erforderlichen Bildschirmkoordinaten. Diese Daten werden an das Datenfeld und von dort zur Darstellung an den Pufferspeicher des Bildschirmgerätes gegeben. Auch in diesem Teil werden die Gebilde wieder mit Namen versehen, die in die Namensliste eingeordnet und durch die Adressen des Speicherbereiches der dem Gebilde zugeordneten Worte ergänzt werden.

Mit diesen beiden Gruppen von Grundprogrammen können die Aufgaben der Darstellung beliebiger grafischer Strukturen auf dem Bildschirm bewältigt werden.

2.3.2.3.2. Grundprogramme zur Behandlung des aktiven Eingriffs

Der zweite Aufgabenkomplex umfaßt die *Grundprogramme zur Verarbeitung der aktiven Eingriffe* während des Dialogs. Diese Eingriffe können sowohl über Lichtstift als auch über Tastenfeld (α-numerische oder Funktionstasten) erzeugt werden.

Dazu eine wichtige Vorbemerkung: Jedem aktiven Eingriff muß zur Sicherung einer ordnungsgemäßen Verarbeitung ein Programmabschnitt zugeordnet sein. Das verlangt ein aufeinander abgestimmtes Zusammenspiel von Verarbeitungsprogrammen zur programmtechnischen Absicherung dieser Eingriffe und den möglichen Manipulationen bzw. zum Lösungsprozeß gehörigen Eingriffen durch Lichtstift und über Tastenfeld.

Zur Erfüllung dieser Forderungen bieten sich zwei Realisierungsmöglichkeiten an. Im ersteren Fall ist es möglich, die Steuerung des gesamten Dialogs an das Verarbeitungsprogramm zu übergeben. Der Partner Mensch erhält dann auf dem Bildschirm Anweisungen dargestellt, die Informationen für ihn enthalten, z. B., welche Aktivitäten er zu erfüllen hat, welche Eingaben von ihm erwartet werden u. ä. Dazu nutzt man die sogenannte *Menütechnik*, die darüber hinaus die Möglichkeit der Auswahl aus einer Menge möglicher und sinnvoller Schritte bietet. Für den Nutzer ist es nur möglich, jeweils eine Operation auszulösen, die erst abgearbeitet sein muß, ehe eine weitere Operation durch den Eingriff aktiviert werden kann. Das Beispiel in 2.3.2.3.4. zeigt dieses Vorgehen.

Wenn von diesem Zwangslauf abgesehen wird, müssen über eine Eingabeliste die ankommenden Eingriffe abgefangen werden, um wieder einen synchronen Ablauf zwischen Eingriffen und Programmen zu sichern. Die Eingriffe werden in diesen Listen gespeichert und vom Steuerprogramm für die Verarbeitung abgeholt. Erreicht das Programm bei der Abarbeitung eine Stelle, wo ein Eingriff verarbeitet werden muß, aber noch kein Eingriff vom Nutzer vorliegt, so wird dieses Programm in einen Wartezustand versetzt. Es ist deshalb sinnvoll in dieser Gruppe Grundprogramme einzufügen, die den Test auf vorliegende Eingriffe vornehmen und auch die Quelle der Herkunft dieser Eingriffe identifizieren können. Damit läßt sich der Programmablauf flexibler gestalten. Die Grundprogramme dieser Gruppe sind in Abb. 167 angegeben. Nur die Grundprogramme

CALL LSTIFT (X, Y, NAME)	X, Y – Koord. des identifizierten Objektes
CALL TEXT (T)	T – Feld in das Text gesetzt werden soll
CALL EINGRIFF (G)	G – Name des Gerätes (LSTIFT, TFELD) von dem nächster Eingriff vorliegt

Abb. 167. Grundprogramme für den aktiven Eingriff

LSTIFT, TEXT werden durch aktive Eingriffe gesteuert. Durch das Grundprogramm LSTIFT wird die momentane Position des Lichtstiftes im Bildschirmkoordinatensystem erfaßt und an die Zentraleinheit übergeben. Außerdem kann durch dieses Programm der Name des Gebildes, das evtl. mit dem Lichtstift erfaßt worden ist, ermittelt werden. Text und Zahlen werden über das Tastenfeld eingegeben und dabei in die interne Darstellungsform übersetzt.

Mit Hilfe dieser Grundprogramme müssen wir drei wichtige, in allen Anwendungen stets wiederkehrende Aufgaben lösen:

- Identifizieren eines Elementes der dargestellten Struktur,
- Aktivieren eines Unterprogramms zur Verarbeitung von Daten aus der Datenbasis,
- Erzeugen eines neuen Elementes im Dialog.

Zur *ersten Aufgabe*: Ein Element aus einer dargestellten Menge identifizieren heißt, den Namen dieses Elementes zu ermitteln. Dazu ist eine Beziehung zwischen dem Nutzer, der entscheidet, welches Element er erfassen will, und dem Datenfeld, von dem aus die Darstellung auf dem Schirm gesteuert wird, herzustellen. Der ermittelte Name sichert den Zugriff zur Datenbasis. Der Ablauf der einzelnen Schritte bei der Lösung dieser Aufgabe ist folgender: Der Nutzer erfaßt das gewünschte Element mit dem Lichtstift. Ein Tastendruck übermittelt das Signal, das zur Übernahme der Daten an die Zentraleinheit auffordert. Übernommen wird die Adresse aus dem Adressenzähler des Pufferspeichers im Bildschirmgerät sowie die momentane Position des Lichtstiftes, deren Koordinatenwerte in den Registern R_x und R_y enthalten sind. Als Ergebnis der Anwendung dieses Grundprogramms LSTIFT wird der Name des Elementes aus der Namensliste bereitgestellt. Dieser Name wird entsprechend des in Abb. 164 dargestellten Zusammenhanges ermittelt. Mit diesem Namen kann dann weiter gearbeitet werden. Die erfaßten Koordinaten sind in diesem Fall im Bildschirmkoordinatensystem angegeben.

Die in diesem Prozeß für Strecke, Kreis ermittelten Koordinatenwerte sind nur bedingt von Bedeutung. Strecke oder Kreis haben ja in dem Sinne keine Koordinaten wie ein Punkt. Es ist lediglich ein beliebiger Punkt aus der Gesamtheit der die Strecke oder den Kreis bestimmenden Punkte herausgegriffen. Im Zusammenhang mit der Erzeugung neuer Elemente, Aufgabe drei, ist das von Bedeutung.

Bei der *zweiten Aufgabe* liegt das Ziel vor, durch Betätigung einer Lichttaste oder einer Funktionstaste bzw. durch Eingabe eines entsprechenden Wortes über die α-numerische Tastatur ein vorbereitetes Unterprogramm abzurufen und die Abarbeitungssteuerung an dieses Unterprogramm zu übergeben. Nach Ablauf der Verarbeitung des Unterprogramms wird die Steuerung wieder an die Stelle des Hauptprogramms zurückgegeben, von der aus der Aufruf des Unterprogramms erfolgt war.

Klären wir zunächst den Aufbau und die Darstellung der Lichttasten. Eine Lichttaste wird durch eine vom Nutzer wählbare Bezeichnung oder Abkürzung, die an einer von ihm bestimmbaren Stelle des Bildschirmes dargestellt wird, repräsentiert. Dazu muß die Position durch ein Punktwort und die Bezeichnung durch ein Textwort angegeben werden. Damit ist aber nur die äußere Erscheinung der Lichttaste auf dem Bildschirm gesichert. Der Zusammenhang zwischen den Lichttasten bzw. Funktionstasten und den ihnen zugeordneten Unterprogrammen muß auch hier über eine Liste gesichert werden. Eine der Namensliste ähnliche Programmzuordnungsliste (vgl. Abb. 168) wird so aufgebaut, daß Programme und Adressen des Datenfeldes, in denen die die Lichttasten

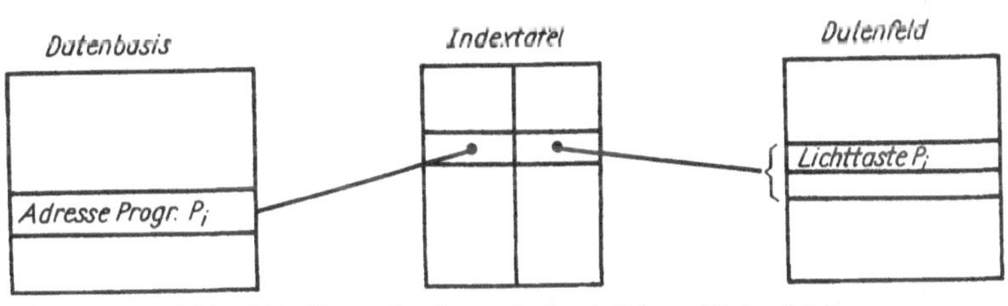

Abb. 168. Datenbasis — Indextafel — Datenfeld

beschreibenden Worte untergebracht sind, miteinander verkoppelt abgespeichert sind.

Der Aufbau der Programmzuordnungsliste und die Darstellung der Lichttasten auf dem Schirm können durchaus mit den Grundprogrammen der ersten Gruppe, wie bereits angegeben, bewältigt werden. Es ist aber für den Programmierer von Anwendungsprogrammen einfacher, hierfür einige weitere Grundprogramme zur Verfügung zu haben. Eines dieser Grundprogramme ist in Abb. 169 angegeben. Diese Grundprogramme zum Aufbau der Lichttasten und zur Definition der Funktionstasten müssen im Verarbeitungsprogramm vor dem Beginn des Dialogteils eingeordnet und zeitlich am Anfang abgearbeitet werden.

Mit diesem Grundprogramm LTAST kann nun in einfacher Form ein Menü bzw. ein Menübaum aufgebaut werden. Im allgemeinen werden die alternativ zur Auswahl stehenden Fortsetzungen des Programmablaufs durch ihre Lichttasten repräsentiert, die in einer Bank, d. h. einer Reihe von Lichttasten, die meist an den Rändern oder außerhalb des Arbeitsfeldes angeordnert sind, zusammengefaßt. Ein Beispiel zeigt Abb. 170. Natürlich ist es auch denkbar, bestimmte Symbole oder grafische Elemente der dargestellen Struktur als Lichttasten aufzufassen und ihnen Programme zuzuordnen. Diese Art der Lichttasten werden wir in Kapitel 3 kennenlernen. Das zugrundeliegende Prinzip ist dem geschilderten Aufbau der Lichttasten und der Unterprogrammzuordnung gleich.

CALL LTAST (X, Y, T, M, UP)	X, Y — Position der Lichttaste auf Bildschirm
	T — Text der Lichttaste
	M — Nummer des Menüs
	UP — Name des zugeordneten Unterprogramms

Abb. 169. Grundprogramm für Lichttastenaufbau

Da im allgemeinen beim Manipulieren mit grafischen Darstellungen ein hierarchischer Aufbau der Operationen aus Teiloperationen besteht, müssen wir das in der Darstellung der Lichttasten bzw. des Menüs hineintragen. Das zeigt sich dann in Form des Menübaumes. Wir müssen dazu die zusätzliche

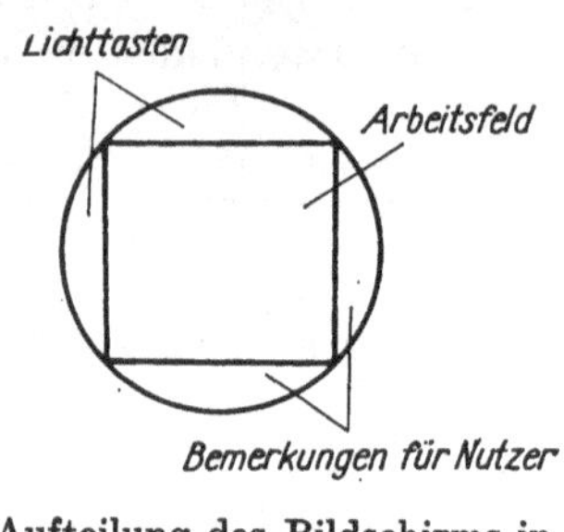

Abb. 170. Beispiel für Aufteilung des Bildschirms in Arbeitsfeld und Felder für die Lichttasten

Möglichkeit schaffen, von einer Bank, von einem Menü zu einem anderen umschalten zu können. Dieser Umschaltung ist ein eigenes Grundprogramm zugeordnet. Deshalb muß im Programm LTAST eine Angabe enthalten sein, zu welchem Menü die Lichttaste gehört.

Mit der Auswahl einer bestimmten Lichttaste kann aber auch automatisch auf ein anderes Menü umgeschaltet werden. Dazu ist in dem der Lichttaste zugeordneten Unterprogramm das Grundprogramm: „Umschalten auf anderes Menü" hinzuzufügen. Um zu einen Menü zu kommen, kann auch eine spezielle Lichttaste: „Umschaltung" eingeführt werden. Durch Betätigung dieser

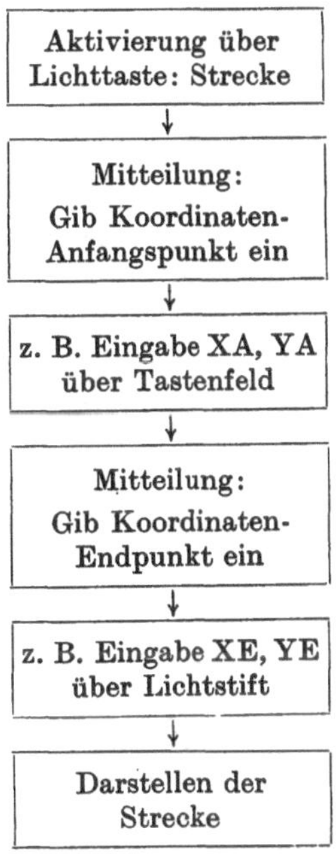

Abb. 171. Flußbild für Eingabe einer Strecke, Nutzung der Lichttasten und Mitteilungen an den Nutzer über den Bildschirm

Lichttaste kann auf ein neues Menü umgeschaltet werden. Dabei kann aber auch zur Ausgangsstellung, zum Hauptmenü, zurückgegangen werden.

Bei Prozessen, die durch derartige Menübäume repräsentiert werden, findet man häufig die Kopplung von Operationsauslösung und zugeordneter Zahleneingabe. Wenn z. B. ein Punkt genau zu positionieren ist, werden die Koordinatenwerte als Zahlen eingegeben werden müssen. Ein einfaches Beispiel dieser Kopplung von Operationsauswahl und Parametereingabe ist schematisch im Flußbild Abb. 171 gezeigt.

Eine Vielfalt von Varianten bietet diese Art der Menütechnik. Sie reicht von der Kopplung einer Lichttaste mit einem Unterprogramm bis hin zu Menübäumen, bei deren Durchlaufen eine Auslösung des Unterprogramms jeweils erst am Ende eines Zweiges erfolgt, während an den Verzweigungsstellen über Nebenmenüs nur Entscheidungen vorweg getroffen oder Parameter eingegeben werden. Die Eingabe der numerischen Werte wird im allgemeinen über die α-numerische Tastatur erfolgen. Der Lichtstift kann aber auch dazu genutzt werden, Zahlenwerte einzugeben.

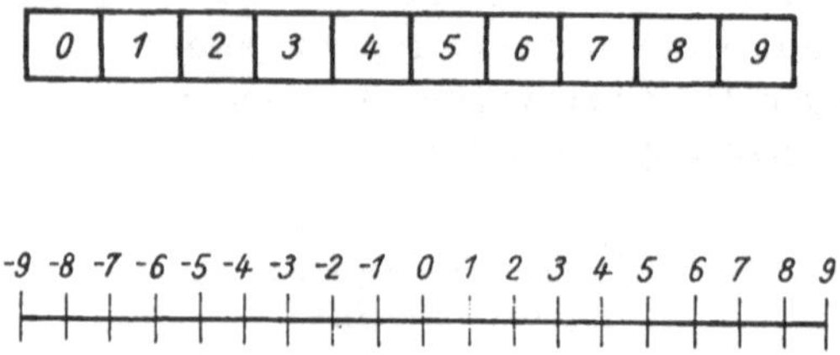

Abb. 172. Skala zur Eingabe von Ziffern über die Nutzung des Lichtstiftes

Wie es Abb. 172 zeigt, kann in einer Skala der gewünschte Wert positioniert und damit die interne Repräsentation dem Programm zugeordnet werden. Mit diesem Verfahren der Parametereingabe läßt sich sogar eine kontinuierliche Eingabe von veränderlichen Parameterwerten durchführen. Nach Durchlauf einer Schleife im Verarbeitungsprogramm wird der neue Wert, der durch den Lichtstift angezeigt wird, übernommen und in einem neuen Durchlauf des Programms verarbeitet. Auf diese Art und Weise können kontinuerliche Veränderungen von Parameterwerten eines Programms durchgeführt und im Programm verarbeitet werden. Diese Möglichkeit bietet sich für die Steuerung von Optimierungs- und Anpassungsprogrammen über Bildschirm an. Über Grundprogramme muß die Übersetzung der Lichtstiftpositionierung in interne Zahlenwerte durchgeführt werden.

Die *dritte Aufgabe*, neue Elemente sowohl auf dem Bildschirm als auch in der Datenbasis im Dialog zu erzeugen, basiert auf der Verwendung der sogenannten Lichtmarke. Die Lichtmarke wird durch ein bestimmtes Symbol, meist ein Quadrat oder ein Stern, repräsentiert, sie wird automatisch an einer bestimmten Stelle des Schirmes erzeugt und ihre Position in zwei speziellen Registern des Bildschirmgerätes bereitgehalten. Sie kann durch den Lichtstift erfaßt und in beliebige Positionen des Schirmes gebracht werden. Das Bewegen der Lichtmarke wird durch das Bildschirmgerät autonom durchgeführt. Erst durch Betätigung einer bestimmten Taste wird die Übernahmeforderung an die Zentraleinheit gemeldet. Das Grundprogramm LSTIFT kann dann wieder für diese Übernahme der Werte eingesetzt werden. Die übernommenen Koordinatenwerte können anschließend weiterverarbeitet werden. Auf diese Art und Weise lassen sich Positionen direkt eingeben, wie es etwa zur Erzeugung eines Punktes, der Anfangs- und Endpunkte einer Strecke oder des Mittelpunktes eines Kreises notwendig ist. Die eigentliche interne Erzeugung derartiger Gebilde wie Strecke, Kreis u. ä. ist aber stets mit dem Aufruf von Erzeugungsroutinen für diese Gebilde verbunden.

Abb. 171 zeigt die Routine für die Erzeugung einer Strecke.

Bei der Eingabe von Positionen wird im Bildschirmkoordinatensystem gearbeitet. Die eingegebenen Werte können dann direkt weiter verarbeitet werden. Wird jedoch das interne System verwendet, dann muß über die Anwendung zusätzlicher Unterprogramme die Umwandlung der Bildschirmkoordinaten in die internen Koordinaten erfolgen. Dieser Komplex von Grundprogrammen, die bisher erläutert worden sind, kann der Programmierer für spezielle Belange noch erweitern. Der Komplex repräsentiert die zu einem Bildschirmgerät gehörige Basissoftware. Auf diesen Grundprogrammen werden die Anwendungsprogramme, in einer problemorientierten Sprache geschrieben, aufgebaut.

2.3.2.3.3. Einige Ergänzungen zur Programmierung der Dialoggeräte

Auf diesen Grundprogrammen aufbauend können problemorientierte Programme geschaffen werden. Dazu bedient man sich der problemorientierten Sprache. Wie jedes FORTRAN-Programm muß auch ein grafisches Dialogprogramm ein MASTER-SEGMENT besitzen. In diesem MASTER-SEGMENT muß u. a. die Zuordnung des Bildschirmgerätes zum Programm vorgenommen werden, die Lichttasten und Funktionstasten müssen definiert und aufgebaut werden, es müssen ihnen die Unterprogramme zugeordnet werden. Es werden Umfang und Anfangswerte der Felder und Listen gesetzt. Im Anschluß an das MASTER-SEGMENT werden alle Unterprogramme als PROCEDURE-SEGMENTS angeordnet. Diese Unterprogramme sind wie normale Unterprogramme aufgebaut. Die Reihenfolge der Abarbeitung dieser Unterprogramme wird durch die Handlung des Nutzers am Bildschirm über die Anwendung der Lichttasten und Funktionstasten bestimmt. Nach Abarbeitung eines über Lichttasten aufgerufenen Unterprogramms wird die Steuerung stets wieder an das MASTER-SEGMENT zurückgegeben, um von hier aus auf neue Eingriffe zu warten bzw. bereits vorliegende abzuarbeiten. Der Ablauf ist in Abb. 173 schematisch dargestellt.

Ein ganz anderes Problem tritt auf, wenn die Geräteunabhängigkeit der problemorientierten Programme geklärt werden muß. Im Zusammenhang mit

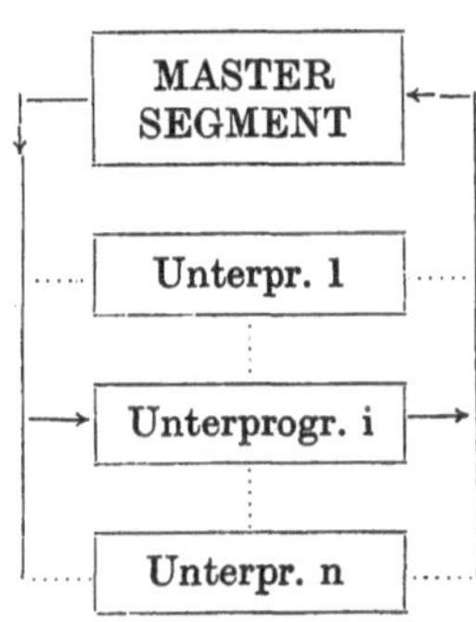

Abb. 173. Mastersegment — Unterprogramme

der automatischen Herstellung von Zeichnungen war das Problem der Unabhängigkeit der Programme vom verwendeten Zeichenautomaten untersucht worden. Durch die Bereitstellung von Anpassungsprogrammen konnte die Verbindung zwischen der zeichenautomatenabhängigen Basissoftware und den unabhängigen Anwendungsprogrammen gesichert werden. Beim Aufbau von Programmen für die Bildschirmgeräte wird man abermals mit dieser Frage konfrontiert. Ist es möglich und sinnvoll, prinzipiell und unter dem heutigen Stand der Entwicklung der Bildschirmtechnik ein Paket von Programmen bereitzustellen, das auch hier die Geräteunabhängigkeit der Anwenderprogramme und damit die Austausch- und Übertragbarkeit auf andere Bildschirmgeräte sichert. Unter dem Gesichtspunkt der Rationalisierung der Programmierung muß auch hier diese Forderung in die Konzipierung der Softwarepakete einbezogen werden.

Eine Möglichkeit bietet sich durch eine strikte Trennung der Software in

- geräteorientierte Software,
- grafisch orientierte Software,
- problemorientierte Software [21]

an.

Durch die Entwicklung einer einheitlichen Gerätetechnik für eine Familie von Bildschirmgeräten im System ESER wird diese Aufgabe weitgehend an Bedeutung verlieren.

Wir wollen noch einige Probleme kurz skizzieren, die über die Programmierung der Geräte der grafischen Datenverarbeitung hinausgehen. Im allgemeinen wird man in der praktischen Anwendung die Bildschirmgeräte für den Dialog und die Zeichenautomaten für die Herstellung von Dokumenten gemeinsam verwenden. Vielfach wird nach einem Entwurf eines technischen Gebildes am aktiven Bildschirm die Herstellung einer technischen Zeichnung angeschlossen werden müssen. Daraus ergibt sich die Forderung, die Daten für die Steuerung der Darstellung auf dem Bilschirm auch zur Steuerung des Zeichengerätes aus einem gemeinsamen Datenkomplex ableiten zu können. Da die Datenfelder und ihre Elemente auf Grund der differenzierten Forderungen von Seiten der Geräte

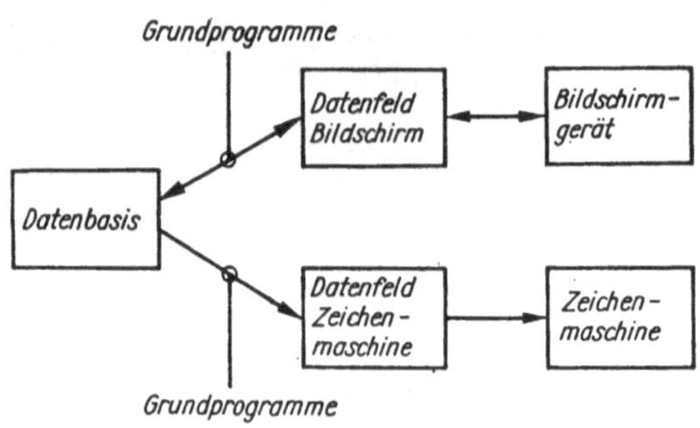

Abb. 174. Anschluß Bildschirmgerät und Zeichenmaschine an die gleiche Datenbasis

unterschiedlich aufgebaut sind, kann hier nur die Datenbasis herangezogen werden (Abb. 174).

Eine wichtige Aufgabe ist die rechentechnische Erfassung der sogenannten Zwangsbedingungen, denen sich bestimmte Elemente einer grafischen Struktur auf Grund der Definition unterordnen müssen.

Zwischen bestimmten Elementen einer grafischen Darstellung bestehen feste Beziehungen, die beim Entwurf eines derartigen Gebildes eingehalten werden müssen. So sind auf Grund der Definition des jeweiligen Begriffes in einem Rechteck die gegenüberliegenden Seiten parallel oder die Eckpunkte eines regelmäßigen Vielecks liegen auf einem Kreis u. a. m. Um den Entwurfsprozeß im Dialogbetrieb zu vereinfachen, kann über einen Satz von Grundprogrammen die Voraussetzung geschaffen werden, daß die betreffenden Elemente automatisch diesen sogenannten *Zwangsbedingungen* unterworfen werden. Ebenso lassen sich nachträglich bereits dargestellten Gebilden Zwangsbedingungen auferlegen, die durch diese Programme unter Ausnutzung von Optimierungs- und Relaxationsmethoden realisiert werden. Bereits im SKETCHPAD-System hat SUTHERLAND [354] diese Technik eingeführt. Die hierfür erforderlichen Grundprogramme kann der Programmierer dem jeweiligen Anwendungsfeld angepaßt schaffen. Die Programme für die immer wiederkehrenden Zwangsbedingungen können in einer Bibliothek aufbereitet zur Verfügung stehen.

Eng damit im Zusammenhang steht die Technik des sog. *Freihandzeichnens*. Der Konstrukteur bringt bei der Arbeit am Reißbrett seine Gedanken zunächst skizzenhaft ohne genauen Maßstab zu Papier. In einem zweiten Prozeßabschnitt wird dann die Umsetzung in eine normgerechte Zeichnung vorgenommen. Übertragen wir das auf die Arbeit mit dem Bildschirm, so müssen auch zwei Teilaufgaben gelöst werden. Zuerst muß die Freihandzeichnung durchgeführt werden, der Informationsinhalt muß erfaßt und im zweiten Teilprozeß die Umsetzung in eine exakte Beschreibung der Struktur vollzogen werden. Zunächst muß die Möglichkeit geschaffen werden, einzelne Elemente wie z. B. Strecke, Kreis in Freihandtechnik zeichnen zu können.

Das hier zugrundeliegende Verfahren geht davon aus, alle während der Bewegung des Lichtstiftes überstrichenen Rasterpunkte mit ihren Koordinatenwerten zu registrieren. Daran muß sich eine Verarbeitungsroutine anschließen, die aus dieser Punktmenge das dargestellte Grundelement, etwa Kreis oder Ellipse, ableitet. Hieran sieht man bereits, zu welchen Komplikationen dieses Verfahren führen kann, denn ohne Kenntnis weiterer Informationen ist es selbst für den Menschen schwierig, zu entscheiden, ob eine Freihandzeichnung einen Kreis oder eine Ellipse repräsentieren soll. Deshalb muß dieses Verfahren sinnvollerweise mit der Eingabe von beschreibenden Informationen über Lichttasten oder Funktionstasten gekoppelt werden.

Eine verwandte Technik war bereits bei SKETCHPAD [354] realisiert worden. Für die Erzeugung eines Kreises wurde der Mittelpunkt festgestellt. Mit dem Lichtstift konnte nun die Lichtmarke auf dem Kreisbogen bewegt werden, wobei simultan die exakte Kreislinie ermittelt und dargestellt wurde, so wie es in Abb. 175 gezeigt ist. Analog konnte eine Strecke erzeugt werden, wobei auch hier die „nichtexakten“, durch die Freihandzeichnungen bedingten Bewegungen des Lichtstiftes in die exakte Kontur der Strecke umgewandelt werden. Man spricht auch von der sogenannten Rubber-band-Methode (Gummibandmethode), weil die Strecke wie ein Gummiband am Startpunkt befestigt zum Endpunkt der Strecke gezogen wird.

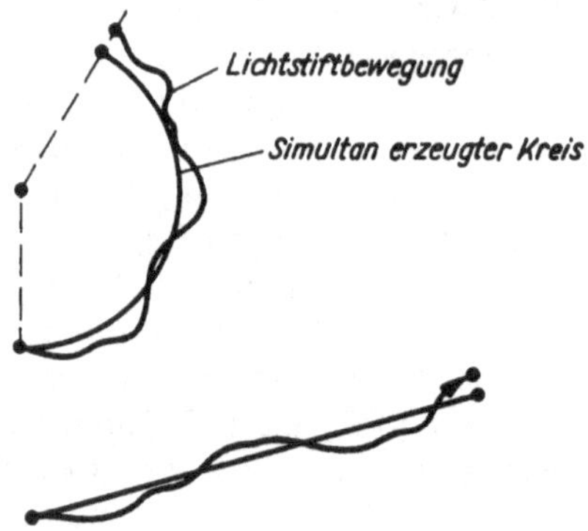

Abb. 175. Freihandzeichnung bei SKETSHPAD (nach [354])

2.3.2.3.4. Beispiel für die Programmierung des Dialoggerätes

Zum Abschluß dieses Kapitels soll in einem Beispiel die Anwendung der bisher definierten Grundprogramme diskutiert werden. Es ist nicht möglich, hier ein vollständiges Programm anzugeben, da es einen zu großen Umfang einnehmen würde. Wir werden deshalb nur die Teile herausgreifen, die für die Erläuterung der für uns wichtigen Probleme notwendig sind, den Rest kann der in FORTRAN-Programmierung bewanderte Leser selbst ergänzen.

Die *Aufgabenstellung für dieses Programm* soll wie folgt lauten:

> Es ist ein im Dialogbetrieb zu nutzendes Programm aufzubauen, das beliebige, aus Punkten, Strecken, Kreisen, Text bestehende grafische Strukturen aufzubauen gestattet. Über Lichttasten bzw. Funktionstasten wird der Prozeß gesteuert. Komplette Strukturen können in einem Bildspeicher abgespeichert werden, von dort wieder abgerufen, mit neuen Strukturen gekoppelt und einzelne Elemente gelöscht werden.

Zu Beginn müssen wir Festlegungen über die zu verwendenden Datenstrukturen und über die interaktive Sprache treffen. Auf dieser Sprache aufbauend lassen sich die benötigten Unterprogramme ableiten. Die Datenstruktur ist in Abb. 176 dargestellt. Für die Punkte mit den Koordinatenwerten x und y, die Strecken mit Anfangs- und Endpunktkoordinaten x_A, y_A, x_E, y_E, die Kreise mit den Koordinaten des Mittelpunktes x_M, y_M und dem Radius R, dem Text mit den Koordinaten des Anfangspunktes der Schrift x, y und dem Textfeld von max. 32 Zeichen wird je ein Datenblock mit max. 100 Elementen aufgebaut. Als interne Namen der Objekte wählen wir die Indizes der Objekte in diesen Datenblöcken. Wir wollen außerdem noch externe Bezeichnungen für die Objekte zulassen. Wir beschränken uns auf 8 Zeichen für eine Bezeichnung, die vom Nutzer des Systems über das Tastenfeld den Bildern zugeordnet werden können. Eine gesonderte Bezeichnungsliste wird aufgebaut, um damit den Zugang zu den Bildern zu ermöglichen. Für die Menge der Bilder, die wir insgesamt zulassen, müssen wir ebenfalls eine obere Schranke vorgeben; wir wählen 100 Bilder.

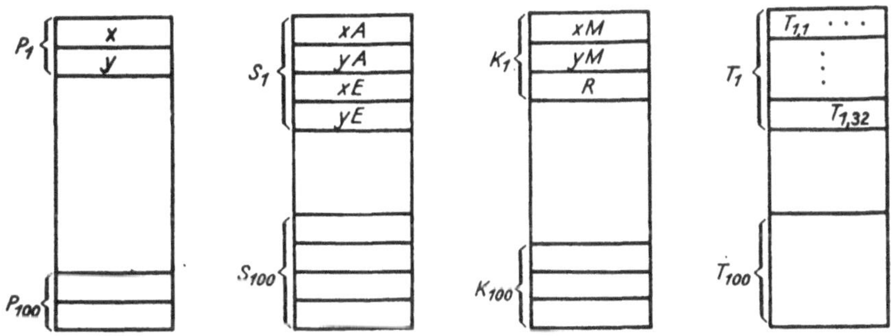

Abb. 176. Speicheraufteilung für Beispiel

Die Grundprogramme für den Aufbau des Datenfeldes erzeugen bei ihrer Abarbeitung eine interne Namensliste, die die Zuordnung zwischen Name des Objektes in der Datenstruktur und zugeordnetem Adressenbereich im Datenfeld herstellt. Um Eindeutigkeit zu sichern, wählen wir für die Punkte den Index selbst, für Strecken den Index + 100, für Kreise den Index + 200 und für den Text den Index + 300 als Name in diesen Listen. Dieser Schritt ist notwendig, denn der Lichtstift bzw. das Lichtstifteingabeprogramm ist beim Identifizieren nicht in der Lage, aus den gegebenen Eingabedaten heraus zwischen den Objektklassen zu unterscheiden, sondern muß das Identifizieren über diese Namen vollziehen. Die Datenblöcke und die interne Namensliste nehmen hier bereits einen Speicherraum von 2300 Worten ein. Weitere Speicherzellen werden z. B. für die Indexzähler in den einzelnen Blöcken und Listen benötigt.

Zur Abspeicherung eines Bildes wird diese Datenstruktur mit ihrer Bezeichnung auf den externen Speicher, z. B. Plattenspeicher übertragen. Es ist sinnvoll, im Speicherprogramm für die externe Auslagerung die Möglichkeit vorzusehen, unter Ausnutzung der Indexzähler in den Blöcken nur den tatsächlich ausgefüllten Bereich der Datenstruktur für die Teilstrukur, d. h. das Bild, zu speichern. Beim Lesen der Datenträger eines beliebigen Bildes, das über den Namen aufgerufen wird, sorgen dann die mitgespeicherten Indexzähler für das nötige Einordnen der Werte in die gesamte Datenstruktur.

Die interaktive Sprache repräsentiert sich in den möglichen Aktivitäten, die der Nutzer dieses Systems zur Verfügung hat. Dabei ist er an bestimmte

Zwangsfolgen in der Ausübung dieser Aktivitäten gebunden. Diese Sprache ist in Abb. 177 aufgeführt. Zur Darstellung wählen wir die Form eines Zustandsdiagramms.

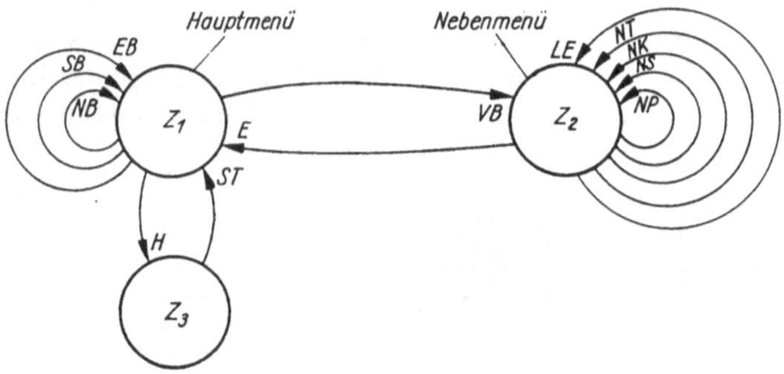

Abb. 177. Zustandsdiagramm der interaktiven Sprache des Beispiels

Aus den Lichttasten bilden wir einen 2-stufigen Menübaum. Im sogenannten Hauptmenü werden folgende Funktionen aufgenommen:

NB = NEUES BILD = Es wird der Aufbau eines neuen Bildes vorbereitet, die Datenstruktur wird in den Anfangszustand versetzt, der Bildschirminhalt wird gelöscht.

SB = SPEICHERE BILD = Das fertiggestellte Bild wird zur Abspeicherung auf den externen Speicher transportiert.

EB = EINFUEGEN BILD = Diese Aktivität sucht das unter der angegebenen Bezeichnung abgespeicherte Bild vom externen Speicher und überträgt die Werte der Bilddatenstruktur ergänzend in die Speicherplätze der Gesamtdatenstruktur. Das neue Bild wird dargestellt.

VB = VERAENDERE BILD = Es wird die Vorbereitung getroffen, ein neues Element zu erzeugen und der Datenstruktur und dem Bild hinzuzufügen. Es wird auf die nächste Stufe des Menübaumes umgeschaltet. Hierzu wird auch das Löschen des Elementes gezählt.

H = HALT = Ende der Arbeit am Problem

Das Nebenmenü enthält folgende Funktionen:

NP = NEUER PUNKT = Es wird ein neuer Punkt erzeugt, seine Koordinaten werden in die Datenstruktur aufgenommen. Die Positionierung erfolgt mit Lichtstift und Lichtmarke.

NS = NEUE STRECKE = Es wird eine neue Strecke erzeugt, die Koordinaten des Anfangs- und Endpunktes werden in die Datenstruktur aufgenommen. Anfangs- und Endpunkt werden über Lichtstift positioniert.

NK = NEUER KREIS = Es wird ein neuer Kreis erzeugt, die Koordinaten des Mittelpunktes und der Radius werden in die Datenstruktur eingetragen. Der Mittelpunkt wird durch Lichtstift positioniert, während der Radius entweder über Tastatur oder durch Angabe eines Peripheriepunktes bestimmt wird.

NT = NEUER TEXT = Es wird ein neuer Text erzeugt, und die Koordinaten des Anfangspunktes werden über Lichtstift und der Text selbst wird über Tastenfeld in die Datenstruktur eingetragen

LE = LOESCHE ELEMENT = Es wird das durch Lichtstift identifizierte Element gelöscht, und seine Werte werden aus der Datenstruktur entfernt.

E = ENDE = Es wird auf das Hauptmenü umgeschaltet.

Aus diesen Festlegungen lassen sich die zu erarbeitenden Unterprogramme ableiten, die selbst wieder auf die Grundprogramme, die in 2.3.2.3.1. und 2.3.2.3.2. erläutert wurden, zurückgreifen.

Im Prozeß der Arbeit mit dieser interaktiven Sprache werden vom Nutzer bestimmte Aktivitäten verlangt: Eingaben von Informationen über die Instrumente: Lichtstift, Lichttaste, Funktionstaste oder α-numerisches Tastenfeld. Das periphere Gerät bietet selbst an: Menüfunktionen, Aufforderungen an den Nutzer in Form von Mitteilungen. Diese Aktivitäten des Nutzers, die Ausgabeinformationen des Bildschirms, die daraufhin abzuarbeitenden Unterprogramme sind in einem Flußbild Abb. 178 dargestellt. Darin sind auch diese Unterprogramme aufgeführt, die zu erarbeiten sind. Wir lassen hier die notwendigen Fehlerroutinen und Kontrollen außer acht. Wir verwenden folgende Symbolik, die in Abb. 178/3 dargestellt ist.

Das FORTRAN-Programm wird nach folgender Struktur aufgebaut:

MASTER BILD
LOGICAL . . .
REAL . . . Vereinbarungen über die Typen
INTEGER
DATA . . . Festlegung der Anfangsdaten

(Fortzetzung S. 196)

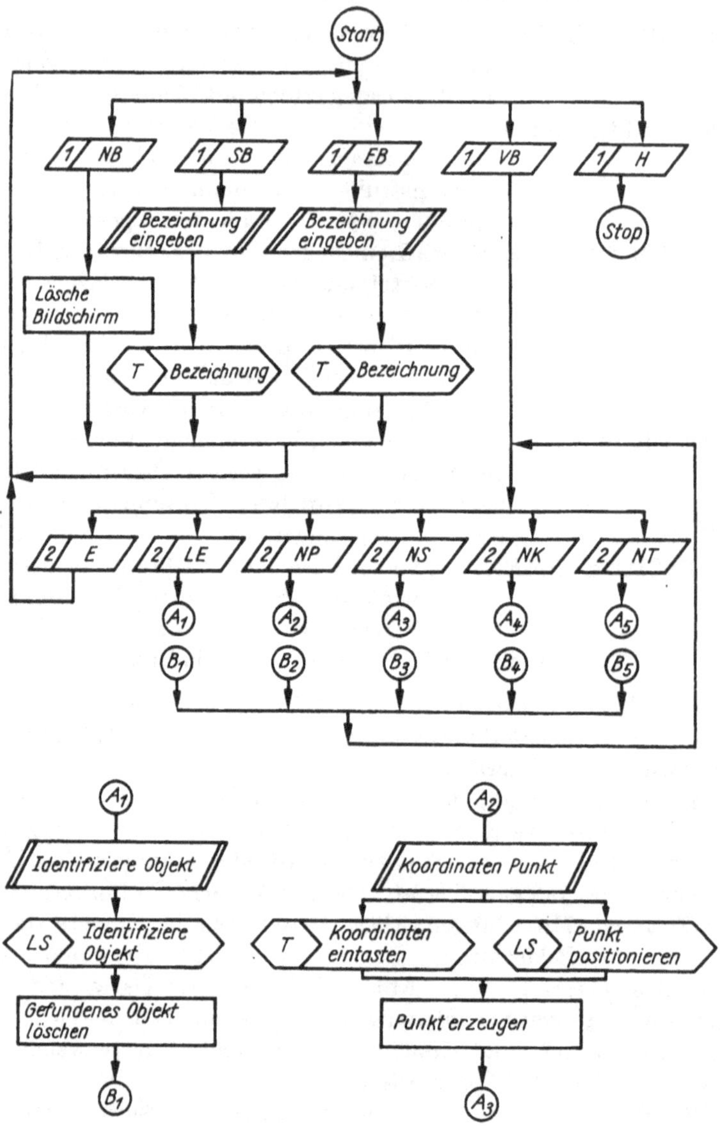

178/1

Abb. 178. Flußbild zum Beispiel

○ – Wartezustand; M – Menüfunktion Ebene N, Text dieser Funktion: ABC; A – Aufforderung an den Nutzer; dargestellter Text der Mitteilung = ABC; E – Eingabe vom Nutzer über Instrument K; LS – Lichtstift; LT – Lichttaste; FT – Funktionstaste; T – Tastenfeld; ABC – Beschreibung der Eingabe; □ – Operation des Rechners

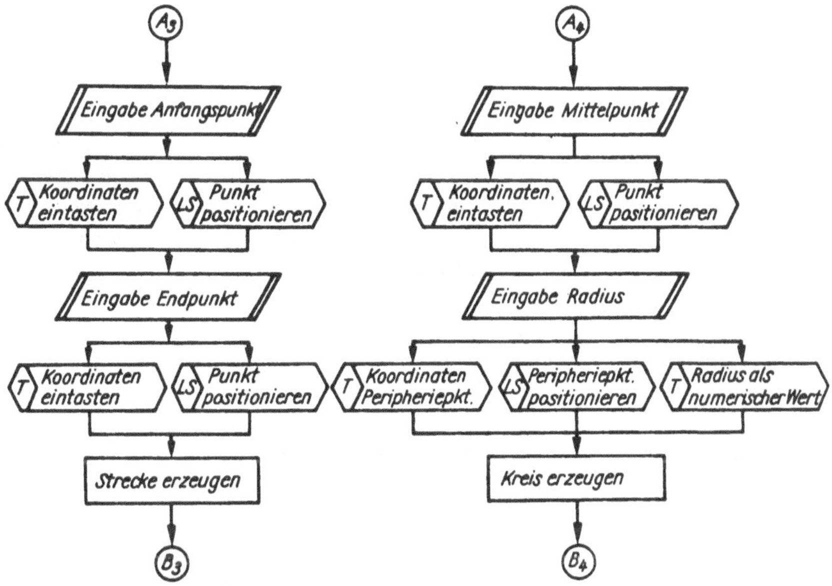
A3
Eingabe Anfangspunkt
T Koordinaten eintasten
LS Punkt positionieren
Eingabe Endpunkt
T Koordinaten eintasten
LS Punkt positionieren
Strecke erzeugen
B3
A4
Eingabe Mittelpunkt
T Koordinaten. eintasten
LS Punkt positionieren
Eingabe Radius
T Koordinaten Peripheriepkt.
LS Peripheriepkt. positionieren
T Radius als numerischer Wert
Kreis erzeugen
B4

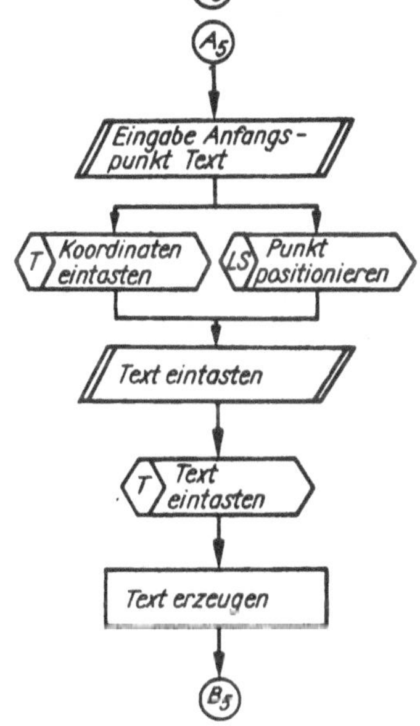
A5
Eingabe Anfangs-punkt Text
T Koordinaten eintasten
LS Punkt positionieren
Text eintasten
T Text eintasten
Text erzeugen
B5

178/2

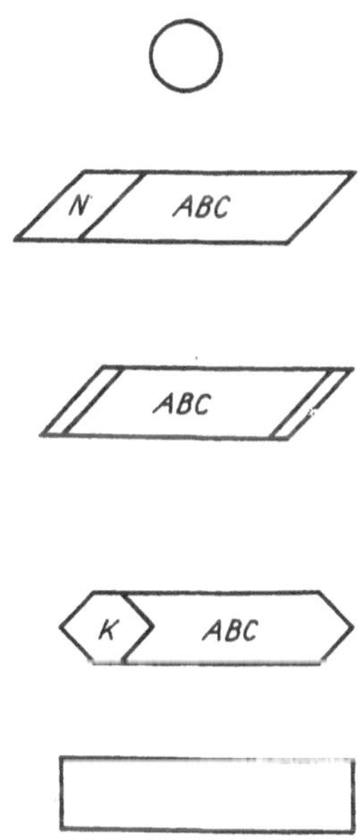
N
ABC
ABC
K
ABC

178/3

CALL LTAST (X_t, Y_t, T, M, UP) . . . . END	Festlegen der Position, wo Lichttaste erscheinen soll, zu welcher Bank von Menüs sie gehört, der darzustellende Text und der Name des damit verbundenen Unterprogramms.
BLOCKDATA COMMON DATA END	Vereinbarungen über die von mehreren Unterprogrammen zu nutzenden Bereiche des Speichers, z. B. Indexzähler, Felder der Datenstruktur, Datenfeld sowie Festlegung der Anfangswerte
SUBROUTINE	NEUES BILD
SUBROUTINE . . . . END	SPEICHERE BILD

3. ANWENDUNGEN DER GRAFISCHEN DATENVERARBEITUNG

3.1. Vorbemerkungen

In den vorangegangenen Kapiteln haben wir die theoretischen Aspekte der Beschreibung und Verarbeitung technischer Gebilde, geometrischer Objekte und grafischer Darstellungen behandelt, die rechentechnischen Voraussetzungen und die Durchführung der internen Erfassung der Objekte und ihrer Verarbeitungsprozesse sowie des Dialogbetriebes untersucht. Diese beiden Komplexe, die theoretischen und rechentechnischen Grundlagen bilden den Ausgangspunkt für eine zielgerichtete Diskussion der Einsatz- und Anwendungsmöglichkeiten der grafischen Datenverarbeitung sowie der Varianten der Nutzung in den verschiedensten Fachdisziplinen.

Wir hatten uns sowohl bei der Beschreibung und Verarbeitung der technischen Gebilde als auch bei der rechentechnischen Erfassung der Objekte und ihrer Verarbeitungsprozesse ausschließlich auf die grafisch-geometrischen Aspekte konzentriert. Diesen Standpunkt werden wir ebenso konsequent im Zusammenhang mit der Diskussion der Anwendungsgebiete der grafischen Datenververarbeitung beibehalten. Das heißt, daß wir die eigentlichen auf das Anwendungsgebiet bezogenen Probleme außerhalb der Betrachtung belassen. Selbst wenn wir als Schwerpunkt der zukünftigen Anwendung der grafischen Datenverarbeitung das Gebiet der Rationalisierung und Automatisierung der technischen Produktionsvorbereitung AUTEVO in den Mittelpunkt dieses folgenden Kapitels stellen, wollen wir uns auf die Herausarbeitung der grafischen Probleme, die im Zusammenhang mit der Verarbeitung und Kommunikation zu behandeln sind, konzentrieren, obwohl doch die Erfassung und Bearbeitung der eigentlichen technischen Probleme im Zentrum der AUTEVO-Aufgaben und Probleme stehen.

An dieser Stelle berühren wir das Gebiet der sog. „rechnerunterstützten" Behandlung von eingenständigen Aufgabengebieten. Betrifft diese Vorgehensweise den Entwurfsprozeß technischer Gebilde, dann sprechen wir vom rechnergestützten Entwurf, im angelsächsischen Sprachbereich mit „Computer-aided-design" CAD bezeichnet. Diese rechnerunterstützte Behandlung und Lösung von Aufgaben müssen wir als ein selbständiges Arbeitsgebiet ansehen. Die Anwendung der elektronischen Rechentechnik stützt sich dabei neben der Behandlung der fachgebietsorientierten Aufgaben auf die Nutzung und Anwendung der grafischen Datenverarbeitung und der aktiven grafischen und α-numerischen Kommunikation. Das interne mathematische Modell erfaßt die physikalisch-technischen Beziehungen im fachorientierten Bereich, während im aktiven Dialog zur Steuerung dieses Lösungsprozesses der Aufgaben- bzw. Problemstellungen grafische Elemente eingesetzt werden.

Wir können damit die rechnerunterstützte Behandlung von Problemen und die grafische Datenverarbeitung im Rahmen der Kommunikation als selbständige, sich in Aufgaben- und Zielstellung gegenseitig bedingende Gebiete behandeln. Wir wollen diese Trennlinie noch einmal klar zum Ausdruck bringen und die sich aus der rechnerunterstützten Behandlung von Problemen ergebenden Anforderungen an die grafische Datenverarbeitung ableiten.

Bleiben wir in diesem Zusammenhang beim Aufgabenkomplex AUTEVO. Die eigentlichen Probleme der Anwendung der Rechentechnik sind technischer Natur, z. B. Simulation elektrischer und elektronischer Schaltungen, Berechnung der Masken für integrierte Schaltkreise, Berechnung von Eigenschaften mechanischer Bauteile u. a. m. Diesen technischen Aufgabenstellungen sind auch die Modelle angepaßt, die der Beschreibung und Verarbeitung der Objekte zugrundeliegen. Die Aufbereitung dieser Modelle und Prozesse und ihre Programmierung unter Zuhilfenahme allgemeiner problemorientierter Programmiersprachen bzw. von speziellen Fachsprachen ist eine selbständige Tätigkeit, in deren Ablauf natürlich auch geometrische und grafische Probleme zu behandeln sind, die sich aber aus den im Problem selbst enthaltenen geometrischen Beziehungen ergeben. Derartige Programmsysteme können in der herkömmlichen Arbeitsweise in einer Rechenstation abgearbeitet werden. Wir wollen in diesem Zusammenhang von Problemprogrammen sprechen.

Um aber zu einer interaktiven, rechnerunterstützten Arbeitsweise überzugehen, müssen in den Problemprogrammen grundsätzliche Veränderungen vorgenommen werden, wir müssen die Verbindung zu den problemunabhängigen interaktiven Bausteinen herstellen und so die Durchführung der aktiven Kommunikation ermöglichen. Dieser Weg kann etwa über ein Herauskristallisieren der sogenannten kritischen Stellen des Problemprogramms gegangen werden. An diesen kritischen Stellen wollen wir im Abarbeitungsprozeß des Problemprogramms die Durchführung von aktiven Kommunikationen zulassen. Wir müssen dabei sichern, daß die im Problemprozeß erreichte, interne Situation dargestellt werden kann und daß als Reaktion des Nutzers dieses System auf diese Situation die Eingabe von Informationen möglich sein muß. Damit lassen sich auch die problemunabhängigen interaktiven Elemente des Systems von den Bausteinen und Elementen des Problemprogramms abgrenzen. Das gilt nicht nur für das hier im Vordergrund stehende Gebiet der Rationalisierung der technischen Produktionsvorbereitung, sondern auch für die vielen anderen Gebiete der rechnerunterstützten Lösung, wie z. B. rechnerunterstützte Lehre, rechnerunterstützte Formelmanipulation usw.

In der Praxis werden wir natürlich eine unterschiedlich scharfe Trennung dieser Komplexe vorfinden. Das wird jeweils durch den Anteil der geometrischen Probleme an technischen Problemprogrammen selbst, durch den Grad der Formalisierbarkeit der Problemlösung und durch die Möglichkeit der Abbildung der für die Kommunikation benötigten Information auf geometrische Repräsentanten bestimmt.

Die wesentlichen Aussagen darüber werden durch die im Problemprogramm auftretenden Objekte und durch die mit ihnen auszuführenden Operationen bestimmt. Deshalb ist es notwendig, daß wir die Anwendungsgebiete nach diesen beiden Aspekten untersuchen und behandeln. Wir werden die Einsatzgebiete daraufhin untersuchen, welche Objekte sind zu verarbeiten und wie werden wir die Objekte dementsprechend geeignet beschreiben können. Diese Beschreibung muß unter den Gesichtspunkten der Speicherung dieser Beschreibungen, der Verarbeitung dieser Beschreibungen und des Einsatzes dieser Beschreibungen für den Kommunikationsprozeß vorgenommen werden. Wir werden hier vorwiegend dem zuletztgenannten Aspekt der Kommunikation weitere Bedeutung beimessen.

Eine interessante und wichtige Erkenntnis zeigt sich darin, daß die im Problemlösungsprozeß zu verarbeitenden Objekte im Ablauf dieses Prozesses unterschiedliche Abstraktionsstufen der Beschreibung durchlaufen müssen. In diesen unterschiedlichen Abstraktionsstufen der Beschreibung werden unterschiedliche Parameter zu dominierenden Repräsentanten der Beschreibung. Im Zusammenhang mit der technischen Vorbereitung der Produktion wird im Entwicklungsprozeß eines neuen technischen Erzeugnisses die Beschreibung dieses Objektes z. B. die Stufen: technische Funktion, technisches Prinzip, technischer Entwurf durchlaufen.
Jeder Abstraktionsstufe sind auf Grund unterschiedlicher Parameter und Elemente der Beschreibung auch verschiedene Operationen zuzuordnen. Wir müssen deshalb untersuchen, welche Operationen in diesen Prozessen auftreten, wie sie erfaßt und im Dialog aktiviert werden können. Wir müssen uns dabei immer dieser Trennung bewußt sein, die auf der einen Seite die Prozesse betreffen, die zur Aufstellung und Erarbeitung des rechnerunterstützten Systems und auf der anderen Seite die Operationen umfassen, die zur Beschreibung des Dialogs bei der Lösung des Problems Verwendung finden werden.

Damit ergibt sich automatisch die Notwendigkeit, den Problemlösungsprozeß in zwei Teile aufzuspalten; in den Teil, der bei der Aufstellung des Systems bearbeitet und gelöst werden muß und in den restlichen Teil, dessen Lösung mit der Nutzung des Systems verbunden ist. Der erste Teil wird die für die Aufgabenklasse invarianten Teilprobleme umfassen, die gleichzeitig den Rahmen festlegen, in dem sich der zweite Teil der anwendungsvarianten Probleme bewegen kann.

In den folgenden Kapiteln werden wir uns zunächst im Rahmen der Charakterisierung der Einsatzgebiete mit der Beschreibung der Objekte und Operationen in den wesentlichen Anwendungsgebieten auseinandersetzen müssen. Die Beziehungen zur grafischen Datenverarbeitung werden daraus abzuleiten sein. Dann werden wir uns mit der Grundstruktur eines interaktiven grafischen Systems auseinandersetzen und typische Anwendungsgebiete ausführlicher diskutieren. Unter dem Aspekt der grafischen Datenverarbeitung werden wir eine Einteilung der Anwendungsgebiete in Klassen vornehmen, die in dieser Hinsicht typische Schwerpunkte der grafischen Datenverarbeitung repräsentieren werden.

3.2. Charakterisierung der Einsatzgebiete der grafischen Datenverarbeitung

3.2.1. Hauptanwendungsgebiet: Technische Vorbereitung der Produktion

Eine zielgerichtete Anwendung der Methoden, Prinzipien und Verfahren der grafischen Datenverarbeitung im Prozeß der technischen Vorbereitung der Produktion setzt detaillierte Kenntnisse über diesen Prozeß, seine Operationen und Objekte voraus. „Unter *technischem Konstruieren* verstehen wir das wissenschaftlich fundierte Vorausdenken eines zu schaffenden technischen Gebildes, das einen bestimmten Zweck in einem Kontext von Bedingungen optimal erfüllen soll, die Schaffung der notwendigen und hinreichenden Unterlagen für die Fertigung dieses Gebildes und die Überführung in die Produktion“ [267].

Aus dieser Definition über den Inhalt der Konstruktionstätigkeit, die den wesentlichen und für die Anwendung der grafischen Datenverarbeitung interessantesten Abschnitt im Prozeß der technischen Vorbereitung der Produktion charakterisiert, läßt sich unschwer die Schlußfolgerung ableiten, daß es „den“ konstruktiven Entwicklungsprozeß nur auf einer hinreichend abstrakten Betrachtungsstufe geben kann. Für jedes technische Gebilde ist sowohl der Zweck als auch der Kontext der optimal zu erfüllenden Bedingungen unterschiedlich. Aber auch die Bedingungen der Fertigung sind sehr differenziert, so daß die Anforderungen an die notwendigen und hinreichenden Unterlagen ebenfalls von technischem Gebilde zu technischem Gebilde unterschiedlich ausfallen werden.

Der am technischen Gebilde zu vollziehende Prozeß ist deshalb in seinem Ablauf und im Inhalt einmalig und wiederholt sich kein weiteres Mal. Selbst zwei Konstrukteure, die das gleiche technische Gebilde, von identischer Aufgabenstellung ausgehend, entwickeln müßten, würden das in unterschiedlichen Prozeßverläufen vollziehen. Für die Ableitung allgemeiner Gesetzmäßigkeiten des Prozesses, besonders im Hinblick auf die Beziehungen dieser Prozesse zur grafischen Datenverarbeitung, müssen wir uns auf eine die Charakteristika des Prozesses beschreibende Darstellung orientieren. Wir wollen hier von der seit dem Ende der 50-er Jahre in Angriff genommenen „Theorie der Konstruktion“ als Basis der Erfassung des Konstruktionsprozesses ausgehen [19, 13, 158, 159]. Darauf aufbauend können die Elemente des Konstruktionsprozesses erkannt und fixiert werden. Ihr Zusammenwirken kann beim gedanklichen Vorausbestimmen eines technischen Gebildes erfaßt werden. Mit der Erfassung des Ablaufs dieses konstruktiven Entwicklungsprozesses ist das Beschreiben der technischen Gebilde in ihrem Aufbau und in ihrer Entwicklung, die sich durch die Anwendung des konstruktiven Entwicklungsprozesses ergibt, eng verbunden [84, 258, 338, 368].

In [19] wird hierzu ein auf dem kybernetischen Systembegriff aufbauendes Modell entwickelt. Es beschreibt das Zusammenwirken von Mensch, Programmen, Verfahren und technischen Mitteln im konstruktiven Entwicklungsprozeß. Diese Beziehungen sind in Abb. 179 dargestellt. Der Mensch als zentrales Element, der diesen Prozeß steuert, setzt dazu Methoden und technische Ausrüstungen bewußt ein. Durch seine Fähigkeiten ist der Mensch in der Lage,

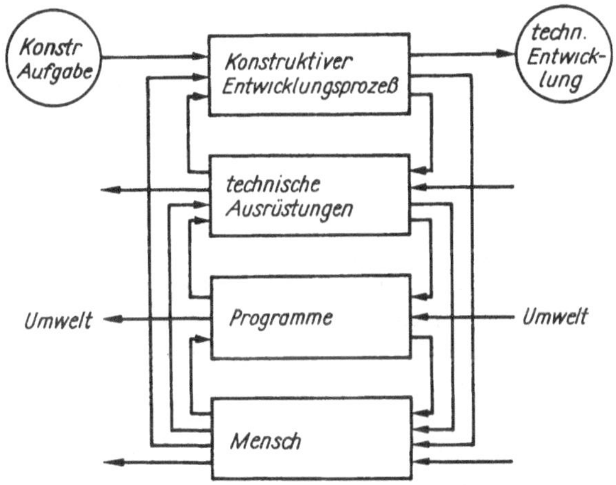

Abb. 179. System zur Lösung konstruktiver Aufgaben (nach [19])

unter mehr oder weniger umfangreicher Ausnutzung dieser technischen Mittel die konstruktive Aufgabe als Eingangsgröße in den technischen Entwurf als Ausgangsgröße zu überführen. Programme als Oberbegriff für Methoden, Vorschriften, heuristische und determinierte Programme werden ausgewählt und zur Lösung der Aufgabe eingesetzt, sie steuern damit Teilabschnitte des gedanklichen Prozesses der Bearbeitung. Die technischen Ausrüstungen, wie Zeichengeräte, Informationsspeicher, Rechenmaschinen werden unter Ausnutzung dieser Programme im Prozeß der gedanklichen Entwicklung des technischen Gebildes eingesetzt. Mittel und Methoden werden nicht allein durch den konstruktiven Entwicklungsprozeß, sondern auch durch die spezifischen Eigenschaften des Menschen bestimmt und beeinflußt.

Führen wir nun wie in [19] den Begriff des *Systems* ein. Ein System besitzt eine definierte Verbindung zur Umgebung U, eine technische Funktion F und eine Struktur S. Der Systembegriff ist relativ, so das Teilsysteme dieselben Eigenschaften haben und wieder als System aufgefaßt werden können. Die Beziehung zur Umwelt U ist durch die Menge der Eingangsgrößen E und die Menge der Ausgangsgrößen A festgelegt, $E \vee A = U\ (S)$. Das System tritt mit seiner Umwelt in Wechselwirkungen. Das ergibt die Beziehung zum zweiten

Aspekt des Systems, der technischen Funktion. Das technische Gebilde muß einen bestimmten Zweck erfüllen, d. h., auf Grund bestimmter Einwirkungen von außen muß es bestimmte, beabsichtigte Wirkungen hervorbringen. Auf das System übertragen bedeutet das, daß die technische Funktion den durch Abstraktion gewonnenen Zusammenhang zwischen funktionsrelevanten Eingangs- und Ausgangsgrößen beschreibt, $A_F = Z(E_F)$. Der funktionelle Zusammenhang und damit die Funktion läßt sich in verschiedenen Abstraktionsstufen beschreiben, da sowohl die funktionsbedingten Eingangsgrößen als auch ihre gegenseitige Zuordnung in unterschiedlichem Grade abstrahiert sein können.

Die dritte Eigenschaft des Systems ist durch die Struktur gegeben. Der innere Aufbau eines Systems, der aus Elementen und den zwischen diesen Elementen gegebenen Relationen besteht, wird als Struktur des Systems bezeichnet. Die Wirkung eines technischen Systems auf seine Umgebung wird demzufolge durch seinen inneren Aufbau bestimmt. Auch bei der Strukturbeschreibung finden wir verschiedene Abstraktionsstufen vor. Neben dieser Anwendung des Systembegriffs zur Beschreibung technischer Gebilde können wir ihn auch zur Erfassung des konstruktiven Entwicklungsprozesses heranziehen. Der konstruktive Entwicklungsprozeß als System betrachtet besitzt dann eine Umgebung, eine Funktion und eine Struktur. Umgebung und Funktion des konstruktiven Entwicklungsprozesses werden durch seine Stellung und Einordnung im Gesamtprozeß der technischen Vorbereitung der Produktion bestimmt. Diese Einordnung des konstruktiven Entwicklungsprozesses in den Prozeß der technischen Vorbereitung ist in Abb. 180 dargestellt. Aus dieser Umgebung werden die Anforderungen an diesen Prozeß abgeleitet.

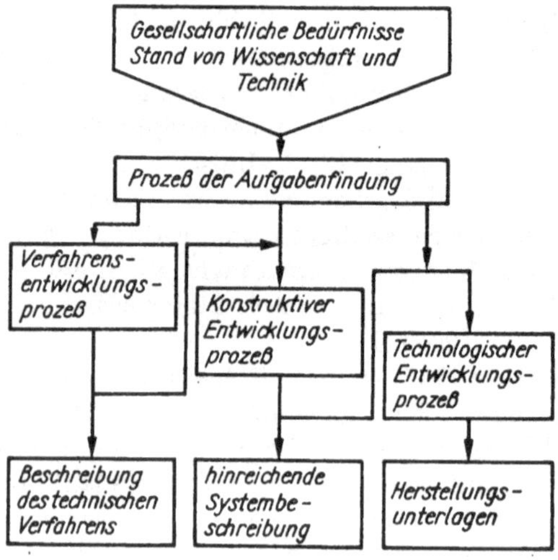

Abb. 180. Prozeß der technischen Vorbereitung der Produktion (nach [19])

Die Funktion dieses Prozesses kann als Umwandlung von Informationen charakterisiert werden. Es werden die Informationen, die die Aufgabenstellung beschreiben in die Informationen umgewandelt, die die komplette Beschreibung des technischen Gebildes repräsentieren. Die Struktur beschreibt eine typische Prozeßstruktur für eine Klasse von Aufgaben. Teilprozesse bzw. Operationen entsprechen den Elementen des Systems, während die Übergänge von einem Teilprozeß zu einem anderen Teilprozeß als Relationen in der Struktur des Systems anzusehen sind. Eine Grobstruktur dieses Prozesses der konstruktiven Entwicklung zeigt Abb. 181. In Abb. 182 sind die Phasen dieses Prozesses, wie sie den Arbeiten der Ilmenauer Schule zugrunde liegen [19, 158] angegeben. Die eigentliche Zielstellung des konstruktiven Entwicklungsprozesse ist, Umgebung und Funktion des zu entwerfenden technischen Systems aus der Aufgabenstellung zu ermitteln und darauf aufbauend die Struktur zu suchen, die die geforderte Funktion erfüllt.

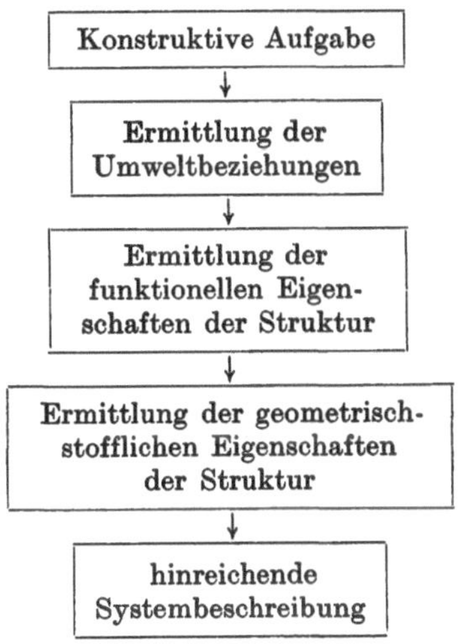

Abb. 181. Grobstruktur des konstruktiven Entwicklungsprozesses (nach [19])

Wenn wir als Stadien, die das neue, zu entwickelnde technische Gebilde in diesem Prozeß durchläuft, die Beschreibungsformen des technischen Gebildes auffassen, die sich durch unterschiedliche Abstraktionsgrade der Beschreibung von Umgebung, Funktion und Struktur unterscheiden und die Phasen des konstruktiven Entwicklungsprozesses als Tätigkeitsabschnitte bezeichnen, die zu einem bestimmten Stadium der Entwicklung des technischen Gebildes führen, so kann damit der Zusammenhang zwischen Beschreibungsform des technischen Gebildes in den verschiedenen Abstraktionsstufen und den Tätigkeiten im Prozeß der Entwicklung des technischen Gebildes eindeutig dargestellt werden. Von Phase zu Phase wird in diesem Prozeß die Beschreibung des technischen Gebildes konkreter und umfassender. Daraus läßt sich eine wichtige Schlußfolgerung für die Anwendung der grafischen Datenverarbeitung ziehen und formulieren. Im Ablauf des konstruktiven Entwicklungsprozesses treten verschiedene Abstraktionsstufen der Beschreibung des zu entwicklenden technischen Gebildes auf. Das verlangt von uns, das technische Gebilde nicht nur in Funktion und Struktur in diesen verschiedenen Abstraktionsstufen formal zu beschreiben, sondern darüber hinaus auch den Übergang von einer Beschreibungsform, d. h. Abstraktionsstufe zur nächsten, in diesem Beschreibungsformalismus zu erfassen.

Abb. 182. Phasen des konstruktiven Entwicklungsprozesses (nach [19])

Diesen verschiedenen Beschreibungsformen angepaßt unterscheiden sich natürlich auch die in jeder Abstraktionsstufe zu verwendenden Operationen sowie die Operationen, die von Abstraktionsstufe zu Abstraktionsstufe führen. Ganz anders sieht es dann aus, wenn im Sinne der grafischen Datenverarbeitung eine Abbildung der Beschreibungen in den einzelnen Abstraktionsebenen auf geometrische Objekte bzw. grafische Darstellungen vorgenommen wird. Dann wird zur Verarbeitung wieder ein der Geometrie angepaßter Satz von Operationen einheitlich genutzt werden können.

Wir wollen uns nun mit der Frage der Prozeßbeschreibung bzw. der Entwicklung des Prozesses der konstruktiven Vorbereitung befassen. Der Schluß von einer Ursache auf eine oder mehrere Wirkungen ist stets eindeutig. Dagegen ist der Schluß von einer bekannten oder gewünschten Wirkung auf die die

Wirkung auslösende Ursache nur mit einer bestimmten Wahrscheinlichkeit anzugeben. Daraus läßt sich die Folgerung ableiten, daß eine konstruktive Aufgabe nicht durch einen direkten Schluß gelöst werden kann, sondern stets auf Erfahrungen und Hypothesen aufbauend oder als schöpferischer Prozeß behandelt werden muß. Wir können nun die Beziehung zum Vorhergesagten herstellen. Es ist möglich und notwendig, diesen Übergang von einer Stufe der Abstraktion zur nächsten genauer zu untersuchen und die Möglichkeiten der Informationsspeicherung und Bereitstellung von Informationen für diesen Übergang zu nutzen.

Im Zusammenhang mit der Beschreibung eines sich entwickelnden Systems wurde in [377] der Versuch beschrieben, sowohl diese verschiedenen Stadien der Beschreibung als auch die Übergänge in einer einzigen Datenstruktur zu erfassen. Teilstrukturen aus dieser Datenstruktur repräsentieren dann aufbereitete Erfahrungen, die wieder als Komplex in anderen Entwicklungen eingesetzt werden können. Ein Beispiel in 3.3.2.8. zeigt diese Vorgehensweise. Die Entwicklung der Vorstellung über das neue technische Gebilde kann durch eine Folge von Beschreibungen dieser Vorstellungen in den verschiedenen Abstraktionsstufen charakterisiert werden. Der Ausgangspunkt dieser Entwicklung ist je nach Aufgabenklasse verschieden. Wir können hier Neuentwicklung, Weiterentwicklung, Einzelteilentwicklung, Baugruppenentwicklung u. ä. unterscheiden. Das Ergebnis ist die komplette, fertigungsgerechte Unterlage, Zeichnung, Stückliste u. ä.

Parallel zu dieser Folge von Zustandsbeschreibungen der Vorstellungen über das neue technische Gebilde wird eine zweite Folge aufgebaut, die Folge von Operationen, die angewendet werden müssen, um die erstgenannte Folge zu erzeugen. Aus diesen Gedanken läßt sich die Schlußfolgerung ableiten, *den konstruktiven Entwicklungsprozeß aus zwei Teilprozessen* bestehend aufzufassen. Im Ablauf des *ersten Teilprozesses* wird die Prozeßbeschreibung für eine Klasse von Aufgaben als Folge von Operationen entwickelt. Diese Folge von Operationen ist im konstruktiven Entwicklungsprozeß abzuarbeiten. In einem zweiten *Teilprozeß* kann nun diese Prozeßbeschreibung auf eine konkrete Aufgabenstellung aus dieser Klasse angewendet werden. Dieser zweite Teilprozeß erzeugt die Beschreibung des neuen technischen Gebildes. In der heute vom Konstrukteur in manueller Arbeitsweise, d. h. ohne Rechenautomat vollzogenen Entwicklung sind beide Teilprozesse vermischt und nicht ohne weiteres abgrenzbar vorhanden. Er ist sich dieser Struktur nicht bewußt. Aber mit dem Einsatz der Rechentechnik wird die Trennung beider Prozesse notwendig.

Gelingt es, die gesamte schöpferische Arbeit der Erfassung der Prozeßbeschreibung für eine Aufgabenklasse in den ersten Teilprozeß zu verlagern, so führt das zur heute in diesem Bereich üblichen Anwendung der Rechentechnik. Es wird ein Programm entwickelt, daß eine Abbildung des konstruktiven Entwicklungsprozesses fur eine Aufgabenklasse darstellt. Dieses Programm wird mit konkreten Daten für ein Element dieser Klasse versehen abgearbeitet und liefert als Lösung die Beschreibung des technischen Gebildes. Abb. 183 zeigt diese Zweiteilung. Ist es nicht möglich, alle Teilaufgaben in dieser Phase der Prozeßbeschreibung zu lösen, dann muß im Dialogbetrieb bei der Abarbeitung des unvollständigen Programms die Ergänzung des restlichen Teils erfolgen. In diesem Fall ist es dann aber wesentlich einfacher, da diese Teilaufgaben dann nur für den konkreten Fall eines Elementes dieser Klasse zu lösen sind. Für den Konstrukteur bzw. den Systemprogrammierer ergibt sich damit die Zielstellung, nicht die Aufgabe zur Entwicklung eines einzelnen technischen Gebildes zu bearbeiten, sondern den Lösungsprozeß für eine möglichst umfangreiche Klasse von Aufgaben zur Entwicklung technischer Gebilde zu erarbeiten. In Abhängigkeit von der Formalisierbarkeit dieser Prozeßbeschreibung erhalten wir entweder ein Rechenprogramm zur automatischen Abarbeitung auf einer Rechenanlage oder ein im Dialogbetrieb abzuarbeitendes Programm, das somit einen rechnerunterstützten Entwurf eines konkreten technischen Gebildes repräsentiert. Diese Möglichkeiten sind in Abb. 183 und 184 dargestellt.

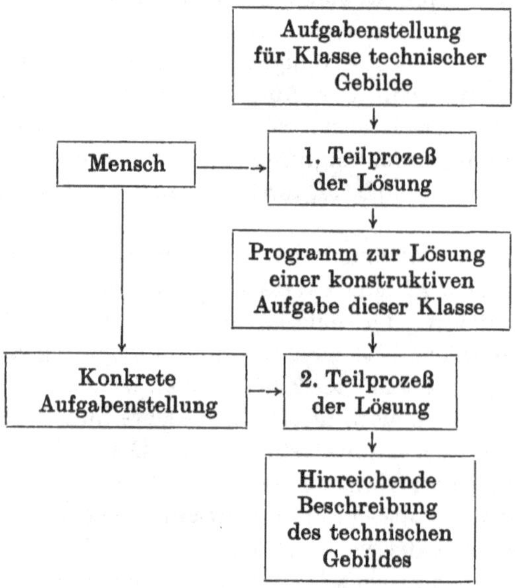

Abb. 183. Zweiteilung des konstruktiven Entwicklungsprozesses bei Stapelverarbeitung

Wir wollen eine weitere Entwicklung unter anderen Aspekten betrachten. Wir werden von der Vorgehensweise bei der Lösung dieser Aufgaben ausgehen. In einer ersten Variante kann die Prozeßbeschreibung unanhängig von einem Rechenautomanten unter Zuhilfenahme einer problemorientierten Sprache, einer speziellen technischen Sprache oder einer grafischen Sprache vorgenommen werden. Die Durchführung der Rechnung erfolgt dann, wie eben beschrieben, getrennt und in einer der beiden Formen automatisch oder im Dialogbetrieb. Das ist die heute übliche Vorgehensweise. Die zweite Variante geht von einem rechentechnischen System aus, das auch zur Prozeßbeschreibung eingesetzt

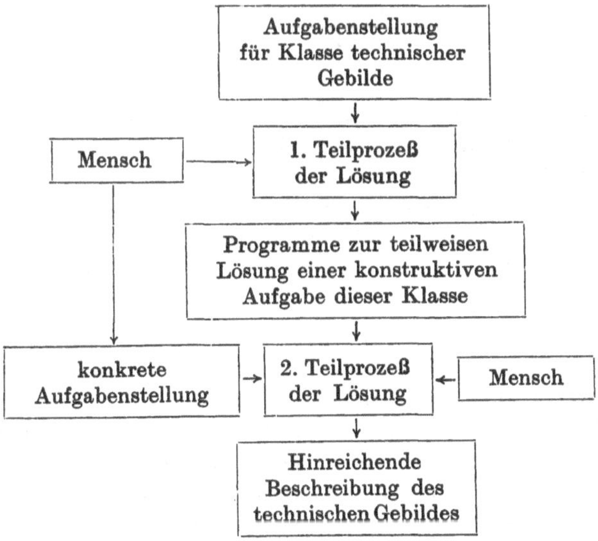

Abb. 184. Zweiteilung des konstruktiven Entwicklungsprozesses bei Dialogbetrieb

und genutzt werden kann. Im Dialogbetrieb wird schrittweise die Prozeßbeschreibung rechnerunterstützt erzeugt und in einem Programm als Ergebnis niedergelegt. Koppelt man die Entwicklung des Prozesses mit der Überprüfung des dadurch erzeugten Teilprogramms an einem konkreten Fall, so bietet sich ein sehr leistungsfähiges, zwar heute noch nicht realisiertes System des rechnerunterstützten Entwurfs an. Da sich ein System, aus Elementen und Relationen bestehend, sehr bequem in Datenstrukturen erfassen läßt, wird das geschilderte System sich sowohl hinsichtlich der Prozeßbeschreibung als auch bezüglich der Beschreibung des technischen Gebildes in Datenstrukturen repräsentieren.

Die Ansatzpunkte der grafischen Datenverarbeitung und der interaktiven Arbeitsweise können wie folgt zusammengefaßt werden:

- *Beschreibung von Umgebung, Funktion und Struktur in den verschiedenen Abstraktionsstufen zum Zwecke der Verarbeitung und Kommunikation,*
- *Erfassung von Prozessen der Verarbeitung dieser Beschreibungen zum Zwecke des Aufbaues von Programmen und von Dialogsystemen.*

In den konkreten Anwendungsfällen des Einsatzes der grafischen Datenverarbeitung und der interaktiven Arbeitsweise werden uns diese Zielstellungen in den verschiedensten Varianten begegnen. In der Praxis haben sich erst die einfachsten Varianten durchgesetzt, während die komplexeren Systeme vorerst Vorstellungen sind. Um Schwerpunkte der Anwendung der grafischen Datenverarbeitung im Prozeß der konstruktiven Entwicklung finden zu können, wurden aus Prozeßanalysen Verteilungen der Häufigkeiten einzelner Tätigkeiten abgeleitet. In [338] wurde eine Analyse der Stundenaufwände für den

Bereich der Konstruktion im Maschinenbau erarbeitet und dargestellt. So entfallen z. B. auf Entwerfen 19%, Berechnen 4%, Zeichnen 30% der Gesamtstunden. Diese Analysen lassen oberflächlich betrachtet den Schluß zu, die Zeichenarbeit als Schwerpunkt und damit automatisierungswürdig anzusehen. Es ist aber notwendig, durch detallierte Untersuchungen die Struktur der Prozesse zu berücksichtigen, um zu erkennen, wie diese Zeichenarbeiten über den gesamten Prozeßablauf verteilt und mit anderen Tätigkeiten verflochten sind, wie die Informationen für die Zeichenprozesse in den vorgelegten Teilprozessen ermittelt und in welcher Form sie bereitgestellt werden [91].

Die Anwendung sowohl der Dialogvariante als auch der automatischen Programme mit grafischer Ein- und Ausgabe wird entscheidend durch die Kompliziertheit und Komplexität der technischen Gebilde und der zu ihrer Entwicklung zu vollziehenden Prozesse bestimmt. Die Anwendung der Rechentechnik, der grafischen Datenverarbeitung und der interaktiven Arbeitsweise zur Rationalisierung und Automatisierung dieser Arbeiten müssen dabei zur Sicherung der notwendigen Effektivität unter dem Gesichtspunkt der Integrität des Gesamtprozesses gesehen werden. Teilprozesse isoliert herauszugreifen und zu automatisieren ist nur bei entsprechender Wichtung und Umfang des Teilprozesses sinnvoll. Das Ziel muß eine durchgängige Rationalisierung sein, wobei die interaktive Arbeitsweise mit Dialog über grafische Elemente neue Möglichkeiten bietet. Die hier dargelegten ersten Gedanken einer Theorie der Konstruktion und der Anwendung der Möglichkeiten der grafischen interaktiven Arbeitsweise zur Lösung von Problemen und Aufgaben sind natürlich im Zusammenhang mit konkreten praktischen Aufgabenstellungen zu untersetzen und zu transformieren. Die Spezifik des praktischen Beispiels beeinflußt heute noch dominierend den Ablauf im Prozeß, die Modellierung der physikalisch-technischen Zusammenhänge und hat entsprechenden Einfluß auf die grafische Repräsentation der Objekte.

3.2.2. Weitere Anwendungsgebiete der grafischen Datenverarbeitung

Es ist kaum ein Gebiet in Wissenschaft, Industrie oder Wirtschaft zu finden, das nicht durch Einsatz der Rechentechnik entscheidende Veränderungen durch Rationalisierung der in diesem Gebiet zu vollziehenden geistigen Tätigkeiten erfahren hat oder erfahren wird. Die grafische Datenverarbeitung als Spezialrichtung der Anwendung der Rechentechnik hat über das Gebiet der technischen Vorbereitung der Produktion hinausgehend eine Vielzahl von Anwendungsmöglichkeiten gefunden.

Die grafische Datenverarbeitung wird dort einen Schwerpunkt ihrer Anwendung haben, *wo bereits in Problemkreisen die Geometrie bzw. die grafische Darstellung ein dominierendes Element ist,* dort also, wo Umgebung und Struktur des Systems durch geometrische oder grafische Elemente repräsentiert werden. Dementsprechend sind auch die Verarbeitungsoperationen dieser Elemente auf die Geometrie oder grafische Darstellung orientiert. Hierzu können wir Aufgabenkomplexe wie Musterentwurf in der Textilindustrie, Formgestaltung, Grafik u. ä. zählen. Ein nächster Schwerpunkt der Anwendung der grafischen Datenverarbeitung liegt dort, *wo die grafische Darstellung als Form der Kommunikation von Bedeutung ist*; Erfassen vorliegender Beschreibungen, Ausgabe von Ergebnissen in Form grafischer Darstellungen im Zusammenhang mit automatisch abzuarbeitenden Programmen sowie Ein- und Ausgabe bei Dialogprozessen. Ein dritter Komplex der Anwendung der grafischen Datenverarbeitung konzentriert sich um die Probleme, *die eine Abbildung der Objekte auf geometrische bzw. grafische Repräsentanten* und damit auch der Verarbeitungsoperationen auf die Operationen zur Verarbeitung der grafischen Repräsentanten *zulassen.*

Daraus kann man die Schlußfolgerung ableiten, daß sich die Lösung der Aufgaben und Probleme in diesen Gebieten in keiner Weise vom Vorgehen bei der Behandlung von Aufgaben und Problemen aus dem Gebiet der technischen Vorbereitung der Produktion unterscheiden können. Wir finden dort die gleichen Kategorien vor. Wir werden aus der Vielzahl der Einsatzgebiete der grafischen Datenverarbeitung einige repräsentative herausgreifen und charakterisieren. Dabei werden wir versuchen, die Beziehung zu ähnlichen Problem oder Aufgaben der technischen Vorbereitung darzustellen.

Betrachten wir zunächst die Erfassung von Prozeßabläufen. Die zeitliche Folge von eindeutig beschreibbaren Teilprozessen mit ihren logischen Beziehungen untereinander können in einem Netzwerk erfaßt werden. Beispiele dafür sind die Netzpläne in Organisationsprojekten, Flußbilder für logische Abläufe in der Rechentechnik, Darstellung von Regelsystemen u. ä. Da diese Netzpläne nur bestimmte Kategorien von Informationen zum Ausdruck bringen, spricht man auch von *topologischen Netzen* (Abb. 185). Diese topologischen Netze können auf Graphen abgebildet werden. Die Elemente (Ereignisse, Operationen) werden auf die Knoten abgebildet, während die Relationenz wischen diesen Elementen durch die Kanten dargestellt werdend. Wir können hier in der Beschreibung einen direkten Zusammenhang zwischen diesen topologischen Netzen herstellen, die bei der Beschreibung technischer Gebilde in verschiedenen Abstraktions-

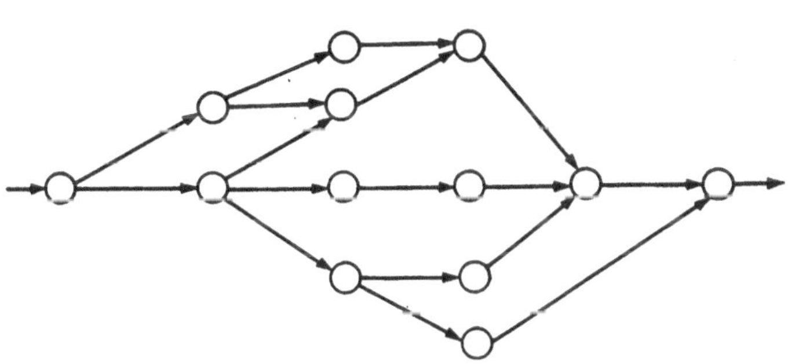

Abb. 185. Topologisches Netzwerk

stufen zu finden sind. Es wären hier die Leiterplatten, Maschinenaufstellungspläne, aber auch die Prinzipdarstellungen von technischen Gebilden zu nennen.

In ähnlicher Form zeigen sich auch die *Darstellungen der Lehrprozesse.* Zeitliche und logische Zusammenhänge in den Lehrmaterialien müssen in Form von Netzen dargestellt werden [325]. Diese Netze charakterisieren den gesamten Lehrprozeß. Aus ihnen werden die Elemente für die Kommunikation mit den Lernenden abgeleitet. Der Ablauf des Lernens zeigt sich als schrittweises Durchlaufen des Netzes, bzw. von Wegen in diesen Netzen. Durch ein übergeordnetes Steuerprogramm werden die jeweiligen Elemente herausgegriffen und dem Lernenden dargeboten, der daraufhin in Beantwortung von vorgegebenen Testfragen Eingabeinformationen erzeugt, die nach Verarbeitung im Steuerprogramm den weiteren Weg in diesem Netz beeinflussen (Abb. 186).

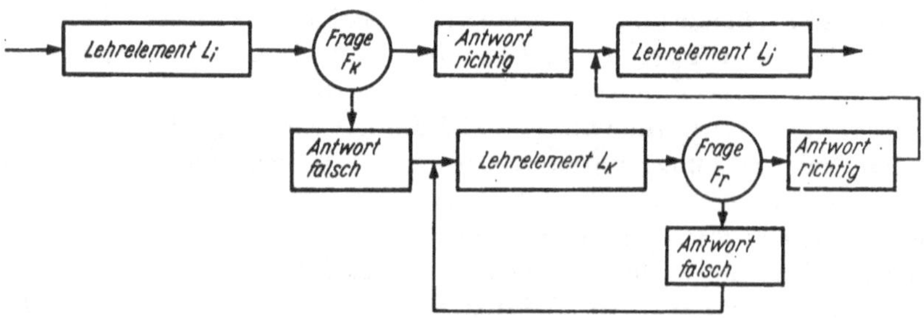

Abb. 186. Ausschnitt aus einem Lehrprogramm

Einen analogen Ablauf finden wir auch in den sogenannten *Frage-Antwort-Systemen.* Wir können feststellen, daß diese Form der Darstellung als topologisches Netz allen Prozeßabläufen zugrundeliegt, in deren Ablauf Entscheidungen zu treffen sind, die den weiteren Ablauf beeinflussen. Diese Bedeutung der topologischen Netze zur Beschreibung von Prozeßabläufen aber auch zur Beschreibung der Struktur von Objekten zeigt sich auch wieder in dem Platz, den wir den Datenstrukturen eingeräumt haben. Die Datenstrukturen sind die rechentechnischen Repräsentationen derartiger Strukturen und erleichtern sowohl die Erfassung, Speicherung aber auch Verarbeitung dieser Netze.

Eine weitere Kategorie von Aufgaben hat als Zielstellung nicht allein die für die Kommunikation geeignete Darstellung der momentanen Situation, wie sie den Prozeßablauf in dieser Phase charakterisiert, sondern auch die *Angabe von zu erwartenden Tendenzen der weiteren Entwicklung* dieser Situation und die Möglichkeiten der Beeinflussung. Durch Eingriffe des Operateurs muß auch eine Beeinflussung dieser Tendenz möglich sein. Beispiele dafür sind aus der Militärtechnik (Luftkampf), der Flugüberwachung (Kollision), der Betriebssteuer- und Regeltechnik (Vermeiden von Katastrophensituationen) zu nennen.

Als Beispiele aus der technischen Vorbereitung der Produktion kann der Entwurf eines digitalen oder analogen Schaltkreises bzw. einer Schaltung angesehen werden. Eine Vielzahl von Eingangsparamter müssen in ihrer Wirkung auf die Leistungsfähigkeit der Schaltung eingeschätzt und entsprechend dimensioniert werden. Es ist möglich, die Parameter einzeln oder Kombinationen von ihnen um bestimmte Beträge zu variieren und den Einfluß auf die Güte des Erzeugnisses zu beurteilen. Effektiver ist es, automatisch diese Variationen durch das Programm durchführen zu lassen und nur die Tendenz der Veränderungen an den Parametern zu beeinflussen. Die Dialogtechnik ermöglicht diese Vorgehensweise.

Diese wenigen Beispiele verdeutlichen bereits, daß auch über das Gebiet der technischen Vorbereitung der Produktion hinaus die grafische Datenverarbeitung nicht nur ein Hilfsmittel zur Lösung der Aufgaben ist, sondern auch als Voraussetzung für die Anwendung neuer Lösungsprinzipien anzusehen ist. Charakteristisch ist auch hier wieder die Abbildung der Elemente des Problems (sowohl Objekte als auch Teilprozesse) auf geometrische und grafische Repräsentanten. Wir werden in den weiteren Ausführungen keine Einteilung der Beispiele hinsichtlich ihres problembezogenen Inhaltes vornehmen, sondern vielmehr die Abbildung der Elemente und Verarbeitungsprozesse auf grafische Repräsentanten und die Handhabung bei der Nutzung des Systems als Aspekte der Klassifizierung zugrundelegen.

3.3. Interaktive grafische Systeme und Beispiele ihrer Anwendung

3.3.1. Ein interaktives grafisches System und die Beziehungen zum Einsatzgebiet

Aus den Darlegungen über die Anwendungsgebiete der grafischen Datenverarbeitung im vorangegangenen Kapitel kann die Schlußfolgerung abgeleitet werden, daß es möglich ist, die Grundprogramme der aktiven grafischen Datenverarbeitung, wie sie in 2.3.2.3. behandelt worden sind, mit den problemorientierten Anwendungsprogrammen, wie sie im Rahmen eines rechnerunterstützten Lösungsprozesses aufgestellt werden müssen, durch ein als Bindeglied wirkendes, problemunabhängiges interaktives grafisches Programmpaket zu verknüpfen. Dieses Programmpaket muß auf den Grundprogrammen aufbauen und sie sinnvoll integrieren. Sie müssen die grafischen Strukturen auf dem Bildschirm darstellen und im Kommunikationsprozeß den aktiven Eingriff über Lichtstift und Tastenfeld verarbeiten. Auf der anderen Seite muß in einfacher Weise die Verbindung zu den Anwendungsprogrammen herzustellen sein. Die Verbindung zwischen den Problemdaten und den Daten, die für die Kommunikation benötigt werden, ist zu sichern.

Im einfachsten Fall muß es möglich sein, dieses Programmpaktet so in ein Anwendungsprogramm einzufügen, daß dieses Programm, das in normaler Stapelverarbeitung läuft, in ein interaktiv zu nutzendes Programm umgewandelt werden kann. Die nachträgliche Umarbeitung eines Programmes in ein Dialogprogramm kann im allgemeinen so verlaufen, daß durch den zu ergänzenden

Dialogteil die Aktivitäten in das Programm aufgenommen werden, die jeweils zwischen zwei Läufen im Stapelverarbeitungsprozeß durchzuführen waren. Wir hatten bereits kennengelernt, daß nach einem Durchlauf des Programmes eine Beurteilung des Ergebnisses zu einer Variation der Eingangswerte führen kann, die im nächsten Lauf, meist Stunden oder Tage später, zu verarbeiten sind. In vielen Bereichen ist eine Vielzahl von Programmläufen notwendig, um das Ergebnis mit befriedigender Qualität zu erhalten. Den Ablauf zeigt Abb. 187 a). Typisch ist dieses Vorgehen bei der Dimensionierung von technischen Gebilden und der Optimierung ihrer Eigenschaften. Hier sei nur die Berechnung und Optimierung optischer Systeme und elektrischer und elektronischer Schaltungen genannt.

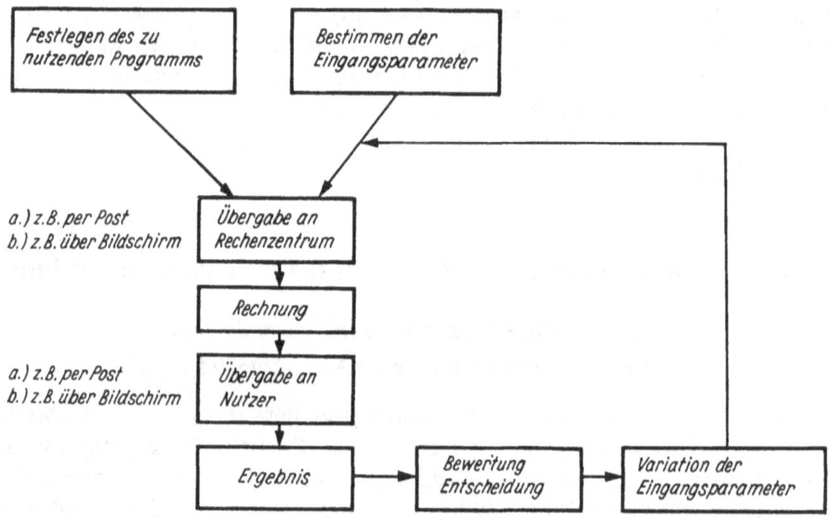

Abb. 187. Durchführung der Rechnung, Stapelbetrieb (a), Dialogbetrieb (b)

In einem interaktiven Programm werden diese Entscheidungsfindungen integriert. Die Entscheidungen werden auf Grund der erreichten und auf dem Kommunikationsmittel dargestellten Lösung getroffen. Die daraus resultierende Festlegung ergänzender und den weiteren Ablauf steuernder Daten wird über die entsprechenden Mittel eingegeben, und die Bearbeitung wird wieder dem Programm übertragen. Dieser Ablauf wird in Abb. 187 b) dargestellt.

Im Normalfall wird bereits beim Ausarbeiten eines Problemprogrammes die Dialogvariante berücksichtigt. Im Rahmen der Weiterentwicklung eines Programmes kann jedoch auch die Erweiterung vom Stapelverarbeitungsprogramm zum Dialogprogramm bedeutungsvoll sein [186]. Es bietet sich an, für diesen letzteren Fall Stellen des Eingriffs in den festgelegten Programmablauf zu schaffen. Diese Stellen, die Entscheidungen über den weiteren Ablauf zulassen sollen, müssen folgenden Forderungen genügen:

— Es muß die interne Situation darstellbar sein; sie muß dem Nutzer angeboten werden können, sodaß er darauf seine Entscheidung gründen und ableiten kann.
— Es muß die Eingabe von Informationen, die aus dieser Entscheidung abgeleitet worden sind, möglich sein.

Dabei ist stets davon auszugehen, daß der Spielraum, in dem Entscheidungen über die Fortsetzung des Programmes getroffen werden können, durch die im Programm festgelegten Varianten bestimmt werden. Die drei charakteristischen Etappen der Überführung eines Stapelverarbeitungsprogrammes in ein Dialogprogramm seinen noch einmal zusammengefaßt [1].

1. Schließen des Ringes, so daß neue Daten eingegeben werden können und das Programm wieder gestartet werden kann.
2. Einfügen von Eingriffsmöglichkeiten an kritischen Stellen des Prozeßablaufes.
3. Überwachung des Ablaufes, um den Lauf der Bearbeitung on-line verfolgen zu können.

Diese hier genannten Aufgaben werden im wesentlichen durch die in 2.3.2.3. erläuterten Grundprogramme gelöst. Die neue Qualität dieses interaktiven grafischen Systems zeigt sich im sinnvollen Verbinden dieser Programme mit dem Nutzer- bzw. Problemprogramm.

Wir wollen nun an einem *Beispiel den Aufbau eines interaktiven Programmpaketes für eine Aufgabenklasse* erläutern. Als Beispiel wählen wir die Dimensionierung eines Balkens und die Ermittlung einer bestimmten Eigenschaft des Balkens unter veränderten Bedingungen der Umgebung. Wir wollen zunächst die Aufgabenklasse formulieren. Wir beschränken uns auf einen Balken, der beidseitig auf je einem Lager gelagert ist. Auf ihn wirkt eine Kraft an einem definierten Punkt. Die Geometrie des Balkens und der Umgebung wird durch die Parameter erfaßt, die zusammen mit den physikalisch-technischen Gesetzmäßigkeiten in der Formel für die Berechnung der Durchbiegung, das ist unsere Zielfunktion, vereinigt werden. Mit der Auswahl der Formel legen wir damit auch den zulässigen Querschnitt fest. Weitere Eingangsparameter sind neben diesem Querschnitt Länge des Balkens, Lage der Stützstellen, Lage des Kraftangriffspunktes, Wert der Kraft, Materialeigenschaften des Balkens. Als Er-

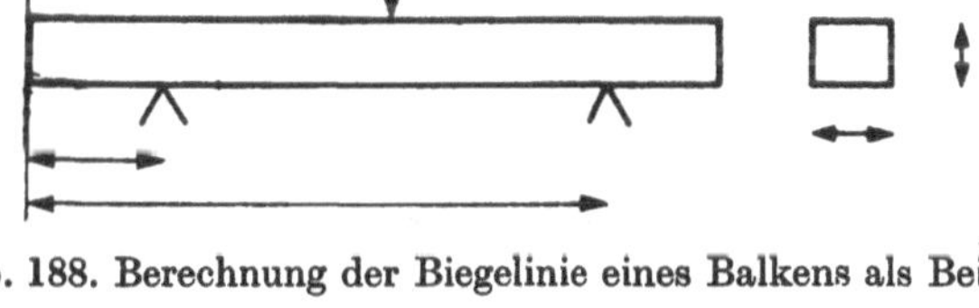

Abb. 188. Berechnung der Biegelinie eines Balkens als Beispiel

gebnis des Problemprogrammes soll die Biegelinie angesehen werden. Diese Problemdarstellung zeigt Abb. 188. Die Aufgabenstellung verlangt eine Dimensionierung des Balkens, um die bestimmten Kräften zugeordnete maximale Durchbiegung unterhalb einer vorgegebenen Schranke zu halten.

Der Ablauf in konventioneller Form würde wie folgt geschehen:

1. Festlegen und Ablochen der Eingabewerte für einen konkreten Fall der Geometrie,
2. Eingeben des Programmes und der Eingabewerte,
3. Durchführung der Rechnung,
4. Ausgabe des Ergebnisses,
5. Interpretation des Ergebnisses und Festlegung neuer Eingabewerte, Fortsetzung bei 1.

Für dieses gewählte Beispiel ist es zweifellos möglich, die Optimierung des technischen Gebildes bezüglich dieser geforderten Eigenschaft automatisch in einem Programm durchführen zu lassen. Die Veränderung der Anfangswerte für die nächste Durchrechnung können in Abhängigkeit vom Ergebnis der vorangegangenen Rechnung und vom Trend abgeleitet werden. Wir wollen hier jedoch die Steuerung des Ablaufes dem Nutzer überlassen und haben aus didaktischen Gründen ein derartiges einfaches Beispiel gewählt.

Wir werden verschiedene Schritte der Rationalisierung des konventionellen Ablaufes verfolgen. Als ersten Schritt wählen wir die Ausgabe des Ergebnisses, der Biegelinie, auf einem an den Rechenautomaten angeschlossenen Zeichentisch. Diese grafische Darstellung des Ergebnisses in Form einer Biegelinie wird die Auswertung vereinfachen. Hierzu ist lediglich das Anfügen eines Paketes von Programmen zur Ansteuerung des Zeichentisches an das Problemprogramm notwendig. Es müssen das Koordinatenkreuz mit Bemaßung, die

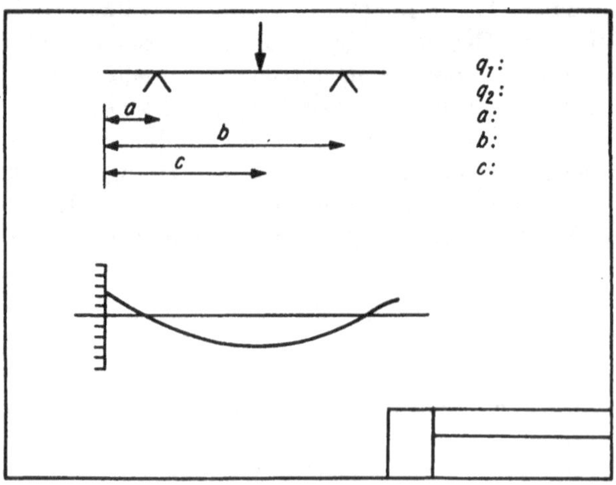

Abb. 189. Ausgabe des Ergebnisses über Zeichenautomat

Ergebniskurve und in vereinfachter Form der Balken mit Stützstellen und Kraftangriffsstelle gezeichnet werden, so, wie es etwa Abb. 189 zeigt. Der nächste Schritt nutzt das Bildschirmgerät mit seinen Möglichkeiten für den Dialog aus. Der Entscheidungsprozeß, bestehend aus Begutachtung der erreichten Lösung und Festlegung neuer Parameter, wird unter Ausnutzung des Bildschirmgerätes durchgeführt. Es ergeben sich zwei Aufgaben. Die erste Aufgabe beinhaltet die Darstellung der Situation. Die Situation besteht in diesem Beispiel aus zwei Teilen. Ein sogenannter fester Teil der Situation umfaßt die Darstellung des Balkens mit der formalen Umgebung, d. h. mit Möglichkeiten der Angabe von Maßen für Lage des Kraftangriffspunktes, der Lage der Auflagepunkte, des Querschnittes. Der variable Teil enthält die veränderlichen, aktuellen Maßgrößen und das Ergebnis der Rechnung, die Biegelinie. Die zweite Aufgabe befaßt sich mit den aktiven Eingriffsmöglichkeiten. Wir müssen die Möglichkeit haben, die Lage von Kraftangriffspunkt und Stützstellen sowie den Querschnitt zu verändern, aber auch den Wert der Kraft selbst zu variieren.

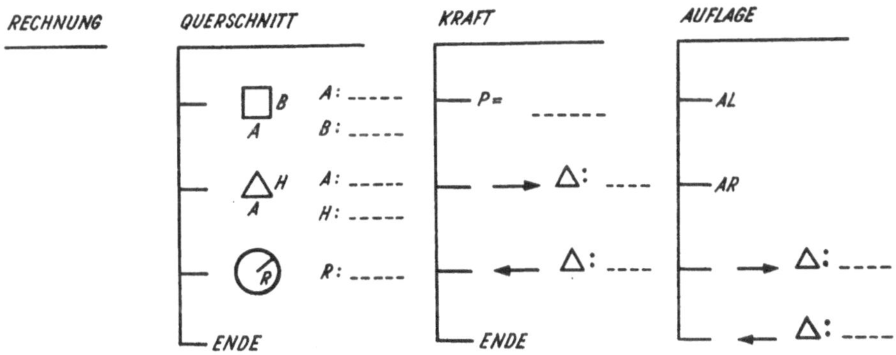

Abb. 190. Menübaum für dieses Beispiel

Die Erfassung dieser Eingriffs- und Eingabemöglichkeiten wollen wir über einen Menübaum mit zwei Stufen vornehmen. Die Gestalt dieses Menübaumes zeigt Abb. 190. Wir geben damit ein Beispiel, daß es möglich ist, Lichttasten nicht nur durch Buchstaben oder Buchstabenfolgen zu kennzeichnen, sondern daß dazu auch Symbole verwendet werden können. Wir haben dazu lediglich ein weiteres Grundprogramm zur Definition derartiger Lichttasten zu schreiben und einzuordnen. Es basiert auf dem in 2.3.2.3. erläuterten LTAST und wird lediglich durch eine Symboldarstellung als Bild ergänzt. Zusätzlich können wir dieses Bild, das als Repräsentant der Lichttaste angesehen wird, durch eine

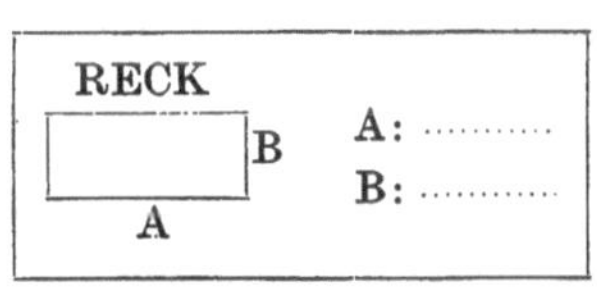

Abb. 191. Besondere Form der Lichttaste zur Veränderung des Querschnitts

Werteingabe zur Spezifizierung des Bildes ergänzen. In Abb. 191 ist dargestellt, wie die Lichttaste „RECK“, dargestellt durch das Bild eines Rechteckes, durch die Eingabe von Länge A und Höhe B des Rechteckes vervollständigt werden kann. Diese Werte werden über das Tastenfeld eingegeben.

Wir haben in Abb. 190 die Form gewählt, gleichzeitig alle Stufen des Menübaumes darzustellen. Abb. 192 zeigt Menübaum, Ergebnis und Balken, wie sie auf dem Bildschirm angeordnet werden können. Eine andere Variante basiert auf der alleinigen Nutzung des Lichtstiftes. Änderungen der Lage von Kraft und Auflage können über die Lichtmarkentechnik vorgenommen werden.

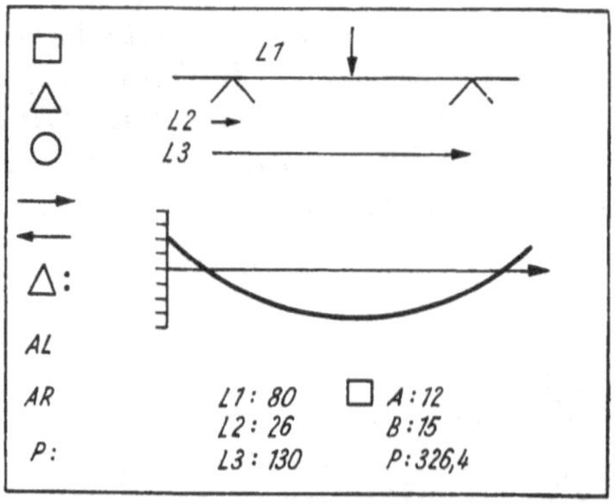

Abb. 192. Darstellung auf dem Bildschirm

Die Lichtmarke wird mit dem zu verändernden Element in Beziehung gesetzt, indem die Marke an diese Stelle bewegt wird. Die Bewegung dieser Marke in Richtung und um einen bestimmten Weg bewirkt die Veränderung des erfaßten Elementes um diesen Wert in der vorgesehenen Richtung. Über eine digitale Anzeige des Weges kann die Kontrolle vorgenommen werden. Für diese Arbeitsweise sind die Programme des interaktiven Teiles natürlich anders zu gestalten.

An diesem Beispiel läßt sich noch einmal zeigen, daß zwischen der Lösung des Problems und der Steuerung des Ablaufes im Rahmen eines grafischen Dialoges eine klare Trennung möglich ist. Wir hatten auch hier wieder gesehen, daß die Forderungen an den Dialogteil mit den im Kapitel 2 behandelten rechentechnischen Grundlagen zu befriedigen sind. Die Frage nach einem allgemein und für die Vielzahl der Anwendungsfälle einsetzbaren grafischen interaktiven System muß zu der Aussage führen, daß lediglich eine Unterstützung beim Aufbau derartiger Dialogsysteme auf der Basis der Grundprogramme möglich ist. In der Literatur sind viele Beschreibungen von komplexen und für einen umfangreichen Anwendungsbereich nutzbare Systeme veröffentlicht worden [12, 89, 183, 297, 303, 314, 352, 387, 389]. Diese unterschiedlichen Konzeptionen können Ausgangspunkt für die Entwicklung spezieller, dem Problemkreis individuell angepaßter Systeme sein.

3.3.2. Charakteristische Beispiele für die Anwendung der grafischen Datenverarbeitung

Wir werden uns in diesem Kapitel mit typischen Beispielen der Anwendung der grafischen Datenverarbeitung beschäftigen. Wir sehen den Schwerpunkt darin, an diesen Beispielen, die in eine bestimmte Problem- oder Aufgabenstellung eingeordet sind, wesentliche Techniken der grafischen Datenverarbeitung und besonders der interaktiven Arbeitsweise zu behandeln. Wir werden keine Aufzählung der bekanntgewordenen und möglichen Anwendungen der aktiven grafischen Kommunikation vornehmen, sondern versuchen, verallgemeinerungsfähige Aussagen ableiten zu können, um zu einer *Klassifizierung der Anwendungsgebiete* zu kommen. Dazu sind die den Beispielen und Anwendungsfällen zugrundeliegenden Techniken der grafischen Datenverarbeitung herauszukristallisieren. Diese Ergebnisse sind die Basis für die Klassifizierung und damit Charakterisierung der jeweiligen Klassen. Wir werden deshalb die Klassen hinsichtlich ihrer wesentlichen Aspekte beschreiben und im Anschluß daran für diese Klassen markante Anwendungen ausführlich behandeln.

Uns geht es in erster Linie nicht um den Selbstzweck der Klassifizierung, sondern um die eindeutige Charakterisierung der Klassen von Anwendungen. Dadurch soll eine richtige Einordnung neuer Anwendungsfälle ermöglicht und vereinfacht werden. Die in dieser Klasse vorliegenden Erfahrungen bei der Lösung der Probleme können dann sinnvoll eingesetzt und genutzt werden. Es soll aber auch von diesen Klassen aus möglich sein, zielgerichtet neue Anwendungen zu iniziieren und zu stimulieren. Dabei bietet sich über die Aufbereitung typischer Repräsentanten für diese Klasse die Schaffung anpassungsfähiger Programme und Lösungen an. Der Aufwand für die Erarbeitung des methodischen Vorgehens, der Aufbereitung der speziellen und der Anpassung der allgemeingültigen Programme wird dadurch gesenkt, es wird die Handhabung vereinfacht und die Anwendung der Mittel und Erfahrungen effektiver gestaltet.

Wichtige Aspekte für die Klassifizierung sind u. a.:

— Darstellungsformen der Objekte (Beschreibung, Speicherung, grafische Repräsentation),
— Verwendete Operationen und ihre Realisierung,
— Handhabung des Systems durch den Nutzer.

Diesen allgemeinen Gesichtspunkten überlagern sich die durch die in der konkreten Lösung eingesetzten gerätetechnischen Hilfsmittel, wie Bildschirm, Programmiersprache, Form der Einbindung der Terminals in die Organisation des Prozeßablaufes u. a. m.

Wenn wir von den Beispielen der Anwendung der grafischen Datenverarbeitung ausgehen, können wir die Klassifizierung unter den verschiedensten Aspekten vornehmen. Die hier gewählte Klassifizierung ist keineswegs vollständig, sie kann in weitere Klassen unterteilt werden. Wir haben diese Einteilung gewählt, um in jeder Klasse eine spezifische Qualität der Arbeit im Rahmen der grafischen Datenverarbeitung zu demonstrieren.

Wir legen folgende Gliederung zugrunde:

1. Dialoggesteuerte Manipulation von Elementen einer endlichen vorgegebenen Menge, die im Bildschirmkoordinatensystem beschrieben sind.
2. Dialoggesteuerte Erzeugung und Manipulation von Elementen, die im internen Koordinatensystem beschrieben sind.
3. Dialoggesteuerte Manipulation 3-dimensionaler Gebilde.
4. Verarbeitung von Körpern mit komplizierten Begrenzungsflächen.
5. Eingabe und Erfassung von Freihandzeichnungen.
6. Verbindung der Objektbeschreibung mit problemorientierten Verarbeitungsprozessen.
7. Interaktive Prozeßerfassung und Steuerung der Abarbeitungsprozesse.
8. Erfassung der Schichtübergänge zwischen den Abstraktionsebenen der Objekt- und Prozeßbeschreibungen.

3.3.2.1. Dialoggesteuerte Manipulation von Elementen, die im Bildschirm-Koordinatensystem beschrieben sind

3.3.2.1.1. Allgemeine Charakterisierung dieser Klasse

Mit dem Begriff „*dialoggesteuerte Manipulation*" verbinden wir eine Arbeitsweise, in deren Ablauf die einzelnen, auszuführenden Operationen durch den Nutzer aktiviert werden. Er bedient sich dabei eines für den Dialog geeigneten Kommunikationsmittels, des Bildschirms oder des Fernschreibers. Das bedeutet, daß dem Nutzer bzw. Bediener dieses Systems die Strategie, die Vorgehensweise zur Lösung der Aufgabe hinreichend bekannt sein muß. Die Steuerung des Ablaufes selbst wird nicht durch den Rechenautomaten unterstützt, sondern nur die durch den Aufruf aktivierten Operationen.

Die Aufgabenstellung läßt sich nun für diese Klasse wie folgt beschreiben. Aus einer vorgegebenen Menge von eindeutig beschriebenen Elementen ist eine Teilmenge auszuwählen und zwischen ihnen eine geforderte Struktur zu erzeugen. Die Anforderungen an diese Struktur sind in der Zielstellung und in vorgegebenen Nebenbedingungen fixiert, sie sind vom Nutzer in seiner Strategie des Vorgehens beim Erzeuger der Struktur zu berücksichtigen.

Zunächst einige Bemerkungen zu den Elementen, die in dieser Klasse verarbeitet werden. Vorgegeben ist eine Menge an grafischen Darstellungen, die im Bildschirm-Koordinatensystem eindeutig beschrieben sind. Wir fassen sie als grafische Repräsentanten technischer Gebilde auf. Sie können aber auch stellvertretend für ökonomische, gesellschaftliche oder naturwissenschaftliche Objekte angesehen werden; etwa für Aktivitäten oder Ereignisse in einem Netzplan, für Geräte einer physikalischen Versuchsanordnung stehend. Diese grafischen Darstellungen, in der einfachsten Form durch Rechtecke, Kreise, Dreiecke bzw. Kombinationen aus ihnen beschrieben, enthalten die für die Lösung des Problems notwendigen Paramcter. Damit sind auch die hauptsächlichen Anwendungsfälle festgelegt. Mit dem Beschreiben der Elemente für diese Klasse ist auch die Problematik des Speicherns und Wiederfindens der Elemente verknüpft. Um ein Element aus einer Menge wiederfinden zu können, müssen alle Elemente geeignet gekennzeichnet sein. In der einfachsten Form ist die Zuordnung eines Namens zu nennen. Es ist aber auch möglich, zur Kennzeichnung mehrere Parameter heranzuziehen. Diese Parameter erzeugen eine hierarchische Ordnung in der Menge der Elemente. Die Einteilungen in den Pflanzenbestimmungsbüchern sind ein typisches Beispiel dafür.

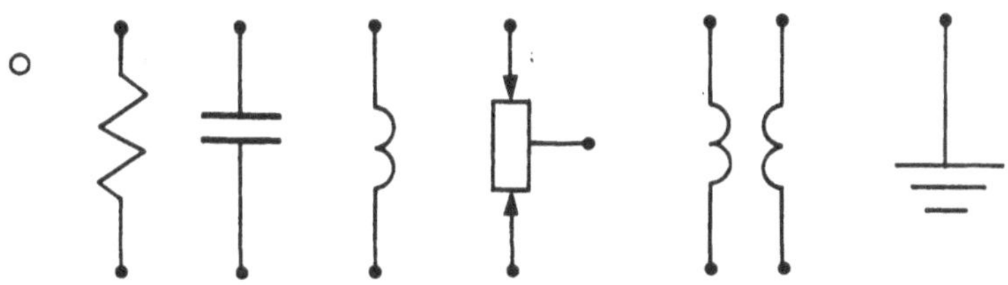

Abb. 193. Menü der zur Verfügung stehenden Elemente

Wir wollen den Prozeß des Aufrufens eines Elementes aus dieser hierarchischen Menge im Dialogbetrieb durchführen. Wir nutzen hierzu die Menütechnik. Die Aufrufparameter werden entsprechend der hierarchischen Ordnung in einen Menübaum eingeordnet. Ist der Menübaum hinreichend klein, d. h. noch übersichtlich auf dem Bildschirm darstellbar, kann die gesamte Menge von Elementen simultan dargestellt werden, so, wie es Abb. 193 zeigt. Im anderen Fall müssen wir nacheinander, vom Hauptmenü ausgehend, auf die einzelnen Untermenüs umschalten. Nach dem Absolvieren des Auswahlprozesses steht das gesuchte Element in der Darstellform an einer festgelegten Stelle des Arbeitsfeldes und kann nun weiteren Manipulationen unterzogen werden.

Wir wollen uns nun mit den Operationen des Manipulierens befassen. Welche Operationen werden neben dem Suchen von Elementen benötigt? Im allgemeinen sind das die Operationen:

- Setzen des Elementes an eine bestimmte, gewünschte Position,
- Verschieben eines gesetzten Elementes,
- Drehen eines Elementes um einen bestimmten, festzulegenden Winkel,
- Vergrößern bzw. Verkleinern des Elementes,
- Löschen eines Elementes,
- Verbinden von Elementen.

Diese an letzter Stelle genannte Operation des Verbindens wird in Abhängigkeit vom Aufgabenfeld in verschiedenster Weise zu realisieren sein. Aber auch diese Verbindungen zwischen den Elementen repräsentieren sich durch einfache grafische Elemente, meist in Folgen aneinandergefügter Rechtecke zerlegbar. Die Aktivierung dieser genannten Operationen wird auch über die

Menütechnik durch Identifizieren von zugeordneten Lichttasten vorgenommen. Der Menübaum des Suchens eines Elementes ordnet sich dann als Teilmenge des Operationsmenüs sinnvoll in den Gesamtmenübaum ein.

Die Verwendung der Lichttasten unterbricht den Fluß im Herstellungsprozeß einer Zeichnung. In [290] wird ein Verfahren vorgeschlagen, Kommandos, die über Lichttasten eingegeben werden müßten, mit in den Bewegungsablauf des Zeichenprozesses hineinzulegen. Bestimmte Gestiken mit dem Lichtstift werden direkt in Kommandos umgeformt und verarbeitet. Dazu wird ein spezieller Lichtstift verwendet, der zwei Aussagen übernehmen kann (vergleiche 2.2.2.6.8):

Das da meine ich! — Der Lichtstift ist auf die Arbeitsfläche aufgedrückt.
Was ist das? — Der Stift zeigt auf das Element, berührt aber nicht die Arbeitsfläche.

Zeichen werden durch den zu ihrer Entstehung führenden Schriftzug erkannt. Der Vorgang des Zeichnens einer Strecke verläuft wie folgt ab. Der Lichtstift wird auf den Startpunkt gesetzt und ein kurzer Strich wird bei aufgesetztem Lichtstift erzeugt. Nun kann der Lichtstift angehoben und zum Endpunkt geführt werden. Während dieses Vorganges wird die Verbindung Startpunkt-momentane Stellung des Lichtstiftes ständig mitgeführt (Gummibandtechnik). Durch Aufsetzen des Stiftes wird der Endpunkt markiert.

In diesem System mit dem Namen EUKLID werden eine Reihe von Kommandos vorgeschlagen, die in Abb. 194 angegeben sind.

Kommando	Zeichen	Reaktion des Systems
Zeichne Punkt		Zeichnet Punkt
Lösche		Löscht Objekt
Zeichne Strecke		Zeichnet bewegliche Strecke, bis weiterer Punkt festliegt
Zeichne Kreis		Zeichnet beweglichen Kreis, zwei weitere Punkte werden benötigt.
Verschiebe Punkt		Punkt und die daran hängenden Elemente werden bewegt
Schreibe Text		Text wird erwartet
Drehe Bild		Drehpunkt wird erwartet
Verändere Abbildungsgröße		Zeigt Nullpunkt und Einheitspunkt einer Skala

Abb. 194. Kommandos, wie sie im System EUKLID vorgeschlagen werden (nach [290])

3.3.2.1.2. Leiterplattenentwurf, Darstellung von Netzwerken, Aufbau einfacher Zeichnungen

Wenden wir uns einigen typischen Anwendungsfällen zu, die in diese Klasse einzuordnen sind. Zunächst werden wir den Prozeß des *Leiterplattenentwurfs* [72, 80, 111, 205, 293, 299, 313, 322, 375] diskutieren. Die Aufgabe besteht in der Abbildung eines symbolischen Schaltplanes in die Fertigungsunterlagen: Bauelementeanordnung, Leitungsführung, Bohrplan, wie es Abb. 195 zeigt.

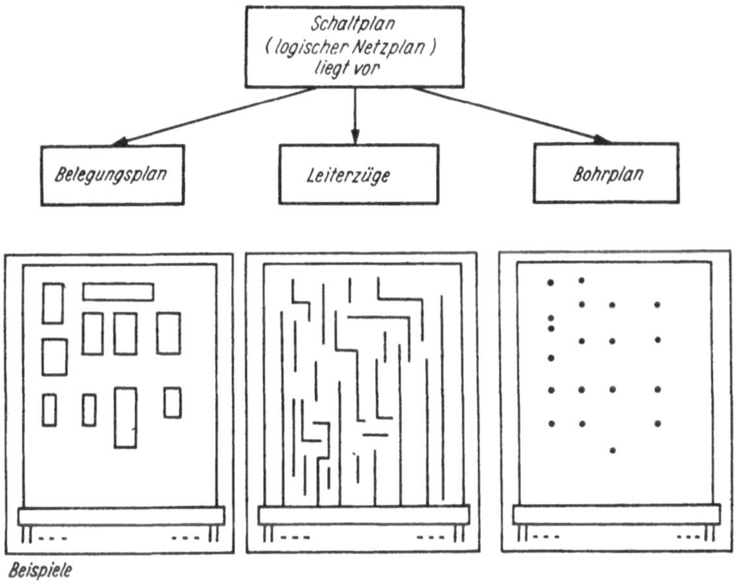

Abb. 195. Entwurf von Leiterplatten

Der Schaltplan enthält die Informationen über die Bauelemente, es sind dies die Aufrufparameter der Bauelemente, und Informationen über ihre Verbindungen. Aus dem Bauelementespeicher können die Darstellungsparameter, im wesentlichen Angaben über die grafische Repräsentation und ihre Abmessungen, entnommen werden. Die Bauelemente sind unter Beachtung einiger Nebenbedingungen, wie Abstand zwischen den Elementen, Wärmeentwicklung bestimmter Elemente so auf der Arbeitsfläche der Leiterplatte anzuordnen, daß eine entsprechende Leitungsführung auf einer oder mehreren weiteren Ebenen kreuzungsfrei möglich ist. Wir setzen voraus, daß die Strategie der Abbildung des Schaltplanes in diese Darstellungen dem Nutzer des Systems bekannt ist.

Wir haben ein 2-dimensionales Problem vor uns, selbst wenn Leiterzüge und Bauelemente auf verschiedenen Ebenen untergebracht sind. Die Wahl des verhältnismäßig groben Rasters des Bildschirmkoordinatensystems ist vertretbar, da im allgemeinen den Leiterplatten ein weit groberes Raster (z. B. 2,5 mm) zugrunde liegt. Die Bauelemente werden in den grafischen Darstellungen durch einfache geometrische Elemente repräsentiert, meist durch Rechtecke. Ausgewählte Punkte dieser grafischen Darstellungen entsprechend den Anschlußpunkten der Verbindungen, den Leiterzügen. Die Leiterzüge werden durch achsenparallele, eine bestimmte Breite besitzende Verbindungen dargestellt. Zum Herstellen eines Synchronismus zwischen Bauelementedarstellung und der Ebene der Leiterzüge können beide Ebenen mit ihren Informationen gleichzeitig auf dem Bildschirn angezeigt werden. Sie können auf dem Bildschirm durch unterschiedliche Strukturierung der Konturen oder durch beeinflußbare Helligkeiten unterschieden werden. Ein Beispiel dafür zeigt Abb. 196.

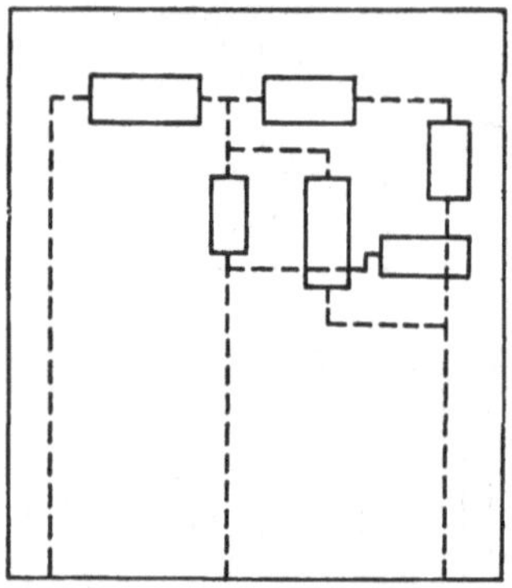

Abb. 196. Darstellung von zwei Ebenen beim Leiterplattenentwurf auf dem Bildschirm durch Verwendung unterschiedlicher Konturen

Wenden wir uns dem Ablauf des Leiterplattenentwurfs zu. Als Eingangsinformationen stehen dem Nutzer des Systems Schaltplan und Bauelementespeicher zur Verfügung. Auf dem Bildschirm wird das Hauptmenü dargestellt. Mit Hilfe des Lichtstiftes wird über die Operation „Suchen eines Elementes“ das erste Element aus dem Speicher ausgewählt und in der für die Darstellung notwendigen Form an einer bestimmten Stelle des Bildschirms angeboten. Wieder durch Lichtstift ausgewählt wird die Operation des Verschiebens dieses Elementes ausgelöst. Der Lichtstift kann zum Verschieben des Elementes an die gewünschte Stelle der Leiterplatte genutzt werden. In dieser Weise werden auch die nächsten Elemente ausgewählt und an die sich aus der Strategie des Nutzers für günstig erweisenden Stellen der Leiterplatte gesetzt. Diese ersten Schritte sind in Abb. 197 dargestellt.

Das Setzen eines neuen Elementes verlangt, die sich aus dem Schaltplan ergebenden Leiterzüge anschließend zu fixieren. Entweder wird über ein spezielles Programm unter Berücksichtigung der bereits gesetzten Elemente und Leiterzüge dieser Prozeß automatisch vollzogen oder dann, wenn dieses Programm nicht zu einem Ziel führt, dieser Prozeß durch Vorgabe von Zwischenpunkten im Dialog unterstützt. Soll in diesem Prozeß der automatischen Verdrahtung über Dialog beliebig eingegriffen werden, so sind die hierfür erforderlichen Unterprogramme als Module unabhängig voneinander aufzubauen, [72, 293].

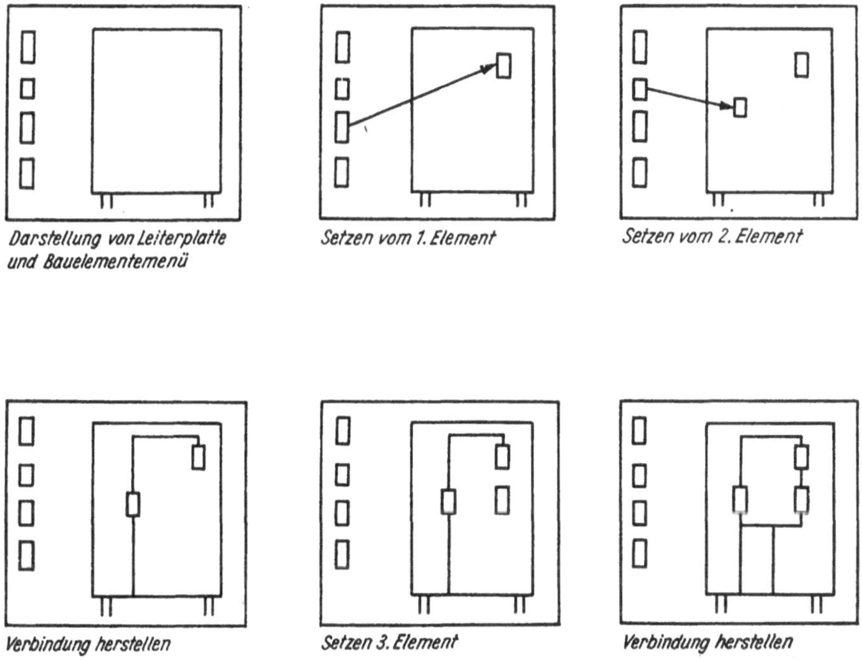

Abb. 197. Darstellung der ersten Schritte des Leiterplattenentwurfs auf dem Bildschirm

Im Prozeß des Aufbaues der Leiterplatte wird es sich als notwendig erweisen, zu korrigieren, d. h. Elemente und damit Verbindungen zu löschen, Elemente an anderen Stellen zu positionieren, sie zu drehen, Verbindungen umzulegen u. ä. Das sind die für diese Aufgabenklasse typischen Operationen des Manipulierens mit den grafischen Repräsentationen. Zur Steuerung dieser Prozesse bedienen wir uns auch wieder der Lichttasten. Die bei einzelnen Operationen zur Spezifizierung erforderlichen Parameter werden entweder durch die Verwendung der Lichtmarke oder als numerische Werte über das Tastenfeld eingegeben. Das Ergebnis dieses Dialogprozesses kann über Lochstreifen ausgegeben werden. Es kann auch direkt in Steuerinformationen umgesetzt werden, z. B. für eine automatische Bestückungsmaschine, für eine Lichtzeichenmaschine zur Herstellung der Druckstockvorlage.

Die Beschreibung von Leiterplatten, besonders von Leiterzügen mit Hilfe von grafischen Programmiersprachen ist ebenfalls möglich, wir wollen sie jedoch nicht weiter betrachten [53]. Wir hatten uns schwerpunktmäßig auf die Dialogarbeitsweise orientiert.

Eine weitere dieser Klasse zuzuordnende Anwendung befaßt sich mit dem Aufbau und der *Veränderung von topologischen Netzen* [105, 108, 375]. Hierunter sind die Netzpläne, die Programmablaufpläne, die logischen Schaltungen als typische Beispiele einzuordnen. Während beim Leiterplattenentwurf die maßgerechte Geometrie von Bedeutung war, ist bei den topologischen Netzen lediglich die Beschreibung der Elemente und ihre Verbindungen interessant. Dadurch ergibt sich notwendigerweise eine andere Strategie des Vorgehens bei der Positionierung der Elemente. Abb. 198 zeigt ein Beispiel für einen Netzplan, Abb. 199 für einen Ausschnitt aus einem Programmablaufplan. Das Ziel ist, eine Übersichtlichkeit der Darstellung zu erzielen, um bequem Veränderungen an den Elementen und Verbindungen vornehmen zu können.

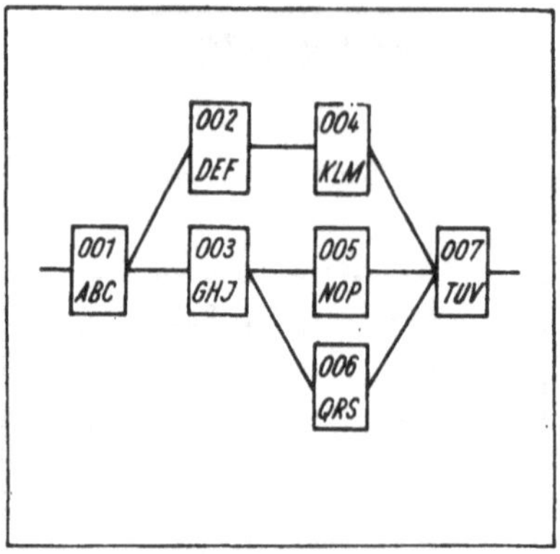

Abb. 198. Beispiel eines Netzplanes

Als dritten Komplex wollen wir die *Herstellung einer einfachen Zeichnung* in projektierender Arbeitsweise betrachten. Wir setzen dazu voraus, daß die technische Zeichnung als Form der Beschreibung eines technischen Gebildes aus vorhandenen grafischen Grundelementen aufgebaut werden kann [60, 219, 220, 338]. Die Steuerung des gesamten Ablaufes, sowohl der Auswahl der Grundelemente als auch der Positionierung, sowie des hier neu hinzukommenden

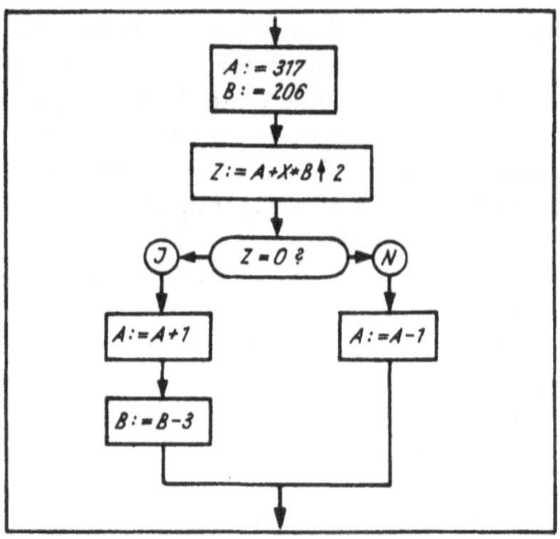

Abb. 199. Beispiel eines Programmablaufplanes

Vergrößerns bzw. Verkleinerns dieser Grundelemente wird durch den Konstrukteuer im Dialog vorgenommen. Über die Nutzung des Lichtstiftes wird im Menü die auszuführende Operation festgelegt. In der gleichen Weise werden aber auch die Grundelemente, aus denen die Zeichnung aufgebaut wird, ausgewählt. Abb. 200 zeigt ein Beispiel für die Anwendung bei der Herstellung einer Zeichnung für eine Welle.

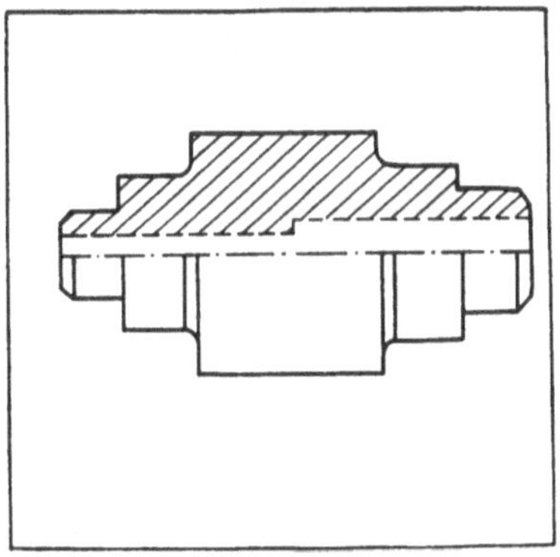

Abb. 200. Darstellung einer aus Grundelementen zusammengesetzten Welle

Diese Arbeitsweise ist nicht nur für die Neuanfertigung von technischen Zeichnungen, sondern auch für die effektive Korrektur bereits vorliegender Zeichnungen günstig einzusetzen. Bei einer Korrektur müssen dann Elemente der Zeichnung gelöscht oder verändert bzw. ergänzt werden. Sinnvoll ist es, sowohl die analoge Darstellung der technischen Zeichnung auf Papier oder Mikrofilm als auch die digitale Form auf Datenträgern zu verwenden. Der Einsatz eines Bildschirmgerätes beim Entwurf der Zeichnung sowie eines Zeichenautomaten zur Herstellung der analogen Darstellungsform ist hierfür eine Voraussetzung. Mit dem Entwerfen, d. h. Auswählen und Zusammenfügen der Grundelemente wird eine digitale, interne Variante der Beschreibung erzeugt. Sie ist der Ausgang bei der Steuerung der Darstellung auf dem Bildschirm aber auch auf dem Zeichenautomaten. Bei Korrektur einer technischen Zeichnung müßte dann auf diese digitale Form zurückgegriffen werden können. Das verlangt, ein entsprechendes Archiv auf geeigneten Datenträgern anzufertigen. Damit erübrigt sich die heute notwendige analog-digital-Wandlung, um die Änderung unter Ausnutzung der Eigenschaften des Bildschirmgerätes durchführen zu können. Die hier angegebenene Arbeitsweise verlangt eine straffe Organisation, Änderungen dürfen dann nur in dieser Form durchgeführt werden. Die heute notwendige analog-digital-Wandlung bei der Eingabe einer vorliegenden Zeichnung läßt sich in zwei Schritten durchführen [28]. Ein Digitalisiergerät wird eingesetzt, um die relevanten Maße aus der Zeichnung zu übernehmen, während mit Hilfe einer Sprache für die Beschreibung der Geometrie des Teils die Konturen erfaßt werden können.

Die *Herstellung von Steuerstreifen für NC-gesteuerte Werkzeugmaschinen* ordnet sich ebenfalls in diese Klasse ein. In einer grafischen Programmiersprache wird die Kontur des herzustellenden Werkstückes beschrieben. Das Teil wird nach Übersetzung auf dem Bildschirm dargestellt. Durch die interaktive Arbeit ist es möglich, den Weg, den das Werkzeug zur Herstellung des Werkstückes zurückzulegen hat, zu beeinflussen und zu verändern. Damit kann die Werkzeugbewegung simuliert werden [75, 219]. Abb. 201 zeigt den Fräserweg bei der Bearbeitung eines Werkstückes.

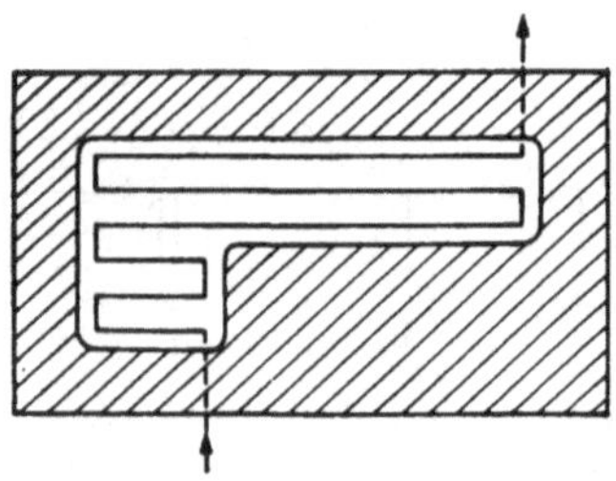

Abb. 201. Kontrolle des Fräserweges auf dem Bildschirm

3.3.2.2. Dialoggesteuerte Erzeugung und Manipulation von Elementen, die im internen Koordinatensystem beschrieben sind

3.3.2.2.1. Allgemeine Charakterisierung dieser Klasse

Wir werden auch in dieser Klasse von der dialoggesteuerten Arbeitsweise ausgehen. Beim Nutzer des Systems werden dazu Kenntnisse und Erfahrungen vorausgesetzt, die er zur effektiven Steuerung des Ablaufes bei der Lösung von Aufgaben einsetzen muß. Bezüglich der Objektbeschreibung werden wir eine Erweiterung zulassen. Wir wollen das interne Koordinatensystem als Basis zulassen, in dem die zu verarbeitenden Objekte erfaßt werden können. Dieses interne Koordinatensystem erlaubt aufgrund des Bereiches von meist 2^{23} Einheiten für jede Koordinatenachse eine weit genauere und detailliertere Erfassung der grafischen Strukturen. Die Verarbeitungsroutinen für die Objekte beziehen sich auf diese Beschreibungen. Da sich beide Koordinatensysteme, das interne und das Bildschirmkoordinatensystem, nur in der Skalierung der Koordinatenachsen unterscheiden, sind die den Verarbeitungsroutinen zugrundegelegten Algorithmen gleich oder wenigstens ähnlich.

Im Zusammenhang mit der Darstellung derartiger, auf das interne Koordinatensystem bezogener Beschreibungen von Objekten auf dem Bildschirm müssen zusätzliche Operationen ausgeführt werden, die die Abbildung aus dem einen System in das andere vornehmen (vgl. 2.3.2.3.). Mit der Abbildung aus dem internen Koordinatensystem in das Bildschirmkoordinatensystem ist die Wahl und Festlegung der Lage des Ausschnittes zu treffen. Entsprechende Programme nehmen diese Abbildung in das Bildschirmkoordinatensystem vor. Die

Koordinatenwerte, die die Lage des Ausschnittes beschreiben, und der Vergrößerungsfaktor sind jetzt vom Nutzer frei wählbare Parameter.

In dieser Klasse wollen wir eine interessante, die Arbeit rationalisierende Technik einführen. Wir lassen den Aufbau und die Verwendung von sogenannten *Teilbildern* (Subbilder) zu [126]. Wir wollen darunter grafische Strukturen verstehen, die eine bestimmte Selbständigkeit haben, die aber selbst wieder in umfassendere Strukturen als Untermengen eingesetzt werden können. Mit diesen Teilbildern kann in der gleichen Weise gearbeitet werden, wie mit den Grundelementen; d. h., auch auf sie können die Operationen des Manipulierens angewendet werden. Weiterhin ist es möglich, diese Teilbilder zu kopieren. Darunter wollen wir das Platzieren dieser Teilbilder an den gewünschten und durch Parameter festgelegten Stellen verstehen, wobei es im Kopierprozeß möglich ist, weitere beschreibende Parameter und damit z. B. die Größe zu verändern, so, wie es Abb. 202 zeigt. Gelingt es, diese Teilbilder durch geeignete Datenstrukturen zu beschreiben, so vereinfacht sich auch der Verarbeitungsprozeß. Die Datenstrukturen sind geeignet, den in dieser Technik der Teilbilderzeugung und Verarbeitung enthaltenen hierarchischen Aufbau zu erfassen [217].

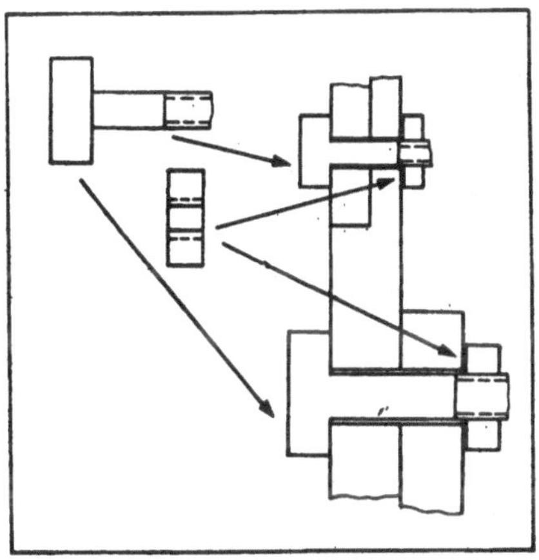

Abb. 202. Beispiel für die Verwendung von Teilbildern

Sehr elegant läßt sich diese Teilbildtechnik in den Bildschirmgeräten realisieren, die einen eigenen Prozessor besitzen und so in der Lage sind, Sprungbefehle im Ablauf der Bilderzeugung zu verarbeiten sowie Parameterwerte zu variieren. Dadurch können Teilbilder verändert und an beliebige Stellen gesetzt werden. Die heute üblichen Bildschirmgeräte verlangen noch eine Erledigung dieser Aufgaben in der Zentraleinheit.

Mit dieser Teilbildtechnik ist es möglich, beliebig komplizierte grafische Strukturen aufzubauen. Wir sind hier in dieser Klasse nicht allein auf die Verarbeitung, d. h. Manipulation von vorgegebenen Elementen angewiesen, sondern können von Grundelementen z. B. Strecke, Kreis ausgehend ebenfalls in dialoggesteuerter Arbeitsweise weitere Elemente aufbauen. Diese Operationen zum Aufbau neuer Elemente bilden mit den Operationen das Manipulierens im internen System und den Operationen der Abbildung des internen Systems auf das Bildschirmsystem die Menge der im Dialog verwendbaren Operationen.

3.3.2.2.2. Entwurf integrierter Schaltkreise und ihrer Masken, Herstellung von Zeichnungen

Der typische Anwendungsfall für diese Klasse von Aufgaben ist der *Entwurf der Masken für die Herstellung von integrierten Schaltkreisen.* Die bei diesen Schaltkreisen verlangten hohen Genauigkeiten zwingen zum Übergang auf das interne, genauere Koordinatensystem. Einige aus der Vielzahl der Literaturstellen seien genannt: [15, 111, 184, 299, 345, 362, 391].

Ohne auf die zugrundeliegenden physikalisch-technischen Prinzipien einzugehen, wollen wir kurz den Aufbau eines integrierten Schaltkreises, soweit diese Informationen für den dialoggesteuerten Entwurf benötigt werden, behandeln. Sowohl die Bauelemente wie Transistoren, Widerstände, Kondensatoren als auch die Verbindungen zwischen diesen Bauelementen werden durch Aufdampfungs- und Ätzungsprozesse in mehreren Schichten auf dem Träger, dem Chip, hergestellt. Dadurch kann gleichzeitig in einem Fertigungsprozeß eine Vielzahl von Schaltkreisen, zu Netzwerken verkoppelt, produziert werden. Die durch die Anwendung der Methoden der grafischen Datenverarbeitung zu lösende Aufgabe besteht darin, den jeweiligen für die Herstellung des Chip notwendigen Satz von photolithografischen Masken zu erzeugen.

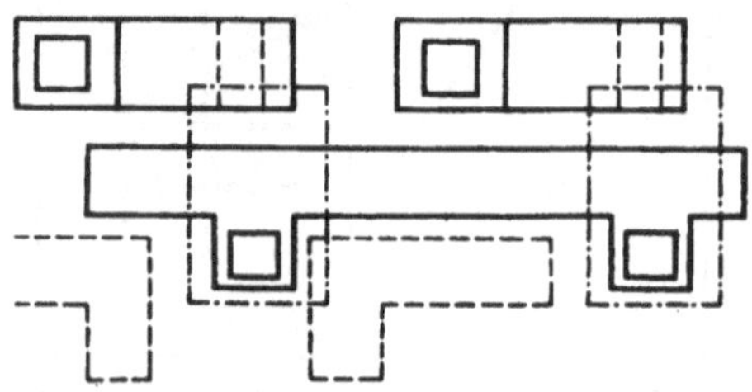

Abb. 203. Beispiel für einen integrierten Schaltkreis, Ausschnitt aus einem integrierten Schaltkreis mit 3 Ebenen —, ···, —·—

In diesem Zusammenhang sind zwei Aufgaben zu bewältigen: die Erzeugung der Maske, jeweils in einer Ebene, und die Herstellung der Beziehungen zwischen diesen einzelnen Ebenen. Abb. 203 zeigt einen Ausschnitt aus einer derartigen Darstellung. Für diese Masken ist es charakteristisch, daß die Elemente aus achsenparallelen Konturen aufgebaut und begrenzt sind. Das vereinfacht die Beschreibung und Handhabung, aber auch die Herstellung von Strukturen. Die häufige Wiederholung von gleichen Teilbildern, etwa für ein Flip-Flop in einem Register, führt zur sinnvollen Anwendung der Teilbildfunktionen. Ein

Teilbild wird dann einmal erzeugt, durch die Kopierfunktion entsprechend oft vervielfältigt und an den erforderlichen Stellen positioniert. So ist es möglich, Standardgeometrien für die Teilstruktur aufzubauen, hierarchisch weiter zu verknüpfen und über Lichttasten gesteuert zu verarbeiten.

Wir wollen das an zwei Arbeitsweisen demonstrieren. Abb. 204 zeigt einen halbautomatischen Entwurf ohne Dialog über den Bildschirm [72]. Zunächst wollen wir die Verwendung einer Sprache zur Beschreibung der Geometrie der Masken verfolgen, man spricht von einer sogenannten Layout-Sprache [391]. Diese Sprache basiert auf Anweisungen mit folgender Struktur.

Anweisung: Befehlswort (Daten)

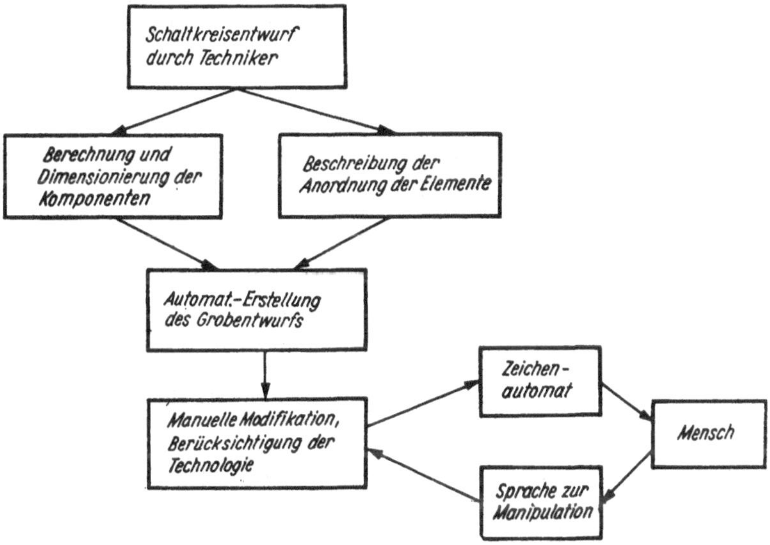

Abb. 204. Ablauf des Entwurfs integrierter Schaltkreise ohne Dialog

Das Befehlswort definiert den Typ der Anweisungen, etwa Polygon, Rechteck. Durch die Daten wird das konkrete Element dieses Typs genau beschrieben, so, wie es das Beispiel

$$RECTANGLE\ (2, x, y, \Delta x, \Delta y)$$

zeigt. Es handelt sich um ein Rechteck in der Ebene 2 mit den Koordinaten x, y, des linken unteren Eckpunktes, es ist achsenparallel und hat die Seitenlängen Δx und Δy.

Teilbilder lassen sich in dieser Sprache durch Zusammenfassen von Anweisungen aufbauen. Die beiden Begrenzer NEWGROUP und ENDGROUP schließen die zu einem Teilbild zusammengefaßten Anweisungen zusammen. Durch eine GROUP-Anweisung, ebenfalls durch Parameter über die Lage dieses Teilbildes zu spezifizieren, wird dieses Teilbild in die Gesamtstruktur eingeordnet. Über REPEAT-Anweisungen können derartige Teilbilder wiederholt in festen Abständen etwa parallel zur x-Achse erzeugt werden. Diese Arbeitsweise kann als Beschreibung einer vorliegenden Skizze eines logischen Schaltkreises oder Netzes zur Eingabe in den Rechner angesehen werden. Im Rechenautomaten werden die Grundelemente, etwa Transistoren u. ä., überprüft, die Abstände zwischen den Elementen und Konturen dieser Elemente getestet und korrigiert, die Übereinstimmung der einzelnen Ebenen kontrolliert und die Steuerstreifen für die numerisch gesteuerte Lichtzeichenmaschine erzeugt.

Diese Arbeit des Entwurfs im Dialog auszuführen, verlangt, diese Sprache in eine nutzbare interaktive Sprache umzuwandeln, d. h. die Anweisungen über Lichttasten zu aktivieren und zu ihrer Manipulation noch weitere Operationen zur Sicherung des Zusammenhangs zwischen interner Darstellung und Bildschirmdarstellung einzuführen. In [15] wird ein derartiges System beschrieben. Ein Satz möglicher Lichttasten ist in Abb. 205 enthalten.

ZR N	Zeichne Rechteck auf Maske N
LOE	Lösche Teil
TR T	Bewege Teil
TR G	Bewege Gruppe
R 90	Drehe Teil um 90° (180°, 270°)
VGS	Vergrößere Teil auf Gesamtschirmbildgröße
H T N	Helligkeitsänderung des Teils auf Wert N
EPL	Darstellung der Entfernung zwischen zwei parallelen Linien
SE N	Ordne Namen N zu und speichere ab
FE N	Finde Element mit Namen N

Abb. 205. Beispiele für Lichttasten beim Entwurf von integrierten Schaltkreisen (nach [15])

Der Entwurfsprozeß muß mit der Erzeugung von einzelnen Teilstrukturen beginnen. Interessant ist die Lösung, durch unterschiedliche und steuerbare Helligkeiten der einzelnen Ebenen die bessere Unterscheidung zwischen den Ebenen erreichen zu können. Als numerische Werte können die Entfernung zwischen parallelen Konturen, die innerhalb oder auch auf zwei verschiedenen Ebenen liegen, angezeigt werden. Ebenso ist es möglich, über Zahlenwerte die Abstände zur Erleichterung der Positionierung vorzugeben.

Die Möglichkeit, einzelne Bereiche stark vergrößert auf dem Bildschirm darstellen zu können, unterstützt den schwierigen Vorgang der genauen Positionierung von Elementen. Die fertig entworfenen Strukturen werden dann in den einzelnen Ebenen nacheinander auf externe Datenträger zur Steuerung der Lichtzeichenmaschine ausgegeben, sie können aber auch zur späteren Wiederverwendung als Teilbild in einer komplexeren Struktur auf interner Datenstruktur gespeichert werden. Der Entwurf von integrierten Schaltkreisen ist ein Beispiel für einen Prozeß, der in herkömmlicher Weise bei der Vielfalt und Vielzahl von Elementen auf einem Chip weder ökonomisch tragbar noch überhaupt fehlerfrei durch den Menschen zu bewältigen ist.

Ein zweites Beispiel aus dieser Klasse ist der *Aufbau von technischen Zeichnungen.* Während wir in der Klasse, die in 3.3.2.1.2. behandelt worden ist, die Zeichnungen projektierend, aus vorhandenen Elementen aufgebaut haben, wollen wir hier den Entwurf dieser Elemente selbst zulassen. Das Prinzip der Teilbilderzeugung erlaubt uns, von ganz einfachen Grundelementen, wie Strecke, Kreisbogen, Text ausgehend über die Teilbilder des verschiedensten Komplexitätsgrades zu kompletten Zeichnungen zu gelangen. In dieser Arbeitsweise nutzen wir das Bildschirmgerät wie eine Zeichenmaschine, die heute den Arbeitsplatz eines jeden Konstrukteurs charakterisiert. Die an dieser Zeichenmaschine mit Papier und Bleistift auszuführenden Operationen werden durch das Bildschirmgerät realisiert, sie werden über Lichttasten und Lichtstift gesteuert. Jedoch wird diese Arbeitsweise durch die Techniken der Teilbilderzeugung und des Kopierens dieser Teilbilder, durch Aufruf bereits früher erzeugter Teilstrukturen und deren Einbau an beliebige Stellen und in beliebig veränderbarer Größe wesentlich leistungsfähiger und effektiver. Aber auch hier muß, wie am Reißbrett, der Ablauf in seinen einzelnen Schritten durch den Nutzer des Systems gesteuert werden. In weiteren Klassen werden wir den Bezug zur Herstellung einer Zeichnung in dieser Arbeitsweise finden müssen, dann natürlich, wenn diese Zeichnung die Eingangsinformation für technisch-physikalische Berechnungen vermittelt.

In den beiden Klassen von Aufgaben, die wir bisher betrachtet haben, waren die technischen Gebilde mit ihren 2-dimensionalen grafischen Repräsentationen identisch. Es waren ebene 2-dimensionale Gebilde mit den ihnen angepaßten Verarbeitungsvorschriften. Ohne Schwierigkeiten läßt sich die Menge der so verarbeitbaren technischen Gebilde noch vergrößern. So können 3-dimensionale Gebilde, deren 3. Dimension, die Höhe, konstant ist, sowie rotationssymetrische Gebilde bei entsprechender Einschränkung der Verarbeitungsroutinen gleichermaßen dargestellt und im Dialog verarbeitet werden. Die Einschränkung der Verarbeitungsoperation ist notwendig, um solche hier nicht erfaßbare Operationen wie die Drehung um eine parallel zur Darstellungsebene verlaufende Achse auszuschließen.

In den nächsten beiden Klassen werden wir die Aufgaben zusammenfassen, die sich mit der Verarbeitung von 3-dimensionalen Gebilden befassen. Wir werden untergliedern in die durch Ebenen begrenzten Körper und in die Körper, die durch beliebige Flächen begrenzt werden.

3.3.2.3. Dialoggesteuerte Manipulation 3-dimensionaler Gebilde

3.3.2.3.1. Allgemeine Charakterisierung dieser Klasse

In dieser Klasse von Anwendungen der grafischen Datenverarbeitung werden wir uns auf eine Teilmenge der 3-dimensionalen Gebilde beschränken, auf die durch Ebenen begrenzten prismatischen Körper. In Kapitel 1.1.2. hatten wir diese Körper behandelt und zur Darstellung die Menge der Schnittkanten von benachbarten Flächen des Körpers gewählt. Wir haben vom sogenannten Drahtgebilde gesprochen. Intern wird ein derartiger Körper durch die Menge der Punkte dargestellt, die aus der Menge der Schnittpunkte von mindestens drei benachbarten Kanten und der Menge der diese Punkte verbindenden Kanten gebildet werden. In [97, 99] werden die Datenstrukturen zur Erfassung dieser Zusammenhänge angegeben. Die Verarbeitungsroutinen zur Manipulation von diesen internen Darstellungen, Rotation, Skalierung, Translation, wurden im Kapitel 1.1.4. ausführlich beschrieben. Diese internen Verarbeitungsroutinen sollen uns hier nicht weiter interessieren, die rechentechnischen Lösungen sind als Unterprogramme vorauszusetzen.

Wir werden uns mit dem Aufbau und der Manipulation dieser Körper vom Prinzip der Steuerung dieser Operationsfolgen her beschäftigen müssen. Da wir wieder von der dialoggesteuerten Manipulation und Erzeugung dieser Gebilde ausgehen, muß zunächst noch die Frage der externen Darstellung dieser geometrischen Objekte behandelt werden. Diese Gebilde werden als grafische Darstellungen in die 2-dimensionale Ebene abgebildet. Zwei wichtige Arten der Abbildung sind die Darstellung in Form der 3 Ansichten und die Darstellung in Form einer Isometrie. Betrachten wir zunächst die 3 Rißdarstellungen. Sie werden durch Parallelprojektion parallel zu den 3 Koordinatenachsen erzeugt, Abb. 206 zeigt diese Ansichten und ihre Aufteilung auf dem Bildschirm,

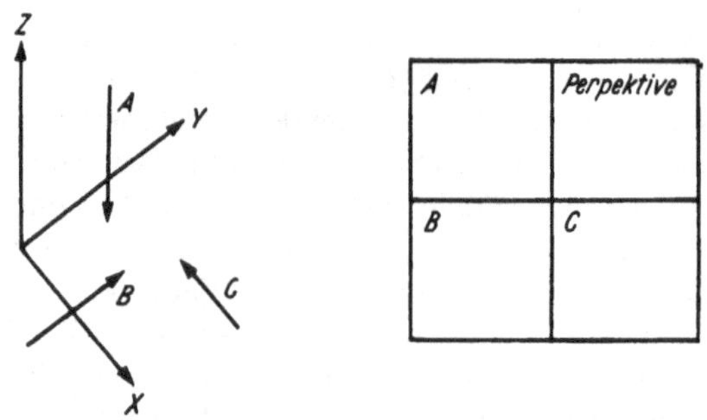

Abb. 206. Aufteilung des Bildschirmes zur Aufnahme der Rißdarstellungen und der perspektivischen Ansicht

wie sie bereits im SKETCHPAD-System [187] vorgenommen wurde. Das ist die Darstellungsform, wie sie dem am Dialog beteiligten Nutzer des Systems begegnet. Über die in 1.1.5. angegebenen Prozeduren ist der eindeutige Zusammenhang zwischen dem 3-dimensionalen geometrischen Gebilde und den 2-dimensionalen Rißdarstellungen fixiert worden.

Hierauf aufbauend läßt sich die Aufgabenstellung, wie sie dieser Klasse zugrunde liegt, ableiten. Die Aufgabe besteht darin, jetzt *den Zusammenhang zwischen den 2-dimensionalen Rißdarstellungen und dem internen 3-dimensionalen geometrischen Objekt* und den darauf bezogenen Operationen herzustellen und *zu erfassen*. Die Operationen zur Erzeugung und Verarbeitung der 3-dimensionalen Gebilde können nur über den Bezug der Parameter in diesen Operationen auf die 2-dimensionalen Darstellungen wirksam werden.

Es sind zwei Prinzipien des Herangehens bekannt geworden. JOHNSON [187, 188] geht davon aus, daß es möglich ist, jede beliebige Strecke im 3-dimensionalen Körper in ihrer wahren Länge und Lage, wenn der Körper entsprechend gedreht wird, über die 2-dimensionalen Ansichten einzeichnen zu können. Der Körper ist also so zu drehen, daß die Ebene, in der eine Strecke gezeichnet werden soll, parallel zu der Ansicht ist, in der sie gezeichnet werden soll. Tatsächlich wird aber mit dem Zeichnen einer Strecke in einer Ansicht nicht eine Strecke, sondern eine Ebene erzeugt. Es ist deshalb notwendig, durch Vorgabe der Tiefe über die Angabe eines Punktes in einer anderen Ansicht dafür zu sorgen, daß tatsächlich nur eine Strecke erzeugt wird. Abb. 207 zeigt den Vorgang der Bestimmung eines Punktes im Raum. In einem ersten Schritt wird durch Angabe des Punktes A die senkrecht zur Projektionsebene stehende Strecke a bestimmt, sie ist die Schnittlinie zweier den Koordinatenebenen parallelen Ebenen E_1 und E_2. In einer zweiten Ansicht kann nun der Punkt B eingegeben werden. Die Projektion dieses Punktes B auf die Ebene E_1 liefert die Position des gesuchten Punktes C.

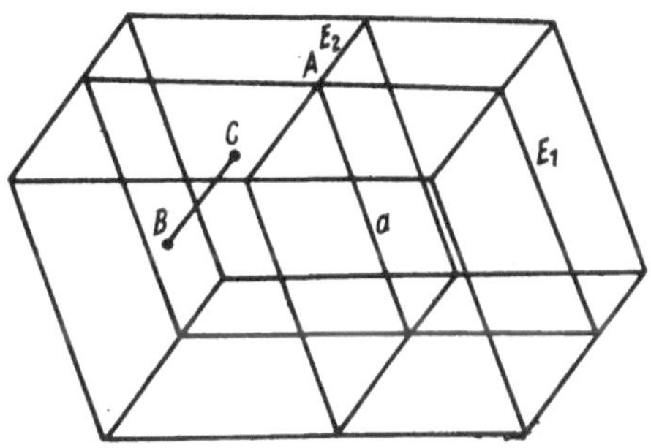

Abb. 207. Eingabe eines Punktes im Raum über zwei Ansichten

Die zweite Form des Herangehens wird in [97, 99] behandelt. Die hier zugrunde liegende Idee geht vom gleichzeitigen Zeichnen in zwei fest bestimmten Ansichten aus. Abb. 208 zeigt die hier gewählte Aufteilung des Bildschirms. Über diese beiden Ansichten werden Punkte eingegeben, die dann über entsprechende Unterprogramme zu Strecken und diese wieder zu Flächen zusammengesetzt werden können. Aus den so erzeugten Flächen werden dann die Körper aufgebaut. Zwischen den beiden Ansichten ist eine feste im Verarbeitungs- und Steuerprogramm erfaßte Zuordnung verwirklicht. Schwierigkeiten treten dann auf, wenn Hohlräume, d. h. konkave Strukturen, zu verarbeiten sind. Um dann zu Eindeutigkeiten zu kommen, ist es erforderlich, den Körper so zu drehen, daß die Erzeugung der konkaven Struktur in den beiden nicht veränderbaren Ansichten möglich ist.

Diese beiden Prinzipien demonstrieren den dialoggesteuerten Aufbau von Grundelementen. In der gleichen Weise, wie wir das Zusammensetzen dieser Grundelemente in den anderen Klassen kennengelernt haben, kann dieser Prozeß auch hier durchgeführt werden. Abb. 209 zeigt das Beispiel, wie aus Elementen, die vorher erzeugt und in einem Elementarspeicher untergebracht sind, eine komplexe Struktur, ein Tisch aufgebaut wird. Die Steuerung dieses Ablaufes wird auch hier sinnvollerweise über die Verwendung der den Operationen zugeordneten Lichttasten erreicht.

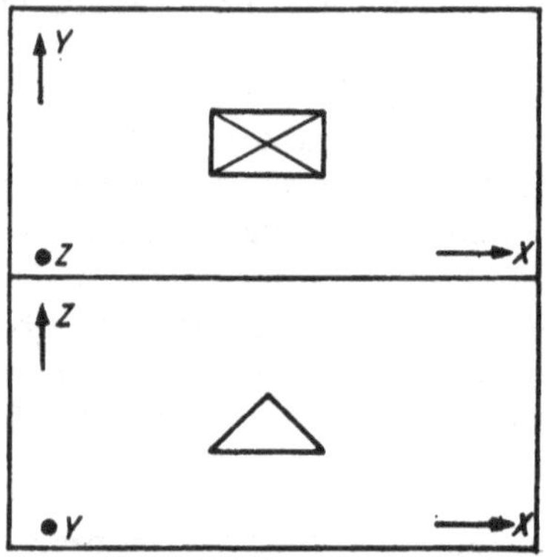

Abb. 208. Aufteilung des Bildschirmes im System ZIDDI (nach [97])

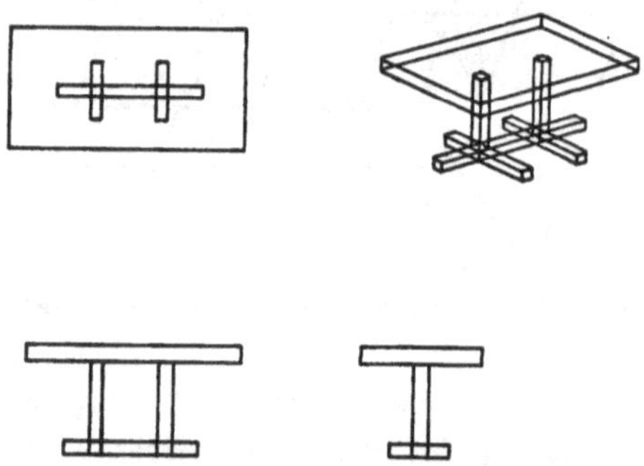

Abb. 209. Darstellung eines Tisches

Eine günstigere Anpassung der darzustellenden Informationen über das geometrische Gebilde an das Auffassungs- und Vorstellungsvermögen des Menschen wird über die verschiedenen Varianten der perspektivischen Darstellung erzielt. Zentralprojektionen von wählbaren Projektionszentren auf beliebige Abbildungsebenen sind üblich und werden bei den meisten Systemen mit den Rißdarstellungen gekoppelt [99, 187, 188] auf dem Bildschirm dargestellt.

Eine interessante Variante bietet die Darstellung in Form der *Isometrie.* Diese besondere Form der perspektivischen Darstellung erlaubt das direkte

Erfassen von Punkten in dieser 2-dimensionalen Abbildung des 3-dimensionalen Raumes und damit das Manipulieren über diese Abbildung. Für die Darstellung von Rohrleitungssystemen ist die Isometrie besonders gut geeignet. Diese Rohrleitungssysteme repräsentieren sich als Graphen.

Zum Abschluß noch eine Bemerkung zur Verwendung von echten stereoskopischen Bildern, um einen räumlichen Eindruck vermitteln und in diesem virtuellen Raum operieren zu können. Die Auswertung der durch die Industriemeßkammer gewonnenen Aufnahmen eines räumlichen existierenden Körpers wird in Auswertungsgeräten vorgenommen. Dazu wird über Handräder eine Meßmarke im virtuellen Modell bewegt und ihre Position registriert. Zur Erzeugung neuer Strukturen ist dieses Gerät in einer abgewandelten Version zu verwenden. Dazu ist an Stelle der Fotoplatten je ein Bildschirm zu setzen. Die Bewegung der Meßmarke im virtuellen Raum wird registriert und in zwei Positionen umgerechnet, die auf jedem der beiden Bildschirme einen Lichtpunkt als Lichtmarke erzeugen, der in stereoskopischer Betrachtung der Position der Meßmarke entspricht.

3.3.2.3.2. Darstellung von Rohrleitungssystemen, Abbildung chemischer Moleküle, Aufbau 3-dimensionaler Gebilde aus Grundelementen

Als wesentlichen Vorteil besitzen die *Rohrleitungssysteme* die Eigenschaft, daß sie vorwiegend achsenparallel aufgebaut sind. Das vereinfacht den Aufbau von derartigen Leitungsführungen direkt in der isometrischen Darstellung [276, 287]. Unterstützt wird diese Arbeitsweise noch durch die Besonderheit, daß Rohrleitungsisometrien nur als symbolische Darstellungen, also nichtmaßstäblich aufzufassen sind. Die räumlich weiten Ausdehnungen derartiger praktischer Systeme zwingen dazu. Die Bemaßung wird in Form numerischer

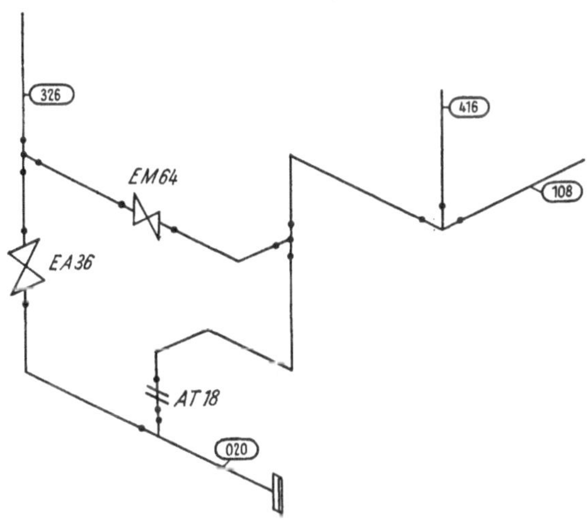

Abb. 210. Beispiel für Rohrleitungsisometrie (ohne Bemaßung)

Werte hinzugefügt. Symbolisch angedeutet sind auch spezielle, in den Rohrleitungen eingebaute Elemente wie Schieber, Ventile, Amaturen usw. Abb. 210 zeigt, wie neue Leitungen direkt in diese isometrische Darstellung eingetragen werden können. Diese neuen Elemente werden dann in die interne Darstellungsform umgewandelt und als Graph, d. h. als Menge der Knotenpunktkoordinaten, und als Liste der Verbindungen, die zwischen diesen Knotenpunkten bestehen, abgespeichert.

Ein weiteres Beispiel dieser Klasse von Anwendungsfällen bieten die *Darstellungen des Molekülaufbaues* komplizierter chemischer Substanzen [8, 284]. Diese Moleküle können in einem Graphen abgebildet werden, wobei die Elemente in die Knoten des Graphen abgebildet werden, während die Valenzen den Verbindungen zugeordnet sind. Da es um die Sicherung der Anschaulichkeit geht, steht die symbolische Darstellung über einer maßgerechten Abbildung, doch sind durch den Aufbau bedingt, bestimmte räumliche Winkel in den Knoten einzuhalten. Abb. 211 zeigt ein Beispiel für einen Ausschnitt aus dem komplizierten Modell eines Moleküls.

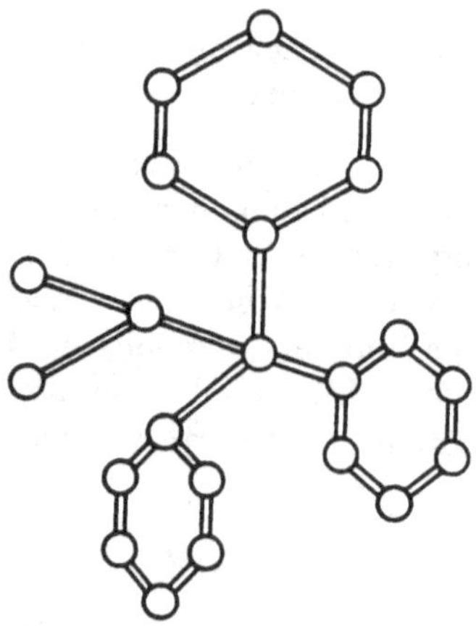

Abb. 211. Darstellung eines Moleküls

Die *projektierende Arbeitsweise kann, wenn man sie für den Aufbau von technischen Zeichnungen* einsetzt, zu einem analogen Arbeiten beim Aufbau von Körpern einer bestimmten Klasse führen. In [54] wird ein Programm beschrieben, das den Aufbau von 3-dimensionalen Gebilden in der Weise durchführt, daß Grundelemente hinzugefügt oder subtrahiert werden. In diesem System werden 6 Grundelemente (Primitive) verwendet, Abb. 212.

Durch Vorgabe von Werten und Aufruf des gewünschten Grundelementes kann es an die verlangte Stelle des 3-dimensionalen Raumes gesetzt werden. Durch die Funktion „Kopieren“ können diese Grundelemente bzw. bereits daraus aufgebaute Strukturen wiederholt an anderen Stellen erzeugt werden. Über die Funktion „Kombinieren“ werden die Elemente die an ihren Flächen aneinanderstoßen, zu einem neuen Element vereinigt. Entweder über die Darstellung in den drei Rißansichten oder durch eine perspektivische Darstellung werden die Informationen über die intern bereits erzeugten Objekte dem im Dialog arbeitenden Nutzer übermittelt. Über Lichtmarken können Angaben über Positionen für neue Elemente, Angaben über Rotationsachsen, Werte für Translationen u. a. m. zielstrebig eingegeben werden.

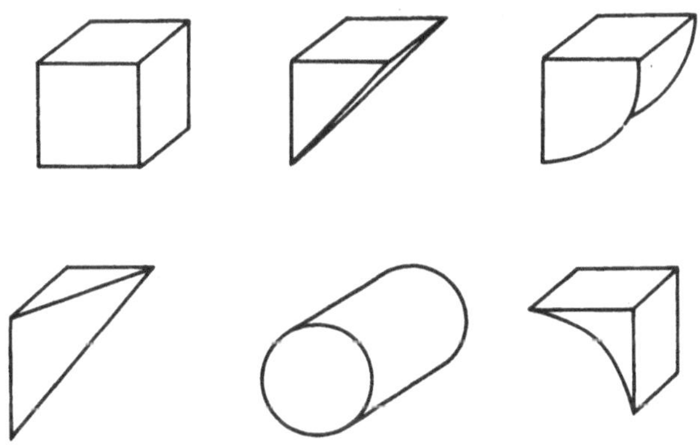

Abb. 212. Grundelemente eines projektierenden Systems

Es ist sogar möglich, über die hier als Ergebnis hergestellte technische Zeichnung hinaus durch Anwendung geeigneter Maschinen zum tatsächlich existierenden technischen Gebilde zu kommen. Entweder wird eine Fräsmaschine durch diese notwendigerweise zu verarbeitenden Informationen direkt gesteuert [221], oder es wird eine Maschine mit den nötigen Informationen versorgt, die aus einem Repertoire an Grundelementen diese zum neuen Element zusammenfügt. Allerdings wird dann die Funktion der Subtraktion von Grundelementen ausgeschlossen werden müssen [273].

3.3.2.4. Verarbeitung von Körpern mit komplizierten Begrenzungsflächen

3.3.2.4.1. Allgemeine Charakterisierung dieser Klasse

In einigen Anwendungsgebieten ist es erforderlich, über durch Ebenen begrenzte Körper hinauszugehen und als Begrenzungsflächen Flächen höherer Ordnung zuzulassen. Der Aufwand zur Beschreibung und Handhabung derartiger Gebilde wird dadurch wesentlich aufwendiger und schwerfälliger. In Kapitel 1.1. wurde die Grundlage für die Beschreibung dieser Flächen behandelt.

Wir wollen davon ausgehen, daß es möglich ist, die Flächen der in Frage kommenden Körper mathematisch zu beschreiben bzw. hinreichend genau durch mathematisch beschreibbare Flächen zu approximieren. Es werden hauptsächlich Flächen 2. Ordnung und COONS-Flecken, speziell bikubische Flekken in Frage kommen.

Zunächst läßt sich hier, ohne die aktive Bildschirmtechnik zu nutzen, eine technologische Linie aufbauen. Diese technologische Linie geht von einem vorliegenden Modell aus. Es wird mit Hilfe eines 3-dimensionalen Digitalisiergerätes, einer Meßmaschine, in den relevanten Punkten vermessen. Die problemorientierte Verarbeitung dieser Eingabeinformationen führt zu einem Ergebnis, das über eine NC-Maschine wieder zu einem technischen Gebilde führt, oder über Nutzung eines Zeichenautomaten eine grafische Darstellung des technischen Gebildes produziert.

Im Dialogbetrieb muß es möglich sein, über den Bildschirm derartige *Flächen als Begrenzungen von Körpern zu erzeugen und zu verändern.* Eine zusätzliche Schwierigkeit bringt die Eigenschaft der Flächen mit sich, daß sie grafisch nicht darstellbar sind. Sie sind nur über Schnittlinien mit anderen Flächen und durch die auf den Flächen verlaufenden Parameterlinien, die auch als Schnittlinien mit speziellen Flächen (Parameter = Konstant) anzusehen sind, sichtbar und damit in Riß- und perspektivischen Darstellungen angebbar zu machen (Abb. 213).

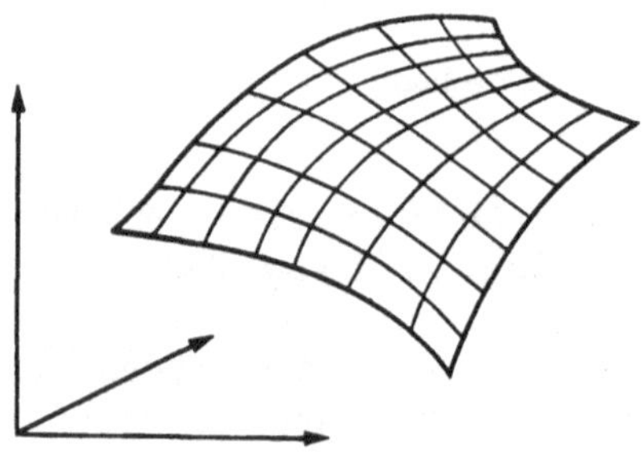

Abb. 213. Parameterlinien auf einem COONS'Flecken

Die Operationen im Dialogbetrieb lassen sich in drei Gruppen einteilen [11]:

- Operationen zur Modifikation der Flächen,
- Operationen zur Modifikation der Ansichten und Darstellung,
- Operationen der Ein- und Ausgabe.

Die Operationen zur Modifikation der Flächen müssen die Veränderung der Werte der Punkte, der Werte der Tangenten- und Normalenvektoren in den Fleckenbeschreibungen zulassen. Diese 48 Werte, die einen Flecken beschreiben, können durch aktive Beeinflussung über Lichtstift oder über Eingabe neuer Werte, über Fernschreiber bzw. Tastenfeld verändert werden. Wird ein Flecken geändert, so muß durch ein Programm dafür gesorgt werden, daß zur Sicherung einer geschlossenen, eventuell spezielle Bindungen erfüllenden Oberfläche auch die benachbarten Flecken entsprechend mit geändert werden.

3.3.2.4.2. Karosserie- und Flugzeugkörperentwurf, Technologische Linie: Industriephotogrammetrie — NC-Werkzeugmaschine

Die Schwerpunkte der Anwendung dieser Verfahren sind die Industriezweige Flugzeugbau und Automobilbau. In diesen Anwendungsgebieten kommt es darauf an, die Verbindung zwischen der technischen, problembedingten Form und den ästhetischen, vom Formgestalter festgelegten Prinzipien in Einklang zu bringen [11, 128, 163, 290].

Ähnliche Aufgabenstellungen liegen in der Plasterzeugnis-Industrie vor. Auch hier wird vom vorliegenden Modell ausgegangen, seine Daten werden erfaßt und in einem internen Modell verankert. Die Verarbeitung dieser Formbeschreibung führt zu neuen Formbeschreibungen, etwa denen der Preßformen für die Serienherstellung dieser Erzeugnisse. Auch hier findet man eine durchgängige, technologische Linie vor, die in der Praxis unterschiedlich gestaltet sein kann, etwa grafische Programmiersprache → Meßmaschine, Zeichnung → NC-Lochstreifen.

Im Zusammenhang mit der Anwendung der *Industriephotogrammetrie* läßt sich eine ähnliche technologische Linie aufbauen. Hier wird nicht durch eine Meßmaschine die Erfassung der relevanten Punkte des Modells vorgenommen, sondern die gewünschten Informationen werden über ein Paar Stereoaufnahmen mit anschließender Auswertung ermittelt. In [272] wird die Anwendung der Industriephotogrammetrie im Zusammenhang mit der numerisch gesteuerten Werkzeugmaschine für die Fertigung von Schiffspropellern beschrieben. Abb. 214 stellt die einzelnen Schritte dar. Vom gegossenen Rohling werden die Daten erfaßt. Durch Vergleich zwischen Ist (Rohling) und Soll (mathematisches Modell) wird die Lage der Bohrung ermittelt. Sie ist so zu wählen, daß

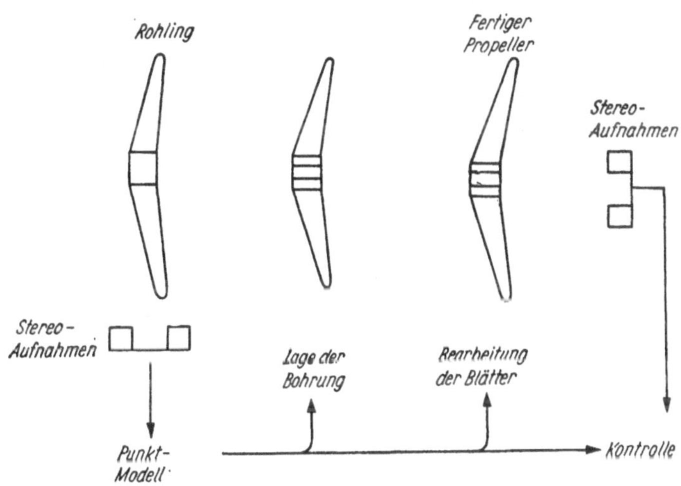

Abb. 214. Anwendung der Industrie-Photogrammetrie beim Entwurf von Schiffspropellern (nach [273])

sowohl der Sollpropeller innerhalb des Istpropellers liegt, als auch ein Minimum an Aufwand für die Fertigung des Propellers aufgebracht werden muß. Daraus wird dann die Menge der Steuerinformationen für die NC-Fräse zur Herstellung der Blätter des Propellers abgeleitet.

3.3.2.5. Eingabe und Erfassung von Freihandzeichnungen

3.3.2.5.1. Allgemeine Charakterisierung dieser Klasse

In dieser Klasse von Aufgaben liegt die Zielstellung darin, alle Informationen über die einzugebende Struktur allein aus der Bewegung des Lichtstiftes ohne zusätzliche verbale Anweisungen abzuleiten und in eine geeignet weiterverarbeitbare Darstellung umzuwandeln. Während wir bisher in den Aufgabenklassen 1 bis 4 (3.3.2.1. bis 3.3.2.4.) die Informationen z. B. über eine einzugebende Strecke sowohl durch Eingabe von Informationen über den Lichtstift (Positionierung von Start- und Endpunkt) als auch durch Aktivierung des Erzeugungsprogrammes für die Strecke vorgenommen haben, wollen wir hier davon ausgehen, daß die Bewegung des Lichtstiftes zum Zeichnen der Strecke ausreicht, die relevanten Informationen zu erfassen.

Wir gehen davon aus, daß durch die Bewegung des Lichtstiftes auf dem Bildschirm eine Menge von Daten erzeugt wird. Durch die Bewegung der Lichtmarke durch den Lichtstift können die Koordinatenwerte der Punkte erfaßt und registriert werden, die bei dieser Bewegung überstrichen werden. Es ist auch möglich, diese entstehende Punktmenge als Funktion der Zeit ihrer Erzeugung zu registrieren. Dazu ist diese Punktmenge zu erfassen, zu verarbeiten und zu interpretieren.

Es lassen sich zur Lösung dieser Aufgabe zwei verschiedene Arbeitsweisen mit unterschiedlicher Zielstellung angeben. Zunächst Bemerkungen zur ersten Arbeitsweise. Das Ziel besteht in der Ermittlung des Bedeutungsinhaltes, der der durch die Bewegung der Lichtmarke gezeichneten Struktur entspricht. Diese Arbeitsweise zeigt einen Zugang zum umfassenden Gebiet der Struktur-, Bild- und Zeichenerkennung [133]. Als Teilaufgabe der Zeichenerkennung läßt sich folgendes Vorgehen ableiten. Es ist ein Vergleich der Struktur des so eingegebenen Zeichens mit den Datenmengen vorzunehmen, die die Struktur der Zeichenklassen repräsentieren. Über die Ermittlung der Ähnlichkeit unter bestimmten Bedingungen, die durch Transformationen gegeben sind, ist die Bedeutung, d. h. der Name des eingegebenen Zeichens, zu erkennen und zu fixieren. Hierzu sind eine Vielzahl von Verfahren entwickelt worden. Wir werden jedoch dieses Gebiet der Zeichen- und Situationserkennung nicht weiter verfolgen, da die grafische Kommunikation nur das Bindeglied zwischen der einzugebenen Vorlage des Zeichens und den mathematischen Verarbeitungsroutinen darstellt.

Das Ziel der zweiten Arbeitsweise besteht darin, die durch die Bewegung der Lichtmarke auf dem Bildschirm erzeugten Punktmenge unter Beachtung und

Berücksichtigung von vorliegenden Regeln und Bedingungen so in eine andere Punktmenge umzuwandeln, daß diese Struktur, entsprechend dieser Bedingung, der ersten Struktur ähnlich ist. Das bedeutet, daß die eingegebenen Strukturen in normierte Strukturen umzuwandeln sind. Werden z. B. zwei Strecken, die parallel sein sollen, durch diese Freihandzeichnung auf dem Bildschirm erzeugt, so muß durch eine Verarbeitungsroutine diese zusätzlich geforderte Eigenschaft den bei der Freihandzeichnung erzeugten Punktmenge hinzugefügt werden, d. h., es muß die entsprechende Korrektur vorgenommen werden. Diese Arbeitsweise entspricht der im Konstruktionsbüro üblichen Arbeit des Skizzierens. Im Prozeß der Umsetzung dieser Skizze in die technische Zeichnung werden symbolisch angedeutete Eigenschaften der Struktur in detaillierter und normierter Darstellungsform gezeichnet; ebenso wird im verlangten Maßstab gearbeitet.

In dieser Arbeitsweise wird die Reduktion des Überangebots an Informationen auf die zulässige und genormte Form der Beschreibung vollzogen. Dabei wird aus der ermittelten Struktur die inhaltlich äquivalente Struktur abgeleitet. So wird etwa aus der Menge der Punkte, die die freihandgezeichnete Strecke darstellen, der Punkt A als Startpunkt und der Punkt B als Endpunkt ermittelt. Beispiele dafür finden sich bereits im SKETCHPAD-System [354], Abb. 175.

3.3.2.5.2. Zeichenerkennung, Anwendung in der angewandten Kunst,[1]) Skizzieren in der Konstruktion, Berücksichtigung der Zwangsbedingungen

Wir wollen den Komplex der Zeichenerkennung hier nur erwähnen, nicht weiter untersuchen. Ein wirksames Hilfsmittel stellt im Zusammenhang mit der Testung von Erkennungsroutinen die on-line-Eingabe von Zeichen über Bildschirm und Lichtmarke dar. Damit lassen sich ebenfalls lernende Systeme aufbauen, wobei durch den Operateur am Bildschirm die Belehrungen vorgenommen werden [390, 133].

Wir werden kurz die Anwendung dieser Technik des *Freihandzeichens in der angewandten Kunst* betrachten. Die grafische Datenverarbeitung findet hier natürlich nur in Form der Unterstützung der technischen Fertigkeiten Anwendung. Wir wollen hier nur zwei dieser Anwendungen herausgreifen. Die erste Anwendung betrifft den *Entwurf von Mustern für die Textilindustrie* [208, 237, 238]. Die Freihandzeichnung ist geeignet, für den Entwurf von Mustern eingesetzt zu werden. Dazu ist kaum der Raster des Bildschirms direkt zu verwenden, es kann aber auch ein groberer Raster auf der Fläche des Bildschirms erzeugt werden. Dieser Raster ist so zu wählen, daß er der für die Produktion verwendeten Textiltechnik, wie Weben, Stricken u. ä. angepaßt ist, d. h. die Rasterpunkte des Bildschirms etwa den Maschen beim Stricken des Musters entsprechen (Abb. 215).

---

[1]) Wir wollen hierunter die Disziplinen verstehen, die unter bestimmten Einschränkungen als Ergebnis grafische Darstellungen erzeugen.

Auch im Zusammenhang mit der Freihandzeichentechnik läßt sich die Teilbildtechnik einsetzen. Damit können Wiederholungen im Muster, Spiegelungen, Vergrößerungen, Verkleinerungen, Farbauszüge vorgenommen werden. Diese Arbeitsweise läßt sich zu einem effektiven Hilfsmittel beim Entwurf von Mustern ausbauen. Die so gewonnenen Strukturen können leicht in Steuerbewegungen für die Textilmaschinen zur Herstellung dieser Muster umgesetzt werden.

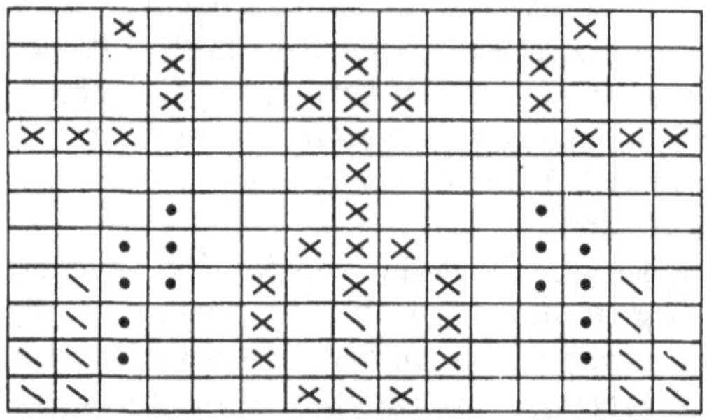

Abb. 215. Darstellung eines Strickmusters, x, ·, / — Zeichen für verschiedene Farben

Ein zweiter Komplex von Anwendungen läßt sich mit der *Herstellung von Zeichentrickfilmen* verbinden [255, 27, 70, 394]. Hier tritt neben das Entwerfen der Figuren und der Umgebung, in der sie agieren sollen, noch das Element der Bewegung. Z. B. ist es möglich, die zeitliche Bewegungsfolge bestimmter Punkte einer Figur vorzugeben und über Programm gesteuert die einzelnen Zwischenbilder zu erzeugen. Abb. 216 zeigt ein Beispiel. Diese Beispiele mögen für die Anwendung der Freihandzeichentechnik auf diesem Gebiet der angewandten Kunst ausreichen.

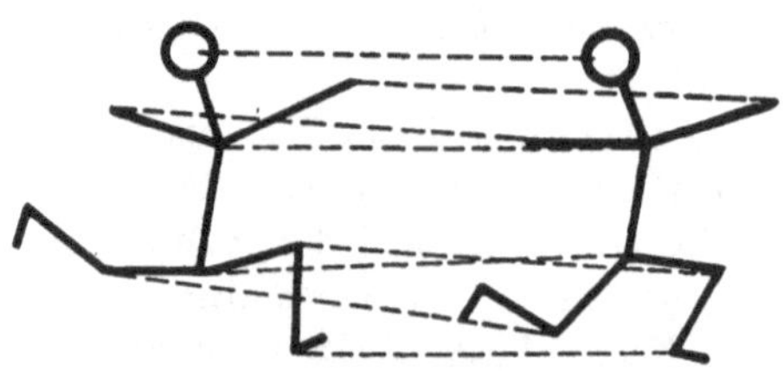

Abb. 216. Bewegungsphasen in einem Zeichentrickfilm

Weit wichtiger ist die Anwendung dieser Technik für den Konstruktionsbereich. Hier wollen wir kurz den Komplex der *Anfertigung einer Skizze* eines technischen Gebildes auf dem Bildschirm und seine Interpretation und Umsetzung in eine normgerechte, technische Zeichnung betrachten. Wir wollen zunächst die Darstellung ebener Gebilde betrachten. Wichtig ist hier die Erkennung der Grundelemente wie Strecke, Kreis, Rechteck, aus denen die technischen Zeichnungen aufgebaut sind. Welche Probleme hier auftreten, läßt sich schon daraus erkennen, daß es selbst dem Menschen oft schwierig ist, bei einer vorliegenden Skizze zwischen einem freihandgezeichneten Kreis und einer Ellipse bzw. geschlossenen Kurve zu unterscheiden. Dazu muß die Gesamtumgebung des Gebildes herangezogen werden. Sinnvoll ist deshalb die Kopplung der Technik des Freihandzeichnens mit der Eingabe von zusätzlichen Informationen über Lichttasten oder Fernschreiber, die entweder die Elemente selbst betreffen können (Kreis, Rechteck usw.) oder die Relationen, die zwischen diesen Elementen bestehen, z. B. Strecke a senkrecht auf Strecke b, Strecke a parallel zu Strecke b, Kreis K_1 und K_2 konzentrisch usw.

Das bedeutet, daß die Struktur, die durch die Freihandzeichnung erzeugt wurde, zusätzliche Eigenschaften besitzen muß; bestimmte Elemente müssen dann gegebenen Zwangsbedingungen [337] unterliegen. Diese Zwangsbedingungen wurden bereits im SKETCHPAD-System [354] eingeführt. Ein mathematischer Formalismus ist hier erforderlich, z. B. die Relaxationsmethode, um diese Zwangsbedingungen sinnvoll befriedigen zu können.

Der Prozeß des Skizzierens wird oft im Bereich des konstruktiven Entwicklungsprozesses in Form der Darstellung der Gedanken als perspektivische Ansicht vollzogen. Daraus ergibt sich die Aufgabe, aus dieser perspektivischen Skizze die 3 Ansichten in Parallelprojektion abzuleiten. Zur Lösung dieser Aufgaben wurde am MIT das System HUNCH [273] entwickelt. Auf dem Bildschirm kann in perspektivischer Darstellung das Gebilde in Freihandzeichentechnik entworfen werden. Es wird sowohl die Umsetzung in die normierte Form als auch die Erzeugung der drei Ansichten vorgenommen (Abb. 217).

Im Zusammenhang mit der Herstellung einer Zeichnung zeigt sich oft, daß der Konstrukteur mit vagen Vorstellungen über das technische Gebilde an dessen grafische Darstellung herangeht. In [273] werden Gedanken dargelegt,

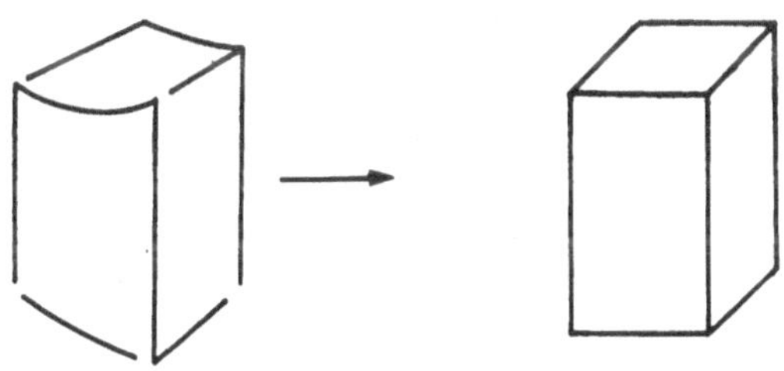

Abb. 217. Beispiel der Umsetzung einer Freihandskizze in die genormte Ansicht

wie schrittweise die Lösung dieses Mißverhältnisses zwischen den Vorstellungen des Nutzers und der grafischen Darstellung überwunden werden kann. Dieser Vorgang wird dadurch unterstützt, daß sich die Vorstellung des Konstrukteurs durchaus ändern kann, wenn er seine eigene Zeichnung sieht und beurteilt. Diese Prozesse verdienen eine gründlichere Untersuchung. Auch diese grafischen Techniken müssen in den Problemlösungsprozeß, den der Konstrukteur bei der Entwicklung neuer technischer Gebilde zu vollziehen hat, eingeordnet werden, um zu einer sinnvollen, rechnerunterstützten Arbeitsweise zu kommen.

3.3.2.6. Verbindung von Objektbeschreibung und problemorientierten Verarbeitungsprozessen

3.3.2.6.1. Allgemeine Charakterisierung dieser Klasse

In den vorangegangenen Kapiteln hatten wird die Vorgehensweisen bei der Beschreibung von technischen Gebilden in Form von grafischen Darstellungen behandelt. Damit war es möglich, das Abbild der existierenden Wirklichkeit bzw. der Vorstellungen darüber in rechentechnisch verarbeitbarer Form zu erfassen. Dieser Prozeß der Erfassung, der Weiterentwicklung und Veränderung dieser Beschreibungen war durch den Menschen gesteuert worden, er tritt dem Rechenautomaten gegenüber als führendes Element auf.

Bei der Behandlung der Beispiele hatte es sich immer wieder gezeigt, daß diese Beschreibungen mit dem eigentlichen Problemlösungsprozeß in engere Verbindung gebracht werden muß. Die grafische Darstellung ist sehr eng mit dem Modell zu verbinden, das aus dem Problem abgeleitet worden ist. Bisher waren wir in den Betrachtungen davon ausgegangen, daß die Kopplung Problemlösungsprozeß und grafische Darstellung über den Menschen vollzogen wird. Wie es gelingt, Teilprozesse der Problemlösung in Programmen zu erfassen und damit einer automatischen Abarbeitung zugänglich zu machen, ergibt sich auch verstärkt der Zwang, die Verbindung Programm und Darstellung rechentechnisch zu bewältigen. Diese Kopplung kann in verschiedenen Stufen erfolgen. Die erste Stufe wird über die Abbildung der Ergebnisse in Form grafischer Darstellungen in einfacher Weise zu lösen sein. In der zweiten Stufe muß die grafische Darstellung bzw. das daraus abgeleitete geometrische Objekt als Eingangswert für die Programme angesehen werden, die bestimmte Teile des Problemlösungsprozesses beschreiben. So kann z. B. durch eine grafische Darstellung ein technisches Gebilde in einer Umgebung beschrieben werden. Daraus sind die Eingangsparameter für die Programme abzuleiten, die bestimmte gewünschte Eigenschaften des Gebildes ermitteln können. Die dritte Stufe wird durch die Verbindung von Ein- und Ausgabe im Rahmen der aktiven Arbeitsweise erreicht. Dabei ist die erreichte Situation im Entwurfsprozeß darzustellen. Nach Bewertung wird darauf ein Prozeß in Form eines Programmes angewendet und das Ergebnis wieder dargestellt. Die Veränderung am dargestellten Gebilde führt zu neuen Parametern, die nun bei Wiederholung des Programmes als Eingangswerte eingehen.

Mit dieser Arbeitsweise ist es möglich, das technische Gebilde bzw. die Vorstellungen darüber in einer Form zu fixieren, die eine direkte Kopplung mit dem Problemverarbeitungsprozeß zuläßt. Das gilt sowohl für die 2-dimensionalen Darstellungen im Bildschirmkoordinatensystem als auch im internen Koordinatensystem aber auch für die Beschreibung 3-dimensionaler Gebilde. Es ist nun die entsprechende Abstimmung zum Problemprogramm durchzuführen.

Welche Kategorien von Aufgabenstellungen sind damit einer zielgerechteten Bearbeitung zugänglich? Zunächst sind es die Aufgabenstellungen, die unter der Kennzeichnung: *Simulation und Bestimmung der Eigenschaften, die das zu entwickelnde Gebilde besitzt,* zusammengefaßt werden können. Das Gebilde ist in der eben genannten Form beschrieben. Durch Vorgabe einer speziellen Umgebung wird das Programm zur Eigenschaftsermittlung angewendet. Die Interpretation des Ergebnisses kann zu Änderungen sowohl der Umgebung als auch des Gebildes selbst führen, um die Eigenschaft in gewünschter Richtung zu verbessern. Man kann von einer dialoggesteuerten Optimierung sprechen.

Neben diesen voll- oder teilautomatisch ablaufenden Prozessen zur Ermittlung von Eigenschaften künftiger technischer Gebilde kann als weitere Kategorie von Aufgabenstellungen der Komplex: Entwurf von technischen Gebilden hier einbezogen werden. Wir gehen damit über die Entwicklung von Einzelteilen und Baugruppen hinaus und versuchen, die projektierende Arbeitsweise für den Aufbau der technischen Gebilde aus vorgegebenen Baukästen dialoggesteuert durchzuführen. Wir können die Besonderheiten der Arbeitsweise dieser Aufgabenklasse so interpretieren, daß weiterhin im dialoggesteuerten Ablauf die Entwicklung eines technischen Gebildes vorgenommen wird, wobei durch die Konversation des Menschen mit dem Rechenautomaten Entscheidungen getroffen werden, die über die Veränderung der grafischen Darstellung die Programme mit neuen Parametern für eine wiederholte Durchrechnung versehen. Die Entscheidungsfindung über die Fortführung des Problemlösungsprozesses wird also durch Informationen unterstützt, die aus aktivierten und abgearbeiteten Programmen als Ergebnisse bereitgestellt werden.

3.3.2.6.2. Maschinenaufstellungspläne, Schaltungssimulation

Wir wollen am Beispiel der Erarbeitung von *Maschinenaufstellungsplänen* [18] die Verbindung zwischen der dialoggesteuerten Manipulation und der Unterstützung der Entscheidungen in diesem Prozeß durch Bereitstellung von Kennziffern über den momentan erreichten Entwicklungsstand herstellen. Die Anordnung der Maschinen in einer Werkhalle wird wie in Klasse 1 oder 2 durch Manipulationen der grafischen Repräsentanten in erster Annäherung erzeugt. Zur Beurteilung der Güte dieser Anordnung sind technische Kennziffern ausschlaggebend. Dazu sind z. B. der Transportweg zwischen den Maschinen, die Beleuchtungsverhältnisse, die Zugänglichkeit der Maschinen u. ä. Kriterien heranzuziehen. Die diesbezüglichen Kennziffern werden durch Anwendung von zugehörigen Unterprogrammen auf die momentane grafische Darstellung automatisch ermittelt. Die Beurteilung und Bewertung dieser Ziffern führt dazu, daß der Nutzer des Systems eine Entscheidung über die Veränderung der vorliegenden Situation trifft. Diese Veränderung wird durch Manipulationen am Bildschirm vorgenommen. Aus der veränderten grafischen Repräsentation ergeben sich neue Parameter, die als Eingangswerte bei einer wiederholten Durchrechnung der Programme zur Ermittlung der Kennziffern verwendet werden (Abb. 218).

In ähnlicher Weise können technische Gebilde dimensioniert und einem Optimum angenähert werden. Im Bauwesen kann die Geometrie von Rahmentragwerken grafisch dargestellt werden. Durch Vorgabe von Belastungsfällen werden die fehlenden Parameter für die Programme zur Ermittlung von Biegemomenten, Querkräften und Verformungen bereitgestellt. Die Ergebnisse

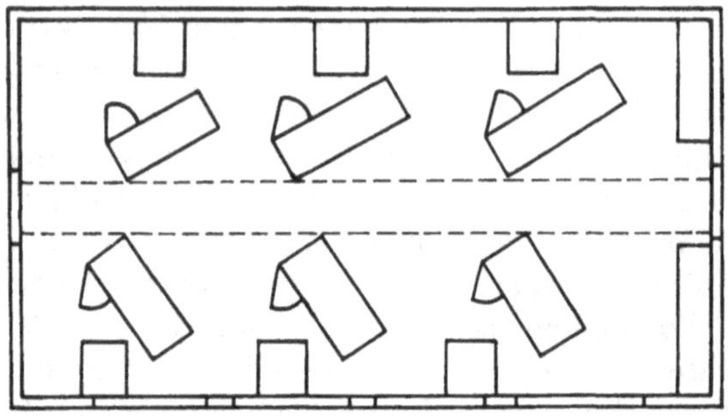

Abb. 218. Beispiel eines Maschinenaufstellungsplanes

können auf dem Bildschrim dargestellt werden (Abb. 219), [110, 59, 10]. Ebenso können mechanische Bauteile wie Wellen, Getriebe dimensioniert werden [277, 260, 339, 341, 220, 285, 73]. Die Aufgabe der *Schaltungssimulation* wollen wir deshalb hier gesondert anführen, weil es eine Erweiterung der bei den Maschinenaufstellungsplänen demonstrierten Arbeitsweise zeigt. In dem Maße, wie es gelingt, in Abhängigkeit von den Werten, die bestimmte dominierende Eigenschaften haben, automatisch die Veränderung der grafischen Darstellung zu bewirken, wird sich eine Annäherung an das Optimum zielstrebiger und schneller ergeben. Schwierigkeiten bereitet bei dieser Vorgehensweise die objektive Bewertung der Ergebnisse, die die Programme zur Ermittlung der Eigenschaften liefern, um daraus die Konsequenzen für eine Veränderung der Situation zu gewinnen. Das sind jedoch hier nicht weiter zu betrachtende physikalisch-technische Probleme. Durch die Schnelligkeit der Durchführung dieser Berechnungen von Varianten und ihre erste maschinelle Bewertung kann die Anzahl der betrachteten Varianten vergrößert und damit eine Annäherung an das Optimum mit größerer Wahrscheinlichkeit erreicht werden [77]. In ähnlicher Weise kann der Entwurf von optischen Systemen [63] von Regelsystemen

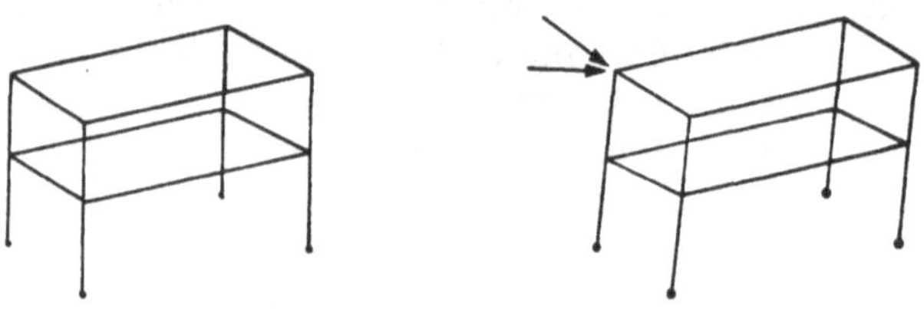

Abb. 219. Rahmentragwerk unter Belastung

(Abb. 220) [16,107] und ähnlichen technischen Systemen ablaufen. Voraussetzung ist, daß es gelingt, die Bewertung der erreichten Situation zu formalisieren und Entscheidungen abzuleiten, wie daraus die Veränderung der Situation gesteuert und beeinflußt werden kann. Hier vollzieht sich ein Übergang zu vollautomatisch ablaufenden Programmen, die dann erreicht werden, wenn alle Entscheidungen formalisierbar sind. Diese Arbeitsweise ist die wohl typische, den rechnerunterstützten Systemen (CAD-Systeme) zugrundliegende.

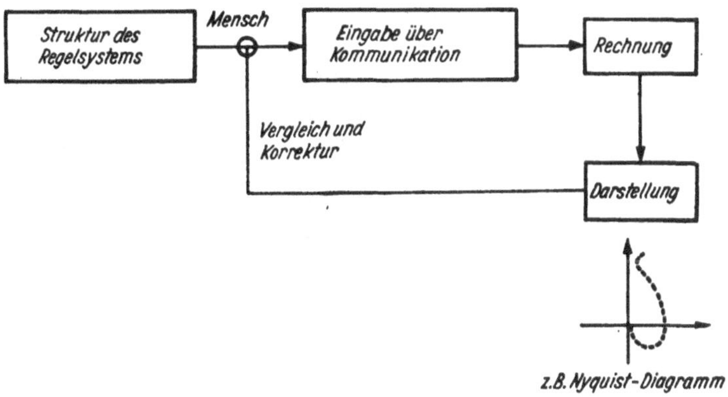

Abb. 220. Blockbild für den Entwurf von Regelkreisen

3.3.2.7. Interaktive Prozeßerfassung und Steuerung der Abarbeitungsprozesse

3.3.2.7.1. Allgemeine Charakterisierung dieser Klasse

Die bisher behandelten Aufgabenklassen hatten die Entwicklung eines technischen Gebildes bzw. der grafischen Repräsentanten eines technischen Gebildes zum Ziel. Dialoggesteuerte Manipulationen führten zur Erzeugung der Beschreibung, sowie im Zusammenhang mit problemorientierten Programmen zur Optimierung dieser Gebilde. Wir wollen nun von der Möglichkeit ausgehen, den Prozeß als ein System auffassen und behandeln zu können, d. h. Elemente und Relationen eines Prozesses fixieren zu können. Sowohl bei der Aufstellung und Beschreibung eines Prozesses als auch bei seiner Abarbeitung können wir darauf aufbauen und somit die in den vorangegangenen Kapiteln behandelten Möglichkeiten der Verarbeitung von Systembeschreibungen, wenn sie auch für technische Systeme Verwendung fanden, auf diese Aufgaben übertragen.

Auch für Prozeßbeschreibungen gilt, daß Erfassung in verschiedenen Abstraktionsstufen der Beschreibung möglich ist. Aus Anweisungen aufgebaute Prozesse sind Beschreibungen auf einer problemorientierten Ebene, während auf der Ebene der Maschinensprache die Beschreibung in einer durch Rechenautomaten abarbeitbaren Form geschieht. Operationen, Anweisungen,

Unterprogramme sind die Elemente zur Beschreibung eines Prozesses als System; die Relationen werden durch die über Adressen und Marken verwirklichten Ablaufbeziehungen hergestellt.

Wir wollen nun die Probleme des interaktiven Aufbaues von Prozessen behandeln. Diese Arbeitsweise setzt eine hierfür geeignete interaktive Sprache voraus. Wir werden diese Sprache, mit der bisher so erfolgreich eingesetzten Menütechnik verbunden, realisieren. Ein entscheidender Vorteil bietet sich in der zielgerichteten Steuerung des Ablaufes der Prozeßentwicklung an, indem die Möglichkeiten der Auswahl der nächsten Elemente auf ein Minimum an syntaktisch zulässigen Fortführungen in Abhängigkeit vom erreichten Stand der Entwicklung beschränkt werden. Im Gegensatz zur Beschreibung eines technischen Gebildes, wo wir uns auf eine Beschreibung des Ergebnisses in einer geeigneten Form beschränken konnten — die Verarbeitung dieser Informationen wird in einer anderen Sphäre, der materiellen Produktion vollzogen —, müssen wir bei der Beschreibung eines Prozesses die Übersetzung in eine Form vornehmen in der diese Darstellung von einem Rechenautomaten verarbeitet werden kann. Das setzt das Vorhandensein von entsprechenden Übersetzern voraus. Mit dem Aufbau eines Prozesses im Dialog muß parallel bzw. unmittelbar im Anschluß daran eine Übersetzung in die verarbeitbare Form geschehen. So, wie der Aufbau von Prozessen über die Nutzung der Menütechnik möglich ist, kann auch die Steuerung des Ablaufes derartiger Prozesse in gleicher Weise geschehen. Die Steuerung des Ablaufes zeigt sich in der Form des Durchlaufs durch ein dem Prozeß zugeordnetes Netzwerk, wobei zur Steuerung die Parameter der konkreten Aufgabenstellung wirksam werden. Beim Durchlaufen dieses Netzwerkes wird aus der Menge der möglichen weiteren Wege jeweils der durch die gegebene Situation bedingte ausgewählt.

3.3.2.7.2. On-line Programmierung, NC-Programmierung, Konstruktionsprozeß

Wir wollen die Arbeitsweise bei der interaktiven Beschreibung und Abarbeitung von Prozessen zunächst am Beispiel der Aufstellung und Testung von mathematischen Programmen demonstrieren. Eine Vielzahl unterschiedlich umfangreicher Systeme für diese Aufgabenstellung wurde in der Vergangenheit entwickelt [101, 301]. In einfacher Weise werden Anweisungen, Programmsegmente über Tastenfeld oder über Menüfunktionen in die Anlage eingegeben, mit aktuellen Parametern versehen und nach einer Übersetzung in die Maschinensprache abgearbeitet. Im Dialog kann nun die Veränderung der Parameter und auch des Programmes vorgenommen werden. Die Möglichkeit der Darstellung des Ergebnisses in grafischer Form gestattet, mit dem jeweiligen Programm zu manipulieren, um Ergebnisse in der Form zu erhalten, die die Aufgabenstellung hinreichend erfüllen. Statistische Auswertungen, Erfassung von Meßwerten [102] und ihre Approximation durch Funktionen (Abb. 221)

u. ä. sind typische Anwendungsbeispiele. Aber auch die Erstellung und Testung von normalen Programmen, etwa in FORTRAN oder ALGOL geschrieben, die Manipulation von algebraischen Ausdrücken, die Formelmanipulation [45], die algebraische Differentiation und Integration sind Beispiele dafür, wenn auch hier die Bedeutung der grafischen Datenverarbeitung gegenüber der aktiven Mensch-Maschine-Kommunikation weit zurückgedrängt ist.

In ähnlicher Weise arbeitend, jedoch unter stärkerer Ausnutzung der Möglichkeiten der grafischen Datenverarbeitung, sind die Systeme zur Herstellung von Programmen für die automatische Erstellung von Steuerlochstreifen für numerisch gesteuerte Werkzeugmaschinen geschaffen worden. Im Gegensatz

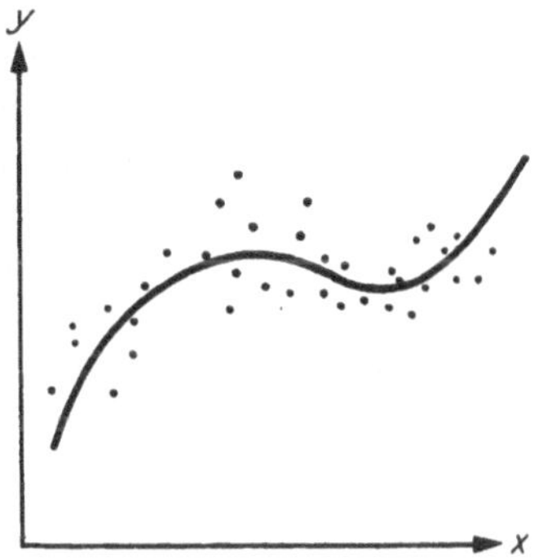

Abb. 221. Approximation einer Menge von Meßpunkten ... durch eine Kurve — im Dialogbetrieb

zu den im Stapelbetrieb verarbeiteten Programmen, die in SYMAP, APT oder einer ähnlichen Sprache geschrieben sind, werden hier im Dialog die formulierten und eingegebenen Teilinformationen sofort weiterverarbeitet und damit sofort kontrollierbar übersetzt und wieder ausgegeben. In [31] wird ein derartiges System beschrieben, das gleichzeitig eine den Ablauf steuernde Funktion ausübt und damit eine logische und syntaktische Kontrolle in diesem Ablauf gewährleistet. Notwendig ist eine Aufbereitung der in Frage kommenden Programmiersprache und eine Übertragung in ein Netzwerk, um damit den Entscheidungsablauf beeinflussen und steuern zu können.

Diese Gedanken können von den Aufgaben der Erfassung von mathematischen Prozessen einfachster Art und bei der Beschreibung des Prozesses zur Erzeugung von Steuerlochstreifen auf die Erfassung von allgemeinen Prozeßabläufen in der Konstruktion ausgedehnt und übertragen werden [377]. Wenn auch noch keine Erfahrungen vorliegen, so zeigt sich doch die Möglichkeit der Anwendung dieser Arbeitsweise beim Aufbau von Prozessen für die Lösung von Aufgaben einer bestimmten Klasse. Wichtig ist es, hierfür geeignete problemorientierte Sprachen zu schaffen und diese so umzuformen, daß sie in interaktiver Arbeitsweise eingesetzt werden können.

3.3.2.8. Erfassung der Schichtübergänge zwischen den Abstraktionsebenen in der Objekt- und Prozeßbeschreibung

3.3.2.8.1. Allgemeine Charakterisierung dieser Klasse

Sowohl bei der Entwicklung von Beschreibungen technischer Gebilde als auch bei der Erfassung von Prozeßabläufen war die Verwendung unterschiedlicher Abstraktionsebenen der Fixierung der Ergebnisse möglich. Im Laufe des Entwicklungsprozesses einer neuen Systembeschreibung, wobei wir hierunter sowohl die Objekt- als auch die Prozeßbeschreibung verstehen wollen, werden sich die Arbeiten sowohl innerhalb einer Abstraktionsebene bewegen, als auch den Übergang von einer Ebene in eine andere Ebene umfassen. Ein Beispiel soll das kurz erläutern. Beim Entwurf einen technischen Gebildes nehmen die beiden Ebenen „technisches Prinzip" und „technischer Entwurf" eine wichtige Stellung ein. In der Ebene des technischen Prinzips wird die Beschreibung in Form von Prinzipbildern für Teilfunktionen vorgenommen. Diese Prinzipdarstellung kann verändert und variiert werden, es wird also in der gleichen Abstraktionsebene gearbeitet. In einem nächsten Schritt muß auf die Ebene des technischen Entwurfs übergegangen werden. Das bedeutet aber die Wahl einer anderen Beschreibungsform. Dieser Übergang auf eine andere Beschreibungsform bedeutet aber eine Erweiterung der durch die Beschreibung repräsentierten Informationsmenge. An diesen Stellen des Entwicklungsprozesses, wenn zu einer nächsten Stufe der Beschreibung übergegangen wird, erfolgt durch den Bearbeiter die Ergänzung der Informationen, entweder aus Erfahrung, also in irgendeiner Form durch gespeichertes Wissen oder durch schöpferische Prozesse gewonnen. Zur Erfassung dieser Erfahrungen bietet sich die Nutzung der Datenstruktur an.

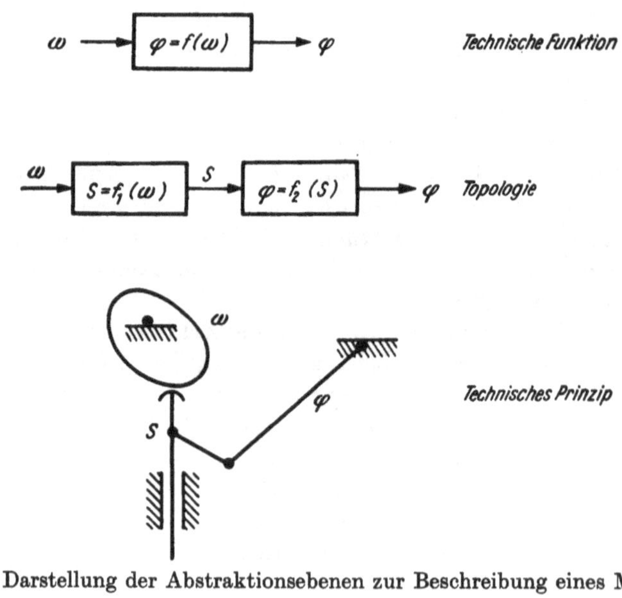

Abb. 222. Darstellung der Abstraktionsebenen zur Beschreibung eines Mechanismus

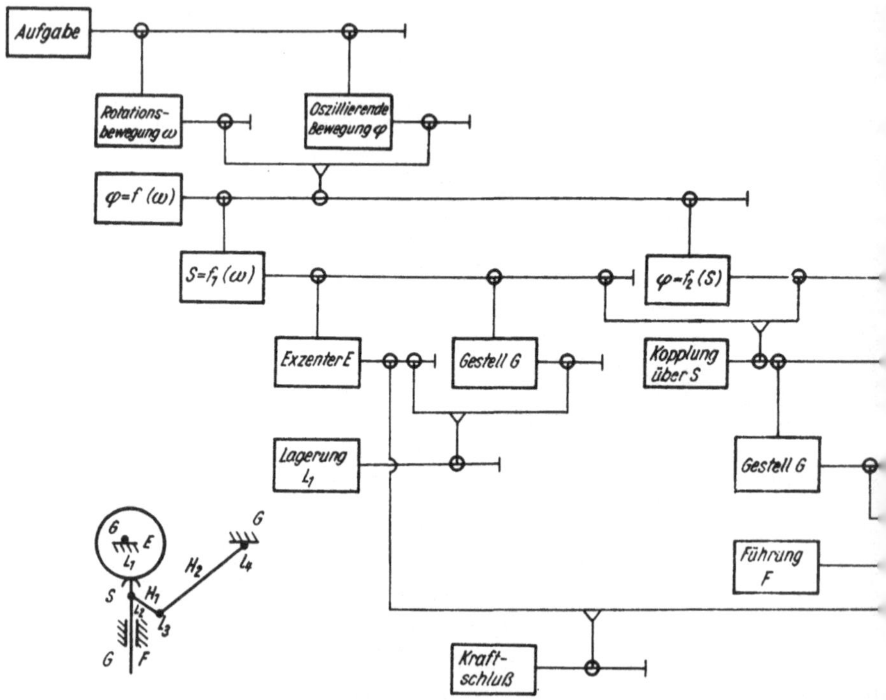

Abb. 223. Datenstruktur für Mechanismus. Enthält d

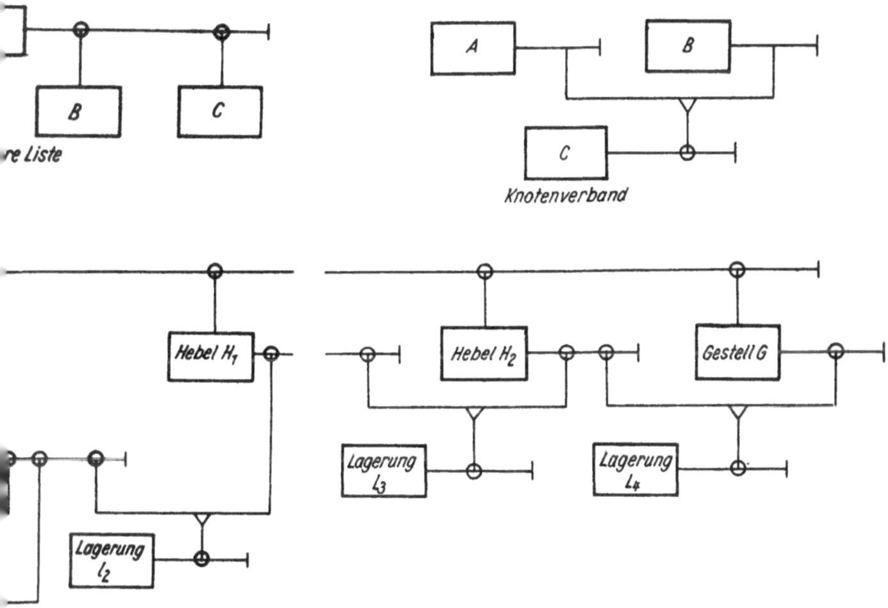

ebenen: technische Funktion, Topologie, technisches Prinzip

Diese Datenstrukturen müssen sowohl die Beschreibung in den jeweiligen Abstraktionsebenen garantieren und das Arbeiten in diesen Ebenen zulassen, als auch den Übergang von einer Ebene in die nächste beschreiben können. Dazu sind die Datenstrukturen, wie sie in Kapitel 1.2.5. behandelt wurden, entwickelt worden [377]. Sie bieten einen Ansatzpunkt zur wiederverwendungsgerechten Beschreibung von derartigen Schichtübergängen, letztenendes zur Erfassung von Erfahrung und vorliegendem Wissen. Wieder unter der Voraussetzung, daß Objekt- und Prozeßbeschreibungen als Systembeschreibung aufgefaßt werden können, läßt sich damit auch diese Technik für beide Kategorien einsetzen.

3.3.2.8.2. Mechanismenentwurf

An einem sehr vereinfachten Beispiel des Entwurfs eines Mechanismus wollen wir diese Technik erläutern. Die Aufgabe besteht darin, ein technisches Gebilde zu entwerfen, das eine rotierende Bewegung in eine oszillierende Bewegung umsetzt. In Abb. 222 sind die Ebenen der Beschreibung dargestellt. Die Abb. 223 zeigt die Datenstrukturen, wie sie sich im Verlauf der Entwicklung des Gebildes verändern und schließlich mehrere Ebenen in einer Struktur vereinigt repräsentieren. Teilstrukturen können herausgegriffen und als selbständige Speicherelemente aufgefaßt werden. Sie werden dann bei späteren ähnlichen Aufgaben beim Übergang von einer Ebene in die nächste als gespeicherte Erfahrung eingesetzt. Abb. 224 zeigt ein derartiges Element.

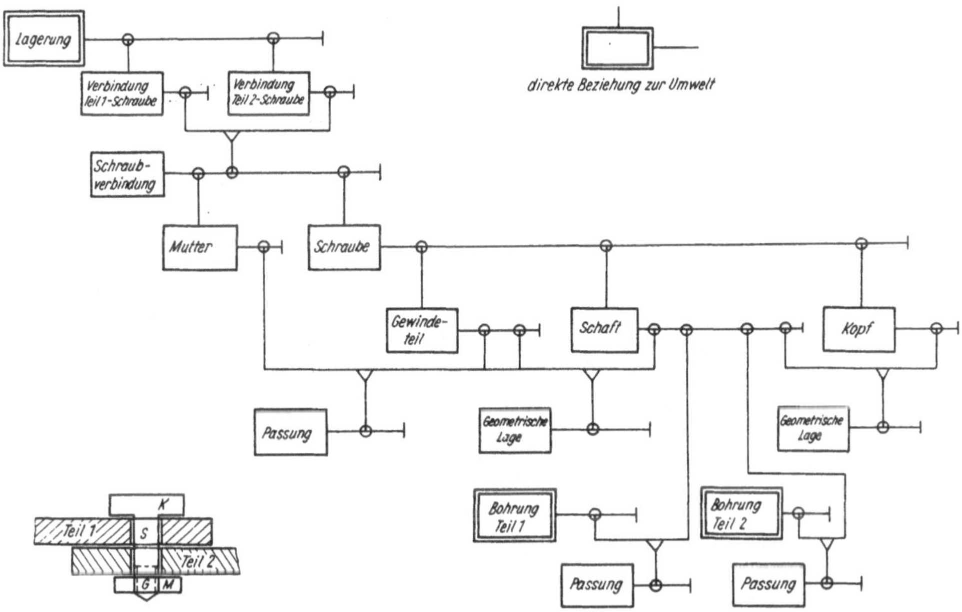

Abb. 224. Beispiel für ein Wiederholelement in Datenstruktur beschrieben

LITERATURVERZEICHNIS

[1] ADAMS, R. N., LAUGHTON M. A., On-line interactive computing for electrical power system planning and design, Int. Conf. on CAD Southampton April 1972, S. 51–56.

[2] ADOMSSENT, S., POTSCHWADECK, B., Erfahrungen mit der Computerszintigrafie. Wiss. Zeitschr. Uni. Rostock 21. Jahrg. 1972, Math.-Nat. Reihe Heft 8, S. 823–825,

[3] AHUJA, D. V., An algorithm for generating spline-like curves, IBM-Syst. Journ. Vol. 7 No. 3/4 (1968), S. 206–217.

[4] AHUJA, D. V., COONS, S. A., Geometry for construction and display, IBM Syst. Journ. Vol. 7 No. 3/4 (1968), S. 188–205.

[5] Anwender-Information 18/71, Programmsystem DIGRA, Institut für Schiffbau Rostock Juni 1971.

[6] APPEL, A., Some techniques for shading machine renderings of solids, Proc. AFIPS Spring Joint Comp. Conf. Vol. 32 (1968), S. 37–49.

[7] APPEL, A., The notion of quantitative invisibility and the machine rendering of solids, Proc. A. C. M. Nation. Meeting 1967, S. 387–393.

[8] APPEL, A., Modelling in three dimensions, IBM Syst. Journ. Vol. 7 No. 3/4 (1968), S. 310–321.

[9] APPEL, A., On calculating the illusion of reality, IFIP-Congress Edinburgh 1968, S. E79–84.

[10] ARGYRIS, J. H., GRIEGER J., Die Anwendung von interaktiver Computer-Graphik bei der Berechnung von Tragwerken, Angew. Informatik 1972, Heft 4, S. 173–187.

[11] ARMIT, A. P. A multipatch design system for Coons' patches, Int. Conf. on CAD Southampton April 1969, S. 152–161.

[12] ARMIT, A. P., Multiobjekt – the organization of this interactive design system, Int. Conf. on CAD Southampton April 1972, S. 125–139.

[13] ARTAMONOV, G. T., Automation of design and construction, IFIP-Congr. Edinburgh 1968, S. J25–36.

[14] ARTHURS, E. u. a., Picturelab – an interactive facility for experimentation in picture processing, Proc. AFIPS Spring Joint Comp. Conf. Vol. 36 (1970), S. 267–273.

[15] ATIYAH, J., The use of graphic display as an aid to integrated circuit mask generation, Int. Conf. on CAD Southampton April 1969, S. 1–10.

[16] ATKINSON, P., DAVEY R. L., Computer-aided design of closed-loop control systems, Int. Conf. on CAD Southampton April 1969, S. 542–550.

[17] Automatisches Zeichnen, Bauakademie der DDR, Reihe Wissenschaftsorg. u. Informationsverarb. der Schriftenreihe der Bauforsch. Heft 11, 13, 15.

[18] Automatisches Zeichnen, Angebotsdokumentation, AUTEVO-Informationsreihe Nr. 3 VEB Carl Zeiss JENA, 1972.

[19] Autorenkollektiv, Beiträge zum konstruktiven Entwicklungsprozeß, Kollektivdissertation Teil 1, Techn. Hochschule Ilmenau 1969.

[20] Autorenkollektiv, Automatische kundenwunschabhängige Vorbereitung der Produktion (AKV), AUTEVO-Informationsreihe Nr. 5/1 u. 5/2, VEB Carl Zeiss JENA 1972.

[21] Autorenkollektiv, Studie: Digitalgrafik in AUTEVO, VEB Carl Zeiss JENA FLZ AUTEVO 1973 (unveröff.).

[22] Autorenkollektiv, SAL-bildschirmorientiertes Dialogsystem für die Entscheidungsvorbereitung, Schriftenreihe Datenverarbeitung VEB Kombinat Robotron 1972.

[23] Autorenkollektiv, Elektronische Datenverarbeitung, Verlag Die Wirtschaft, Berlin 1971.

[24] Avedon, D. M., An overview of the computer output microfilm field, Proc. AFIPS Fall Joint Comp. Conf. Vol. 35 (1969), S. 613–623.

[25] Baatz, U., Bildschirmgeschütztes Konstruieren – Funktionsfindung, Prinziperarbeitung, Gestaltung und Detaillierung mit Hilfe graphischer Datenverarbeitungsanlagen, Diss. Technische Hochschule Aachen 1971.

[26] Baatz, U., Bildschirmunterstütztes Konstruieren, VDI Taschenbücher T 39, VDI Verlag Düsseldorf 1973.

[27] Baecker, R. M., Picture-driven animation, Proc. AFIPS Spring Joint Comp. Conf. Vol. 34 (1969), S. 273–288.

[28] Baker, B., Jenkins R., Stevens, D. R., A system for producing general engineering drawings by computer and its on-live development, Int. Conf. on CAD Southampton April 1969, S. 352–359.

[29] Bauer W. F., Frank W. L., DODDAC – an integrated system for data processing, interrogation and display, Proc. AFIPS Eastern Joint Comp. Conf. Vol. 20 (1961), S. 17–32.

[30] Bauhuber, F., Spezielle Hilfsmittel für die Entwicklung fachbezogener Anwendersprachen, Angew. Informatik 1973, Heft 12 S. 520–526.

[31] Baum, M., Rechnergesteuerte Programmierung von NC-Maschinen am Bildschirm, TZ f. prakt. Metallbearb. (Numerik) 1971, Heft 5 S. 227–233.

[32] Becker D., Pabst W., Ein optischer Winkelcodierer, AEG-Mitteilungen 1964, Heft 5/6 S. 398–402.

[33] Bell G., Pirtle, M. W., Time-sharing bibliography, Proc. IEEE Vol. 54 Dez. 1966, Nr. 12 S. 1764–65.

[34] Benson LF 630 Boscar, Prospekt der Firma Benson USA.

[35] Bericht über die algorithmische Sprache ALGOL 60, Akademie-Verlag, Berlin 1962.

[36] Berndt, E., Bremer, M., Kutschke, K.-H., Eine Teilsprache zur Bilderzeugung und -veränderung an aktiven Bildschirmen, EIK 1973 Heft 4/5, S. 265–274.

[37] Bernstein, M. J., Williams, T. G., A two-dimensional programming system, IFIP-Congr. Edinburgh 1968, S. C84–89.

[38] Besant, C. B., u. a., CADMAC – a fully interactive computer aided design system, Computer Aided Design Vol. 4. 1972 No. 2, S. 67–70.

[39] Besant C. B., u. a., CADMAC II – a fully interactive computer aided design system, Computer Aided Design Vol. 4 No. 5 1972, S. 239–246.

[40] Biermann M., Flüssigkristalldisplays, Nachrichtentechnik-Elektronik 1973 Heft 6, S. 205–209.

[41] Billing, H., Grundgedanken und Probleme des Teilnehmer – Rechensystems, in: [155] S. 11–28.

[42] Bitzer, D. L., Johnson, R. L., PLATO – a computer-based system used in the engineering education, Proc. IEEE Vol. 59 Juni 1971 No. 6, S. 960–968.

[43] Bitzer, D. L., Slottow H. G., The plasma-display-panel: a new device for direct display of graphics, in: Emerging concepts in computer graphics, W. A. Benjamin Inc. 1968, S. 3–28.

[44] Bitzer D. L., Slottow H. G., The plasma-display panel – a digitally addressable display with inherent memory, Proc. AFIPS Fall Joint Comp. Conf. Vol. 29 (1966), S. 541–547.

[45] BLACKWELL, F., An on-line symbol manipulation system, Proc. ACM Nat. Meeting 1967, S. 203–209.

[46] BLATT, H., Conic display generator using multiplying digital-analog decoders, Proc. AFIPS Fall Joint Comp. Conf. Vol. **31** (1967), S. 177–184.

[47] BOARDMAN, J. T., An interactive method for the design of electrical networks, Int. Conf. on CAD Southampton April 1972, S. 92–97.

[48] BOBROW, D. G., MURPHY, D. L., Structure of a LISP system using two-level storage, Comm. ACM **10** Heft 3 März 1967, S. 155–159.

[49] BOCK, L., Elektrische und elektrohydraulische Schrittmotoren, Steuerungstechnik 1968 Heft 1, S. 13–18.

[50] BÖHM, W., Zur Darstellung von Flächen in der Datenverarbeitung, Angew. Informatik 1971 Heft 8, S. 373–380.

[51] BOUKNIGHT, W. J., A procedure for generation of three-dimensional half-toned computer graphics presentation, Comm. ACM Vol. **13**, No. 9 Sept. 1970, S. 527–536.

[52] BOUKNIGHT, J., KELLEY, K., An algorithm for producing half-tone computer graphics presentation with shadows and moveable light sources, Proc. AFIPS Spring Joint Comp. Conf. Vol. **36** (1970), S. 1–10.

[53] BRACCHI, G., FERRARI, D., A language for treating geometric patterns in a two-dimensional space, Comm. ACM Vol. 14 No. 1 Jan. 1971, S. 26–32.

[54] BRAID, J. C., LANG, C. A., Computer-aided design of mechanical components with volume building bricks, Sec. Int. Conf. Prolamat 73 Budapest April 1973.

[55] BRANKAMP, K., u. a., Rechnergestütztes Konstruieren, Fachbericht aus dem Laboratorium für Werkzeugmaschinen und Betriebslehre, TH Aachen und Lehrstuhl für Automat. und Inst. f. produktionstechn. Automat. an TU Berlin, Beuth-Vertrieb GmbH Berlin-Köln-Frankfurt/M. 1971.

[56] BRESENHAM, I. E., Algorithm for computer control of a digital plotter, IBM Systems Journal **4** (1965), S. 25–30.

[57] BRÜGMANN, H. W., Sidipro – Dialog – Sprache und Echtzeit – Übersetzer für die Programmierung eines Hochleistungs-Sichtgerätes, Sympos. über Computer Graphics Gesellsch. für Informatik Bericht 2 Berlin 1971, S. 107–122.

[58] BÜRGER, E., Automatisierung der technischen Produktionsvorbereitung, VEB Verlag Technik, Reihe Automatisierungstechnik Bd. 130, Berlin 1972.

[59] BUTLIN, G. A., HUBBOLD, R. J., A scheme for man-machine interactive structural analysis Int. Conf. on CAD Southampton April 1969, S. 616–625.

[60] BUTZ, H. W., BÄCK, K., BAATZ, U., Aspekte der Bildschirmprogrammierung im Rahmen des rechnergestützten Konstruierens, Elektr. Rechenanlagen 1972 Heft 5, S. 229–235.

[61] CASAZZA, J., u. a., A new interactive graphic package, IFIP-Congr. 1971 Lubljana TA 3, S. 119–124.

[62] CASPAR, W., u. a., Bildschirmgerät BIG 2 – ein neues Datenendgerät, radio fernsehen elektronik **21** Heft 22 (Nov. 1972), S. 720–724.

[63] CHASEN, S. H., The effect of new computer technology on the design of mechanisms, Proc. Royal Soc. London A **321** 1971, S. 177–186.

[64] CHRISTENSEN, C., PINSON, E. N., Multi-function graphics for a large computer system Proc. AFIPS Fall Joint Comp. Conf. Vol. **31** (1967), S. 697–711.

[65] CLOY, J. W., Mathematical techniques to improve hardware accuracy of graphic display devices, Proc. AFIPS Spring Joint Comp. Conf. Vol **30** (1967), S. 107–120.

[66] CODD, E. F., Multiprogramming, in: Advances in Computers, Bd. 3 S. 77, Academic Press New York 1962.

[67] COHEN, D., LEE, T. M. P., Fast drawing of curves for computer display, Proc. AFIPS Spring Joint Comp. Conf. Vol. **34** (1969), S. 297–307.

[68] COMBA, P. G., A language for three-dimensional geometry, IBM Systems Journal Vol. 7 No. 3/4 (1968), S. 292–308.

[69] Coons, S. A., Surfaces for computer-aided design of space forms, MIT-Project MAC, MAC-TR-41 (1967).

[70] Courtieux, G., u. a., An interpreter for the interactive generation and animation of two-dimensional pictures, in [268] S. 384–396.

[71] Critchlow, A. J., Multiprogramming and multiprocessing IEEE Spectrum Vol. **1** März 1964, S. 192–198.

[72] Cullyer, W. J., u. a., Automatic formation of trial layouts of thin-film microcircuits, Int. Conf. on CAD Southampton April 1969, S. 97–113.

[73] Dale, M. R., Gear-train-design, Proc. Royal Soc. London A **321** (1971), S. 163–167.

[74] Darne, F. R., Cathode-ray tubes, in: Electronic Display Systems S. 87–109, Spartan Books 1963.

[75] Davis, K. J., GNC – a graphical NC-processor, Sec. Int. Conf. Prolamat 73 Budapest, April 1973.

[76] Davis, M. R., Ellis, T. O., The RAND tablet: a man-machine graphical communication device, Proc. AFIPS Fall Joint Comp. Conf. Vol. **23** (1964), S. 325–331.

[77] Day, J. T., Computer parts desciption, Proc. Royal Soc. London A **321** (1971), S. 169–175.

[78] Dembrovskij, L. M., Dorskij, I. J., Über einen Algorithmus zur linearen Interpollation von in Tabellenform vorgegebenen Konturen, Rechentechnik im Maschinenbau März 1971, S. 34–38 (russ.).

[79] Dertouzos, M. L., Charakter generation from resistive storage of time derivatives, Proc. AFIPS Fall Joint Comp. Conf. Vol. **35** (1969), S. 561–568.

[80] Dertouzos, M. L., Jessel, G. P., Stinger, J. R., CIRCAL-2: general-purpose online circuit design, Proc. IEEE Vol. **60** Nr. 1 Jan. 1972, S. 39.

[81] Digitalisiergerät „digitron", Prospekt der Firma VEB Meß- und Zeichengerätebau Bad Liebenwerda.

[82] DiGiulio, H. A., Tuan, P. L., A graph manipulator for on-line network picture processing Proc. AFIPS Fall Joint Comp. Conf. Vol. **35** (1969), S. 387–398.

[83] Dixon, B. A., Ironiside, J. E., On-Line computer-aided control system design using a graphical display, Int. Conf. on CAD Southampton April 1969, S. 140–151.

[84] DLugatch, I., The applicability of computer-aided design as a system engineering tool, Proc. IEEE Vol. **55** No. 11 (Nov. 1967), S. 1940–1945.

[85] d-mac-pencil follower, Prospekt der Firma d-mac limited Engl.

[86] Dneprovskij, J. V., Jodo, I. V., Tarasov, B. V., Fotoelektrisches Nachfolgesystem eines Umformers grafischer Informationen, Rechentechnik im Maschinenbau März 1971, S. 140–146 [russ.].

[87] Dodd, G. G., APL-a language for associative data handling in PL/1, Proc. AFIPS Fall Joint Comp. Conf. Vol. **29** (1966), S. 677–684.

[88] Domschke, P., Cartimat – ein neuer automatischer Großkoordinatigraph, Jenaer Rundschau **11** (1966) Messe-Sonderheft, S. 58–63.

[89] Dowe, R. J., Interactive graphics systems, Sympos. über Comp. Graphics, Gesellsch. für Informatic Bericht 2, Berlin 1971, S. 163–182.

[90] Dowd P. G., u. a., STARE 2 – a graphical hard-copy-system, IEEE Transact. on Comp. C-22 No. 4 April 1973, S. 359–366.

[91] Ebert, H., Probleme des ökonomischen Einsatzes der Geräte der EDV im Konstruktionsprozeß, Diss. Techn. Universität Dresden 1974.

[92] Eide, I. E., Magneto-optical display panel with memory, Appl. Phys. Vol. **6** Juni 1965, S. 216–218.

[93] Eilitz, M., Betrachtungen zu Teilnehmerrechensystemen, Rechentechnik/Datenverarbeitung 1973 Heft 3, S. 5–10 u. Heft **4**, S. 8–14.

[94] Encarnacao, J., u. a., Programmierungs- und gerätetechnische Realisierung einer 4×4 Matrix für Koordinatentransformationen auf Computer-Bildschirmen, Elektr. Rechenanlagen 1972 Heft 5, S. 206–219.

[95] ENCARNACAO, J., Datenstrukturen für graphische Informationsverarbeitung, Eine Übersicht, Sympos. über Comp. Graphics, Gesellsch. für Informatik, Bericht 2, Berlin 1971, S. 15–49.

[96] ENCARNACAO, J., New programming and hidden-line detection techniques for the three-dimensional display of functions of two variables, in [154] S. 61–104.

[97] ENCARNACAO, J., PRADIS – Ein Programmsystem für räumliche Darstellungen auf Displays, elektron. Datenverarbeitung 1970 Heft 7, S. 315–326.

[98] ENCARNACAO, J., Untersuchungen zum Problem der rechnergestützten räumlichen Darstellung auf ebenen Bildschirmen, Diss. Techn. Universität, Berlin 1970.

[99] ENCARNACAO, J., Hunger J., Das interaktive Entwerfen und Zeichnen in drei Dimensionen auf Computerbildschirmgeräten, Elektron. Rechenanlagen 1971 Heft 1, S. 11–21.

[100] ENCARNACAO, J., A survay of and new solutions for the hidden-line problem Interactive Computer Graphics Sympos., Delft 1970.

[101] ENGELMAN, C., Mathlab 68, IFIP-Congr. Edinburgh 1968, S. B91–95.

[102] ENGELS, H., Oellers, J., Iterative Glättung von Meßdaten, Angew. Informatik 1972 Heft 6, S. 257.

[103] ERICKSON, W. L., SOLLER, T. M., Computer-driven display systems, 1966 IEEE Int. Conv. Rec. Part 3, S. 72–84.

[104] EVANS, T. G., Picture description languages, in: [154], S. 105–124.

[105] EVANS, D S., KATZENELSON, J., Data structure and man-machine communication for network problems, Proc. IEEE 1967 Nr. 55, S. 1135.

[106] FAIMAN, M., ARTRIX – a hybrid graphical processor in: Emerging concepts in Computer Graphics, W. A. Benjamin Inc. New York 1968, S. 29–39.

[107] FALLSIDE, F., PATEL R. V., SERAJI, H., Interactive single-input system design using a graphics terminal, Int. Conf. on CAD Southampton April 1972, S. 86–91.

[108] FANGMEIER, G., Graphische Projektplanung. Ein Beispiel für die Anwendung von Computer Graphics, Sympos. über Computer Graphics, Gesellschaft für Informatik Bericht 2, Berlin 1971 S. 211–232.

[109] FELDMAN, J, A,, ROVNER, P. D., An ALGOL – based associative language, Comm. ACM Vol. 12, Heft 8 (Aug. 1969), S. 439–449.

[110] FLESSNER, H., Einsatz von Bildschirmgeräten für Festigkeitsberechnungen und Konstruktionszeichnungen im Dialog über Time-Sharing, Sympos. über Comp. Graphics, Gesellsch. f. Informatik Bericht 2, Berlin 1971, S. 183–210.

[111] FLETCHER, A. J., EUREKA – a system for laying out circuits using a single layer of interconnections, Int. Conf. on CAD Southampton April 1972, S. 25–30.

[112] FLUTTER, A. G., The polysurf system, Sec. Int. Conf. Prolamat 73, Budapest April 1973.

[113] FORREST, A. R., A survey of technique for removing hidden lines, University Mathematical Laboratory Cambridge Report 19 (1968).

[114] FORREST, A. R., Computational geometry, Proc. Royal Soc. London A 321 (1971), S. 189–195.

[115] FOY, J. L., Application of the direct-view storage tube to video tracking and display, in: Electronic Display Systems S. 158–161, Spartan Books 1973.

[116] FRANKE, H. W., „Picture processing" in Technik und Kunst, Angew. Informatik 1971 Heft 4, S. 149–155.

[117] FREEMAN, H., On the encoding of arbitrary geometric configurations, IEEE Transact. on El. Comp. Vol. 10 No. 2 (Juni 1961), S. 260–268.

[118] FREEMAN, H., A review of relevant problems in the processing of line-drawing data, in GRASELLI, A.: Automatic Interpretation and Classification on Images, Academic Press, New York 1969, S. 155–174.

[119] FULLER, H. W., u. a., A thin magnetic film technique for wall panel display, in: Optical and Electro-optical Information Processing, Cambridge MIT Press 1965 S. 327–335.

[120] GALIMBERT, R., MONTANARI, U., An algorithm for hidden-line elemination, Comm. ACM Vol. 12, No. 4 (April 1969) S. 206–211.

[121] GALLENSON, L., A graphic tablet display console for use under time-sharing, Proc. AFIPS Fall Joint Comp. Conf. Vol. 31 (1967) S. 689–695.

[122] GATTNAR, K. D., Über die Problematik der Simulation konstruktiver Tätigkeiten, Akademie-Verlag, Berlin 1965.

[123] Geagraph/Geameter 3000, Industrielle Datenverarbeitung, Prospekt der Firma AEG-Telefunken.

[124] GEORGE, E., A graphical meta system in: [268], S. 83–109.

[125] GEORGE, J. I. R. L., Software and data structures for graphical C. A. D., Int. Conf. on CAD Southampton April 1969, S. 477–485.

[126] GEORGE, I. R. L., Persönliche Information 1968.

[127] GEORGE, I. R. L., Advanced computer techniques project: visual display software, ICT-Report F/Y/049 (1968).

[128] GHEZZI, C., Interactive computer-aided design for sculptured surface, Sec. Int. Conf. Prolamat 73 Budapest April 1973

[129] GILOI, W., Hardware-Aspekte von Computer Graphics, Sympos. über Computer Graphics, Gesellschaft f. Informatik, Bericht 2 Berlin 1971, S. 459–502.

[130] GIONIS, J., The design of a 1024 bit dynamic RAM using CAD techniques, Int. Conf. on CAD Southampton April 1972, S. 38–44.

[131] GLATZER, V., ENCARNACAO, J., DATAS — Datenstrukturen in Assoziativer Speicherung, Angewandte Informatik 1972 Heft 9, S. 418–424.

[132] GNATZ, R., On basic concepts of higher graphic languages in: [268], S. 302–320.

[133] GÖHRING, W., Eingabe handschriftlicher Zeichen über einen Bildschirm und ihre Erkennung, Elektron, Rechenanlagen 1970 Heft 4, S. 188–193.

[134] GÖTZ, E., Numerische Steuerungen und Messungen bei Koordinatographen und Koordinatenlesern, AEG-Mitteilungen 54 (1964) Heft 5/6, S. 376–381.

[135] GOETZKE, H., Programmgesteuerte Rechenanlagen, Fachbuchverlag Leipzig 1968.

[136] GORANSKIJ, G. K., Kodierungssystem für die Information in der Maschinenbauprojektierung, Rechentechnik im Maschinenbau 1965 Heft 1, S. 38–120 (russ.).

[137] GORANSKIJ, G. K., GORELIK A. G., LAMBIN L. N., Eingabesprache für eine EDVA zur Beschreibung der Geometrie von Einzelteilen (Geometer — 66), Rechentechnik im Maschinenbau 1967 Heft 2 (russ).

[138] GORELIK, A. G., BORISOVA, G. B., SNEJTOR, K. J., Rechnerunterstützter Aufbau von Projektionen, Schnitten, Durchschnitten bei Teilen und Baugruppen in der Konstruktion, Rechentechnik im Maschinenbau Dez. 1971, S. 177–180 (russ).

[139] GORELIK, A. G., Formalisierter Apparat geometrischer Gebilde (FAP), Datenstrukturen, Rechentechnik im Maschinenbau Juni 1972, S. 34–45 (russ.).

[140] GOURAUD, H., Continuous shading of curved surfaces, IEEE Transact. on Computers C-20 No. 6 Juni 1971.

[141] GRASELLI, A., Automatic interpretation and classification of images, Academic Press, New York 1968.

[142] Graphic, Display, ICT 1900 Series, Technical Publication 4036 July 1967

[143] GRAY, J. C., Compound data structure for computer aided design, a survay, Proc. ACM Nat. Meeting 1967, S. 355–365.

[144] GRAY, J. C., LANG, C. A., ASP — a ring implemented associative structure package, Comm. ACM Vol.11 No. 8 (Aug. 1968), S. 550–555.

[145] GREEN, R. E., Computer graphics, Computer Aided Design, Spring 1970, S. 29–48.

[146] GREENBERG, J., Electroluminescent display device, IEEE Spectrum Vol. 1 Nov. 1964, S. 75–83.

[147] Grieger, J., Computerunterstütztes Entwerfen und Konstruieren mit endlichen Kurven-, Flächen- und Körperelementen, Angew. Informatik 1973 Heft 3, S. 101–113.

[148] Griwatschewitsch, G., Gorelik, A. G., Sosulewitsch, D. M., Ein Kodierungssystem für Konturen flacher Teile, Rechentechnik im Maschinenbau 1965 Heft 1, S. 144–147 (russ.).

[149] Grossmann, A., Die Darstellung von Kurven durch Oktalfolgen, Forschungsbericht Uni. Rostock SM-DIGRA-30 Dez. 1971 (unveröff.)

[150] Gurley, B. M., Woodward, C. E., Light-pen links computer to operator, Electronics Vol. 32 Nov. 1959, S. 85–87.

[151] Guzman, A., Decomposition of a visual scene into three-dimensional bodies, Proc. AFIPS Fall Joint Comp. Conf. Vol. 33 (1968), S. 291–304.

[152] Händler, W., Automatentheoretischer Ansatz zur Behandlung von Teilnehmer-Rechensystemen, in [155], S. 268–288.

[153] Händler, W., Strukturen von CG-Systemen, Sympos. über Computer Graphics, Gesellsch. f. Informatik Bericht 2, Berlin 1971, S. 421–449.

[154] Händler, W., Weizenbaum, J. (Herausg.), Display use for man-machine dialog, Tagungsbericht Band 5 Nr. 2, Juli 1972, Carl-Hanser Verlag, München 1972.

[155] Händler, W., Teilnehmer-Rechensystme, Beihefte zur Zeitschrift: Elektr. Rechenanlagen Bd. 17, R. Oldenbourg Verlag München – Wien 1968.

[156] Hagan, T. G., Nixon, R. J., Schaefer L. J., The adage graphics terminal, Proc. AFIPS Fall Joint Comp. Conf. Vol. 33 (1968) S. 747–755.

[157] Hall D. J., u. a. PROMENADE – an interactive graphics pattern-recognition system, IFIP-Congr. Edinburgh 1968, S. J46–50.

[158] Hansen, F., Konstruktionswissenschaft, VEB Verlag Technik Berlin 1974.

[159] Hansen, F., Konstruktionssystematik, VEB Verlag Technik, Berlin 1965.

[160] Hansen, W. J., Compact list representation: definition, garbage collection, and system implementation, COMM.ACM Vol. 12, No. 9 (Sept. 1969), S. 499–507.

[161] Hargreaves, B., Joyce, J. D., Cole, G. L., u. a., Image processing hardware for a man-machine graphical communication system, Proc. AFIPS Fall Joint Comp. Conf. Vol. 26 (1964), S. 363–386.

[162] Haring, D. R., The beam pen: novel high-speed input/output device for cathode-ray tube display systems, Proc. AFIPS Fall Joint Comp. Conf. Vol. 27 (1965), S. 847 - 855.

[163] Hart, W. B., Glider fuselage design with the aid of computer graphics, Computer Aided Design, Winter 1971, S. 3–8.

[164] Henry, P. G., Mountford, D. H., Production of pipe-line isometric drawings using a digital computer and an incremental plotter, IFIP-Congr. Edinburgh 1968, S. H20–24.

[165] Hentschel, K. u. a., Datenverarbeitung, Staatsverlag der DDR, Berlin, 1968.

[166] Herdin, M., Richter, D., Schwarze, E., AUTOTECH/Revolverdrehen – ein Programm zur automatischen Aufstellung von Arbeitsplänen, Rechentechnik/Datenverarbeitung 1967 Heft 9, S. 21–33.

[167] Higman, B., Programmiersprachen – eine vergleichende Studie, B. G. Teubner Verlagsgesellschaft, Leipzig 1971.

[168] Hlady, A. M., A touch sensitive x-y position encoder for computer input, Proc. AFIPS Fall Joint Comp. Conf. Vol. 35 (1969), S. 545–551.

[169] Hobbs L. C., Terminals, Proc. IEEE Vol. 60 No. 11 (Nov. 1972), S. 1273–1284.

[170] Hobbs, L. C., Display applications and technology, Proc. IEEE Vol. 54 No. 12 (Dez. 1966), S. 1870–1884.

[171] Howard, J. H., Electronic information display systems, Spartan Books 1963.

[172] Howard, J. H., Ordung, P. F., Wood, R. C., On the use of an interactive computing system in engineering education. Proc. IEEE Vol. 59 No. 6 (Juni 1971), S. 969–975.

[173] Hoyd, S. H., Digital – to - visible character generators, Electro-Technology Vol 75 Jan. 1965, S. 77–88.

[174] Hüfner, H., C 8205-Rechenprogramme: Bausteine zur grafischen Resultatausgabe, Rechentechnik/Datenverarbeitung 1974 Heft 1, S. 21–24.

[175] Hurwitz, A., Citron, J. P., Yeaton, J. B., GRAF – Graphics additions to FORTRAN, Proc. AFIPS Spring Joint Comp. Conf. Vol. 30 (1967), S. 553–557.

[176] Hyodo, J., HAPT-3D: a programming system for numerical control. Sec. Int. Conf. Prolamat 73 Budapest 1973.

[177] IBM Systems Journal Vol. 7 No. 3/4 (1968).

[178] ICT 1900 Series Genernal Purpose Display Unit. Typ. 1830 Feb. 1968.

[179] IFIP-Congr. Edinburgh 1968.

[180] IFIP-Congr. Ljubljana 1971.

[181] Int. Conf. on Computer Aided Design, Southampton 1969.

[182] Int. Conf. on Computer Aided Design, Southampton 1972,

[183] Jacks, E. L., A laboratory for the study of graphical man-machine-communication, Proc. AFIPS Fall Joint Comp. Conf. Vol. 26 (1964), S. 343–350.

[184] Jarvis, J. F., The design of interactive graphics aids to mask layout Proc. IEEE Vol 60, No. 1. (Jan. 1972), S. 35–39.

[185] Jenaer Nachrichten, Sonderband Dez. 1959, VEB Gustav Fischer Verlag, Jena.

[186] Johnson, C. J., Principles of interactive systems, IBM Systems Journ. Vol. 7 No. 3/4 (1968), S. 147–174.

[187] Johnson, T. E., Sketchpad III-three-dimensional graphical communication with a digital computer, MIT Electronic Systems Laboratory TM-173 (Mai 1963)

[188] Johnson, T. E., Sketchpad III-a computer program for drawing in three dimensions, Proc. AFIPS Spring Joint Comp. Conf. Vol. 23 (1963), S. 347–353.

[189] Jones, C. B., A new approach to the hidden line problem, The Computer Journal Vol. 14 No. 3 (1971), S. 232–237.

[190] Jones, C. B., Hughes, J. L., Engvold, K. J., A comparative study of management decision-making from computer-terminals, Proc. AFIPS Spring Joint Comp. Conf. Vol. 36 (1970), S. 599–605.

[191] Kämmerer, W., Digitale Automaten, Akademie-Verlag, Berlin 1969.

[192] Kamiuchi, H., Abcut the three-dimensional hidden-line problem, Information Processing in Japan Vol. 10 (1970), S. 81–89.

[193] Kamiuchi, H., About the outlines of three dimensional objects in computer graphic processing, Information Processing in Japan Vol. 10 (1970), S. 121–131.

[194] Kaplow, R., Brackett, J., Strong, S., Man-machine communication in on-line mathematical analysis, Proc. AFIPS Fall Joint Computer Conf. Vol. 29 (1966), S. 465–477.

[195] Kasvand, T., Some thoughts on picture languages, in [268] S. 163–184.

[196] Kennedy, J. R., A system for time-sharing graphical consols, Proc. AFIPS Fall Comp. Conf. Vol. 28 (1966). S. 211–222.

[197] Kerner, O. I., Zielke G., Einführung in die algorithmische Sprache ALGOL, B. G. Teubner Verlagsgesellschaft Leipzig 1966.

[198] Kesselmann, M. L., How do we stand on a big board, Proc. AFIPS Fall Joint Comp. Conf. Vol. 31 (1967), S. 161–168.

[199] Kiesewetter, H., Algebraische Strukturen in der Digitalgraphik Wiss. Zeitschr. Uni. Rostock 21 (1072) Math.-Nat. Reihe Heft 8, S. 705–714.

[200] Kirsch, R. A., Computer interpretation of english text and picture patterns IEEE Transact. El. Comp. EC13 (Aug. 1964), S. 363–376.

[201] Kirsch, R. A., Resynthesis of biological images from tree-structured decomposition data, in: [268], S. 1–17.

[202] Kleinert, J., Ein Kodierungssystem zur datenverarbeitungsgerechten Verschlüsselung der geometrischen und technologischen Information, Diss. Techn. Hochschule Magdeburg 1969.

[203] KOBRINSKIJ, N. E., TRACHTENBROT, B. A., Einführung in die Theorie endlicher Automaten, Akademie-Verlag, Berlin 1967

[204] KÖRNER, R., MEYER, M., Neue Meßwertgeber für die Automatisierung, Jenaer Rundschau 16 (1971) Messesonderheft, S. 66–69.

[205] KOFORD, J. S., u. a., Using a graphic data-processing system to design artwork for manufacturing hybrid integrated circuits, Proc. AFIPS Fall Joint Comp. Conf. Vol. 29 (1966), S. 229–246.

[206] KOHRING, G., Grundlagen und Praxis numerisch gesteuerter Werkzeugmaschinen, München 1966.

[207] Konferenz der Akademie der Wissenschaften der USSR: Automatisierung wissenschaftlicher Untersuchungen durch Anwendung der EDV.A, Juni 1972 Nowosibirsk, Kurzfassung (russ).

[208] KONOPASEK, M., HEARLE, J. W. S., On-line manipulating the property-lists and property-structures in CAD of textiles, Int. Conf. on CAD Southampton April 1972, S. 315–322.

[209] KOTZAUER, A., Die grafische Programmiersprache DIGRA, Wiss. Zeitschr. Uni. Rostock 21 (1972), Math.-Nat. Reihe Heft 8, S. 715–725.

[210] KOTZAUER, A., Eine grafische Programmiersprache zur Bearbeitung geometrischer Objekte, Forschungsbericht SM-DIGRA 22 Rostock 1971 (unveröff.).

[211] KOWLTON, K. C., A programmer's description of L^6 COMM. ACM Vol. 9 No. 8 (Aug. 1966), S. 616–625.

[212] KRAUSE, B., KRAUSE, W., Über eine Klasse von Problemlösungsprozessen und ihr Bezug zur Automatisierung geistiger Prozesse, Kybernetikforschung in der DDR Bd. 2 Verlag d. Wissensch. 1972, S. 114.

[213] KREJCIRIK, M., Computer-aided building layout, IFIP Congr. 1968 Edinburgh, S. I126–130.

[214] KRULL, F. N., FOOTE, J. E., A line scanning system controlled from a on-line console, Proc. AFIPS Fall Joint Comp. Conf. Vol. 26 (1964), S. 397–410.

[215] KULCKE, W., u. a., A fast digital-indexed light deflector, IBM Journ. Res. & Dev. Vol. 8 Jan. 1964, S. 64–67.

[216] KULSRUD, H. E., A general purpose graphic language, COMM. ACM Vol. 11 No. 4 (1968).

[217] KUTSCHKE, K.-H., Eine digitalgrafische Datenstruktur, Wiss. Zeitschr. Uni. Rostock Jahrg. 21 (1972), Math.-Nat. Reihe Heft 8, S. 735–739.

[218] LACMANN, O., Die Photogrammetrie in ihrer Anwendung auf nicht-topografischen Gebieten, S. Hirzel-Verlag, Leipzig 1950.

[219] LACOSTE, J. P., ROTHENBERG, R., Communication in computer aided design and computer aided manufacturing, Sec. Int. Conf. Prolamat 73 Budapest 1973.

[220] LAFUENTE, J. M., Cam design on graphics console, IBM Syst. Journ. Vol. 7 (1968) (1968) No. 3/4, S. 365/372.

[221] LANG, C. A., A three-dimensional model making machine, Sec. Int. Conf. Prolamat 73 Budapest 1973.

[222] LANG, K. u. a., Das Bildschirmsystem BSS/ESER-Gerätetechnik Rechentechnik/Datenverarbeitung 1973 Heft 5, S. 36/40.

[223] LECARME, O., A system for interactive graphic programming, IFIP – Congr. 1971 1971 Ljubljana S. TA3/114–118.

[224] LECHNER, B. J., u. a., Liquid crystal matrix displays, Proc. IEEE Vol. 59 No. 11 (Nov. 1971), S. 1566–1579.

[225] LEE, T. M. P., A class of surfaces for computer display, Proc. AFIPS Spring Joint Comp. Conf. Vol. 34 (1969), S. 309–319.

[226] LEE, H. B., THORNTON, R. D., An experiment in computer-aided education, Proc. IEEE. Vol. 55 No. 11 (Nov. 1967), S. 2001–2005.

[227] LEHMANN, E., LISP — eine Programmiersprache zur nichtnumerischen Informationsverarbeitung, Rechentechnik/Datenverarbeitung 1973 Heft 3, S. 11—16, Heft 4, S. 14—21.

[228] LEHRER, N. H., KETCHPEL, R. D., Recent progress on a high-resolution meshless, direct-view storage tube, Proc. AFIPS Fall Joint Comp. Conf. Vol. 29 (1966), S. 531—539.

[229] LEWIN, M. H., A magnetic device for computer graphic input, Proc. AFIPS Fall Joint Comp. Conf. Vol. 27 (1965), S. 831—838.

[230] LEWIN, M. H., An introduction to computer graphic terminals, Proc. IEEE Vol. 55 No. 9 (Sept. 1967), S. 1544—1552.

[231] LICKLIDER, J. C., A picture is worth a thousand words-and it costs ... Proc. AFIPS Spring Joint Comp. Conf. Vol. 34 (1969), S. 617—621.

[232] LICKLIDER, J. C., CLARK W. E., On-line man-computer communication, Proc. AFIPS Spring Joint Comp-Conf. Vol. 16 (1962), S. 113—128.

[233] LOEWE, R. T., SISSON R. L., HOROWITZ P., Computer generated display, Proc. IEEE Vol. 49 (Jan. 1961), S. 185—195.

[234] LOTZE, W., HARTMANN, M. W., Problemorientierte Programmiersprache für die Längenmeßtechnik, Feingerätetechnik 21 (1972) Heft 11, S. 481—486.

[235] LOTZE, W., Problem oriented programming language for lenght measurement Sec. Int. Conf. Prolamat 73 Budapest 1973.

[236] LOURIE, J. R., BONIN, A. M., Computer-controlled textile designing and weaving, IFIP-Congr. Edinburgh 1968, S. E12—18.

[237] LOURIE, J. R., LORENZO, J. J., BOMBERAULT, A., On-line textile designing, Proc. ACM Nat. Meeting 1966, S. 537.

[238] LOURIE, J. LORENZO, J. J., Textile graphics applied to textile printing, Proc. AFIPS Fall Joint Comp. Conf. Vol. 31 (1967), S. 33—40.

[239] LOUTREL, P. P., A solution to the hidden-line problem for computer-drawn polyhedra, New York Univ. Dept. of Electr. Eng. Techn. Rep. (1967) S. 100—167.

[240] LOUTREL, P. P., A solution to the hidden-line problem for computer-drawn polyhedra IEEE Transact. on Comp. C-19 Nr. 3 (März 1970), S. 205—212.

[241] LUH, J. V. S., KROLAK, R. M., A mathematic model for mechanical part description, COMM ACM Vol. 8 Nr. 2 (Febr. 1965), S. 125—129.

[242] LYNN, D. K., Computer-aided layout system for integrated circuits, IEEE Transact. on Circuit Theory Vol. CT-18 (Jan. 1971), S. 128—139.

[243] MACHOVER, C., Graphical CRT terminals-characteristics of commercially available equipment, Proc. AFIPS Fall Joint Comp. Conf. Vol. 31 (1967), S. 149—159.

[244] MALLEBREIN, R., Sichtgeräte-Arbeitsplatz für ein Teilnehmersystem, in: [154], S. 175—189.

[245] MARIN, H., THIELKE, H., Vermeidung verdeckter Kurven, Wiss. Zeitschr. Uni. Rostock 21 (1972) Math.-Nat. Reihe Heft. 8, S. 227—234.

[246] MARK, R. P., COORDIMETER F, Ein neues elektronisches Registriergerät des VEB C. Zeiss JENA, Kundeninformation.

[247] MAURER, W. D., An improved hash code for scatter storage, COMM. ACM Vol. 11 No. 1 (Jan. 1968), S. 35—38.

[248] MCCARTHY, J., Recursive functions of symbolic expressions and their computation by machine, COMM. ACM. Vol. 3 Nr. 4 (April 1960), S. 184—195.

[249] MCGEE, W. C., PENAFIEL, M. R., HOWRY, S. K., Analysis and display of physics data, IBM Systems Journ. Vol. 7 No. 3/4 (1968), S. 342—354.

[250] MCKINLAY, J. T., Conversational techniques developed for remote access computer-aided design, Int. Conf. on CAD Southampton April 1969, S. 162—170.

[251] MEREL, W., The electroluminescent cross-grid display, Electro-Technology Jan. 1966, S. 81—86

[252] METZGER, R. A., Computer generated graphic segments in a raster display Proc. Spring Joint Comp. Conf. Vol. 34 (1969), S. 161–172.

[253] MEYER, J., SUTHERLAND, I. E., On the design of display processors, COMM. ACM. Vol. 11 Heft 6, S. 410.

[254] MEZEI, L., SPARTA – a procedure oriented programming language for the manipulation of arbitrary line drawings, IFIP Congr. Edinburgh 1968, S. C96–102.

[255] MEZEI, L., ZIVIAN, A., ARTA – an interactive animation system, IFIP Congr. Ljubljana 1971, S. TA-3/103-108.

[256] MILLER, W. F., SHAW A. C., A picture calculus, in: Emerging concepts. in computer graphics New York 1968, S. 101–121.

[257] MILLER, W. F., SHAW, A. C., Linguistic methods in picture processing -- a survey, Proc. AFIPS Fall Joint Comp. Conf. Vol. 33 (1968), S. 279/290.

[258] MISCHKE, C. R., An introduction to computer-aided design, Prentice Hall Inc. 1968.

[259] MÖBIUS, J., Wälzschraubtriebe als Maßverkörperung, Jenaer Rundschau 1971 Messe-Sonderheft, S. 70–73.

[260] MONTGOMERY, G. B., PLAN – the engineer defines his own programming language, Int. Conf. on CAD Southampton April 1969, S. 472–476.

[261] MORRIS, R., Scatter storage techniques, COMM ACM. Vol. 11 Nr. 1. (Jan. 1968), S. 39–44.

[262] MORRISON, R. A., Graphic language translator with a language independent processor, Proc. AFIPS Fall Joint Comp. Conf. Vol. 31 (1967), S. 723–731.

[263] MORTON, M. S. S., STEPHENS, J. A., The impact of interactive visual display systems on the management planning process, IFIP Congr. Edinburgh 1968, S. I98–103,

[264] MÜHLBACHER, J., Strukturen von Suchverfahren, Angew. Informatik 1973 Heft 5, S. 189–196.

[265] MÜHLHAUSEN, E., SEDLACEK, G., ZAHN, H., Der KSR 4100 – ein Rechenbaustein zur Automatisierung der Geräte des wissenschaftl. Gerätebaues, radio-fernsehen-elektronik 1972 Heft 4, S. 113–116.

[266] MÜLLER, J., Grundlagen der systematischen Heuristik, Dietz-Verlag, Berlin 1970.

[267] MÜLLER, J., Über das Wesen konstruktiver Aufgaben in der Technik, Deutsche Zeitschrift für Philosophie 1965, H. 9.

[268] NAKE, F., ROSENFELD, A., Graphic languages, Proc. of the IFIP Working Conf. on graphic languages, May 1972 Canada, North-Holland Publ. Comp. Amsterdam-London 1972.

[269] NARASIMHAN, R. A., Syntax-directed interpretation of classes of pictures COMM. ACM Vol. 9 Nr. 3 (März 1966), S. 166–173.

[270] NAUCK, W., Technische Vorbereitung für komplizierte Teile mit skuplturartigen Flächen. Numerische Beschreibung skulpturartiger Flächen, AUTEVO-Informationsreihe Nr. 4, VEB Carl Zeiss JENA 1975.

[271] NAUCK, W., Messung und Verarbeitung von Raumkoordinaten für die technische Vorbereitung von Raumkoordinaten für die technische Vorbereitung bei skulpturartigen Teilen, Rechentechnik/Datenverarbeitung 4., Beiheft 1972, S. 35–38.

[272] NAUCK, W., Computer programmes for photogrammetric techniques in engineering, Sec. Int. Conf. Prolamat 73 Budapest 1973.

[273] NEGROPONTE, N., GROSSIER, L. B., TAGGART, J., HUNCH-an experiment in sketch recognition, Sympos. über Comp. Graphics, Gesellsch. f. Informatik Bericht 2, Berlin 1972, S. 361–417.

[274] NESTLER, M., TONFARA, H., HÜBNER, G., Der Universalmeßstand, ein dreidimensionales automatisches Dreikoordinaten-Meßgerät des VEB Carl-Zeiss JENA, Jenaer Rundschau 1973 Heft 4, S. 211–216.

[275] NEWELL, M. E., NEWELL, R. G., SANCHA, T. L., The economic application of a halftone picture generating algorithm, Int. Conf. on CAD April 1972 Southampton, S. 299–304.

[276] NEWELL, R. G., An interactive approach to pipe routing in process plants IFIP Congr. Ljubljana 1971, S.TA-6/46-50.

[277] NEWLIN, J. K., KARDOS, G., NEWCOMBE, W. R., An integrated computerized shaft design system, Int. Conf. on CAD Southampton April 1969, S. 239–248.

[278] NEWMAN, W. M., Languages for describing interactions, in: [154], S. 19–32.

[279] NEWMAN, W. M., A system for interactive graphical programming, Proc. AFIPS Spring Joint Comp. Conf. Vol. 32 (1968), S. 47–54.

[280] NINKE, W. H., A satellite display console system for a multi-access central computer, IFIP Congr. Edinburgh 1968, S. E65–71.

[281] NOLAN, J., YARBROUGH, L., An on-line computer drawing and animation system, IFIP Congr. Edinburgh 1968, S. C103–108.

[282] NOLL, A. M., Scanned display computer graphics, COMM. ACM. Vol. 14 Nr. 3 (März 1971), S. 143–150.

[283] O'CALLAGHAN, J. F., Use of a picture language to generate descriptions of line drawings in an interactive system, in: [268], S. 123–141.

[284] OKAYA, Y., Interactive aspects of crystal structure analysis, IBM Syst. Jorn. Vol. 7 (1968) No. 3/4, S. 322–330.

[285] OKINO, N., KAKAZU, Y., KUBO, H., TIPS-1: Technical Information processing systems for computer-aided design, drawing and manufacturing, Sec. Int. Conf. Prolamat 73 Budapest 1973.

[286] OLIVER, P., BROOKS, Jr., F. P., Evaluation of an interactive display system for teaching numerial analysis, Proc. AFIPS Fall Joint Comp. Conf. Vol. 35 (1969), S. 525–533.

[287] ONO, A., PIPE-language, Sec. Int. Conf. Prolamat 73 Budapest 1973.

[288] OPHIR, D., u. a., BRAD – Brookhaven raster display, COMM. ACM Vol. 11 Nr. 6 (Juni 1968), S. 415–416.

[289] OPHIR, D., SHEPHERD, B. J., SPINRAD, R. I., Three-dimensional computer display, COMM. ACM. Vol. 12 No. 6 (Juni 1969), S. 309–310.

[290] OPPER, L., PETERSEN, R., Einige Kommunikationsformen in graphischen Dialogen Symp. über Comp. Graphics, Gesellsch. f. Informatik Bericht 2, Berlin 1971, S. 339 bis 353.

[291] ORTONY, A., A system for stereo viewing, The Computer Journal Vol. 14 Nr. 2, (1971) S. 140–144.

[292] PANKHURST, R., Computer aided design systems, in : [154], S. 53–60.

[293] PEZÉ, F. A., Program for semi-automatic tracing of printed circuit connections, Int. Conf. on CAD Soeuthampton April 1969, S. 89–96.

[294] Photoplastic recording, Photographic Sci. and Engrg. Vol. 7 (1963) S. 209–213.

[295] POBGEE, P. J., PARKS, I. R., Application of a low cost graphical input tablet, IFIP – Congr. Ljubljana 1971, S. TA-4/169–173.

[296] POOLE, H. H., Fundamentals of display systems, Spartan Books 1966.

[297] PRINCE, M. D., Man-computer graphics for computer-aided design, Proc. IEEE Vol. 54 No. 12 (Dez. 1966), S. 1698–1708.

[298] PRINCE, D., Interactive graphics for computer-aided design, Addison Wesley Reading 1971.

[299] Proc. IEEE Vol. 55 No. 11 1967.

[300] RADLOFF, J., HAHN, H., Darstellung einer reellen Funktion zweier Veränderlicher durch perspektivische Abbildung ihrer Niveaulinien, Elektr. Rechenautom. 1973 Heft 1, S. 9–17.

[301] REINFELDS, J., AMTRAN 70, IFIP Congr. Ljubljana 1971, S. TA-3/51–55.

[302] REINSCH, C. H., Mathematische Hilfsmittel für das automatische Zeichnen von Funktionen und Kurven, Sympos. über Comp. Graphics, Gesellsch. f. Informatik Bericht 2, Berlin 1971, S. 309–338.

[303] Reitbauer, F., Österle, H., Griese, J., Ein System zur Unterstützung von interaktiven Programmen Angew. Informatik 1973 Heft 4, S. 157–173.

[304] Ricci, A., An algorithm for the removal of hidden-lines in 3-D scenes, The Computer Journ. 14, S. 375.

[305] Roberts, L. G., Homogenous matrix representation and manipulation of n-dimensional constructs, The Computer Display Review, Keydata Coop. Watertown.

[306] Roberts, L. G., Machine perception of three-dimensional solids, MIT Lincoln Lab. Techn. Rep. 315 (1963).

[307] Roberts, L. G., Graphical communication and control languages. Sec. Congr. on the information system sciences, Spartan Books 1964, S. 211–217.

[308] Roberts, L. G., A graphical service system with variable syntax, COMM ACM Vol. 9 No. 3 (März 1966) S. 173–174.

[309] Roberts, L. G., A graphical service system with variable syntax, ACM Programming language Conf. San Demos Aug. 1965.

[310] Roberts, L. G., The LINCOLN Wand, Proc. AFIPS Fall Joint Comp. Conf. Vol. 29 (1966), S. 223–227.

[311] Romney, G. W., Watkins, G. S., Evans, D. C., Real-time display of computer generated half-tone perspektive pictures, IFIP Congr. Edinburgh 1968, S. E 72–78.

[312] Rothhardt, G., Die Anwendbarkeit grafischer Mensch-Maschine-Kommunikation, Nachrichtentechnik-Elektronik 1973 Heft 7, S. 268–269.

[313] Rottmann, W., Lang, O., Pfadler, W., Ein zweistufiges Verfahren zum automatischen Entflechten von Leiterplatten mit gefädelten Listen, Elektr. Rechenanlagen 1973 Heft 1, S. 18–24.

[314] Rose, G. A., Computer graphics communication system, IFIP Congr. Edinburgh 1968 Inv. papers, S. 211–220.

[315] Rosenbloom, M., Computer-controlled display, Computer Design Vol. 5 Juli 1966, S. 20–22.

[316] Ross, D. T., A generalized technique for symbol manipulation and numerial computation, COMM. ACM Vol. 4 No. 3 (März 1961), S. 147–150,

[317] Ross, D. T., The AED approach to generalized computer-aided design, Proc. ACM Nat. Meeting 1967, S. 367–385.

[318] Rovner P. D., Feldman, J. E., The LEAP language and data structure, IFIP Congr. Edinburgh 1968, S. C73–77.

[319] Rully, A. D., A subroutine package for FORTRAN, IBM Systen Journal Vol. 7 No. 3/4 (1968), S. 248–256.

[320] Ruyle, A., Brackett J. W., Kaplow. R., The status of systems for on-line mathematical assistence, Proc. ACM Nat. Meeting 1967, S. 151–167.

[321] Sabin, M. A., A existing system in the aircraft industry, The british aircraft corporat. numerical master geometry system, Proc. Roy. Soc. London A 321 1971, S. 197–205.

[322] Saedler, J., Schäller, K., Zu einigen Problemen der rechnergestützten Konstruktion von Leiterplatten, Nachrichtentechnik 1971 Heft 4. S. 153–160.

[323] Salminger, P., Experimental display with input by light gate field selection, IFIP Congr. Ljubljana 1971, S. TA-4/174-178

[324] Savenkov, V. P., Über eine Methode der Korrektur der Koordinaten-Messung auf Bildschirmen entworfener grafischer Darstellungen, Rechentechnik im Maschinenbau Dez. 1971, S. 104–112 (russ.)

[325] Schmitt, A., The LEKTOR 1 system for computer aided instruction (CAI) in: [154] S. 187–196.

[326] Schreiber, F., Bildverkehr Mensch-Rechner für Dialog und Dokumentenauskunft, Elektr. Rechenanlagen 1972 Heft 2, S. 53–61.

[327] Schreiter, H. u. a., SYMAP – eine Sprache für numerisch gesteuerte Werkzeugmaschinen, Reihe Automatisierungstechnik Bd. 134/135, VEB Verlag Technik 1971.

[328] SCHRÖDER, K., Vergleich der Verweistechniken in Datenbanksystemen, Angew. Informatik 1972 Heft 4, S. 145.

[329] SCHRÖTER, H., Verfahren zur rechnerunterstützten Berechnung und Darstellung von Kurven, Rechentechnik/Datenverarbeitung 1972 Heft 5, S. 30–34.

[330] SCHÜRMANN, J., Ein Lichtpunktabtaster hoher Auflösung als Eingabegerät für ein Simulationssystem zum Studium optischer Zeichenerkennungsprobleme, Elektr. Rechenanlagen 1967 Heft 3, S. 112–116.

[331] SCHWARTZ, J. I., On-line programming, COMM. ACM Vol. 9 No. 3 (März 1966), S. 199–202.

[332] SCHWARTZ, J. I., TAYLOR, E. F., Computer display in the teaching of physics, Proc. AFIPS Fall Joint Comp. Conf. Vol. **33** (1968), S. 1285–1292.

[333] SCOTT MORTON, M. S., Management-Entscheidungen im Bildschirmdialog, Essen 1972

[334] Second Internat. Conf. on Programming Languages for Numerically Controlled Machine Tools, Budapest April 1973.

[335] SECREST, D., NIEVERGELT, J., Emerging Concepts in Computer Graphics, W. A. Benjamin Inc. New York-Amsterdam 1968.

[336] SHAW, A. C., The formal description and parsing of pictures SLAC Report No. 84, Stanford University.

[337] SIBLEY, E. H., TAYLOR, R. W., ASH, W., L., The case of a generalized graphic problem solver, Proc. AFIPS Spring Joint Comp. Conf. Vol. **36** (1970) S. 11–17,

[338] SIMON, R., Rechnerunterstütztes Konstruieren – eine Möglichkeit zur Rationalisierung im Konstruktionsbereich, Diss. Techn. Hochschule Aachen 1968.

[339] SINGH, S., Interactive techniques in shaft design analysis, Int. Conf. on CAD Southampton April 1972, S. 201–217.

[340] SMITH, L. B., The use fo interactive graphics to solve numerical problems COMM. ACM Vol. **13** No. 10 (Okt. 1970), S. 625–634.

[341] SO, H. C., OLCA: An on-line circuit analysis system, Proc. IEEE Vol. **55** Nr. 11 Nov. 1967, S. 1954–1961.

[342] Spatial Data Systems Inc., Prospect

[343] SPIEGEL, R., KRÜGER S., Automaten-Kartogramme, Rechnetechnik/Datenverarbeitung 1973 Heft 3, S. 39–40.

[344] SPIES, P. P., Teilnehmer-Rechensysteme, Elektron. Rechenanlagen 1967 Heft 3, S. 117–122,

[345] SPITLANG, A., GOLDBERG, M. J., On-line graphics applied to layout design of integrated circuits., Proc. IEEE Vol. **55** Nov. 1967, S. 1982–1988,

[346] SPROULL, R. F., SUTHERLAND, I. E., A clipping divider, Proc. AFIPS Fall Joint Comp. Conf. Vol. **33** (1968), S. 765–775.

[347] STAHL, H. M., Hashcodingverfahren, Angew. Informatik 1973 Heft 10, S. 435–440.

[348] STANTON, R. B., The interpretation of graphics and graphic languages, in: [268], S. 144–159.

[349] STEINBUCH, K., Taschenbuch der Nachrichtenverarbeitung, Springer Verlag Berlin.

[350] STOTZ, R., Man-machine console facilities for computer aided design, Proc. AFIPS Spring Joint Comp. Conf. Vol. **23** (1963), S. 323–328.

[351] STRAUSS, C. M., POLEY, S., 3-DPDP – a three-dimensional piping design program, IFIP Congr. Edinburgh 1968, S. H28–36.

[352] SUTHERLAND, I. E., Sketchpad – a man-machine graphical communication system, Proc. AFIPS Spring Joint Comp. Conf. Vol. **23** (1963), S. 329–346.

[353] SUTHERLAND, I. E., A head-mounted three-dimensional display, Proc. AFIPS Fall Joint Comp. Conf. Vol. **33** (1968), S. 757–764.

[354] SUTHERLAND, I. E., Sketchpad: a man-machine graphical communication system, MIT Lincoln Lab. TR 296 Jan. 1963.

[355] Symposium über Computer Graphics, Gesellschaft f. Informatik Bericht Nr. 2, Berlin 1971.

[356] TAFEL, N. J., Einführung in die digitale Datenverarbeitung, Carl Hanser Verlag, München 1971.

[357] TAKASAWA, Y., MORIGUCHI, S., SAKAMAKI, T., A graphics manipulating language, in: [268], S. 327–333.

[358] TEIXEIRA, J. F., SALLEN, R. P., The SYLVANIA data tablet: a new approach to graphic data input, Proc. AFIPS Spring Joint Comp. Conf. Vol. **32** (1968), S. 315 to 321.

[359] The Computer Display Review, Adams Associates Inc. 1968 und ff.

[360] THOMAS, E. M., GRASP – a graphic service program, Proc. ACM Nat. Meeting 1967, S. 395–402.

[361] TORMYŠEV, J. I., JARMOŠ, N. A., Schnelle Ausgabe grafischer Zeichnungsinformationen auf Matrizenbildschirmen, Rechentechnik im Maschinenbau Dez. 1972, S. 108–111 (russ.).

[362] TREBLE, D. P., Dimensional Checking of M. O. S. L. S. I. Layouts, Int. Conf. on CAD. Southampton April 1972, S. 7–11.

[363] TRUBICYN, L. M., u. a., Über einige Charakteristika kapazitativer Flächen zur Eingabe grafischer Informationen in eine EDVA, Rechentechnik im Maschinenbau Sept. 1971, S. 130–134 (russ.).

[364] TURNER, J. A., RITCHIE, G. J., Linear current division in resistive areas: its application to computer graphics, Proc. AFIPS Spring Joint Comp. Conf. Vol. **36** (1970), S. 613–620.

[365] VASILEVKIJ, A. V., ZLONIK, J. M., VINOKUROV, D. J., Programmethoden zum Aufbau grafischer Systeme aus elementaren Schritten, Rechentechnik im Maschinenbau Juni 1972, S. 92–107 (russ.).

[366] VIL'DFLUS, O. A., Methode und Apparatur zur automatischen und manuellen Korrektur komplizierter Darstellungen, Rechentechnik im Maschinenbau Dez. 1971, S. 96–103 (russ.).

[367] VIL'DFLUS, O. A., Prinzipien des Aufbaues eines Langzeitspeichers mit schneller Auswahl von Informationen, Rechentechnik im Maschinenbau Juni 1971, S. 154 bis 159 (russ.).

[368] VIL'DFLUS, O. A., Einige Fragen der Programmsteuerung der Raster bei einer fernsehtechnisch realisierten Ausgabe von Abbildungen aus EDVA, Rechentechnik im Maschinenbau Sept. 1970, S. 160–170 (russ.).

[369] VOGEL, H., Begriff und Aspekt des Problemverhaltens, Rostocker Philosophische Manuskripte 1966 Heft 3, S. 77–96.

[370] WADDINGTON, N., Some applications of graphic data output, Computer & Automation 1965 November, S. 24–27.

[371] WALTER, H., Surface representation in engineering practice by means of graphic displays, Sympos. über Computer Graphics, Gesellsch. f. Informatik Bericht 2 Berlin 1971, S. 275–307.

[372] WARNOCK, J. E., A hidden sufrace algorithm for computer generated halftone pictures, Univ. of Utah Techn. Rep. RADC-TR 69–249 (1969).

[373] WATSON, R. W., u. a., A display processor design, Proc. AFIPS Fall Joint Comp. Conf. Vol. 35 (1969), S. 209–217.

[374] WEAR, L. L., DORF, R. C., An interactive keyboard for man-computer communication, Proc. AFIPS Spring Joint Comp. Conf. Vol. **36** (1970), S. 607–612.

[375] WEAVER, J. A., Circuit spezification on a computer display, Int. Conf. on CAD Southampton 1969, S. 579–588.

[376] WEISS, R. A., BE VISION, a package of IBM 7090 FORTRAN programs to draw orthographic views of plane and quadric surfaces Journ. ACM Vol. **13** Nr. 2 (1966), S. 194–204.

[377] WERLER, K.-H., Beitrag zur Modellierung des Prozesses der technischen Vorbereitung unter Anwendung der Datenstrukturen, Diss. Techn. Hochschule Ilmenau 1970.

[378] WERLER, K.-H., Lehrgang grafische Datenverarbeitung, VEB Carl Zeiss JENA 1970.

[379] WERLER, K.-H., Der Rechenautomat als Hilfsmittel beim Entwerfen und Gestalten, Wiss. Zeitschr. Hochschul. f. Architektur Weimar Heft 5/6 1965, S. 567.

[380] WERLER, K.-H., Einige Probleme der Modellierung des konstruktiven Entwicklungsprozesses, Schiffbauforschung Sonderheft 1969, S. 42–45.

[381] WERLER, K.-H., Zur Struktur eines Entwurfssystems, Maschinenbautechnik 1967 Heft 4, S. 169–172.

[382] WERLER, K.-H., Das Mensch-Maschine System als neuartige Anwendung der Rechentechnik in Wissenschaft und Technik, Technik 1966 Heft 12, S. 741–744.

[383] WERLER, K.-H., Aufbau, Arbeitsweise und Anwendungsmöglichkeiten der Display und Lichtschreibetechnik, Technik 1967 Heft 6, S. 359–362.

[384] WERLER, K.-H., Möglichkeiten des Einsatzes grafischer Mensch-Maschine-Kommunikationssysteme im Prozeß der technischen Vorbereitung, Feingerätetechnik 1971 Heft 1, S. 27–28.

[385] WHITE, H. J., YU, E. K. C., Use of read only memory in Illiac IV, Proc. AFIPS Spring Joint Comp. Conf. Vol. **36** (1970), S. 197–205.

[386] WIENDAHL, H.-P., Computer aided design in the machine building industry, Int. Conf. on CAD Southampton April 1972, S. 380–385.

[387] WILLIAMSON, R. M., BCPL – as a tool for machine independent interactive graphics application, Int. Conf. on CAD Southampton April 1972, S. 305–308.

[388] WILLIAMS, R., A general purpose graphical language, in: [268], S. 334–349.

[389] WISEMAN, N. E., LEMKE, H. N., HILES, I. O., PIXIE – a new approach to graphical man-machine communication, Int. Conf. on CAD Southampton April 1969, S. 463–471.

[390] WOO, P. W., A proposal for input of hand drawn information to a digital system, IEEE Transact. on El. Comp. EC-13, (1964) S. 609.

[391] WOOD, J., u. a., Computer aided production of masks for silicon integrated circuit, Int. Conf. on CAD Southampton April 1969, S. 122–129.

[392] WOODSFORD, P. A., Mathematical methods in computer graphics – a survey, Sympos. über Comp. Graphics, Gesellsch. f. Informatik Bericht 2 Berlin 1971, S. 233 bis 253.

[393] WYLIE, C., u. a., Half-tone perspective drawings by computer, Proc. AFIPS Fall Joint Comp. Conf. Vol. **31** (1967), S. 49–58.

[394] ZAJAC, E. E., Computer – made perspective movies as a scientific communication tool, COMM, ACM Vol. 7 Nr. 3 (März 1964), S. 169–170.

[395] ZUCKER, J. S., CRAWSFORD, B. J., Graphical layout system for IC mask design, IEEE Transact. Circuit Theory Vol. CT-**18** (Jan. 1971), S. 163–173.

[396] Zuse Z64 Graphomat, Prospekt der Firma Zuse KG Bad Hersfeld.

[397] ZWETKOW, L. Kodierungssystem und Fragen des Aufbaues einer Informationssprache für die Beschreibung der Ausgangsinformation bei der technologischen Projektierung, Rechentechnik im Maschinenbau 1965 Heft 1, S. 193–224 (russ.).

[398] SALKOWSKI, E. Grundzüge der darstellenden Geometrie, Akadem. Verlagsgesellschaft Leipzig.

SACHWORTVERZEICHNIS

FSC
www.fsc.org
MIX
Papier | Fördert gute Waldnutzung
FSC® C083411

Zeitfracht Medien GmbH
Ferdinand Jühlke Straße 7
99095 Erfurt, Deutschland
produktsicherheit@kolibri360.de